動画でわかる家族面接のコツ

[増補合本版]

東 豊 著
Higashi Yutaka

黒沢幸子
児島達美
坂本真佐哉
森　俊夫
解説

3つの事例で
システムズアプローチ
をつかむ

遠見書房

まえがき

　本書は，2012年から2015年にかけて遠見書房から出版した『DVDでわかる家族面接のコツ』（以下，『DVD』シリーズ）全3巻を1冊にまとめたものである。『DVD』シリーズでは，臨床心理士である筆者がセラピストとして，ロールプレイによって行なった模擬ケースの第1回目と第2回目の面接を録画したDVDと，その逐語録，そしてゲストを迎えて動画を振り返りながら，面接の解説と論考を行なった。面接の撮影はリハーサルなしテイク2なしの一発撮りで，ロールプレイといえどそこは緊張感漂う真剣勝負であった。

　DVDシリーズは，動画と解説をとおして，システムズアプローチによる家族面接の要諦が読者に伝わることを狙いとした。各巻の内容は以下の通りである。
　第1巻『夫婦面接編』は，「うつ」を主訴とする妻とその夫がクライエントのケースで，ゲスト解説者は坂本真佐哉氏。
　第2巻『家族合同面接編』は，不登校のIPとその家族との合同面接で，ゲスト解説者は児島達美氏。
　第3巻『P循環・N循環編』は，不登校のIPとその家族との合同面接および夫婦面接で，ゲスト解説者は黒沢幸子氏と森俊夫氏。
　合本版では，それぞれ第1部，第2部，第3部として収録されている。

　『DVD』シリーズ全3巻を1冊にまとめて合本版とするにあたっては，以下の変更を行なった。

・DVDをなくし，動画をwebサイトに用意した。読者は本書に記載されているQRコードまたはURLからインターネット経由で動画を視聴することができる。なお，DVDではマルチアングルが採用され，面接場面を「全体」「セラピストのみ」「クライエントのみ」が映るアングルを切り替

えながら視聴できたが，動画サイトではそれぞれのアングルの動画が用意されている。

・本書では新たに序章として，筆者が龍谷大学で学部生に行なったシステムズアプローチによる家族療法の講義を収録した。また，第2部の終わりに，オンラインマガジン・シンリンラボに発表した「システムズアプローチとスピリチュアリティ」という論考を加えた。さらに，あとがきにかえて，筆者が「精神療法」誌に寄稿した「わたしの家族療法」を転載した。

　本書の面接動画とその解説を手にする最大の楽しみは，クライエントとセラピストそれぞれが現実をどのように構成するのか，そしてそれらをどのようにぶつけあい，そしていかにして新たな現実を再構成していくのか，そのプロセスの一端を垣間見ることに尽きるように思う。このような体験は，活字媒体だけではなかなかできるものではないようだ。やはり映像の効果は絶大である。そしてその効果を最大限発揮するためにも，一発勝負の収録とノーカットでの供覧がぜひとも必要だと思われたのである（無念ながら，第3部の2回目の面接動画は事情により一部をカットすることになった。その経緯は本編を参照してほしい）。

　本書の製作意図は，決してセラピーの上手下手を問うものでもなければ，ましてや細かな面接技術を宣伝するものでもない。それらを示すことが目的ならば，もっと上手にできるまで何度か取り直ししていただろうし，ましてやノーカットで提示することには抵抗があったかもしれない。

　読者には，できればまず解説を読まずに動画をじっくり鑑賞してもらいたい。そして，そこで何が起きているのか，読者なりの理解に努めてほしい。そのあとで，解説を読み，さらにもう一度，動画を見直してもらいたい。こうすることで，読者の得るものいっそう大であることをお約束する。

東　豊

目　　次

まえがき　3

序　章　コミュニケーションで現実を再構成する‥‥13

　　1．はじめに　13／2．基本中の基本　14／3．面接中，特に観察していること　15／4．初学者がおさえたい2つの視点　16／5．面接で私（カウンセラー）が行なっていること　17／6．面接の上達に必要なこと　19／7．システムセラピストのあり方として大切なこと　24／8．東ゼミ修了生による摂食障害の家族療法の事例　24／9．質疑応答　31

第1部　家族面接のコツ①夫婦面接編

第1章　家族療法家が円環をパンクチュエイトするとき〔動画を観る前に〕‥‥34

　　1．円環をパンクチュエイトする　34／2．意味づけする　37／3．実象と仮象　38／4．クライエントの語る「問題」の扱い方　41／5．セラピストの作る『問題』の扱い方　43／6．とらわれないこと　45

第2章　逐語録：後藤たかし・ゆきこのケース〔1回目の面接〕‥‥46

第3章　逐語録：後藤たかし・ゆきこのケース〔2回目の面接〕‥‥68

第4章　解説編：カップル面接のキモ〔1回目を解き明かす〕‥‥91

　　【コメント1】ファーストコンタクト　92
　　【コメント2】夫に来談動機を尋ねる　93

　　　　　　　　夫の一言で全体を見立てる　94
【コメント3】　やはり！　95
【コメント4】　「付き添い」から同席へ──念押し　96
【コメント5】　「夫」を見立てる　97
　　　　　　　　小さな一言に注目をする　98
【コメント6】　関係性を整理していく　99
　　　　　　　　夫は妻を理解しているのか，を探る　100
【コメント7】　嫁姑問題を掘り下げる　102／可能性のある未来を呈示する　102
【コメント8】　2人のパターンを探る　103
【コメント9】　夫の一般論化をどう受けるか　104
【コメント10】　第1ラウンド　104
　　　　　　　　コンフロント（直面化）　105
【コメント11】　妻の立場を吟味しつつ，コンフロントから一旦降りる　106
【コメント12】　2人の関係性に再焦点化　107／第2ラウンド：別居問題は捨て，違う問題を取り上げる　107
　　　　　　　　システム論からみた中立　108
　　　　　　　　平等にみれば，いろいろな中立があっていい　109
　　　　　　　　セラピーの礼儀──みなが退屈しないよう　110
【コメント13】　アンビバレント　111
【コメント14】　ダブルバインド状態　111
【コメント15】　パターンとプロセスを探る　114
【コメント16】　「あなたが言うのか？」：質問の形でメッセージを伝える　115
【コメント17】　ようやくパターンが変わる　116／締めに入る　116
【コメント18】　次の作戦：過保護にしているという認識　117
【コメント19】　確認作業　118
【コメント20】　そしてまた確認！　118
【コメント21】　嫁姑問題を置いとく──パンクチュエイション　119
　　　　　　　　放っておくわけではなく，やることをまずやる　120
【コメント22】　慎重に変化の可能性を探る　121
　　　　　　　　宿題を出す意図　122
　　　　　　　　宿題が失敗したら　123
【コメント23】　「間」をとる意味　124
【コメント24】　予行演習を兼ねた宿題　124
【コメント25】　やるかどうかの介入　124
【コメント26】　同じパターンがまた出た……　125
【コメント27】　まとめ　127／コンテキストとコンテンツを見る　127
　　　　　　　　臆病さと慎重さ　128／パターンの指摘＝介入　128

第5章　解説編：カップル面接のキモ〔2回目を解き明かす〕
　　　　　　　　　‥‥130

【コメント1】　面接前の心積もり　130
【コメント2】　2人の顔色を見る　130
【コメント3】　「罪悪感」を聞く　132
【コメント4】　宿題の確認　134
【コメント5】　頼みごとを増やしていく　135
【コメント6】　声の張りも変わってきた　135
【コメント7】　質問の意図：単なる情報収集とは違う　137
【コメント8】　三層のコンテキスト　139
【コメント9】　しつこく質問を繰り出す　140
【コメント10】　エンディングに向けて　141
【コメント11】　夫に質問を繰り出す　143／深入りは禁物　143
【コメント12】　山場に向かって　144
【コメント13】　あえて先に聞く　144
【コメント14】　裏スケーリング・クエスチョン　145／問題探し　145
【コメント15】　聞こえない！　145
【コメント16】　問題発言――山場がくる　147
【コメント17】　乗せるために一度，退く　147
【コメント18】　裏から攻める　148
【コメント19】　確認につぐ確認　149
【コメント20】　メッセージを送る　151
【コメント21】　宿題を考えさせる　151
【コメント22】　だんまりを続ける　152
【コメント23】　あえて反応をしない　153
【コメント24】　変わっていくコミュニケーション・パターン　154
【コメント25】　のらりくらり　154
【コメント26】　ゴールに向かっての布石　157／面接の会話で，コミュニケーション・パターンを替えていく　157
　　　　　　　　軌道修正はなかったが　159／束の仮説は？　159／大きな仮説はシンプルに，作業仮説は随時変更していく　159
　　　　　　　　仮説力をつける　160
　　　　　　　　空気感をつかむ　162／仮説は昔から言われていること　162
　　　　　　　　大きな仮説と小さな仮説　163
　　　　　　　　テーブル作り――そこに座ってくれるか　165

第6章　夫婦役2人のコメント‥‥166

第2部　家族面接のコツ②家族合同面接編

第7章　システムズアプローチをシンプルに理解する〔動画を

観る前に〕‥‥178
   1．キーワードは「相互作用」 178／2．一番簡単な家族面接 179

第8章　逐語録：浅田家のケース〔1回目の面接〕‥‥181

第9章　逐語録：浅田家のケース〔2回目の面接〕‥‥211

第10章　解説編：虫退治・成功へのプロセス〔1回目を解き明かす〕‥‥240

【コメント1】　面接の見所　240
【コメント2】　先手を打って適合する　241
【コメント3】　「私は教師ですから」　242
【コメント4】　仕切る人　243
【コメント5】　ニーズを探る　244
【コメント6】　中立的なポジション　245／見立てと妄想　245
　　　　　　　座り方　246
　　　　　　　妄想→空想→仮説　247
【コメント7】　自然性　247
【コメント8】　父親か母親か　248
【コメント9】　中立を保つ　250
【コメント10】母親の圧倒的パワー　251
【コメント11】「内容」を避ける　252／内容の質問から文脈の質問へ　252
【コメント12】お父さん，がんばりや　254
【コメント13】セラピストの反省　254
【コメント14】作戦決定　255
　　　　　　　夫婦の問題につきあわない　256／セラピストの主導に切り替える　256
　　　　　　　虫退治　257
　　　　　　　虫退治へのプロセス　258
　　　　　　　地道なリフレーミング　259
【コメント15】丁寧なインタビューには裏がある　260
　　　　　　　コミュニケーション・パターンを扱う　261
【コメント16】予想通り母親が動く　262
【コメント17】予想外に父親が動いた　263
【コメント18】「父親はダメ」というフレーム　263
【コメント19】やっぱり父親には「自分の意見」，「母親に言いたいこと」があるんだ……でも　264／アンバランシングと巻き込まれは紙一重　264

　　　　　　　　アンバランシングの技法　265／男同士の誘惑？　265
　【コメント20】妹を巻き込む　266
　【コメント21】妹を入れる　266
　【コメント22】妹の立場がわかる　268
　【コメント23】軸を戻す　268
　【コメント24】対決？　268
　　　　　　　　母親のフレームへのやんわりとしたチャレンジ　269
　【コメント25】母親にそっけなくしだす　269
　【コメント26】暗示もしくは外在化　271／気持ち主義　271
　　　　　　　　母親の変化と関係のパターンの変化　272
　【コメント27】トライアングル　273
　【コメント28】母・娘連合　274
　【コメント29】自然に流す　274
　【コメント30】おいしい餌　276
　【コメント31】セラピスト，まっしぐら　277
　【コメント32】母親にしてやられる　279
　【コメント33】母親に対するリフレーミング　280
　【コメント34】フレーム　281
　【コメント35】面接のポイント　283
　【コメント36】ピンチ：もう夫婦の問題に入りたくない　284
　【コメント37】娘に回避する　285
　【コメント38】正面勝負　287
　【コメント39】「虫退治」のプロセス　289
　　　　　　　　誰にでもできる面接　290／ノーチェンジ　290

第11章　解説編：虫退治・成功へのプロセス〔2回目を解き明かす〕‥‥292

　【コメント１】　母親のフレーム　292
　【コメント２】　IPへの焦点化　293／変化を褒めたらダメ　293
　　　　　　　　両親の変化　294
　【コメント３】　アンバランシングの機が熟す　296
　【コメント４】　息子と母親との対決をあおる　297
　【コメント５】　IPの不安と家族関係　298
　【コメント６】　母親ペースを崩す　299
　【コメント７】　夫婦の関係という文脈　300
　【コメント８】　言った／言わない　301
　【コメント９】　登校問題を俎上にのせる　301
　【コメント10】「お母さんはこう思う，ではお父さんはどう思いますか」　302
　【コメント11】母・娘連合　302
　【コメント12】セラピストの視点　303
　　　　　　　　アンバランシングを進めるための沈黙　305

【コメント13】アンバランシング開始　306／ある種のダブルバインド　306
　　　　　　これがシステムズアプローチ　307
【コメント14】父親が出る　308
【コメント15】もっと出る　308
【コメント16】父親をサポートする　309
【コメント17】繰り返す　309
【コメント18】失敗　310
【コメント19】焦るセラピスト　310
【コメント20】修正中　311
【コメント21】計算高い？　311
【コメント22】妹対応　312
【コメント23】最後の砦　312
【コメント24】面接の目標はもう達成　313
　　　　　　後略　314
【コメント25】つながる家族　318
【コメント26】しつこく　319
【コメント27】暗示　319
【コメント28】悪魔のささやき　322
【コメント29】ペナルティ　323
　　　　　　家族の絆，あるいは外在化　324／暗示ストーリー　324
　　　　　　東臨床の全体をみて　326／細かいことの積み重ね　326／虫
　　　　　　退治がみえてくるか　326

第12章　浅田家役4人のコメント‥‥328

第13章　システムズアプローチとスピリチュアリティ‥‥
343

　　1．はじめに　343／2．システムズアプローチの哲学　343／3．システムズアプローチの技法と上達　344／4．私の堕落　345／5．スピリチュアルな問いかけ　346／6．縦の相互作用　346／7．セラピーへの影響　348／8．生かされていること　349／9．おわりに　350

第3部　家族面接のコツ③P循環・N循環編

第14章　P循環とN循環について〔動画を観る前に〕‥‥352

　　1．考え方　352／2．基本的な方法　353／3．応用的方法　356／4．Aさん（仮）との面接について■小田理未（東ゼミ修了生）　358

第 15 章　逐語録：深田家のケース〔1 回目の面接〕‥‥362

第 16 章　逐語録：深田家のケース〔2 回目の面接〕‥‥392

第 17 章　解説編：システムズアプローチ，ソリューション・フォーカスト・アプローチ，それぞれの解決〔1 回目を解き明かす〕‥‥409

　　【コメント 1 】最初の雰囲気　409
　　【コメント 2 】姿勢　411 ／紹介者との関係　411
　　【コメント 3 】失敗　412
　　【コメント 4 】母親の表情　414
　　　　　　　　解決したいことは？　415
　　【コメント 5 】個人の問題から関係性の問題へ　417
　　　　　　　　「迷惑をかけたくない」　418
　　　　　　　　近似性　419
　　【コメント 6 】姉に話をふった理由　419
　　【コメント 7 】失敗？　結果オーライ？　421
　　【コメント 8 】ちょっと冷やそう　422
　　　　　　　　" 家族 " を感じる　423 ／仕切り直す　423
　　【コメント 9 】ジョイニング　425
　　【コメント 10】リフレーミング　425
　　　　　　　　ソリューションならば　426
　　【コメント 11】本番　426
　　【コメント 12】お父さんは OK　427
　　【コメント 13】森の見方　428
　　【コメント 14】配慮の方法　430 ／森の流儀　430
　　　　　　　　黒沢の見方　431
　　【コメント 15】場の安全性　433
　　【コメント 16】根回し　433
　　【コメント 17】リンク　434
　　【コメント 18】次のステージ　434
　　【コメント 19】慎重に石橋を渡る　437
　　　　　　　　意識　438 ／ソリューションなら　438
　　【コメント 20】山は越えた　442
　　　　　　　　フレームの完成　443
　　【コメント 21】保証すること　444
　　　　　　　　ミラクル・クエスチョン？　445
　　【コメント 22】しつこい？　446

【コメント 23】介入のプラン　447
　　　　　　　起きたことを使う　448
　　　　　　　楽になる状況をつくる　449
　　　　　　　フレームに収める責任　451／ごめんなさい主導権　451
　　　　　　　専門家とクライエントの上位下位　452
　　　　　　　年相応の「ごめんなさい」　454
　　　　　　　見送りの言葉　456

第 18 章　解説編：システムズアプローチ，ソリューション・フォーカスト・アプローチ，それぞれの解決〔2 回目を解き明かす〕‥‥458

【コメント 1 】　家族が揃う必要性　458
【コメント 2 】　万事 OK　463／イスを動かす　463
　　　　　　　メモ　464
　　　　　　　メモの三様　465
【コメント 3 】　終わった　467
【コメント 4 】　合同面接の終わり　468
　　　　　　　ロールプレイの限界　469
【コメント 5 】　お母さんをモデルに　471
　　　　　　　do more　472
　　　　　　　分離面接の意義　473
【コメント 6 】　原家族諭にはならない原家族論　475
【コメント 7 】　お父さんを上げる　477
【コメント 8 】　スプリッティングとリンキング　479
　　　　　　　切るのもケースバイケース　480
【コメント 10】　夫婦連合を作らせる　481
【コメント 11】　総評　482
　　　　　　　インタラクション命　483
　　　　　　　問題か解決か　484／反射神経とノンバーバル　484
　　　　　　　共通点　486
　　　　　　　ソリューションはベース　487／差異の質問について　487
　　　　　　　新しく問題を定義する／しない　488

第 19 章　深田家役 4 人のコメント‥‥489

あとがきにかえて――わたしの家族療法　505
謝　辞　512
動画情報・動画 URL 一覧　巻末

序　章
コミュニケーションで
現実を再構成する *

1．はじめに

　これからシステムズアプローチの基本についてお話しします。

　まずは自己紹介から。昭和31年滋賀県生まれ。68歳。もうジジイでございます，はい。関西学院大学卒で，鳥取大学で医学博士を取っています。臨床心理士と公認心理士の資格を持っています。資格といえばもう1つちょっと傑作なのがね，宅地建物取引主任者という資格持っています。なんでこんなものを持っているか言うと，もう35年ほど前のこと，私の友達が，これが不動産屋の息子で，その後継ぎのために宅建の資格を取らにゃならん。それで「一人で勉強するのは寂しいから一緒に勉強してくれ」などと懇願してきましてね，仕方なく私も一緒に勉強を始めたのですよ。で，結果，私だけ受かって，友達は落ちました（笑）。というわけで，心理士としては風変わりな資格を持っていますが使ったことありません，はい。

　経歴的には，九州大学医学部心療内科や鳥取大学医学部精神神経科などの医療現場が中心です。家族研究，家族臨床を行っていました。自慢の特技は犬の調教ですね。皆さん，お家でね，なかなかしつけのできてない犬がいたら私に預けてください。バッチリ調教いたします。いろいろな芸も教えます。猫にも芸を教えることもできますよ。手を叩くとひょいと肩に乗ってくるとかねえ。犬よりは難しいけど，猫にも結構芸を教

---

* 初出　2024年5月25日（土）　龍谷大学大宮キャンパスにて，第13回龍谷大学心理学会学内教員研究発表会。

えられるのですよ。あと，私，子供の頃から野球が好きでねえ。まあ，こんな話はどうでもいいことではあるけど，左右両投げのスイッチピッチャーだったのですよ。趣味はね，クラシック音楽と神社参拝。あと，著書とかいろいろありますけど，まあ，こんな紹介に時間を使ってると本題に行けませんのでここまでにしましょう。

2．基本中の基本

　まず基本中の基本をお話します。これが，「ああ，そういうことか」と理解できたら，かなりの最先端に行けます。システムズアプローチはわかるのが正直難しい。なぜ難しいかというと，従来の私たちの常識とちょっと違う。だから伝統的なカウンセリングに長年取り組んでいるベテランの先生ほどかえって理解に苦労することが多かったりします。ですから，これから話すことを本当に理解したらね，かなり最先端行けるんじゃないかな。楽しみにして，耳の穴かっぽじって，よく聞いておいてください。

　まず，システムズアプローチって何なの？　まあアプローチはわかる。接近法ですよね。じゃあシステムって何なの？　と。まずこれを理解しましょう。

　私たちの身の回りにはいろいろな問題があります。例えば不登校やいろいろな神経症・心身症，あるいは夫婦や親子の家族関係の問題など。いろいろと「これは問題だ」と私たちが認定するものがある。でも時間経過の中で解決に向かうことが多い。なんらかの努力で解決するとか，誰かに助けてもらうとか，諦めて解決するとか。ところがなかなか解決せずに持続してしまうこともある。かれこれ不登校二年続けてますとか，引きこもり15年ですとか。で，この「ある問題が消失せずに持続している状態像」，これを「システム」として捉えてみる。その際，問題を，ある個人の問題，その心のあり方に問題があるとか発達の問題があるとか，そのような理解をするのではなくて，「その問題に対する人々の認識の仕方や関わり方，その全体像」のことを「システム」として理解するわけです。決して問題自体の個人を分析するのではない。ではその「システム」に対してどのような観察をするのかというと，実はこれが一番

大事なことですが，人と人との「相互作用」に最も注目する。システムズアプローチは種々個別の現象をシステム・全体の一部分として捉える哲学を持ち，それを相互作用として記述する作法がある。こう理解していただくと良いです。

3．面接中，特に観察していること

　さて，実際の心理療法・カウンセリングの中で何が起きているか。これを考えてみましょう。カウンセリング場面における全体像とは，カウンセラーと来談者の相互作用のことになります。道具はコミュニケーションです。この相互作用を「治療システム」と言います。治療というのは医学的な言葉なので，気になる人は「面接システム」と表現していただいて構いません。一応ここでは，治療中あるいは面接中に行われているカウンセラーと来談者のやりとりの相互作用のあり方という意味で，「治療システム」と表記します。

　それから家族。皆さんの家族の中でもいろんなやり取りしています。これは相互作用として記述できます。これを「家族システム」と言います。例えば，夕食時にあなたの両親が喧嘩すると，あなたが「うるさいな。黙っときー！」などと叱ると両親二人でもシュンとするとかねえ。こういった相互作用として記述されたものがあなたの家族システムの一部分なのです。誰が良いとか悪いとか，そのような評価は不要です。その相互作用自体の良し悪しの評価も不要なのです。評価から離れ，観察できたものだけを記述することがまずは大事。ここは大きなポイントです。

　もちろん切り取り方によってシステムの数は無限にあるわけですが，とりあえずこの二つ，治療システムと家族システム，この二つを面接中に観察・記述できるなら，家族療法家として名乗っていただいても決して詐称にはなりません。逆に言うと，それらよりも個人（心理・発達，診断など）にどうしても注意が向いてしまう人は家族療法家には（少なくともシステムズアプローチには）向いていないと思われます。もちろん，それはそれでまったく構わないのですが。

4．初学者がおさえたい2つの視点

　次に，初学者がおさえておきたい二つの視点を紹介します。システムズアプローチでは，この二つがおさえられていたら，だいたい良い治療者になっていきます。

　1つ目は「社会的構成主義」。私たちにとっての「現実」や「常識だ」は，その時代や社会の価値観も影響して，人々のコミュニケーションの相互作用によって形成されるという考え方です。極端にいえば，私たちが常日頃頭に描いているものは実は全部虚構にすぎないと考えてもいいのかもしれません。そういったことも，私たちのコミュニケーションの相互作用によって作り上げられたものだと考えるのですね。そして，これはセラピー・治療・面接の中でも同じことが起きていると考えるわけです。つまり，治療システムというのはカウンセラーと来談者の相互作用によって「新しい意味が産出されるプロセス（あるいは古い意味が強化されるプロセス）」だと考えることができます。来談者の個人内にある何かを変えようとするのではない。コミュニケーションの相互作用によって有益だと来談者が判断する意味を形成すること。結果的にそれが来談者のあり方を変える。これこそがセラピーだという考え方です。セラピーの対象は来談者ではなく，やはり治療システム（来談者とカウンセラーの相互作用）なのです。

　二つ目は，家族システムの構造的な理解。これも大変重要と考えます。システムズアプローチはもちろん個人面接もありなのですが，家族療法として一層有名だと思われます。家族合同面接といって，複数の家族メンバーを同時にカウンセリングするわけです。家族療法は我が国においてもこの数十年で大変有名になりましたが，今もシステムアプローチ＝家族療法といった具合に誤解している人がいますが，実際は，家族療法はシステムズアプローチに内包されます。システムズアプローチとして，家族システムを扱うと，家族療法になるわけです。つまり，家族合同面接においてはやはり家族システムを観察する必要があるのですが，その際に，家族を構造的に観るという視点が役に立ちます。これは後の事例でも少し紹介しますが，ルール・役割・力関係・距離・同盟・連合など

と表現されるものです。詳しくは構造的家族療法の書籍に譲りますが，皆さんの家族でも，例えば，対外的には誰が窓口になるか，種々の決定はどのレベルでなされるか，誰と誰が組んで誰と対抗しているか，誰と誰の心理的な距離が近くて誰が遠いかなど，いろいろと家族によって特色があろうかと思います。家族療法では，このような家族の構造を利用する意識を持つことは有用なのです。その際，「機能的な家族構造」「機能不全の家族構造」などといった言説があって，あるいはそのような家族研究も存在しますが，システムズアプローチは固有の判断に興味を持ちません。何事によらず，「これは良い。これは悪い」といった先見の一切ないのがシステムズアプローチの良いところかもしれません。家族構造のありようをしっかり観察することは，その家族に溶け込んだり，家族システムの変化の糸口を見つけたりすることに有用なのです。

　将来，みなさんは何もプロのカウンセラーにならなくても，何かの会社に就職することもあると思いますが，会社というシステムでもやっぱりいろいろな構造があります。この件については○○課長にまずは確認しないとダメとか，この件については○○さんに根回ししておくと話が早いとか，そういった明文化されていないところの，自然と培われた組織の文化・ルールといったものがたくさんあります。それを早く察知できたら，その組織に溶け込みやすいわけです。システムを構造的に理解する視点は，みなさんの人生においてさまざまな場面できっと役に立つと思います。

5．面接で私（カウンセラー）が行なっていること

　次に，実際の面接で私が何をしているかについてお話ししてみたいと思います。実は次の二つを繰り返しているだけなのですね。そして，これがしっかりと意識できるようになると，臨床力がうんと上がると考えています。

　1つは「ジョイニング」。ジョインというのは参加するということです。これは先ほど述べたように，家族なら家族，会社なら会社，こうした組織の構造，そういうものを見立て，それに即して動くといったことでも達成できます。

また,「意味」への接近によっても達成できます。どんな人でも，大なり小なりの「ある意味（あるいは価値観）」の中で人生を過ごしている。私もね，70年近くも生きておりますと特定の価値観を持っています。みなさんのような若い人たちだってそうです。「正義とは何か」「どのように生きるべきか」「家族とは何か」「父親とは母親とは」「私とは」「心の問題とは」等々，実に多くのことに関する十人十色の価値観があります。しかし先に述べた社会的構成主義を思い出していただくと良いのですが，これらはどれが良いとか悪いとか，決して固有の真実性を持つものではなくて，「構成されたもの」に過ぎないと考えてみる。人が人生の旅路の今，採用している「意味」に過ぎません。しかしそれは，もちろん自分も含めて各自にとって大事なものです。中には信念に近いもの，非常に強く思い込んでいるものもあります。とすれば，とりあえずその意味に沿って会話を展開してみる。これもジョイニングの重要なプロセスなのですね。いきなり「あんたの考えは間違っている」などと言おうものなら，いや何もそこまではっきり言わなくても，相手の所有する「意味」に関心がなさそうな態度を示すなら，とても仲間になれそうもない。なので，たとえ最初はなんであれその人の意見・考えを聞いてみる。そして，決して闇雲に迎合するというのではなく，一旦は受け入れてみることが大事な心得となるわけです。

　このように，ジョイニングにおいては，特に個人面接の場合は来談者が保持している「意味」に興味を示すことが大切で，家族などの集団の場合はその構造に対しても配慮することが求められます。これが面接中にカウンセラーとしての私が行なっていることの2つのうちの1つです。

　さてもう1つ，面接中にカウンセラーが行なっていることは，「リフレーミング」です。フレームというのは枠組みですね。その枠組みを，「リ」。つまり，変えようとするわけです。リフォーム工事のようなもので，意味を変えたり構造を変えたりする。後者（構造の改変）は正確にいうと「リストラクチャリング」ですね。ここではまとめてリフレーミングとしておきます。

　つまり面接中の会話によって，「新しい意味の算出」，あるいは「家族

構造の再構築」，こういったことを狙って行なっているのです。ただし，多くの人にとってリフレーミングはジョイニングよりうんと難しいと思います。なぜかというと，人間，そんな簡単に変わらないからです。簡単に変われるのなら，誰もわざわざカウンセリングになんか来きませんよね，自分（達）でさっさと変わりゃいいんですから。でもなかなか変われない。どうしようもないから来る。だからリフレーミングはそう簡単にはいくものではない。どこを変えていくか，どこなら変えていけるのか，そういうことを来談者との会話を通して，慎重に，丁寧に，探っていかねばなりません。

6．面接の上達に必要なこと

　次に，面接が上手になるために必要だと考えられることを少し紹介しておきます。そして，これは何も良いカウンセラーになるためだけの話ではなく，実はみなさんの友達関係や家族関係，あるいは就職先の人間関係など，どれも同じようなところがあるので，きっと役に立つと思います。

　一番目。初回面接までのプロセスを把握すること大事です。言い換えれば，面接のモチベーション，動機，やる気がどれほどあるかを把握することです。親とか上司とか，周囲に言われて渋々来ましたっていう人もいます。あるいはなんらかの問題意識を強く持って，積極的に来る人もいるでしょう。このような違いを知っておくことは大切です。これによってカウンセラーの対応は変わるのですが，例えばみなさんが自動車のセールスマンだとして，「新車が欲しい！」買う気満々のお客さんと，「今のクルマで満足してるんだけど，なんか最近良いのあります？」くらいのレベルのお客さんでは，セールストークの中身は変わるでしょ？こちらの話の進め方によっては，モチベーションがぐんと上がったりするよね。

　二番目は，来談者のニーズを掴む。ニーズっていうのは，何を必要としているか，ということですね。何に困っていて，どうなりたいと思っているのか。ここをしっかりとつかんでおくことが大事です。車のセールスで言えば，単に「車が欲しい」だけじゃなくて，「キャンプ行きたい」

とか「狭い路地を走りたい」とか，その辺の細かな来談者なりのニーズをつかんでいくということ。ただ，なんらかの理由で（例えば家族に遠慮して）表にはなかなか出てこない本当のニーズというのもありますから，やはりまずは少しでも本音が言いやすくなる状況作り，ジョイニングが大事ですね。

　三番目は，来談者の「問題の定義の仕方」について十分に理解すること。例えば「不登校」であれ「夫婦関係」であれ，それを来談者がなぜ問題としているのかを十分に理解しようとすることです。先にも述べたように，システムズアプローチは社会的構成主義と親和性が高く，「問題」は真実として問題なのではなく，「それが問題である理由」も含めて，意味づけの仕方次第なのだと考えています。だから，なんであれ，カウンセラーから率先して来談者の語る「問題」に本気で巻き込まれたりしない。あるいは，専門用語を駆使するなどして「来談者の問題やその原因」などを専門家として本気で作り上げたりもしない。来談者にとっての「問題」や「その理由」を，親身でありながらも，ただの「意味づけ」として聞かせていただくのが必要なのです。こう言うと，みなさんの中にはちょっと冷たく感じた人もいるかもしれませんが，このような距離感を持っての面接ができるようになるかどうかは，システムズアプローチ修得のメルクマールの1つだろうと私は考えています。

　四番目は，意味とか構造の固いところと柔らかいところを見分けることです。固いところとは凝り固まっていて変化しにくいところ。みなさんにも，とても大切にしていて，これだけは絶対に譲りたくないといった価値観，何かあるのではないでしょうか。そんな固いところのリフレーミングは一般的には難しい。そこを変化させようと働きかけると失敗につながりやすい。むしろ固いところはジョイニングの何よりの素材。仲良くなるために使うぐらいの意識を持つのがちょうどいいかもしれませんね。

　ところが一方，柔らかいところもあります。皆さんにもあると思います。ここが比較的変化しやすいところなのです。セラピーではそこに焦点をあて変化を作るのがおすすめ。凝り固まったところからちょっと視点をずらすとね，意外と柔らかいところもあれこれあるものです。そこ

から始めたら良いと思います。

　しかしこう言うとね，皆さんの中には，「変わりやすいところだけ変えてもだめでしょ。そのガチガチのところが変わらないとどうにもならんのじゃないですか？」と言う人も出てくるかもしれません。ところがこれがシステムの面白いところでね，柔らかいところが変わっていきますと，まあ芋づる式と言うか，徐々にそのガチガチのところも影響を受けて柔らかくなりやすい。なんか東洋医学みたいだね。「ココが痛いんです。ココをなんとかしてください！」って言ってるのに，ココには全然触れずに，例えば足の裏をキュッと押したら「あいたた！」。で，気がついたらココが治ってました～みたいなね。これがシステムですね。部分と部分は相互に影響している。つまり，例えば「夫婦関係をなんとかしてください」と求められて，夫婦関係を直接話題として扱わなくても，一見関係のなさそうなこと，例えば子供のことや祖父母のことを話題にセラピー展開するとそのプロセスで夫婦関係が良くなる，みたいなことですね。だから，固いところにはむしろ焦点を当てないという工夫も大事だということですね。これは私生活も一緒。皆さんが自分自身のことや家族のこと，友達のことなどに関わっていくときにね，ガチガチに固いところを頑張ってつついても簡単に手に負えるものではないってことは，ちょっと覚えておくと良いね。

　次は五番目ですが，ここは二重丸しておいてほしいくらい大事。それは「治療的二重拘束」の状態を作るってこと。セラピューティックダブルバインドと英語では言いますけど，専門用語ですからこの言葉自体は覚えなくても別に良いです。何を意味しているのかしっかりと理解してほしい。

　多くの場合，来談者は「変わりたい」けど「変われない」からカウンセリングを受けにくる。カウンセラーに対して，なんとか「問題を解決してください」と依頼してくる。その際，「はい，お任せください。あなたの問題を変えてあげますよ。あなたはこうしたらいいですよ。こうすべきですよ」とカウンセラーは名案を出す。するとあら不思議，来談者は見事に変化する。ひょっとするとみなさんはカウンセリングに対してこのようなイメージを持っているかもしれませんけど，こんなことは

通常易々とは生じない。「アドバイス通りにしたけど，良いことが起きません」などと来談者。慌ててまた別のアイデアを考えるカウンセラー。このようなことが繰り返し起きてしまう場合が多々あります。そして治療の失敗に向かっていく。

　このような場合，システムズアプローチでは「来談者とカウンセラーの関係性」そのものを治療対象にするのです。すでに述べたように，システムズアプローチでは治療対象は来談者ではなく「治療システム（来談者とカウンセラーのコミュニケーションの相互作用）」なのです。そして，その切り口は種々ありますが，そのうちの1つを述べますと，このようなやりとりでは「私は問題なので助けて」，そして「あなたは問題なので援助します」，この役割構造が固着していると表現することも可能なのです。カウンセラーは暗黙のうちに「あなたは問題だから変わりなさい」というメッセージを発出しているとも言えます。面接がこのような構造・枠組みで進行し続けるからこそ，来談者に変化が起きにくいのだと考えるわけです。来談者がいつまでたっても「問題の人」のまま固着してしまう治療システムだということです。もちろんいついかなる場合もこのような関係性が問題だというわけではありません。このような関係性で物事がスイスイと良い方向に向かっていれば，結果としての依存関係の形成を注視する必要もあるかもしれませんが，まあそれはそれで良い。しかし往々にして，「先生にいろいろアドバイスをもらいましたけど，私は変われません。問題は解決しません」「また新しい問題が出てきました」などと，カウンセラーが頭を抱えたくなるようなセラピーが展開していく可能性もあるのですね。

　このような展開が生じないようにするためには，「もちろん変化したかったら変化してもいいのだけれどもね，実はあなたは今のままでも良いのですよ」という意味づけを重視するのが良いようです。そのような現実を会話で構成していく。これが大変な助けになるのですね。「変化してもしなくても良い。どちらでもOK」というベースの枠組み。これを形成していく。かっこよく言うと「ありのままのあなたでいいのです」みたいな。ありの〜ままの〜とか，歌のセリフみたいなね。もちろん押し付けはいけませんが。

その気になって探せばいくらでも出てくるのですよ。たとえ難儀そうに見えることであっても，ちょっと角度を変えて見るとね，「その問題があるおかげで」とか「それがあるからこそ」みたいなストーリーって案外簡単に作れます。そういう新しい「意味」を作る作業，決して押し付けではなく，それをうまく来談者と共有できれば，「今までこれは問題だとばかり思ってきたけど，変えないとダメだと強く思込んできたけど，案外これでもいいのか～」「このままでもいけるじゃん～」などと方向転換するわけですね。肩の力がスーッと抜けるとも言える。結果的に，全然「変化」しなくても楽になった。そして楽になった結果むしろ「変化」してしまった，となることが多い。「変化しようと頑張らなくなったら変化した」。このような逆説的なことが生じるわけですね。

　このように，カウンセラーにとって有益な基本的構えは「来談者を変えようとしなくて良い」，なのです。もちろん来談者にダイレクトにそう伝えてしまうのは感心しませんが，「変わらなくてもあなたはOKだ」とカウンセラー自らの心中・脳内に深く染み込ませておく。その状態で来談者と対面する。これが一番うまく行きやすいのだと，そのように理解しておいてください。そうは言っても，もしも来談者が変化してしまったら，「変わったなあ，すごいなあ，びっくりした～」で良いのですよ。そして「変化しちゃって大丈夫？　キツくない？」「場合によっては元に戻ってもOKなのですよ」などと，親身に，ダブルバインドを継続しておく。これも大事なのです。

　カウンセリングなくても，みなさんの人間関係全般も同じようなことです。自分や誰かに対して「問題だから変われ～」って強く迫っても，「はい，わかりました」って簡単に変わる人なんか滅多にいません。むしろ自分自身のことなら落ち込む。他者なら怒らせる。しかし「今のままでOK」と，この意識を導入してみてください。治療的二重拘束。どっちに転んでも，どちらに進んでも，全部OKだというストーリー作り，意味の再発見。これを意識してみることです。故事にも，災い転じて福となすとも言いますし，人間万事塞翁が馬とも言いますものね。

7．システムセラピストのあり方として大切なこと

ここまで述べてきたことをまとめますと，カウンセラーは自分の価値観に固執せずにいられること。なかなか難しいことではあるけれども，それが一番大事なことだと思います。セラピーではいろんな価値観の持つ来談者とジョイングするのですから，カウンセラーが自分の価値観にこだわっていればいるほど，来談者に溶け込むことが難しくなります。自分の価値観をいったん棚に上げるという作業が大事になります。いったん棚に上げて相手に沿って動いてみる。相手を批判しない。議論しない。こうしたことが，何もシステムズアプローチに限りませんが，大事になってきます。何はさておきジョイニングなのです。

そして，個人であれ家族であれ，来談者の中身に何か「真の問題」があるとは考えない。カウンセラーが来談者の問題（や原因）を考察しその修正を試みるのがシステムズアプローチではないのです。眼前にあるものは「問題だと定義づけられたもの」に過ぎないと考え，その定義づけに対して，意図的に新しい定義づけを持ち込むなどして問題持続の「関係性」にゆらぎを作ろうとするのがシステムズアプローチであると言って良いでしょう。

8．東ゼミ修了生による摂食障害の家族療法の事例

ここからは大学院の修了生（女性）が行なった摂食障害の家族療法を紹介しましょう。最初に母親（Mo）が一人で来たそうです。家族構成は夫（Fa）と中一・長女（IP = identified patient），小五・次女の4人家族です。

初回面接で母親が語ったことを要約すると次の通り。語りの多くが父親に対する不平不満でした。

「長女が夏休み前からダイエットを始めた。学校から，体重減少が著しいため治療が必要と言われて精神科を受診・治療中。三歳まで夜泣きが激しくて育てにくいと感じていた。幼稚園，小学校でも行き渋りがあった。外ではなかなか自分を出せないが，私には言いたいことを言う。主治医から，家族の協力が必要なので両親も摂食障害の本を読んで病気を

理解するようにと言われた。父親は，初診にはついてきてくれたが，それ以降は来ない。食べないと治らない病気だから食べろ，と言うだけで他には何もしてくれない。長女が落ち込んでいても全然心配してくれる様子がない。心配じゃないの？　と聞くと，俺忙しいもん。と言うんです。子供たちの勉強をたまに見てくれたかと思うと，子供が漢字の読みを聞いているだけなのに象形文字の説明から始める。そんなこともあって，もう鬱陶しい父親だと娘たちに嫌がられている」

　第2回面接は，母親と長女が来談しました。以下はその逐語録の抜粋です。

IP：お母さんは厳しかった。中学受験のときも，100点なら喜んでくれるけど，90点以上取っていても怒られる。塾に行かせてもらっているので，やるしかないと思っていた。
Mo：受験しろとは言ってなかった。公立は馴染めるか心配だったので，私学もあるよと言っただけです。学校は自分で決めた。でも塾に行くと私もついつい気になってしまった。
Th：中学受験は，親子で頑張らないという雰囲気で，親も必死になりますものね。
Mo：そうなんです。本人も行きたい学校があったから，私もつい必死になって，気づかないうちにうるさく言ってしまっていた。この子の身体が悪くなるまで気づかなかった。この子の成績しか見てなかった。勉強すれば学校生活が楽しくなるので，成功体験を感じさせたかったんです。
Th：今はどうですか？
Mo：（IPを見て）何も言ってないよね？
IP：（Moに）え？　お母さん，言ってくるやろ？
Th：（IPに）どうしてほしいか，お母さんに伝えてみてくれる？
IP：（Moに）何も言ってほしくない。
Mo：（Thに）そんなこと聞いたこともなかったです。うん，もう言わない。

Th：(IPに) どうですか？ もう言わないということだけど。

IP：また言ったら，ここ（カウンセリング）で約束したでしょと言い返します。

Mo：あのう…ところで，お父さんについてなんですが。お医者さんからもこの子の病気は家族で一丸にならないと治らないと言われていて，でもお父さんは本を勧めても読まない。

IP：(Moに) お父さんは，病気への興味はあるけど，私への心配は薄いよね。

Th：(IPに) お父さんにはどうしてほしい？

IP：家族への関り，かなあ。お母さんがお父さんにあれしてこれしてと，いろいろ言うけど届かない。お父さんは，お母さんが何を言ってるのかわからんとか私に言うので，私は，お母さんはこうこうこういうことを言ってるんだよとお父さんに説明する。

Th：あなたがお父さんやお母さんの話を理解して，それぞれに伝えたりするの？

IP：そうそう。私が間に入ってる。だって二人では話にならない。

Th：二人だと話にならない。通訳，大変よね。

IP：そうそう，通訳するの大変。

Th：それはずっと続けていたいの？

IP：もうやめたい。二人で勝手にやって！ と思うけど，二人とも私に言ってくる。お母さんは「お父さんに〜になってほしい」って空回りしてるし，お父さんはお父さんで，聞いているって言うけど，実は全然わかってない。

Th：お父さんはお父さんで，あなたに助けてほしいって感じになるの？

IP：そう。

Mo：(IPに) 全然わかってなかった。お父さん，そんなこと言ってるの？

IP：(Moに) 言ってるよ。

Th：お嬢さんはとてもしっかりしていらして，ご両親を助けていることがよくわかりました。しかしもうこの通訳を降りたいというこ

とでいいのですか？
IP：はい。
Th：お母さん，もしもお父さん一緒に面接に来てくださいと誘ったら，来てもらえそう？
IP：来るよね。
Mo：言ってみます。
IP：私も言う！
Th：あれ？　降りたいんじゃなかったの（笑）。
Mo, IP：（笑）

　次に第3回面接です。初めて父親も来ます。両親とIPの3人の来談です。母親，IP，父親の順で着席します。IPが中央ですね。

Th：（Fa.に）お忙しいなかよく来てくださいました。今日はどのように言われて？
Fa：一緒に来てほしいと。今，この子は病気なので，この子がおかしなこと言っても私は反発しない。圧力かける言い方もしない。私は食べ物を粗末にするのは嫌なんです。でも残さずに食べろとも言わない。
（Mo：難しい表情）
IP：（Faに）でも，お父さん「うどん食べるか？」とか言うやん。
Mo：（IPに）お医者さんに「食べ物に関して何も言わないでください。本人が食べたいものを食べることが大事」と言われているのに，お父さんは「まだ食べる？」とか，「うどん食べる？」って。麺類は嫌いだって言ってるのにねえ。
Th：お父様にお聞きしてもいいですか？　今日は，お母さんからはどうして一緒に来てと？
Fa：……そういえば聞いてなかったな……。え？　なんで？
Mo：精神的に頼れるお父さんになってほしいと思って。
Fa：いや，無理。精神的に頼れるってねえ，そんなめっちゃ雲をつかむみたいな，なんやパステルみたいなぼや〜とした。

序　章　コミュニケーションで現実を再構成する

Th：(Fa.に) もう少し具体的でないとわからない？
Mo：例えばお医者さんに娘の病気の説明を夫婦で聞いた後で，私があなたに確認すると「わからん」って言う。仕方ないのでもう一回看護師さんに「先生に説明してもらえますか」って頼んだでしょ？
Fa：え？　いつのこと？
Mo：全然聞いてなかったから，もう一回先生に説明してもらったでしょ！(怒)
IP：(Faに) お父さん，ちゃんと聞いてる？
Th：(IPに) ちょっとこちらに来ますか？　私の隣でお父さん，お母さんのお話を聞きましょうか？　(IP椅子移動)
Mo：(Faに続けて) お医者さんが「転倒するかもしれないから，学校は休みましょう」言ってるのに，「重病人には見えないから学校へ行ける」ってこの子に言ってみたり！
Fa：……そうだったっけ？
Th：(両親に) いつもこんな感じのやり取りですか？
Mo：わかってほしいと思って，私も強く言ってしまうことがあるんですが，強く言っても伝わらないから，代わりにこの子がお父さんに説明しようとしてくれる。
IP：私は，もう通訳おりたい。お父さんにはお母さんの言ってることをわかってほしい。
Th：お父さん，次回もまた来てくださいますか？
Fa：…はい，わかりました。

引き続き第4回面接。今度は，母親，父親，娘の順で着席しています。座る位置が変わりました。

Th：最近の様子をお話くださいますか？
IP：二人の話に入ってないです。二人でなんか言うてるわ，くらいで
Th：すごいね。間に入らなくなった。
IP：お母さんもお父さんもよくため息ついてるけど，何を話してるか知らない。

Mo：元々主人はそんなに話さないので。
IP：もともと話はあまりしないよね。それもあってか、「はあ〜」ってよくため息ついてる。
Th：（IP に）お母さんがため息をつき続けてるとどうなる感じ？
IP：うーん、壊れるかも。
Th．：お母さんが壊れる？　それだったらやはりあなたが通訳で活躍した方が良いんじゃないの？
IP：（笑）いや、もうやめる。
Fa：確かにこの子は夫婦の会話に入ってこなくなった。
Mo：今までは、夫婦の会話になってなかった。私は何か言い出したら止まらなくなって、わーって言って終わっていた。最近はそこに気づいて、少し落ち着いて話そうとしている。
Th：（Fa に）お母さんの変化に気がつきますか？
Fa：言われてみればそうかもしれない。
Th：お母さんはお父さんの変化に何か気がつくことはありますか？
Mo：私が少し変わったせいもあってか、夫は、確かに前よりは聞いてくれている気がします。なんかちぐはぐな感じはあるけど（笑）。
Fa：妻が私に何か伝えたい気持ちがあるのはわかるが、それがなんだか具体的にわからない。妻は話を端折るところがある。すべて私が原因だと言うことが多いけど、話が理解しにくい時がある。それを、私が話を聞き流していると見られているような気がする。
Mo：いや、詳しく説明しても伝わらない。だから聞こうとしていないんだと思ってしまう。
Fa：何を言ってるかわからん時がある（笑）。
Th：（Fa に）今回はたくさんお話しくださって嬉しいです。
Mo：家でぶつぶつ言ってたから、じゃあそれをカウンセリングで話したら？　と言ったんですよ。
Th：これからご夫婦がどうやっていくか、引き続きご一緒に考えたいと思います。次回からご夫婦だけの面接と、娘さんの面接と、分けて行いたいと思うのですがいかがでしょうか？
Mo：それでお願いします。娘を親の話に巻き込んでいたこと、確か

にそうだなと思って，それは気をつけようと思っています。娘は今，学校休む時もあるけど，少し頑張れているし。
IP：私もその方がいい。

　この後も数回の面接続いていて，両親の間に娘さんが通訳として動かない，という構造が家族の中に根付いていきました。三角関係からの離脱とでもいえましょう。それに合わせるかのように，娘さんの摂食障害あるいは学校の種々の問題は解決に向かっています。夫婦2者関係そのものは相変わらずこんな感じらしいですが。
　さて，皆さんいかがだったでしょうか？　私が前半にお話ししたことがこの事例とどうつながっているのかというのは，皆さんそれぞれにお考えいただけたらとも思いますが，特にこの場合は家族合同面接でもあり，やはり家族構造の変化がポイントですね。ただここでちょっと気をつけてほしいのは，こういった事例を勉強した学生の中に，「私も家で両親間の通訳をしています。我が家の構造はダメなんでしょうか」などと言う人が出てくるのです。そうじゃない。あなたのご家庭はそれを続けていても構わない。その構造はきっとご家庭の役に立っているはずだからそれ自体を問題視しないでほしいのです。でもなんらかの理由で，不具合を感じて変えようと思うなら，変わっても別に良い。その程度の話なのです。
　このケースにおいても，「両親の通訳をやめる」といった新たな展開で家族システムの変化が生じて，問題持続のシステムが変化した。ただそれだけの話で，そこから一般的な家庭の評価や判定に向かわない方が良い。子供は親のことに口出したらダメだとか，親は子供を巻き込んだらダメだとか，そんな風にガチガチに考える必要はありません。もっと気楽に生きましょうね。実際皆さんの中で，家庭で通訳している方がいたら，どうぞ名通訳になってください。期待しております。
　さて,今日の講義はここまでにしたいと思います。システムズアプローチって伝統的な心理療法・カウンセリングとは随分違うところがあるんだなと感じ取っていただけたら嬉しいし，もしも大学院へ行ってこんな勉強したいと思う人が出てきたら，これはもう講師冥利に尽きますね。

9．質疑応答

Q：頭ではわかっていても，どうしても自分の価値観で家族関係の良し悪しを評価してしてしまうっていうか，カウンセラーが主観的に家族を見てしまうときがあると思うのですが，その際はどうやって客観的に切り替えるのでしょうか。

A：セラピストもセラピーを受ける必要があります。上級のカウンセラーから指導を受けることですね。これをスーパービジョンと言います。どんなカウンセラーでも面接中に自分の内側に生じてくる，怒りだと悲しみとかにかき乱されることはあろうかと思います。それはやっぱりカウンセラーの中のいろんなこだわりが影響している可能性が高い。自分の中の価値観の反映ですね。それを，上級の先生に報告する。すると，自分の持ち前のこだわりが柔らかくなるような何らかのやり取りをしてくれる。このような時間を持つのが大変大事なのですよ。それを通してカウンセラー自身も一皮剥け二皮剥け，自由な思考を獲得していく。少しでも自由になった状態でカウンセリングするから，その影響を受けて来談者も同時に自由になっていく。こんなイメージ持っていただくと良いと思います。仮に成功をたくさん積んだとしても決して天狗にならず，自分一人で何もかもできるなんて思わず，常に指導を受け続けるという，そういう気持ちや姿勢が大事だということです。

第 1 部

家族面接のコツ①夫婦面接編

第 1 章

家族療法家が円環を
パンクチュエイトするとき

動画を観る前に

1．円環をパンクチュエイトする

　システムズアプローチあるいはシステム論的家族療法にはいろいろと重要な概念はあるけれども，私にとっては，現象の相互作用としての理解，あるいは円環的理解といったこと以上に大事なものはありません。
　たとえば，妻：「夫が酒を飲むので私は文句を言う」，夫：「妻が口うるさいので私は酒を飲む」といった単純な相互作用を例にあげてみますと，夫の「飲酒」と妻の「口撃」はどちらもが原因であると同時に結果です。どちらもが加害者であり被害者であるとも言えます。つまりどちらの言い分も正しくもあり間違いでもあるわけです。
　しかしこのような円環的因果律による理解は「当事者」においてはあまりなされることはなく，おなじみの直線的因果律に従い，どちらが原因であるか（つまり変わるべきは誰か）を主張しあうことが多いように思われます。
　私たちの言語の特性なのか，思考回路の特性なのか，一方向的な「原因－結果」で物事を理解しようとする習慣傾向はなかなか根強いものがあるようです。このような習慣は，円環的な現象をどこかで句読点を打つ，切り取る，といった意味で「円環（あるいは相互作用）をパンクチュエイト（punctuate）する」と言われています。私たちは，相互作用を相互作用として記述したり理解したりするのがどうやら苦手なようで，それをある形で（大抵自分の都合の良いように）パンクチュエイトする生き物であると理解しておくことが無難なようです。そしてパンクチュエイトの仕方によって何らかの「意味」「意見」等といったものが生じ

てくるわけです。

　この夫婦の場合は，自分たちの間に生じている相互作用に対して，妻は「夫が酒を飲むので私は文句を言う」といった意味づけに至るパンクチュエイトの仕方をしている人であり，夫は「妻が口うるさいので私は酒を飲む」といった意味づけに至るパンクチュエイトの仕方をしている人だという理解が，システムズアプローチにおける人間理解の第一歩となるわけです。この場合，どちらが正しいことを言っているのかはまったく問題になりません。異なった2つの「パンクチュエイトの仕方」が提示されているに過ぎない，ということなのです。

　ただし，この夫婦の周辺の人たちが，どのようなパンクチュエイトを採用するかによって，その量的質的力関係によって，やがて「正しい意味・意見（あるいは人）」が社会的に構成されていくことになります。多くの人が相互作用に加わって，そしてそれぞれにパンクチュエイトして，次第次第に「あたかも真実であるかのような現実」が構成されていくわけです。

　たとえば，親戚の人たちの多くが妻と同じようにパンクチュエイトしますと，「問題の夫」「かわいそうな妻」が構成されていくといったことになるでしょう。無論，この周囲の人たちによるパンクチュエイトには「本気」の場合と迎合的な意味での「とりあえず」の場合があります。

　同様に，セラピストも実際の面接では，相手のパンクチュエイトの仕方に「とりあえず」合わせてみることができます。ただしこれは迎合であってはいけません。それは面接のさまざまな局面での重要な「技法」になるわけです。たとえば，ときには「ジョイニング（joining）」，ときには「アンバランシング（unbalancing）」などといった名称で呼ばれるものです。前者であるなら，夫婦が同じようにパンクチュエイトしている（同じような意味・意見を持っている可能性が高い）領域への合流であり，後者なら，夫婦の異なるパンクチュエイトに対してどちらかに肩入れすることでシステムを一時的に不安定化させるということです。

　「本気で」パンクチュエイトしたセラピストに対しては，それがどのような結果を引き出そうとも，「巻き込まれている（インボルブメント；

involvement)」という表現で，非治療的な関わり方であるとの批判が向きますし，「とりあえず」パンクチュエイトしているセラピストに対しては，それが単なる迎合でないかぎり，「参加している（ジョイニング）」あるいは「介入している」といった治療促進的態度として好評価が与えられるということです。それもまた，結果への評価ではなく，あくまでプロセスへの評価であります。

　先般，学生が次のような質問をしてきました。「家族療法でもうまくいかない家族はあるか？」私は即座に「ない。うまくできないセラピストがあるのみ」と答えました。実はこの答えは私の１つのパンクチュエイトの仕方から発せられた意味・意見なのです。わかるでしょうか。実際のところ，「治療の失敗」はセラピストと家族の円環的な相互作用の産物です。しかし，パンクチュエイトの仕方によっては，それを「家族に問題があったから失敗に至った」とすることも「セラピストに問題があったから失敗に至った」とすることも，いずれも可能なのです。セラピストが自分の何か（プライドとか地位とか）を守りたいと考え，「家族の問題ウンヌン」との意味・意見に至るパンクチュエイトの仕方を採用することもあります。しかし，セラピストが自分の技量を伸ばしたいと考えるなら，「セラピストの問題ウンヌン」との意味・意見に至るパンクチュエイトの仕方を採用することができます。私自身ももっと伸びたいし，学生にももっともっと伸びてほしいので，どのような場合でも常に，「失敗はセラピストの責任」との意味・意見に至るパンクチュエイトの仕方をするようにしているわけです。どのような場合でも，クライエントや家族の責任に帰するに至るパンクチュエイトの仕方は採用しない方がよいと考えます。

　学生はまた，「自分の家族に家族療法はできるか？　自分の家族がうまくいくコツは？」と質問してきました。私は即座に「至極簡単にできる。どのような場合であれ常に，自分が悪い，変わるべきは自分であるといった意味・意見に至るパンクチュエイトの仕方を採用する習慣を持つこと」と答えました。相手のせいでこうなった，悪いのは相手だ，相手が変わらねばならない，この種の意味・意見に至るパンクチュエイトの仕方は，先の夫婦のパターンを思い出すまでもなく，人間関係を徐々

にあるいは急激に厳しい局面に導くようです。個人の成長の妨げにもなるでしょう。

「で，先生は本当にそれが至極簡単にできるのですか？」学生の目は明らかに疑っていましたが，「悪いのはいつも私で，決して妻ではない」。何事につけ，私は日々自分に言い聞かせているのです。日々修行なのです。

冗談はともかく，自分の家族が，もっとも身近な「システムズアプローチのトレーニングの場」すなわち「相互作用の観察とパンクチュエイトの仕方を意識することの場」であることはまちがいないようです。

2．意味づけする

ここまで述べたように，パンクチュエイトは相互作用の切り取り方のことです。そして，それによって「ある意味・意見」と言ったものが形成されると述べました。しかしこれはおそらく正確な物言いではなく，こうした述べ方自体が直線的でありましょう。できる限り正確に表現するなら，パンクチュエイトと意味づけは一体的・円環的作業であるというべきでしょう。つまり，パンクチュエイトの仕方が何らかの意味・意見に至ると表現することも可能ならば，逆に，人はまずはある意味・意見を持ち，それに応じた形で現実の相互作用を切り取ってしまう（パンクチュエイトする）のであるという表現も可能であるということです。

鶏が先か卵が先か，の世界ですね。このようにある事象を円環的に説明することは私たちの持っている言語体系では大変面倒で，かつ限界があるようです。この原稿を書いている今，私はそれに一所懸命取り組んでいるわけですが，どんなにがんばっても，所詮ほんの一部を表現しているに過ぎないのです。と，今まさに記述したこともまた，「ただのパンクチュエイトの仕方次第」ということになるのですから，やってられません。つまり相互作用やそのパンクチュエイトの仕方あるいは意味づけはさまざまなレベル（階層）で起きているので，そのすべてを理解して記述することは不可能であるということです。イライラの元です。

しかし一方，このように「パンクチュエイトや意味づけはさまざまなレベル（階層）で起きている」という考え方はとても役立つものなのです。

たとえば，さきほど「治療の失敗」という表現を用いました。その際，「治療の失敗」はセラピストと家族の円環的な相互作用の産物であると述べましたが，そしてその原因帰属は相互作用のパンクチュエイトの仕方（意味づけ）によって変わってくると述べましたが，そもそも「治療の失敗」自体も１つの意味づけに過ぎません。そしてその意味づけは，「セラピストが悪い」のか「クライエントが悪い」のかといった内容が含まれるレベルの相互作用とは別のレベルの相互作用のパンクチュエイトの仕方と一体のものであるはずです。それは，「どちらが悪いのか」といったレベルの意味づけよりも上位レベルの意味づけでありましょう。「治療は失敗」という上位レベルの意味づけが「どちらが悪いのか」といった下位レベルの意味づけを誘発したと表現することも可能でしょう。つまり，「治療は成功」と意味づけされたならば，下位レベルの別の意味づけを誘発することになるわけです。

　先の夫婦に話を戻すと，「飲酒と口撃」の相互作用から「夫が悪い」あるいは「妻が悪い」といった意味づけが生じてくるのは，その上位レベルにおいて，この夫婦の間に「今起きていることに問題がある」といった意味づけが存在するからではないでしょうか。

　とすると，「今起きていることは問題ない」というように，上位レベルでの意味づけが変化することがあれば，「夫が悪い」「妻が悪い」などとの下位レベルの意味づけはもはやそれこそ意味をもたなくなるということになります。逆に「夫のおかげ」「妻のおかげ」などといったあらたな意味づけが夫婦間に生じてくる可能性もあるということです。

　このような原理を用いたのが，いわゆる「肯定的意味づけ」という技法です。つまり，「今起きていることは良いことであるからそのままで良い」という意味づけです。さらに「だからもっと同じことを続けなさい」となると「逆説的指示」といった技法に発展していきます。このような介入により，眼前の相互作用に変化を生じせしめる，つまりシステムに変化を生じせしめることも可能だということです。

3．実象と仮象

　私は，「私たちの眼前に実存するのは，縦軸としてのさまざまなレベ

ル（違う階層）間の相互作用と，横軸としての同じレベル（同じ階層）内での相互作用の相関」に過ぎないといった漠然としたイメージを持っています。先に，「夫婦の問題」や「治療の失敗」を例に出して，わずかに異なるレベル間の相互作用について述べましたが，これをもう少し拡張すると，「個人の心の持ち方が変わると身体の状態が変わる（あるいはその逆に，身体が変わると心が変わる）」，「家族が変われば個人が変わる（あるいはその逆に，個人が変わると家族が変わる）」といった現象はあってしかるべきであるという議論になります。さらにさらに拡張すると，素粒子レベルから宇宙レベルまで，その間にある異なった階層のものはすべて相互作用しているということになりますので，私はよく冗談で，「私がくしゃみをするとどこかの星が爆発する」などと言ったりするのです。実際，「宇宙的な（大なる）何か」が私たちに影響し，私たちもまたそれに影響する，といったことはあってしかるべき議論なのです。そのような「つながり」を意識できるようになることこそが，「異なった階層の相互作用の存在」を学ぶことの大いなる意義であるのかもしれません。実際，私が一般システム理論から受けた最大の恩恵はこのことなのです。ただ現実には，このような話になると，「宗教的あるいはオカルト的」などといって多くの現代日本人には敬遠されがちですので，これ以上の深入りはよしましょう。しかし，そのような人たちでも，「心身交互作用」とか「個人は家族システムの一部分」といった考え方は「科学的あるいは学問的」だからという理由で採用しているのですね。面白いことです。これらも本来，より大きな連鎖のほんの一部分でしかないはずなのですが。

　閑話休題。

　さて，私たちの眼前に「実存する現象」（実象）は先の述べた縦軸と横軸の相関であると考えていますが，それと同時に，私は，人は頭脳あるがゆえに「仮象としての現実」を観てしまうのだと仮定しています。それは，相互作用のパンクチュエイトの仕方によって，あるいは意味づけによって，「社会的に構成された現実」のことです。実象に色づけされたものです。そして，これは時代背景や社会や文化や個人の価値観などといったものの反映であるといえるでしょう。

たとえば、「心身交互作用」の視点を用いていくつかの例をあげるなら、「あなたの身体症状は悪霊が憑いたことが原因であるからお払いをしなければならない」との枠組みで「悪霊払い」を行ない、「これで大安心」となれば身体症状は消失するでしょうけれども、「あなたの身体症状は脳内物質の異常が原因です」との枠組みで「よく効く薬と称してメリケン粉を投薬」してもらい、「これで大安心」となれば身体症状が消失することもありえます。はたまた、「身体症状は外的ストレスが原因」との枠組みで「外的ストレスをコントロール」すれば身体症状が消失することもあるでしょうけれども、「身体症状は心の持ち方が原因」との枠組みで「過度な物質的要求や怒り、不平不満をコントロール」することができてもまた身体症状は消失するはずです。他にも、「生育歴」でも「条件づけ」でも「家族関係」でも、さまざまな枠組みを用いて心身交互作用に大なり小なりの影響を及ぼすことは可能でしょう（枠組みの善し悪し判断は別にしてください）。

　これらすべて、実象としての「心と身体という異なる階層間の相互作用」に変化を起す手段なのですが、要は、当事者が（治療の場合は施術者と被施術者が）その手段をどれほど信じているかといったことが重要でありましょう。その手段はすべて仮象です。だからこそ、時代背景や社会や文化や個人の価値観などといったものの反映であると述べたわけです。時代や社会や人が変われば、「素晴らしいこと」が「ぞっとすること」にもなるわけです。それらは所詮仮象であり、実象ではないからです。実象は時代背景や社会や文化や個人の価値観に決して影響されるものではないからです。

　私は、世の中のこと、人生のこと、万事がこのようなものであると考えているわけですが、私たちが「考える葦」として生きている限り、この種の仮象に日々さらされ、そしてまたそれを生成するプロセスに参画せざるをえないようです。そこを超克し実象のみを観ずることができるのは、いわゆる悟りを開いた人だけに可能なことなのかもしれません。私たちにとっては多くの場合、凡夫として煩悩に身を焦がす（仮象に振り回される）ことが人生そのものなのかもしれません。

　しかし一方、きちんとした意識を持てば、つまりなるべく実象を観る

ように努めるならば，覚者・偉人ほどでなくとも，いたずらに仮象に振り回されることのない人生を歩めるのではないかとも期待するわけです。少なくとも，そのような者に近づくことが良きセラピスト（あるいは対人援助者）になるということであるのだと，システムズアプローチではそのように考えているのだと，理解していただけると幸いです。

（なお，ここで述べている「実象」は，他の異なる文脈に置くことで，たちまち「仮象」と表現しうるものとなる。つまり絶対的なものではなく相対的なものであることは言うまでもない。）

4．クライエントの語る「問題」の扱い方

普通，カウンセリング場面では，最初にクライエントはセラピストに何らかの「問題」を提示するわけですが，提示された「問題」は本質的には実在しないものです。つまりただの仮象です。そもそもそのような仮象であるところの「問題」はどこにも「ない」。実象としては「何らかの相互作用の一部分」として「ある」のみです。それが，あるパンクチュエイトの仕方と意味づけによって「問題である」とされてしまい，仮象ながらも存在感を得ただけのことです。究極は偽りの存在であるということです。仮象ですから，時代背景や文化や社会や個人の価値観などといったものの反映に過ぎません。実象に色を塗られた張子の虎です。もちろん，それでもクライエントにとってはそれが実象のように観ぜられ，押しつぶされそうになっているのです。本来「ない」ものにおびえているのです。

家族療法では，「患者（patient）」という表現ではなく「患者と認定されたもの（Idetified Patient）」という表現を用いますが，それはこのような考え方の反映です。仮象ではなく実象をとらえようとするセラピストの意識を象徴した表現なのです。同様の意義で，「問題（plobrem）」という表現も「問題と認定されたこと（Idetified Plobrem）」と表現しなおすと良いでしょう。どちらも略号は IP です。

つまり，「問題と認定されていること」は，ある相互作用の一部分としてはその相互作用全体と共に実象ですが，「問題」は仮象にすぎません。「問題」は実象（ある相互作用の一部分）に付与された単なる「意味」

に過ぎないので，これを仮象と言うのです。「問題」として眼前に現れている仮象の奥に，「問題と認定されていること」といった呼び方にふさわしい本来的には無性格で真っ白な実象があるわけです。そしてその実象を一部分として含んでいる相互作用も実象としてあるというわけです。それらは本来的には無色で何ら色づけされているものではないのです。

　セラピストはクライエントや家族の語る「仮象」にとらわれることなく，「実象」を観なければなりません。セラピストが相手の語る「問題」や「問題の人」を相手の語りのままに「ある」と本気で理解するのは，相手と同じく仮象にとらわれている姿であり，「巻き込まれ」なのです。ただし，「ある」ことに一応しておく，というのは，初回面接開始しばらくは，正しいジョイニングのあり方ではありましょう。しかし可能な限り早く，「仮象に水をやること」は止めた方がよいのです。

　「問題」は仮象ですから本来的には「ない」ものです。クライエントや周辺の者が（場合によってはセラピストまでもが）それを「ある」ものとして（実象と勘違いして）しがみつかない限り，原理的には，たちまちすぐにでも「ない」ものとしての本来性が立ち現れてくるのです。つまり，「ある」ものとして観なくなることは，「ある」ものとして観ていたときの相互作用のあり方に変化を与えるので，結果として本来的な「ない」ものになってしまうということなのです。言い換えれば，実象を観ようと努めることは，仮象を観ていたときの相互作用のあり方に変化を与えるので，結果的に仮象が消えて実象が浮き上がるという感じです。それはたった一回の面接でも可能ですが，多くの場合は複数回の面接を通して実現されることになります。

　繰り返しますが，心理臨床場面では，「問題」として構成されたものがあたかも実存するかのように，あたかも「ある」かのように，クライエントからセラピストに提示されるのです。しかし本来的に「問題」は「ない」。一見「ある」ように見えても，それらはクライエントやその周囲の人々によって「問題として構成されたもの」に過ぎず，その実象はある相互作用の一部分であるに過ぎないということです。

　それらを消失させるためには，セラピストには2つのことが求められ

ます。1つは，セラピストまでもが，クライエントがそうであるように，「問題」を実象（「ある」もの）と見てはならないということです。それがどのようなものであれ，「問題」は本来「ない」。仮象です。偽物です。そこにある実象は，ある相互作用の一部分であるに過ぎない。そのようなセラピストの構え方がまずは何より大事であるということです。クライエント同様に「ある」と見てしまうことは「巻き込まれ」です。このような構え方こそが，システムズアプローチの目に見えない重要なポイントなのです。

　そしてもう1つ，その上で，セラピストはクライエントといっしょに，会話によって，持ち込まれた「問題」を「非問題」に導く方向で再構成することが求められるのです。これはシステムズアプローチの目に見えるポイントです。それらは，セラピストの非言語的反応や質問（内容や仕方），あるいは言葉の力によって成し遂げられます。セラピストの技術的な上手下手は，それらを用いたコミュニケーション能力，あるいは文脈形成能力として観察可能なのです。

5．セラピストの作る『問題』の扱い方

　クライエントの語る「問題」だけでなく，セラピストがクライエントに観る『問題』もまた，本質的には実在しません。これもまた本来「ない」のです。ただの仮象です。しかし多くの場合，セラピストは仮説・見立て等と称してクライエントに『問題』があたかも「ある」かのように扱うものです。たとえば，対象者を理解するという前提で，力動論者は生育歴を観るし，行動論者は刺激・反応の随伴性を観るし，家族療法家は家族構造を観るといった具合に。ただしそれは大抵の場合，『問題』の発掘作業になるようです。そして，それぞれのオリエンテーションに則した仮説・見立ての設定が行なわれるのですが，それは大抵の場合，『問題』の組み立て作業になるようです。何も仮説・見立てなどという立派なものでなくても，セラピストが「クライエントをどのように感じたか」といった程度のものであっても，本気で『問題』を発掘しようといった意識がセラピストにあることは，ごく一般的なことではないでしょうか。

　その上で，心理臨床場面では，そのように『問題』として構成された

ものがあたかも実存するかのように，あたかも「ある」かのように，セラピストからクライエントに明に暗に示される場合があります。しかし，専門家がどのように優れた見識を持っていても，本来的に『問題』は「ない」のです。どれほどリアリティが感じられたとしてもなお，それはセラピストによって『問題』として構成されたものに過ぎないということです。

　セラピストはそれらを本気で『問題』と思ってはなりません。特にシステムズアプローチを志す場合，そのようなセラピストの心構えがまずは何より大事であるということです。クライエントに『問題』が「ある」と本気で見てしまうこともまた，「巻き込まれ」なのです。

　理想論を言えば，セラピストはクライエントに何も『問題』を観じないで済ませられることが望まれます。つまり実象のみを観ずることができるような意識レベルに自らを高めておくことです。すべてのことに対して，それは何らかの相互作用の一部分に過ぎないというものの見方が自然とできるようになりたいところです。しかし現実的に考えるならば，凡夫であるセラピストもまた，クライエントが「問題」にとらわれているのと同様，クライエントの『問題』にとらわれることがしばしばあるのです。

　しかしそのような場合もできるだけ早く，セラピストとしての自分はただいま，クライエントに○○のごとき『問題』が「ある」と現実構成しているのだ，と気づくことができるようになりたいものです。実際のところ，クライエントに『問題』は「ない」。一見あると観えていてもそれは仮象であり，実象としてあるのは相互作用の一部分であるに過ぎない。それを，セラピストとしての自分自身のパンクチュエイトの仕方と意味づけで，『問題』としての存在感を与えてしまったのだ。そのような反省の心が常に必要でありましょう。

　ただ，セラピストがクライエントの『問題』を観つけることも，それが本気のものでさえなければ，変化のための方便として利用価値がある場合も相当あると思われます。「とりあえず○○がクライエントの『問題』であるということにして」クライエントとコミュニケーションすることで，結果としてクライエントの持ち込んだ「問題」を「非問題」に再構

成することは可能なのです。

　もちろん、そのような方便を明に暗にクライエントに提示することが、果たしてセラピーの役に立つのかどうか、最大限の慎重な判断が必要です。セラピストが新たに持ち込んだ『問題』は、そもそもクライエントの主訴であったところの「問題」を「非問題」に導くための橋渡し的機能以上の意味を持つものであってはならないと思います。度が過ぎると、その『問題』がクライエントにとっての新たな「問題」として実在感を持つことになり、より一層深刻な事態を招くことにもなりかねないのですから。

6．とらわれないこと

　目の前のクライエントがどのような人物であれ、訴えが何であれ、彼（彼女）らに「問題」も『問題』も「ない」のです。「問題」『問題』は、ある相互作用をあるパンクチュエイトの仕方で取り出して意味づけしたものに過ぎません。「問題」である、あるいは『問題』であると構成されて、あたかも実在のものであるかのようなフリをして、偽りの存在感を得ているだけなのです。所詮、仮象なのです。その「構成主」はクライエント、家族や学校の教師、あるいは医師や臨床心理士といった専門家・研究者、はたまたマスコミやジャーナリズムであるということです。

　ところが、クライエントに「問題」や『問題』は「ない」一方、これは大変重要なことなのですが、セラピストは「ない」ことにこだわってもいけません。「ない」ことにこだわると、「ある」とこだわる者に対して、「あるとこだわることがこの人の『問題』」などといった、新たな『問題』を本気で「ある」ものとしてしまうことにつながりかねないのです。これは自己撞着に陥った姿です。徹底的にクライエントを「問題」『問題』共になしと観ずるためには、セラピストは「問題」『問題』の「ない」ことにもこだわってはいけないのです。セラピストが「ない」ことへの執着から離れていられるからこそ、「ある」ことに執着しているクライエントに（あるいは同業者に！）、批判なく寄り添うこともできるということです。

第 2 章

逐語録：後藤たかし・ゆきこのケース

1 回目の面接

【動画の視聴方法】
下記 QR コードから vimeo のサイトへアクセスしてご視聴ください。
動画はアングル別に 3 タイプあります。

全体 ：https://vimeo.com/726611907/90512bef70	
セラピストのみ ：https://vimeo.com/726612707/9c4ff044bc	
クライエントのみ ：https://vimeo.com/726612269/e12d568bad	

注意：逐語編にある【コメント xx】は，解説編（91 頁〜）での東，坂本両氏による解説がある箇所を示しています。また，Chap.xx とは，動画のチャプター番号を示しています。動画のチャプター機能で位置指定して観ることが可能です。

受付表	
受診日 （電話予約あり）	2011 年 7 月 9 日（土）
氏　名	後藤ゆきこ　女性　30 歳
（つきそいがいる場合）	つきそいの方のお名前：後藤たかし 男性　33 歳　（続柄　夫）
主　訴	すぐに涙が出たり，めまいがしたりする。3 カ月前から心療内科に通院している。医師からは「うつ」と言われている。
かかっている他の医療機関など	中野こころのクリニック
処方薬など	ジェイゾロフト，デパス，リスミー

来談経路	医師からカウンセリングを勧められ
診断書・紹介状	なし
実習生の陪席	不可
担当	東豊

Chap.01 （ノックの音）
　　東：はいはい，どうぞ。
　　夫：あ，こんにちは。
　　東：こんにちは。どうぞどうぞ。
　　夫：よろしくお願いします。
　　東：はい，よろしくお願いします。どうぞ（椅子をすすめる）。

　　東：東と申します。よろしくお願いします。
　　夫：よろしくお願いします。
　　東：ええ（受付表を見ながら），お父さん，たかしさん。
　　夫：はい。
　　東：と，ゆきこさんでいらっしゃいますね。
　　妻：はい。
　　東：ようこそいらっしゃいました。えーと，今日はお医者さんのほうからカウンセリングを勧められて，ということで来ていただいたんですね。
　　夫：はい。
　　東：ええと，医者にかかっていらっしゃるのがゆきこさんですか。
　　妻：はい，そうです。
　　東：えーと……，どんなことでかかっていらっしゃるのかな。ちょっと教えて。
　　妻：はい。今年に入ってから，4月あたりからなんですけど，急に涙が出たり，そういった気分が落ち込んだりという症状があったので……。
　　東：うん。

妻：5月くらいに入ってから，内科のほうに行ったら，何も異常はないよというふうに言われて。心療内科で診てもらったらどうかということで通い始めて。

東：うん。

妻：で……うつ？　うつだっていうふうに言われています。

東：うん，なるほど。もう，治療は3カ月くらい続いているんですかね。

妻：そうですね，はい。3カ月くらいになります。

東：そうですね。えっと，お薬だけかな，今受けている治療は。特にそちらではカウンセリングとかはなかったんですかね。

妻：はい。

夫：そこはあまりないみたいなんですよ，カウンセリングが。

東：ああ，それでこちらをお勧めになったということなんですかね。

夫：そうですね。【コメント1】

Chap.02 東：今日もご主人がご一緒なんだけれども，（主治医から）是非一緒に行きなさいと言われたの？

夫：いや，一緒にとは言われてないと思うんですけど，先週たまたま私は会社が休みだったんですね。それで妻と2人で受診しまして。

東：はい。

夫：いろいろ経過はあったんですけど受診しまして，その時に，私も前々から妻がうつなのかなという思い（疑問）もありまして。

東：ほうほう。

夫：あまり改善も……，睡眠だけは結構よくとれるようになったみたいなんですけど，あまり改善はしていない感じだったので，ちょっとお医者さんのほうに行って薬だけで治るものなのかということを聞こうと思って。

東：うんうん。

夫：聞いてみたら，なんだか診察はすごく短かったんですけれど，

カウンセリングがあるからそれを受けると役に立つかもしれません，というふうに言われて，少しでも役に立つのなら行きたいというので。【コメント2】

Chap.03 東：ああ，なるほど。じゃあ，その時は2人で行きなさいというニュアンスではなかったわけですね。

夫：なかったかもしれないですね。

東：なかったかもしれない？　ふーん。今日2人で来ようと思われたのは何か事情がおありだったの？　お1人で来られることだってできたと思うんだけど。いやいや，一緒に来てもらったのがダメだという，そういう意味じゃないけど（笑）。

夫：ああ，いえいえ（笑）。

東：ねえ，お1人で来ようと思ったら来られたと思うんだけど，一緒にと思われたのはどういうご相談で？

夫：先週，私が受診することになったのがですね，ちょうど前日に，私の母と（妻とで）トラブルがありまして，私が帰ったときは（妻の）呼吸がハアハアなっていまして，私もこれはただごとじゃないと思って。【コメント3】

Chap.04 東：はい。

夫：予約していたわけではないんですけれども，翌日に行こうということにしてクリニックのほうにかかったんですね。そういうことがあったものですから，1人で行かせるのもちょっと心配かなと。

東：心配？　身体的に心配ということで？

夫：そうですね。

東：ああ，そうですか。

夫：今日は車で来たんですけど。

東：車でね。うんうん，そうですか。はい，えーと，どうしよう。このままの形でお話を続けていいのかな。いや，もし付き添いだけで，送り迎えだけで来ていらっしゃるんだったらねえ，ちょっと待っていてもらわなければいけないんだけど。

夫：ああ。

東：この形でいい……かな？

妻：(小声で) あの，一緒に。一緒に話を聞いてもらいたいと思います。

東：そのほうがいいですか，うん。特に一緒に話を聞いてもらいたい理由とか事情とかあります？

妻：体がまだちょっとしんどくて，1人で先生とお話しするというのは，あまり元気もないので……。

東：なるほど，うん。

妻：一緒にいてもらったほうがありがたいです。

東：ありがたいね。わりとたくさんしゃべってくださるご主人ですか？

妻：はい。

東：じゃあ，たくさんしゃべっていただいて。

夫：いやいや（笑）。あまり僕はしゃべるわけではないんですけれど。【コメント4】

Chap.05 東：はい，そうしたら，一緒に面接を続けていきたいと思います。さっき，本当にうつかなあ，ということをおっしゃいましたね。

夫：はい。

東：それと，その背景にはきっとお姑さんとの関係で症状が出たというお話もあったので，そういう関連のことかなと思うんだけれども，その辺りどんな事情で？

夫：うつかな，というのは，私はインターネットでちょっと調べただけなんですけれども，そんなに簡単になったわけではないんでしょうけど，まさかそんな自分のねえ，妻がそんなことになるというのが，まだちょっと信じられないというんですか。

東：はいはい。

夫：うーん。妻からも結構話は聞いているんですけど，母のことをいろいろと。

東：うん。

夫：それでうつになるものかなあ，というのが，私の中にちょっと引っ掛かっていまして。
東：お母さんのことを聞いていらっしゃるというのは，どういったこと？
夫：例えば，結構きちっとしているんですよ。
東：奥さんが。
夫：うん。料理を今日はこれを作ってとか，材料もちゃんと決めて。【コメント5】
東：はい。
夫：それが例えばうちの母親がですね，ちょっと大雑把な性格なもので，冷蔵庫にあるものを勝手に使っちゃったりとか。
東：奥さんがこれは晩御飯用だと準備しているものを，いつの間にかお母さんが使っちゃうんだ（笑）。あらー，そう。
夫：何か要りもしないものをたくさん買い込んできたりとか，しているみたいで。
東：ああ。冷蔵庫はもちろん共有なんだね。そうか，はいはい。
夫：それが気に入らないというのは，まあ，わかるっちゃわかるんですけれどね。
東：奥さんが気に入らないのはね。
夫：それだけ準備して……。
東：奥さんはきっちりしたいのにね。
夫：2人で暮らしていた時もあったので，その時からすごくきちっと献立も計算してね。
東：ああ，本当。ご主人はどっちのほう，きちっとしたほう？お母さん譲りで大雑把なほう？
夫：どうかなあ。仕事とかに関してはきちっとしているんですけど……。
東：はい。
夫：と思いますけど。
東：ええ，ええ。
夫：家事は……（妻に向かって）どうかね？

第2章　逐語録：後藤たかし・ゆきこのケース――1回目の面接

妻：2人で暮らしていた時には忙しい中でも一緒に料理を休みの日は作ってくれたり……。

東：へえ。

妻：そういうことはしていて，そこでなんかこうだらしないなと思ったことはないので，わりときっちりしているほうだと思います。

東：ああ，そうですか。じゃあ，お母さんとはちょっと違うわけだ，タイプが。

妻：うん。お義母さんとはちょっとタイプが違う。

東：違うんやねえ。お父さん似やったのかな。

夫：どっちかというと，そうだったかもしれないですね。

東：ああ，そう。お父さんはわりときっちりしたほうね。

夫：そうですね，はい。

東：お父さんはきっちりした人，お母さんは……，あ，お父さんはまだ……？

夫：いや，実は去年の3月に亡くなりまして。【コメント6】

東：あ，そうなんだ。じゃあご生前のことを聞きますけど，わりときっちりしたお父さんと，わりと……ねえ，ルーズというか。

夫：(笑)

東：お母さんと，うまくなさってた？

夫：そうですねえ。父があまり気にしないというか，無口で，あまり気にしないんです。母がやっぱり中心で。

東：仕切っているんだ。あー。

夫：だから家庭の中でそんなにトラブルもなかったし，ケンカもあまりなかった。

東：なるほど。あまり家事とかに口を出さなかったんですね。

夫：そうですね。

東：そうかそうか。なるほどねえ。それで，2人で生活されている時はそういうことだったということですが，いつからですか，今の同居生活に入られたのは。

夫：えーと，いつから……。去年の……。

妻：9月。

夫：9月くらいから。

東：去年の9月から。それは，その生活が始まってすぐに今のようなお母さんとのことは表面化したの？　うまくやれんなあ，みたいな。

妻：いや，暮らし始めてすぐの時は，お義父さんが亡くなったから同居しようということになって，家を建て替えて，私たちが主人の実家の建て替えた新しい家に行ったという形だったので，最初のころはお義母さんもお義父さんが亡くなって元気がなかったので……。

東：ああ，そうかそうか。なるほどねえ。元気が出ないお義母さんだと，まあやりやすかった（笑），みたいな感じだったのかな。

夫：でもあんなに元気がなくなることっていうのはなかったですね。

東：ああ，そう。本当。今はすっかり立ち直っていらっしゃる？

夫：ああ，そうですねえ。あれはなんだったんだろうというね。

東：それくらい立ち直っていらっしゃるのね。奥さんは元気な時と今とではどんなふうに違うんですか？　奥さん自身は。

夫：私から見てですか。

東：そうです。

夫：違いですか。今は当時よりは（2年位前よりは），気持ちが沈んでいるかな。

東：ちょっと？

夫：いや，結構かもしれない。もうちょっとこう，ニコニコとしたりとか，2人で話す時も笑いながら話したりとか。

東：ああ，そうですか。なるほどね。うんうん。そうか，じゃあちょっと話は戻るけど，ご主人からすれば本当にうつかいなと。どうもそういう人間関係というかな，嫁姑関係のことがあって，それがあるから今のことが起きているのであって，

そんなうつ病とかそういうことではないんじゃないかな，というお考え？

夫：そうですね。あとはまあ，それだけなのかな，母のことだけでこうなっているのかなと。他のことがどういうことがあるのかないのかわからないですけど。

東：ご主人としてはお母さんのことが一番引っ掛かっている。

夫：まあ一番聞くので。うちの母のことだからありえるなと。【コメント7】

Chap.08 東：なるほどね。はい。えーと，もうそのことは，大変だぞというのは，何カ月も共有されているわけだね，お母さんのことをね。

夫：（うなずく）

東：うんうん。何か解決策というか，じゃあこんなふうにやってみようかとか，アイデアは何か出てきている？

夫：いやあ……ないというか，引っ越すわけにもいかないんです，建てたばかりだし。母を追い出すわけにもいかないですし。

東：はいはい。

夫：たぶん，別居すれば治るんだと思うんですけど……。

東：（妻に向かって）そうですか？

妻：今はとにかくお義母さんと顔を合わせたくないですし，別々に暮らせたらいいかなと思います。

東：うん。じゃあ，そういう生活ができたら随分楽になるだろうという予感はあるわけね。

妻：うん。

東：そう。

（少し間）

夫：やっぱあれですかね，こういうような相談というのは結構あるんですか。

東：ん？【コメント8】

Chap.09 夫：こういうことで，相談に夫婦で来られるということはあるんですか。

東：いや，もちろん，ありますあります。それはもういくらでもありますよ。

夫：そういう時ってなんでしょう，別居することによって治ったりとかするんですかね。【コメント9】

Chap.10 東：あー。もし別居することで治るということであるんなら別居されてみる？

夫：いや，結構それもキツイっちゃキツイ。それしかなければもうそうするしかないのかなっていう……。

東：うーん，どうしよう奥さん。別居したほうがいいよって言ってみようか。【コメント10】

Chap.11 夫：ハハッ（笑）。

妻：うーん。別居……，したいですけど……。

東：うん。

妻：家も建て替えたばっかりで，確かに状況としては難しいというのもわかりますし，……でもお義母さんとは離れたいですし。でもお義母さんを追い出したり，見捨てたりというのもなんだか悪い気がして，どうしていいのかわからないです。

東：そうねえ。あの，たぶんね，ご主人にとっては，もちろん本当のお母さんだし，なかなか難しい面もあると思うんだけど，仮に，仮に別居したほうがいいということで別居しても，なんか後ろめたいというか，罪悪感というか，そういうことで気持ちが暗くなっちゃうよね。離れたら離れたで楽だろうけど，でもそうしたらそうしたで後ろめたいというね。

妻：はい。

東：うん，そうだと思うね。だから別居したほうが解決するのかどうかというのは難しい。

夫：ああ，そうですか。

東：難しい。うん。だって，別居しながら奥さんの罪悪感をどう軽減してさしあげるか，そして別居したことでお母さんをどう手当てするか。

夫：そうですねえ。

東：これはご主人，仕事増えますよ。

夫：そ，そうですか（苦笑）。私がなんとかすれば，なんとかなるんですかね。

東：え，なんとかするというのは，例えば？【コメント11】

Chap.12 夫：いや，わからないですけど，罪悪感？ そんなことないよって言っても，本人がそう思っていることですよね。

東：ああ，罪悪感は，ね。はいはい。

夫：まあ話を聞いたりしても，どうしようもないんじゃないかなって感じはするんですけれども。

東：（妻に向かって）そうですか？【コメント12】

Chap.13 妻：うーん。話を聞いてもらえば，少し楽になるところはあります。

東：ああ，そう。

妻：ですけど，やっぱり自分だって両親のことを悪く言われるのは，いい気持ちはしないですし，主人も仕事が忙しくて朝早くから夜遅くまで働いているのに，帰ってきてお義母さんのことを悪く言うのを聞かせたりするのも申し訳ない感じがして……。【コメント13】

Chap.14 東：うん。

妻：聞いてもらったら楽な時もあるし……。

東：かえって申し訳ないなっていう気持ちになっちゃうこともあるし，ということね。

妻：うん。

東：うん。（夫に向かって）昔から奥さんはこういうタイプの方ですか。遠慮深いといったらなんだけど，こうして欲しいけどしてもらったら悪いし，みたいな。【コメント14】

Chap.15 夫：いやいや，そんな感じじゃなかったですね。

東：あ，そうなの。どんな感じだったの？

夫：わりとカラッとして，友だちにも言いたいことを結構言ったりとか。

東：ああ，はい。ご主人に向かっても？

夫：僕にも結構，直接ここ直してとか，トイレのふたを上げっぱなしだとちゃんと閉めてとか。ぜんぜんもう……。もうちょっと優しく言ってくれてもいいのにと思うくらい。

東：ははは。ズバズバとおっしゃるんだ。

夫：そういう感じだったんです。

東：そうですか。

夫：はいはい，という感じで。

東：今回の同居のことも？「ああ，同居？　いいよー，一緒に同居しよう」という感じだったの？

夫：そんなさっぱりじゃなかったかなあ。

東：どんな感じ？

夫：ちょっとは，やっぱり不安があったみたいです。うちの母のこともよく知っていたし。だから，その前は結構普通に楽しそうに話はしていたんですけれど，うちの実家に来た時とか家の中の様子を見ているので，（妻は）結構きちっとしているので，あそこがちょっと汚かったとか，気になるところがあったとか言われたりして，そういうのがちょっと不安だという話はしていたんですけれど。

東：うん。

夫：だから，そんなにサクサクという感じではなかったかもしれないですね。ただ，そんなに絶対に嫌だという感じではなかった。

東：うんうん。はい。さて，それでご主人の仕事が増えるという話ですけれど，仕事が増えることは大丈夫？

夫：いや（苦笑），仕事って言うとどんな感じの……。

東：家庭内の仕事です。

夫：家庭内の仕事。

東：うん。大丈夫かな。

夫：あの……，仕事は結構平日は，特に忙しい時は遅かったりするので。

東：どんなお仕事？

夫：IT……。
東：IT関係。
夫：SEをやっているんですけどね。時期によるんですよ。
東：ええ，ええ。
夫：最近は結構しっかり仕事も入ってきていて。忙しいことが多いんですけど，まあ日曜日とか，休みの日だったらなんとか少しはできるかなという感じはするんですけれど。
東：どんなことができると思います？
夫：えー。今までも私としては一緒に，子どもがいるんですけれど，3人で公園へ行ったりとか，外に出かけて。
東：子どもさんはおいくつ？
妻：3歳です。
東：3歳。かわいいさかりだねえ。ふーん，そう，3人でね。
夫：うちの母とのことも何となくあるので，ちょっと気分転換に行こうよと言って。そういうことはやっていた……つもりなんですけど。
東：はいはい。(妻に) そのことはどう，役に立っている？
妻：そうですね。3人で休みの日にどこかに行ったりというのは気分転換になっていますし，娘もとっても喜んでいますので，その点では本当にありがたいなと思っています。
東：うん，なるほどね。他にはどんなことをされていますか。
夫：他にはですか。まあ，時々料理を一緒に作ったりとか。
東：料理も作られるの。へえ，すごいな。
夫：時々，時々ですけど。最近はあんまりしなかったかな。
東：本当。おいしい？
妻：おいしいですよ。
東：おいしい。へー，本当。なかなか器用だねえ。
妻：はい。
夫：1人暮らしもしていたので。
東：そうなんだ。うんうん。料理は自分からするの？　言われてするほう？

夫：うーん，言われてしているかなあ。（妻が）ちょっと疲れたとか言って。「やって」とは言わないんですけど。

東：「やって」とは言わない。

夫：うん。でもちょっと疲れた感じが……。

東：伝わってくるの。

夫：うん，伝わってきて。今週は作ろうかとか。

東：なるほど。さっきの散歩は？　家族で一緒に行こうって，奥さんからおっしゃるの？

夫：散歩は私が行きたいくらい。

東：あ，ご主人が行きたいんだ。

夫：結構好きなんですよ。【コメント15】

Chap.16　東：ああ，そうなんだ。

夫：普段は結構パソコンに向かったりすることが多いので，ちょっと体を動かしたりとか。

東：ああ，そう。他にはどんなことされているの？

夫：いやあ……，子どもと遊んだりくらいですかね。

東：子どもさんとどんなことをして遊んでいるの？

夫：いや，ブロックみたいなのが結構好きなので，一緒にブロックして遊んだり。

東：ああ，いいねえ。上手に遊んでいますか？

夫：いやあ……。

妻：普段家にいることがあまり少ないので。でもいるときにはよく遊んでくれているほうだと思います。

東：ああ，そうですか。奥さんから子どもさんと遊んでとお願いするの？

妻：パパがいるというときには一緒に遊びたいというふうに……。

東：子どもさんが言うんだ。

妻：はい。

東：そうかそうか。他にはどんなことを？

夫：他はあまり……，時々風呂掃除とかしている。

東：風呂掃除したりとか。
夫：時々ですけど。月に1回とか2回とか。
東：はい。そのお風呂掃除は奥さんがしてちょうだいとおっしゃるの？【コメント16】

Chap.17 妻：うーん，どうですかねえ。
夫：もう最初から，（一緒に）暮らしていたときから。
東：最初からのルール。
夫：なんか暗黙の。
東：暗黙の（笑），役割分担。
夫：風呂掃除はやります。
東：ああ，そうですか。
夫：なんとなく風呂は男がやるものという感じがあって。
東：あるのね。他にはどんなことをされていますか？
夫：あんまり思い浮かばないかなあ。そんな感じだと思います。
東：奥さんからみてね，実際にご主人がするかどうかわからないけど，あとこんなことできそうなこと，ご主人にやってもらえそうなことって何かある？
妻：うーん……（少し考える），仕事が忙しくて帰ってくるのも遅いですし，休みの日もそうやって子どもと遊んでくれたりしているので……，今やってくれていることはやってくれていると思うんですけれど……，もうちょっと2人で話す時間があったらいいかなあとは思います。【コメント17】

Chap.18 東：「いいかなあ」とは思う？
妻：はい。
東：そのことは日頃おっしゃいますか。
妻：うーん，少し言ったりはするかもしれないですけど，あんまり，忙しいので。
東：あきらめる？
妻：あんまりはっきりと主人に言ったことはないと思う。
夫：ないよね。
東：うんうん。奥さんは甘えるのは上手なほうですか？

夫：甘えるの？
東：うん。昔から，なになにしてちょうだい，なになに買ってちょうだい，とか。
夫：ああ，いや，あんまりなかったかもしれない。
東：あんまりなかったかもしれない？
夫：結構しっかりしているんです。
東：しっかりしている。ああ，本当。
夫：何を買ってこれを買ってというのも全部自分で考えて。
東：ああ，そう。ご主人ね，ご主人は……，ちょっと失礼なことを聞きます，ご主人はわりと打たれ弱いほう？【コメント18】

Chap.19 妻：いやあ，打たれ弱くないと思います。
東：ない？
妻：結構，どっちかというと聞き流しちゃうタイプかなって。
東：ああ，はいはいはいはい。そうかあ。誰かに何かを頼まれたりしたら抱え込んでクシャッとなる感じではないんだ。
妻：ないです。
東：スーッと流すことができる人なの。【コメント19】

Chap.20 妻：そういう感じがします。スーッと何か，仕事とかもそんなに，忙しそうにはしていますけど，お休みの日にリフレッシュしたりとかできているんじゃないかなと。
東：ああ，なるほど。はいはいはいはい，そうなんだ。じゃあまだ余裕は……ありますか（笑）。
夫：余裕ですか（笑）。うーん，まあ，全然切羽詰っているという感じじゃないですけど。もちろん仕事をしているときはすごく忙しいときがありますけど，壊れて倒れるとかいう感じでは……。
東：ないですか。じゃあ何か，もし負担が，負荷がもうちょっとかかっても，つぶれたりせんですね。
夫：いやあ，ものによりますけどね（苦笑）。
東：うんうん（笑）。脅したみたいだね。

夫：何がくるのかちょっと怖いですけど（笑）。

東：ドキドキした？　もう一度奥さんに聞きますけど，ご主人は精神的にダウンしやすい？　それこそ今奥さんが（ごめんなさいね），うつだという話になっているわけだけど，ご主人がこれまでうつみたいになっちゃったとか，とても元気がない時期があったとか，そういうことはないですか？

妻：そういうことは，今まではないです。

東：大丈夫ね。OK。（夫に向かって）ないね？

夫：ないですね。

東：中学高校時代から。

夫：ないと思います。

東：大丈夫ね。

夫：はい。【コメント20】

Chap.21　東：OK。（少し間）さっきお母さんの話がありましたよね。それで，別居したい。できたらね。できたらいいんだけど，したらしたで……どうなるだろうという心配があるよね。自分がワアワアワアという感じになっちゃうんでしょう？

妻：（うなずく）

東：ねえ。うん，そこのところ，なかなか結論出ないよね。

妻：うん。

東：すぐ結論を出したい？

妻：（少し考える）結論というか，今こうやって毎日1人で家にいるといろいろ考えちゃったり，気分が落ち込んじゃったりという，こういう状況からは早く抜け出したいというふうには思うんですけど，お義母さんのことはすぐにどうこうなる問題じゃないかなとは思っています。【コメント21】

Chap.22　東：うん，素晴らしい。最高，奥さん。やさしいね，うん。素晴らしいです。でもちょっと元気出していってね，その元気が出てくるプロセスで，じゃあお義母さんとの同居をどうしようかとか，生活をどうしようかとか，そういうことも段々解決していく可能性があるよね。

夫：うん。
東：ね，そこやね。さあ，そこです。奥さんが元気になるためにね，ご主人，一肌脱ぐ気はありますか。ちょっとお義母さんのことは置いておきましょう。すぐ結論を出すのではなくて，今は奥さんがおっしゃったように，そういうことじゃなくて直接は関係しないけど，まず奥さんがちょっと元気になる可能性のあるということで取り組んでみられる気持ちはありますか？
夫：ああ，もちろん。
東：あります？ OK？
夫：（うなずく）
東：うん。はい，えっとね（笑），ご主人，ドキドキします？
夫：ドキドキします（笑）。
東：ドキドキしますねえ。うん，あのね，次にお目にかかる……，あ，ちょっと待ってくださいよ。何時から面接始まったっけ？
夫：12時半じゃないですか。
東：ああ，まだ時間ありますね。次お目にかかるまでにね，できたらちょっとお願いしてみたいことがあるんですけど，なんでもやってみる？
夫：え？
東：なんでもやってみる？
夫：なんでもっていうか，言われた内容によるかもしれません（苦笑）。
東：ああ。奥さんと2人ですることなんだけど。
夫：すること……。
東：することはね，奥さんも関係すること。ご主人だけがすることじゃない。【コメント22】
夫：できる範囲であれば。
東：たぶんできる範囲のことだろうと思います。
夫：はい。

東：はい。奥さんは？

妻：できればやってみたいと思います。

東：やってみますか？　そんなに難しいことじゃないと思います。ただねえ，今まであんまりやり慣れていないことかもしれないんだけど……奥さんが。

妻：はい。

東：チャレンジしてみる気ある？　あのね，難しくはないんだけど，やり慣れてはいないと思う。

妻：……やってみます。

東：やってみます？　はい。ご主人もいいね。

夫：はい。

東：はい。あのね，もし絶対に嫌だと思ったらすぐに言ってくださいよ。

夫：(苦笑)

妻：？

東：あのね……，もう今日からできるね，今日から。【コメント23】

妻：今日から？

東：うん，今日からできると思います。1日1つ。1日1つ，何でもいいですから……，何でもいいですから，ご主人に命令してください。

妻：命令ですか。

東：命令です。命令というと言葉がきついかもしれんけどね，何かやってもらってほしい。何でもいいです。

妻：どんなことでもいいんですか？

東：どんなことでもいいです。【コメント24】

妻：主人にやってもらいたいこと……。

東：うん。毎日1つずつ考えることできる？　それはもちろんご主人が帰ってこられてからね，ご主人におっしゃっていただいて，ご主人にやってもらうんだよ。【コメント25】

夫：はい。何を命令されるんでしょう（笑）。

東：いや，それはわかりません。それは奥さんに聞いてください。それは僕は決められません。おそらく奥さんのことだから，無理難題は絶対思いつかれないと思いますけどね。

夫：ああ。

東：うん。……と思いますけどね。やさしいからね。たぶんご主人が血を吐いてまで何かせんならんということは決まらんと思いますけど。それを毎日１つ，見つけていただく作業はできませんか？

妻：（少し考える）何か今，命令をと言われて，考えてみたんですけど，あんまり考えたことがなかったので，ちょっと今思い浮かばないですけど……。

東：そうでしょう。だから不慣れなことですよって言ったじゃない。とっても不慣れなことです，奥さんの。まあ命令というのはね，言葉がちょっときつかったかもしれないけど，要するにご主人に何かしてもらおうということです。「これしてちょうだい」

妻：何かそれで変わりますかね。【コメント 26】

Chap.27
東：今度２週間後に会いませんか？

妻：はい。

東：来れますか？

夫：土曜日でいいですか。

東：土曜日で結構です。

夫：そうですか。

東：今のことを毎日していただいて，その２週間後にどんなことが起きているか，お話を聞かせてください。

夫：それってあれですかね，言われて，結構遅い日とかもあるんですけど，夜。

東：仕事から帰ってくるのが？

夫：はい。まあ無理難題は言わないと思うんですけど，その日のうちにやれということですか。どういうふうに……。

東：それは奥さんが決めることです。内容は全部奥さんが決める。

夫：（妻に向かって）なんか……できそう？
妻：うん……。
東：じゃあ，試しに，早速今日のことを決めてみようか。今日，何にする？
妻：今日……。（考える）うーん，今日は休みで，一緒に娘も連れてきているので……。
東：あ，ここに？
妻：はい。預かってもらっているので。
東：ええ，ええ。
妻：ちょっとこう，買い物でもして，帰りは3人で外食がしたいです。
東：ああ，いいねえ。
妻：外食に連れて行ってください。
夫：うーん。まあ大丈夫です，それくらいいいですよ。
東：いいですよって，僕に約束しても……（笑）
夫：（笑）大丈夫，大丈夫。
妻：今日はそうしたいと思います。
東：OK。はい，こんな感じでいいです。よかったですね，とんでもない注文じゃなくて。
夫：そうですね（苦笑）。これくらいのことならいいですけど。まあ毎日外食するわけにはいかないけど，今日は大丈夫です。
東：はい。それで2週間後にまたお目にかかりませんか。
夫：はい。2人でまた？
東：うん，2人でまた来れます？ あ，2人で来るのは今日だけのつもりだったとか，ありますか？
夫：いや，そんなことはないんですけど……，ああ，そうですよね，うん。大丈夫です。
東：いやいや，あまり来たくないのに無理やり来いというのも申し訳ない。
夫：いや，そんなことなくて，最初はちょっと連れてきたっていう気持ちだったので。

東：そうねえ。まさかこんなことに巻き込まれるなんて夢にも思わなかった？

夫：最初はそうですね，あんまり考えてなかった。必要があればちゃんと来ますけど。

東：そうですか。お願いしていいですか？

夫：はい。

東：奥さん，1つ確認させてください。僕は今ご主人に，2週間後は一緒に来てください，（ご主人は）最初は横にいるだけのつもりだったのに，強くお願いしているんですけど，ご自分を責められてね，私のせいで主人が……，私さえ辛抱すれば……，なんてならないでよ。

妻：はい。

東：大丈夫？

妻：はい。

東：約束よ。絶対約束よ。

妻：はい。

東：OK？　うん。僕が要求しているんですから。

妻：はい。

東：はい。じゃあ2週間後にお目にかかりましょう。よろしくお願いします。

夫：はい。お願いします。

東：奥さん，2週間後にね。

妻：はい。

東：じゃあ，どうもありがとうございました。

夫・妻：ありがとうございました。【コメント27】

第 3 章

逐語録：後藤たかし・ゆきこのケース

2 回目の面接

> 【動画の視聴方法】
> 下記 QR コードから vimeo のサイトへアクセスしてご視聴ください。
> 動画はアングル別に 3 タイプあります。
>
> | 全体
: https://vimeo.com/726612936/8990af7d6a |
> | --- |
> | セラピストのみ
: https://vimeo.com/726614001/2772097d63 |
> | クライエントのみ
: https://vimeo.com/726613267/3e19638aca |
>
> 注意：逐語編にある【コメント xx】は，解説編（130 頁〜）での東，坂本両氏による解説がある箇所を示しています。また，Chap.xx とは，動画のチャプター番号を示しています。動画のチャプター機能で位置指定して観ることが可能です。

Chap.01 （夫婦入室）
【コメント 1】
東：はい，どうぞ。こんにちは。
夫：失礼します。
東：どうぞ，お座りください。
夫：お願いします。
東：はい，どうも。あれからもう 2 週間，早かったですね。【コメント 2】
Chap.02 夫：早かったような，長かったような気もします。
東：長かったような気がする？
夫：はい。
東：さてさて，2 週間経ちましたけれども，どうですか。どのよ

うにお過ごしでしょうか。
夫：いや，前回先生に，なんですか，宿題といいますか，出していただいて，命令というかお願いをするっていう。やってみたんですけど，お休みの日は結構できたんですけど，お願いされたりとか。でも平日があまり思い浮かばなかったりとか。
東：まあこの前の帰りの食事はね，あれだったけど……。
夫：というので，平日はちょっとあんまりできていなかったところがありまして。
東：ああ，そうですか。じゃあ，もうちょっと詳しく教えてね。まず，土日はどんなことをされました？
妻：ここでお願いした外食は実際に連れて行ってもらって，次の日も日曜日だったので，子どもと3人でプールに行きました。
夫：ああ，そうだった。
東：それをお願いされたのね。
妻：そうです，はい。その次の日は，私がちょっと手を離せないときに，子どもが本を読んでと言ってきたので，それは頼んでパパに読んでもらってと言って，絵本を読んでもらいました。
夫：読んだね。
東：ああ，そうですか。それは月曜日でしょう？
夫：祝日だったので。
東：ああ，そうだ，祝日だったんだ。そうだよね，うんうん。じゃあ，その3日間はできたわけですね。
妻：はい。
東：ところが火曜日からは？
妻：うーん。
夫：いや，1日くらいやったよ。なんか，水を買ってきてと言ったときがあったじゃん。
妻：ああ。1日やってもらったのは，平日に娘が幼稚園に水筒を持っていっているんですけれど，それで（次の日の）麦茶を作ろうと思ったらミネラルウォーターがなかったので，それ

を帰りに買ってきてもらいました。
東：うん，帰りにね。
妻：はい。あとは，なんか平日は朝はバタバタして忙しいですし，夜も，なんでも頼んでいいと言われると何を頼んだらいいのかちょっとよくわからなくて，考えたんですけど思いつかなくて。
夫：うん。なんでもいいんだよって，結構言ったんですけどね。先生もなんでもいいとおっしゃっていたので。何か簡単なことでもいいからとにかく作ったらというふうに言っていたんですけど，あんまり思いつかなかったみたいで。まあそれで，あんまり無理してやることもないかなと，私も強くは言わなかったんですけど。
東：はい。それはそうです，無理しないのも大事ですね。あの，ちょっと教えてほしいんだけどね。土曜日，日曜日，月曜日，それと平日1回，お願いされましたよね。
妻：はい。
東：お願いされたあと，ヘコまなかった？　お願いしてやってもらったあと，気持ち。悪いなあ，なんて。
妻：んー，でも，そんなにヘコんだ気持ちはなかったです。娘と一緒に遊んだりということだったので，そんなに悪いなあという気持ちはなかったです。逆に考えられないことのほうが，なんかどうしてこんなことも考えられないのかなと思って，そっちのほうがちょっと考えちゃいました，毎日。【コメント3】

Chap.03 東：ふーん，なるほどね。うんうん。ご主人は嫌な顔をせずにしてくださったんですか。
妻：はい。
夫：ちょっと1回，休みの日に，食事に連れて行くとかならいいんですけど，1回だけあったじゃん。なんだったっけ……草むしり！
妻：ああ。

夫：庭の草むしりをしてくれって言われて。
東：ああ，そんなことあったの。へえ，まだあるじゃない。
夫：はい。もう1つありました。それが先週かな。すごく暑かったんですよ。今日みたいにすごく晴れていて，「えー，こんな中やるのか」と思ったんですけど。その時はちょっと嫌な顔をしたかもしれない（笑）。
東：わかった？　嫌な顔。
妻：そうですね。しんどそうにしていましたけど，ずっと平日お願い事が考えられなかったので。庭は私以外誰も手入れをしないので，ボーボーになっているのがずっと気になっていて，でもなかなか私もやる気が起きなかったので，そこは平日に何も考えつかなかったこともあって，ちょっと思い切って頼んでみました。
東：頼んでみた。ああ，よく思い切ったね。ドキドキしませんでしたか？
妻：そうですね。まあちょっと大変だろうなとは思ったんですけど，娘もよろこんで庭で水やりとかをしてくれていたので，それでいいかなと思って。
東：うんうん，はい。まあご主人も嫌な顔がチラッとでたかもしれんけど，まあ，それどまりやったんやな。
夫：そればっかりはちょっとびっくりしましたけど。
東：ああそうか。
夫：やってみたらすっきりしたから。
東：ああ，すっきりした。
夫：うん，きれいになりましたからね。やってみたらよかったですけど。
東：ああ，そうですか。はい。
夫：最初はちょっとえーっと思いました，正直。
東：はい。さて，今の宿題のことですけどね，今日は結果をお聞かせいただいてね，宿題を先に言うのも変だけど，次にお目にかかるまで少し内容を変えます。先に言っておくね。お休

みの日だけにしましょう，原則。
夫：はあ。
東：いいですか？　奥さんが気楽に頼める日だけにしましょう。今日のお話だと平日は頼みにくいんだよね？
妻：はい。
東：月火水木金とまあ5回あるんだけど，1回くらいいけるか。やめとこか。
夫：（笑）
妻：うん。夕方になると，ずっとそのことを考えちゃったりするのが……。
東：どうしようか，どうしようかってね。うんうん。
妻：できれば休日だけのほうが気が楽です。
東：気が楽に決められるよね。OK，じゃあ休日だけにしようね。
【コメント4】

Chap.04　あとの月火水木金は宿題とはしません。ただ，してもいいです。ね，宿題じゃないよ。「絶対考えなよ」じゃなくて，「してもいい」です。いいですね。【コメント5】

Chap.05　夫：そうですね。
東：草むしりでもね。
夫：はい（笑）。当分はちょっと草むしりは……。まあ，まだ生えてないから大丈夫です。
東：ああ，そうですか。まあでもよくやっていただきましたね。これちょっとお願いしておきますね。
妻：はい。
東：そのお願いを前提としてですね，ちょっと奥さんにお聞きしたいことがあるんですけどね。
妻：はい。
東：今の宿題のことに若干関係するんですけれど，奥さんのご両親は今は？
妻：健在です。
東：健在ですね。どちらにいらっしゃいますか？

妻：はい，自宅からちょっと近いんですけれど，西国分寺というところが実家になります。【コメント6】

Chap.06

東：ああ，そうですか。おうちからはそんなに遠くない？
夫：30分くらいですかね，電車で。
東：ああ，そうですか。今の状況というのは伝わっているの？
妻：母には少し話しています。
東：ああ，本当。うんうん。何かおっしゃっています？
妻：うーん，まあちょっと元気のないのはとても心配はしていますけれども，お姑さんのことであればある程度うまくやらなければいけないよっていうか，まあ仕方ないよと言ってくれるというか，まあ仕方ないよというふうに言ってはいます。
東：ああ，そうですか。心配してくれているのね。
妻：うん。
東：奥さんは名前はゆきこさんだっけ？
妻：はい。
東：ゆきこさんは，子どもさんの時代から，わりとお母さんにはどんどんあれしてほしい，これしてほしいと言うタイプだった？
妻：そうですね……うーん，何してほしい，あれしてほしいというのはあまり言わなかったかもしれません。両親は共働きだったので，父も母も忙しかったのもありますし，それぞれ家族はとても仲がいいですけれど，自分でやれることは自分でするっていう感じでやってきたような気がします。
東：ああ，そうですか。じゃあ，特段あなたのほうからお母さんにあれしてと頼むことがあったというわけではない。
妻：まあ何か頼めば嫌と言わずにやってくれる母ではありました。
東：ああ，そう。お父さんはどうかな。
妻：父も，私は1人っ子なもので，かわいがってはいてくれて，忙しい仕事のわりには結構話す時間とか，夕食時に早く帰ってきて話をしてくれたり，お休みの日はどこかに連れて行っ

第3章　逐語録：後藤たかし・ゆきこのケース──2回目の面接

てくれたり，小さい頃はそういうことをしてくれていたと思います。
東：ああ，そうですか。うんうん。おねだりとかすること多かった？
妻：おねだり……。どっちかっていうと，父はちょっと甘やかして何か買い与えたりとかしていたかもしれません。
東：そうか。それはあなたが頼まなくても？
妻：まあたぶん欲しいものとかを聞いて買ってくれていたと思います。
東：ああ，本当。お父さんやさしいのね。絶対欲しいと思っていたのに手に入らなかったものって何かある？　子ども時代。

【コメント7】

Chap.07 妻：いやあ，特にそういうものはなかったと思います。
東：ふうん。だいたいもう自分の思い通りになった，というと変だけど，それほど……なんというかな，欲求不満な状態に置かれることはなかったですか。
妻：……はい。思い当たらないので，たぶんそういう状況にはなかったんだと思います。
東：ああ，そうですか。お友だち――小学校のときはいざしらず，中高，えっと大学も出られたのかな。
妻：いえ，短大を。
東：短大ね。その学生時代ね，学生時代の人間関係なんかはどう？　あなたとお友だちとの間のやり取りというのは。ほら，いつもいつも手の掛かるお世話してもらうほうもあれば，お世話する係とかいろいろあるじゃないですか。人間関係ね。あなたはどんな役割を取る人だったの？
妻：うーん，どちらかというとお世話をする係だった気がします。
東：なるほど，なるほど。
妻：友人は比較的多くいるほうだと思いますし，友人とうまくいかなかったということはないですし，今も実家からそんなに離れていないので，友人も近所に住んでいることが多いので，

今も交流がある子もいます。
東：なるほどね。どっちかというとお世話係ね。そうか，そうか。
　　【コメント8】
Chap.08 夫：結構旅行の計画とかも立てたりとかして，友だちと行く時とか。
東：ああ，本当。結構頼られるほうだったんですね。
妻：と思います。
東：短大を出られてからお仕事されたのかな？
妻：はい。保育園で保育士として働いていました。
東：はいはい，それじゃ，お世話だね。
夫：（笑）
東：ふーん，そうなんだ。子どもさんは好きだったですか？
妻：はい。
東：ああ，そう。はいはい。その時の職場の人間関係はどんな感じだった？　あなたはどんな立場だったのかな。子どもさんのお世話をするのは間違いないけど，同僚との関係なんていうのはどんな感じだった？
妻：うーん，院長先生も先輩方も，とてもやさしくて気さくな先生が多かったので，とても働きやすい職場でしたし，同僚もとても気が合ったので，とくにそこで人間関係で何かということはなく過ごしていました。
東：ああ，そうですか。やっぱり同僚に対してもお世話係という感じだった？【コメント9】
Chap.09 妻：うーん，どうですかねえ。そうだったかもしれないですし，まあみんなで仲良くいろいろ準備する作業とかが，園児たちが帰ってもそういう仕事があるので，そういうのをみんなで協力してやっていたという感じがします。
東：なるほどねえ，そうですか。あなたがすごく同僚に助けてもらったとか，お世話になったとか，そういったエピソードは何かある？
妻：常にいつも助け合っていたと思うんですけど……。うーん，

第3章　逐語録：後藤たかし・ゆきこのケース——2回目の面接

エピソード……。私がたぶん入って1年目の時の夏のお遊戯会の準備をしている時に，ぜんぜんその準備が終わらなくて，夜11時とか12時くらいになっちゃったんですよね。そうしたらもう先に帰ったはずの先輩の先生がご飯を持って来てくれて，一緒にその作業をしてくれたというのが嬉しかったですね。

東：ああ，そう。それはあなたが頼んだわけじゃないんだね。

妻：はい。

東：へー。なんか聞いているとあれだね，ご両親の話から始まって，すごく周りの人間関係に恵まれていらっしゃった感じがしますね，人生的に。

妻：はい。

東：ねえ。現在のお友だち関係はどんな感じ？

妻：うーん，そうですねえ。今も友だちは近所に住んでいる子とかもいるんですけど，いろいろ働いていたりとか，結婚していても子どもがいなかったりとか，環境が変わったりそれぞれの環境が違ったりしているので，あんまり会ったりする機会が少なくなってしまっていると思います。

東：なるほどね。少し人間関係は少なくはなっているのかな。【コメント10】

Chap.10 妻：うん。

東：そうですか，はい。まあでも逆に言うと，人間関係は人間関係で特に，友だち関係で何か煮詰まっているとかそういうことはないよね。

妻：はい。

東：はい，結構です。ご主人は……，今奥さんに聞いたのでご主人にも聞きますけど，人間関係ね。親との関係も，小・中・高・大学・職場も，わりとお世話するほう，されるほう？

夫：え，お世話？　お世話はあんまりしないと思うんですけど……。

東：あ，そうですか。

夫：世話もされないかもしれないですね。
東：え，世話もされない？
夫：世話もされない。うん。結構体育会系だった。スポーツをやっていたので。
東：何をなさっていたの？
夫：陸上をやっていたんですけど。もちろん，みんなのために走ったりもする，駅伝とかね，やったりしますけど，これといってすごく世話をされたとか，世話をしたという感じが……。
東：ないですか。
夫：うん。あんまりパッとは思い浮かばないですね。
東：ご主人はわりとあれ？　おねだり上手なほうだった？
夫：いやいや，へたくそだと思いますよ（笑）。
東：何々してくれ，とか。
夫：いや，あんまり言わないですね。たぶん言わないタイプだと思います。
東：ああ。お母さんにもあんまり言わんかった？
夫：いや，母に言ったら余計なことをいっぱいされるので。
東：余計なことってどういうこと？
夫：なんでしょう，余計こじれるというか。大騒ぎして，かえって面倒くさくなったりとか。
東：ああ。
夫：小さい時も，たしか小学生くらいの時に，学校でちょっと嫌なことがあって，それを母に言ったら，学校の先生に言っちゃって。どうにかしてください，みたいな。
東：はい。
夫：それでなんか面倒くさいことになって，こじれちゃって。もう言うもんじゃないなって思いました。【コメント11】

Chap.11 東：お母さんに何か言うとロクなことにならないぞと。
夫：そうです。
東：なるほどねえ，そう。今もそういうことある？
夫：いや，もう言わないです。今は何も言わないですね。

東：今は何にも言わないのね。
夫：言わないですね。
東：お母さんのほうからも特に何か聞いてきたりせんでしょう。いい意味で想像するわけやけど，あんたたち夫婦うまくやってるかねとか，そんなふうに。
夫：いや，そんなことはあまり聞かないですね。自分の道一筋って感じで。
東：一筋って感じね，うん。ご夫婦の中ではやっぱりどちらかというと奥さんのほうがお世話係？【コメント12】

Chap.12
夫：そうかな。家事はやっぱりやってもらっているので。
妻：私は結婚する時に仕事を辞めて，専業主婦で家のことをしっかりやりたいなと思って仕事を辞めたので，おうちのこととか子育てのこととかは，私がしっかりとやっていきたいなというふうに思ってはいます。
東：ああ，そうですか。はいはい。それはもうきっちり？
夫：はい。結婚の前に話し合って。
東：話し合ってね，うん。話し合ったのね。
夫：そうですね。
東：もし今奥さんのね，妻としての点数を付けるとしたら何点くらいですか。
夫：点数ですか。
東：100点満点で。（笑）
夫：目の前にしてですけど。
東：目の前にして。
夫：100点満点で？
東：100点満点で。【コメント13】

Chap.13
夫：（少し考える）いや，かなり点数は高いと思いますね。
東：うん。
夫：95点くらいですか。
東：95点！　すごいね。へぇー。ちなみにご主人の点数は？
夫：もっと低いと思いますよ（笑）。

妻：うーん，でも，主人は仕事も家のことも考えてくれているので……，90点くらいかなあ。

東：おお。想像以上に高得点。

夫：これは驚きでした。

東：驚きでしたね（笑）。そうですか，90点。じゃあ，もし，90点が92〜93点になるとしたらどんな時？

妻：（少し間）もうちょっと2人で話したり，話を聞いてもらったりする時間があったらいいかなって思います。【コメント14】

Chap.14 東：なるほどね。それは前回もおっしゃっていたんだけど，たぶん今までもおうちで何度かそういうお話，お願いをされたことがあるんじゃないかなと想像するんだけど，そうですよね？

妻：そうですね，うん。でも，なかなか実際に忙しくて時間がないので難しいかな。

東：と，あきらめている？

妻：うーん，あきらめている……。あきらめているかはわからないですけど。

東：そんな要求をする私が悪い？

妻：うーん，実際に難しいかなって思います。

東：思います？（夫に向かって）実際に難しい？

夫：うーん，難しいっちゃ難しいかなあ……。あんまり聞かないほうかもしれないですね，私は。

東：ん？【コメント15】

Chap.15 夫：あんまり聞かないほうかもしれないですね，話を。とにかく外に出て気晴らしをして，体を動かせば忘れるっていう考えなので。話を聞くんだったらどこかへちょっと行こうよと。

東：ああ，話すよりもどこかへ遊びに行こうよとなる。ははあ。

夫：自分でもやっぱり嫌なことは今までもありましたけど，陸上部だったのもあってパーッと走れば気晴らしになったので。

東：ああ，本当。

第3章　逐語録：後藤たかし・ゆきこのケース──2回目の面接

夫：そのほうがいいかなって思っていたんですけれども。
東：だから，あまり話を聞くというよりは体を動かすというほうが，今までのご主人のスタイルなので。
夫：そうですね。
東：ああ，そう。でも奥さんは話を聞いてもらいたいな，聞いてもらえたらなと思うんだけど，忙しいし時間がないから，無理だろうなとあきらめていたわけね。あきらめてはいないけど，辛抱していたのね。
妻：はい。
東：ああ，そう。もう1回聞きますけど，時間がないのではなくて，気晴らしのスタイルが違っていただけなんですね。
夫：そうですね。あと，聞くのがあまり得意じゃないというのもあるかもしれないですね，私が。
東：ああ，そうなの？
妻：うーん，いや，一応話せば聞いてくれるんですけど，なんというか……聞き流すじゃないですけど，「ふーん，そうなの」っていう言葉しか返ってこないので。
夫：うーん。
妻：なんか，あんまり話しても手ごたえみたいなものがないときもあって。
東：はいはい。
妻：短い時間なので，もうちょっと私もうまく話せれば，主人も何か言ってくれるのかもしれないですけど，疲れていそうな顔をして聞いてくれているのを見ていると，ちょっと話せなくなっちゃいます。
東：それは，「私」の話し方が悪いんだになっちゃうわけ？
妻：うーん。疲れているのに悪いなあって。
東：悪いなあって。はー，やさしい。
夫：ははは（笑）。
東：そう。子どもさんは3歳だったよね。奥さんは過保護なお母さん？

妻：んー，いや，そうではないと思います。
東：そうではない。過保護なのはご主人に対してだけ？
夫：ははっ（笑）。
妻：過保護でしょうかね。
東：え，いや，いやいや。うらやましいなと思って。【コメント 16】

Chap.16
夫：いやいやいや。過保護かねえ。
東：だって話を聞いてくれなくて，（ご主人が）いい加減に話を聞いていたら，ああ私の話し方が悪いんだ，もっとよく話せばとか，疲れていらっしゃるんだ，だから私は辛抱しなけりゃって自分から考えられるんでしょ。
妻：うーん。まあ，言われてみるとそうなのかもしれませんね。
東：いや，そうなのかもしれませんかどうかはわかりませんけど，聞いているとそんな気がしたもので。いや，わかりませんよ，わかりませんけど。【コメント 17】

Chap.17
（夫婦考え込む）
東：前回も聞いたかもしれないけど，ご主人ってわりと周りからギュッギュッと何かを要求されたり，会社で言うとノルマを達成しろだなんだとか，そういう状況はすごく苦手？
夫：すごくと言うか……。
東：追い詰められる？
夫：いや，面倒くさいと思う時とか，縛られている感じが嫌だと思う時はありますね。
東：そういう時，どうなっちゃう？
夫：その時は，事によりますけど，仕事はしょうがないからやるしかないっていう感じですね。あとはできる限り手を抜けるところは抜いていくというか。そうですね，見通しをだいたい立てるので。それで仕事だったらだいたいわかるようになってきたので，これをこういうふうにやったらこれくらいの時期にできるとか，見通しをすぐパッと立ててやるから，今はそんなに困ることはないんですけど。見通しが立たないとすごく嫌になっちゃいますね。

東：見通しが立たないとね。

夫：そうですねえ。

東：見通しが立てばがんばれる？

夫：うん，そうですね。やっぱり陸上とかでもそうなんですけど，ゴールが見えているとやれるんです。

東：ああ，そうかそうか。なるほどね。あそこまで走ればいい（笑）。

夫：そうそう，そんな感じなんです（笑）。

東：そうか，はいはい。あの，ちょっと失礼なこと聞きます。ごめんなさい，間違っていると思うんですけど聞きますね。かつて奥さんがご主人のことで何かイライラをぶつけたりとか，ご主人を叱ったりして，あとでとんでもない目にあったということはあります？

夫：（苦笑）

東：ひとこと言ったら10発なぐられたとか。

妻：（笑って）そんなことは今までないです。

東：本当ですね？

妻：はい。【コメント18】

Chap.18 東：あるいは，奥さんが何か言ったら，それから1週間仕事を休んだとか。

妻：そんなこともないです。【コメント19】

Chap.19 東：本当ですね？

夫：休んだことはないですね。

東：あ，そうか。そもそも，ご主人を叱ったりということがないんだ。

妻：うーん，まあ。

東：文句言ったりとか。

夫：いや，ありますよ。

東：あるの？

夫：ありますけど，たぶんそんなに重たくないというか，サラッと言われるので。それこそ便座のふたが開いていたとか。

東：ああ，なるほどね。

夫：それは「もうわかった，ごめん」で済むので，そんな無理難題というか，すごく厳しく言われたというのは……。

東：ないのね。仕事から帰ってきたら（奥さんの）目が三角になっていて，ということはないわけね。

夫：三角というよりは，疲れて落ち込んでいるということのほうが多いです。

東：ああ，最近はね。前も？

夫：前はそんなに，結構ニコニコして出迎えにきてくれて。

東：じゃあ少なくとも強く言ってもとんでもない反応がくる人じゃないよね。嘘じゃないよね。絶対嘘じゃないですね。

妻：はい。

東：OK。

夫：今日は，また何か……。

東：もう覚悟されましたか（笑）。

夫：はい（笑）。

東：でもね，今日僕はご主人がすごく大事なことをおっしゃったと思うのね。ゴールが見えたらがんばれる人だというのは，僕にとってもいいこと聞いたなと思って。

夫：はあ。

東：うん。今お2人にとってゴールとはなんですか。

夫：（少し考える）いやあ……，ゴール……。家族が平和になることですかね。

東：うんうん。奥さんが元気になってね。

夫：うん，そうですね。

東：奥さんが元気になって家族が平和なこと，そういうことですね。

夫：そうですね。そうなればいいかなって思います。

東：奥さんもいいよね。

妻：はい。

東：はい。で，宿題。いいです？

夫：はい（苦笑）。

東：もうわかるでしょう，何だか。
夫：え，それを考えてこいとか……。
東：いや，違う違う。
夫：違うんですか。
東：そんなことは言いません。何だと思う？　さっき冒頭に申し上げたことはそのままよ。土日祝日ね。1つでいいからお願い事，これは健在ですよ。それとは別に。
妻：はい。
夫：別に……。
東：何度もしつこいようだけど，このご主人は落ち込んだりしないですよね，少々のことでは。大丈夫ね？
妻：はい。
東：本当に大丈夫ね。
妻：私が知る限りは，ひどく落ち込んだり，ずっと何日もというのは見たことはないです。【コメント20】
東：見たことない。うん。万が一ご主人が落ち込んでもなんとかできる？
夫：（苦笑）
妻：（考え込む）その程度によると思うんですけど……。
東：ムチャクチャなことでも大丈夫だね？　心配ある？　そこまではない？
妻：大丈夫……。
夫：うーん，なんか段々怖くなってきたんですけど。
東：怖くなってきたねー。何だと思います？
夫：いや，ぜんぜん想像つかないですね。
東：奥さんはどんなことだと思います？
妻：ぜんぜん，わからないです。
東：（たっぷり間をとって）今からのお2人に一番必要なことです。ゴールに向かってね。一番必要なことをお願いしようと思っているわけ。ちょっと相談してごらん。それこそ，宿題にはしませんから。

夫：必要なこと。

妻：必要なこと……。なんだろう。（考える）【コメント21】

Chap.21 夫：話を聞くとか？

妻：うん。

東：はい，当たりです。

夫：当たりですか。

東：その約束をね，決めてください。

夫：約束？

東：うん，約束してください。それだけ。

夫：話を聞く約束というのは……？ なんですか，話をしてきたらとにかく聞く？ 話をどういうふうに聞いたらいいのか……。【コメント22】

Chap.22 妻：うーん。とりあえず，毎日あったこととかの話をちょっとでもいいから聞く時間があったらいいかな。聞いてもらう時間。

夫：結構今までも時々聞いていたけど。

妻：うーん。

夫：回数が足りないということなの？

妻：なんか聞いてくれているけど，忙しそうにしていたりすると話しづらいし，なにかこうしたらいいんじゃないとか，なにかなんでもいいから言ってほしい。

夫：うーん。

妻：なんか「そうなんだ，ふーん」っていう感じだけだと，こっちも話していてちょっと空しい気持ちになる。

夫：うーん。何かこう提案みたいなことをすればいいってこと？

妻：うーん，だけじゃないんだけど，なんか「そうなんだ」だけじゃなくて，もっとこう「どうなの」とか聞いてきてくれたり，私が一方的に話して「ふーん，そうなんだ」っていうだけじゃないほうがいいかな……。【コメント23】

Chap.23 夫：うーん。ちょっと，できるかどうかわからなくなってきたんですけど。うーん……今までの聞き方じゃよくないってこと？

妻：うーん。なんかもうちょっと興味を持って聞いてほしい。
夫：あの，今日あったこととかのね？
妻：うん。
夫：うん，できる限りはやろうと思うけど。
妻：お義母さんのこととかも話しちゃうこともあるかもしれないけど，ちょっと聞いてほしい。
夫：うん。……うん。特にそのさあ，お母さんのことに関しては，解決はたぶんできそうにない感じがするんだけど。
妻：うーん。なんか，お義母さんにちょっとうまく言ってもらったりとか。
夫：うーん，言っても聞かないよ。
妻：うーん。でも，今までしたことないし，今実際お義母さんと全然しゃべってないから，いつも顔は合わせるけど，お義母さんがどう思っているのかわからないし……。このまま同居していてもなんかあんまりいいこともない気がする。【コメント24】

Chap.24 夫：うーん。じゃあ，お母さんに，この間のことをどう思っているのか聞けばいいの，まず？
妻：……うーん。あれからしゃべってないから気になるは気になるけど，それを話して，またなにか，お義母さんとケンカみたいになっちゃうのも嫌だし。でも，このままじゃダメだと思う。
夫：うーん。聞くことはたぶんできると思うけど……，あんまり気にしているかな。気にしていないような気がするけど，この間のこと。蒸し返すのもあれじゃない。
妻：うーん。そうかなあ。
夫：この間のこと，どう思ってるって？
妻：私からは聞けないから。
夫：うん，まあね。あんまり気にしていなければいい？　どういうことが知りたい？
妻：まったく気にしてないことはないと思う。
夫：うん，まあね。

妻：お義母さんも，もともと気にしない人だけど，あれだけずっとしゃべってないし，気にしてないことはないと思うけど。うーん……。【コメント25】

Chap.25 夫：で，気にしていたとしたら，どうしたらいいかね。話を聞きだして？

妻：うーん，それはわからないけど……。でも毎日顔を突き合せるのに，こういうふうにやっていたんじゃ私もつらいから。

夫：うーん。お母さん最近しゃべらない，しゃべってこないんだっけ？

妻：うん。なるべく，会わないようにしている。

夫：でも，会ったら会ったで困るんじゃない？

妻：朝は必ず会うから，あいさつはする。

夫：うん。前みたいな感じでごちゃごちゃ言われるようになっても，逆に困るんじゃないかな。

妻：うーん……。言われても困るけど，なんかこのままなのも気になってしかたない。

夫：うーん。…（長い間）…うーん，ちょっと先が見えなくなってきたんですけど。

東：……奥さんに聞いていいですか？

妻：はい。

東：……今ね，ご主人を過保護にするかどうかの分岐点。どうする？　わからなくなってきたとおっしゃっているんです。もういい？「しかたないわ，こんなことをお願いしている私が悪いんだわ」

妻：でも，（涙声で）そうするとつらくなっちゃうんで，できればやってほしいです。

東：ご主人に聞きますよ。

夫：はい。

東：ご主人ね，どっちの奥さんがいい？　最後まで許してくれない，「なんとかしてよ，あんた」と言ってちゃんと最後まで要求を通してくる奥さんと，要求は一切言わないけどうつう

つしている奥さんと，どっちが好き？　どっちでいてほしい？
夫：えー？　どっちも嫌ですけど，どっちかというと……どうですかねえ。
東：うつでいてもらう？
夫：いや，それはそれで困りますね。やっぱり多少言ってくれたほうが，動きようがあるので。
東：そうよね。もういっぺん聞くよ。（ご主人は）プレッシャーがかかってへこたれる人じゃないんだよね。何度も聞いているんですけど間違いないね？
夫：たぶん，大丈夫だと思いますけど。
東：奥さんにも確認しますけど，つぶれる人ではないんだよね。
妻：うん……と思います。
東：大丈夫ね。守りすぎる必要ないんだよね。本当だね？
妻：はい。
東：さっきのような話し合いね，おうちではわりとされるほう？
妻：しない。
東：しないね。今のような話し合いだったら，もちろん結論は出ていないけど，OKという感じはある？
妻：お義母さんに言ってほしいというのは，はじめて言ったことなので……，やっぱりそういうふうにしてくれたらいいなという思いはあります。
東：今，かなりマルだね？
妻：はい。
東：（夫に向かって）おうちで奥さんの話を聞いてくださいという話だったんですけど，聞くと荷物（仕事）が増えますでしょう。
夫：ああ，そうですね。
東：もういっぺん聞くけど大丈夫？
夫：ただ，あんまりうまく聞ける感じはしないですね。
東：ああ，それはわかります，それはまた相談しましょう。もち

ろんほったらかしにはしませんよ。
夫：ああ，そうですか。なんか今みたいに，なんとかしたいとは思うんですけど……。
東：どうしていいかね。
夫：うん，それが見えてこないと，なんかモヤモヤとしてくるんですね。
東：それはまた次回以降お話を聞かせてもらっていいですか。
夫：はい。
東：とりあえず，僕が今日確認したいこと聞きますね。今のように自分がしてほしいことをおっしゃる奥さんと，落ち込んで何も言わずに暗い顔をされている奥さんと，どちらがいいですか。
夫：それは言ってくれるほうがいいです。
東：間違いないね？
夫：はい。
東：本当ですね？
夫：はい。
東：奥さんがご主人に対して過保護する必要もないですね？
妻：はい。
東：つぶれたりしない人ですね。暴れたりしませんか？　家に帰って「今日はよくもこんなこと■％△□ !!」と言って……。
夫：ははは（笑）。
東：大丈夫ですか？
妻：ないです。
東：大丈夫ね。OK。また2週間後に会いましょう。
夫・妻：はい。
東：来れる？　2人で。
夫：そうですね，2週間後の土曜日だったら大丈夫です。
東：宿題は2つになりましたよ，覚えていますか？
夫：土日に……。

妻：頼みごとをする。
東：それと？
夫：話を，毎日聞くということですよね？
東：毎日聞くことです。
夫：毎日……。
妻：なにか話したいなと思うことがある時には聞いてほしい。
夫：じゃあそれを帰ってからあるかどうか確認して，あれば聞くという感じで。
妻：うん。
東：OK。じゃあ今日はこれで終わりにしましょう。また2週間後ね。
夫：はい。どうもありがとうございました。
妻：ありがとうございました。

【コメント26】

第4章

解説編：カップル面接のキモ

1回目を解き明かす

坂本＝聞き手（坂本真佐哉）
東＝東　豊

Chap.01

（ノックの音）
東：はいはい，どうぞ。
夫：あ，こんにちは。
東：こんにちは。どうぞどうぞ。
夫：よろしくお願いします。
東：はい，よろしくお願いします。どうぞ（椅子をすすめる）。

東：東と申します。よろしくお願いします。
夫：よろしくお願いします。
東：ええ（受付表を見ながら），お父さん，たかしさん。
夫：はい。
東：と，ゆきこさんでいらっしゃいますね。
妻：はい。
東：ようこそいらっしゃいました。えーと，今日はお医者さんのほうからカウンセリングを勧められて，ということで来ていただいたんですね。
夫：はい。
東：ええと，医者にかかっていらっしゃるのがゆきこさんですか。
妻：はい，そうです。
東：えーと……，どんなことでかかっていらっしゃるのかな。ちょっと教えて。
妻：はい。今年に入ってから，4月あたりからなんですけど，急に涙が出たり，そういった気分が落ち込んだりという症状があったので……。
東：うん。

妻：5月くらいに入ってから，内科のほうに行ったら，何も異常はないよというふうに言われて。心療内科で診てもらったらどうかということで通い始めて。
東：うん。
妻：で……うつ？　うつだっていうふうに言われています。
東：うん，なるほど。もう，治療は3カ月くらい続いているんですかね。
妻：そうですね，はい。3カ月くらいになります。
東：そうですね。えっと，お薬だけかな，今受けている治療は。特にそちらではカウンセリングとかはなかったんですかね。
妻：はい。
夫：そこはあまりないみたいなんですよ，カウンセリングが。
東：ああ，それでこちらをお勧めになったということなんですかね。
夫：そうですね。【コメント1】

【コメント1】

ファーストコンタクト	坂本：手に紙を持っていますが，ここには何が書かれているのですか。 東：これは問診表（受付表）だね。うつ病で投薬を受けていて，ということを奥さんが書かれていた。 坂本：奥さんのほうに先に切り出して，話しかけていますが，それは奥さんの「うつ病」だから？ 東：うん。だから奥さんに聞いた。奥さんはしっかりこっちを見ていたし。

Chap.02

東：今日もご主人がご一緒なんだけれども，（主治医から）是非一緒に行きなさいと言われたの？
夫：いや，一緒にとは言われてないと思うんですけど，先週たまたま私は会社が休みだったんですね。それで妻と2人で受診しまして。
東：はい。
夫：いろいろ経過はあったんですけど受診しまして，その時に，私も前々から妻がうつなのかなという思い（疑問）もありまして。
東：ほうほう。

夫：あまり改善も……，睡眠だけは結構よくとれるようになったみたいなんですけど，あまり改善はしていない感じだったので，ちょっとお医者さんのほうに行って薬だけで治るものなのかということを聞こうと思って。
東：うんうん。
夫：聞いてみたら，なんだか診察はすごく短かったんですけれど，カウンセリングがあるからそれを受けると役に立つかもしれません，というふうに言われて，少しでも役に立つのなら行きたいというので。【コメント2】

【コメント2】
夫に来談動機を尋ねる

坂本：ここまでで，質問が2つあります。1つは，まず，一緒に来るように言われたかどうかを夫に確認をされています。その後，慎重にというか，しつこくというか，なぜ2人で面接を受けるのかということを確認されているのですが，その辺りについて教えていただけますか。
東：うん。べつに個人面接でもよかったのに，この夫がどんな状況で来ているかということ，要するに，この2人がここに来られた経緯と，それぞれのモチベーションについて知りたい。
坂本：紹介してきたお医者さんが一緒に来るように言ったのか，まず確認されていますね。
東：うん。どう言われたのかで夫のモチベーションが違ってくるでしょう。例えば，とりあえず医者に「行ってこい」と言われただけなのか。場合によっては夫が「あんたのせいだから行ってこい」と言われている可能性もあるよね。その辺の，夫のここへ来た心の内がどんなか，ということを気にしているところだね。
坂本：その経緯から，この人がどんな仮説を持っているか，病気や問題についてどんなふうに考えているのかが出てくる場合がありますね。
東：そう。その意味で，実はもうここで1つの方向性

| 夫の一言で全体を見立てる | が私の中で決定した。夫が「うつなのかな？」と言ったでしょう。

坂本：もう1つ聞きたかったところはそこです。夫は「前々から妻がうつなのかなという思いもありまして」という疑問を口にした。

東：そうそう。あれで決まった。これでもう，ある意味，勝負はあったわけ。はい，この面接はいただきって感じ。そういう瞬間だね。

坂本：どういうことですか。

東：夫は，奥さんはうつ病じゃないんじゃないかという疑いを持っている。じゃあ，何なのかと言ったら，それは大概ストレスとか何かという話に決まっているじゃない。家族関係に関係している話題に移る可能性は大変高い。そうなると早々と奥さん（IP）個人の問題ではなくなる。

坂本：うつなのかな？　で，多分脳腫瘍だと思います，という展開はありえない（笑）。

東：ありえない（笑）。この瞬間，面接はいただき。ここでもう決まりました。

坂本：なるほど。まあそう言ってしまうとこの解説が終わってしまうので……（笑）。

東：しかしそれくらい重要な情報。この瞬間をキャッチできるかどうか。

坂本：なるほど。そこにビビッと反応した。

東：そうです。

坂本：でも，すぐにそこには行かないで，もう1回来談動機の話に戻していますね。

東：そう。大事な部分は押さえたので，あとはとにかく慎重に関係を作っていく。

坂本：その部分は，頭に付箋をピッと貼っておいて，そこには最初からは突っ込まない。

東：そう，突っ込まない。でも，そこに行くのは見えました。話題の方向はね。それは見えたから，あとは関係を作っていく。そういう段階です。

Chap.03

東：ああ，なるほど。じゃあ，その時は2人で行きなさいというニュアンスではなかったわけですね。
夫：なかったかもしれないですね。
東：なかったかもしれない？ ふーん。今日2人で来ようと思われたのは何か事情がおありだったの？ お1人で来られることだってできたと思うんだけど。いやいや，一緒に来てもらったのがダメだという，そういう意味じゃないけど（笑）。
夫：ああ，いえいえ（笑）。
東：ねえ，お1人で来ようと思ったら来られたと思うんだけど，一緒にと思われたのはどういうご相談で？
夫：先週，私が受診することになったのがですね，ちょうど前日に，私の母と（妻とで）トラブルがありまして，私が帰ったときは（妻の）呼吸がハアハアなっていまして，私もこれはただごとじゃないと思って。【コメント3】

【コメント3】

やはり！　　｜東：ほれ「家族の問題」が出てきた，というところだね。

Chap.04

東：はい。
夫：予約していたわけではないんですけれども，翌日に行こうということにしてクリニックのほうにかかったんですね。そういうことがあったものですから，1人で行かせるのもちょっと心配かなと。
東：心配？ 身体的に心配ということで？
夫：そうですね。
東：ああ，そうですか。
夫：今日は車で来たんですけど。
東：車でね。うんうん，そうですか。はい，えーと，どうしよう。このままの形でお話を続けていいのかな。いや，もし付き添いだけで，送り迎えだけで来ていらっしゃるんだったらねえ，ちょっと待っていてもらわなければいけないんだけど。
夫：ああ。
東：この形でいい……かな？

> 妻：（小声で）あの，一緒に。一緒に話を聞いてもらいたいと思います。
> 東：そのほうがいいですか，うん。特に一緒に話を聞いてもらいたい理由とか事情とかあります？
> 妻：体がまだちょっとしんどくて，1人で先生とお話しするというのは，あまり元気もないので……。
> 東：なるほど，うん。
> 妻：一緒にいてもらったほうがありがたいです。
> 東：ありがたいね。わりとたくさんしゃべってくださるご主人ですか？
> 妻：はい。
> 東：じゃあ，たくさんしゃべっていただいて。
> 夫：いやいや（笑）。あまり僕はしゃべるわけではないんですけれど。【コメント4】

【コメント4】
「付き添い」から同席へ——念押し

坂本：ここで，一緒に聞いてもらいたい理由について聞かれたのは，どういう意図ですか。

東：その前の段階として，まず夫はただの付き添いじゃないですよ，これからこの形で面接をやるんですよ，ということを明確にした。「ただの付き添い」じゃ許さんぞと（笑）。

　まずこれが大事。これから一緒に面接をしていくよ，夫も当事者だよ，ということです。

　その上で，付いてきてもらいたい事情があったの？ と聞いたのは，さっき夫が「うつなのかな？」と言ったでしょう，そのことに関連したことが奥さんの口から何か聞けるかなと。

　奥さんがその内容をストレートに表現するかどうかが1つの関心。少し前に姑の話がチラッと出たけど，その辺のことを奥さんが自分で明確にしていくかどうか。その辺のことが自然と出るかどうか見たかった。

坂本：しかし，ここでは奥さんの口からは出てこなかった。自分がちゃんと話をできるか心配だから夫に

来てもらった，ということでしたね。でも，ここで夫も面接の対象であるということがはっきりしたわけですね。

東：そう。はっきりした。

Chap.05

東：はい，そうしたら，一緒に面接を続けていきたいと思います。さっき，本当にうつかなあ，ということをおっしゃいましたね。

夫：はい。

東：それと，その背景にはきっとお姑さんとの関係で症状が出たというお話もあったので，そういう関連のことかなと思うんだけれども，その辺りどんな事情で？

夫：うつかな，というのは，私はインターネットでちょっと調べただけなんですけれども，そんなに簡単になったわけではないんでしょうけど，まさかそんな自分のねえ，妻がそんなことになるというのが，まだちょっと信じられないというんですか。

東：はいはい。

夫：うーん。妻からも結構話は聞いているんですけど，母のことをいろいろと。

東：うん。

夫：それでうつになるものかなあ，というのが，私の中にちょっと引っ掛かっていまして。

東：お母さんのことを聞いていらっしゃるというのは，どういったこと？

夫：例えば，結構きちっとしているんですよ。

東：奥さんが。

夫：うん。料理を今日はこれを作ってとか，材料もちゃんと決めて。【コメント5】

【コメント5】

「夫」を見立てる

東：今，姑のことを言っているよね。で，聞いていると「それでうつになるものかな」と夫は言っているでしょう。この瞬間，「ああ，この夫は奥さんの話を聞いてないな」と私は思った。

坂本：奥さんの話を聞いてない。気持ちもわかっていない。

東：そう，そういう夫なんだなと。そして，奥さんは

> 小さな一言に注目をする

きっとこの発言にカチンと来ているはず（笑）。さあ、それに対して奥さんがどう出る人なのか。私が一番気になるのは、ここだね。

　ご主人は「話のわからない人」なんだけど、それに奥さんがどう対応しているのか、ということに次の興味が湧いてくるわけね。

Chap.06

東：はい。
夫：それが例えばうちの母親がですね、ちょっと大雑把な性格なもので、冷蔵庫にあるものを勝手に使っちゃったりとか。
東：奥さんがこれは晩御飯用だと準備しているものを、いつの間にかお母さんが使っちゃうんだ（笑）。あらー、そう。
夫：何か要りもしないものをたくさん買い込んできたりとか、しているみたいで。
東：ああ。冷蔵庫はもちろん共有なんだね。そうか、はいはい。
夫：それが気に入らないというのは、まあ、わかるっちゃわかるんですけれどね。
東：奥さんが気に入らないのはね。
夫：それだけ準備して……。
東：奥さんはきっちりしたいのにね。
夫：2人で暮らしていた時もあったので、その時からすごくきちっと献立も計算してね。
東：ああ、本当。ご主人はどっちのほう、きちっとしたほう？お母さん譲りで大雑把なほう？
夫：どうかなあ。仕事とかに関してはきちっとしているんですけど……。
東：はい。
夫：と思いますけど。
東：ええ、ええ。
夫：家事は……（妻に向かって）どうかね？
妻：2人で暮らしていた時には忙しい中でも一緒に料理を休みの日は作ってくれたり……。
東：へえ。
妻：そういうことはしていて、そこでなんかこうだらしないなと思ったことはないので、わりときっちりしているほうだと思います。

> 東：ああ，そうですか。じゃあ，お母さんとはちょっと違うわけだ，タイプが。
> 妻：うん。お義母さんとはちょっとタイプが違う。
> 東：違うんやねえ。お父さん似やったのかな。
> 夫：どっちかというと，そうだったかもしれないですね。
> 東：ああ，そう。お父さんはわりときっちりしたほうね。
> 夫：そうですね，はい。
> 東：お父さんはきっちりした人，お母さんは……，あ，お父さんはまだ……？
> 夫：いや，実は去年の3月に亡くなりまして。【コメント6】

【コメント6】

関係性を整理していく

東：ここで私の中に2つの話が入っている。1つは，夫はきっちりしている人だということ。つまり，一応奥さんの側につける。だらしないお母ちゃんの側でなくて，きっちりしている奥さんの側。奥さんも，夫は私と同じ側だというふうに定義づけしている。これはおいしい話ね。もう1つは，夫は料理を作ったりしてくれる。このご主人は動くんだと。どういうプロセスで料理をするかはまだわからないけど，とりあえず，このご主人は奥さんを助けるために何か動く，ここに一緒に来ていることもそうだけど，動ける人だというメッセージをもらっているわけ。

坂本：たらればの話ですけど，もしお母さんと同じいいかげんな夫だと奥さんが言ったとしたら，どう考えますか。

東：うーん，その前提は難しいね。妻がこの段階で「夫もいいかげん」だと主張できるような人なら，そもそもこのような三角関係になっていないかもしれないし，妻も「うつ」にもなっていないかもしれない。仮になっていても「うつ」の意味が違うかもしれない。だから今のような質問には答えにくいね。

夫は妻を理解しているのか，を探る

坂本：ここで大事なのは，お母さんと夫のどちらがきっちりしているかという差異を見つけて，夫が奥さんの側にいれるんだということを示すことですね。そういう作業をしている。

東：そうです。夫が奥さんのことを理解できる可能性を広げているとも言える。

坂本：もちろん，きっちりしているといっても，奥さんのきっちりとは差があるかもしれないけど，お母さんよりはきっちりしているという相対的なところに持ってきて，奥さんの側に呼び込んだ。

東：そういうことです。夫が「いいかげん」な人で，「嫁は細かすぎるんで」などと述べるポジションに立つ人ではない。奥さんを理解できる，理解しようとしている人です。そういう立ち居振る舞いをできる人ですね。

Chap.07

東：あ，そうなんだ。じゃあご生前のことを聞きますけど，わりときっちりしたお父さんと，わりと……ねえ，ルーズというか。

夫：（笑）

東：お母さんと，うまくなさってた？

夫：そうですねえ。父があまり気にしないというか，無口で，あまり気にしないんです。母がやっぱり中心で。

東：仕切っているんだ。あー。

夫：だから家庭の中でそんなにトラブルもなかったし，ケンカもあまりなかった。

東：なるほど。あまり家事とかに口を出さなかったんですね。

夫：そうですね。

東：そうかそうか。なるほどねえ。それで，2人で生活されている時はそういうことだったということですが，いつからですか，今の同居生活に入られたのは。

夫：えーと，いつから……。去年の……。

妻：9月。

夫：9月くらいから。

東：去年の9月から。それは，その生活が始まってすぐに今のようなお母さんとのことは表面化したの？　うまくやれんなあ，みたいな。

妻：いや，暮らし始めてすぐの時は，お義父さんが亡くなったから同居しようということになって，家を建て替えて，私たちが主人の実家の建て替えた新しい家に行ったという形だったので，最初のころはお義母さんもお義父さんが亡くなって元気がなかったので……。

東：ああ，そうかそうか。なるほどねえ。元気が出ないお義母さんだと，まあやりやすかった（笑），みたいな感じだったのかな。

夫：でもあんなに元気がなくなることっていうのはなかったですね。

東：ああ，そう。本当。今はすっかり立ち直っていらっしゃる？

夫：ああ，そうですねえ。あれはなんだったんだろうというね。

東：それくらい立ち直っていらっしゃるのね。奥さんは元気な時と今とではどんなふうに違うんですか？　奥さん自身は。

夫：私から見てですか。

東：そうです。

夫：違いですか。今は当時よりは（2年位前よりは），気持ちが沈んでいるかな。

東：ちょっと？

夫：いや，結構かもしれない。もうちょっとこう，ニコニコとしたりとか，2人で話す時も笑いながら話したりとか。

東：ああ,そうですか。なるほどね。うんうん。そうか,じゃあちょっと話は戻るけど，ご主人からすれば本当にうつかいなと。どうもそういう人間関係というかな，嫁姑関係のことがあって，それがあるから今のことが起きているのであって，そんなうつ病とかそういうことではないんじゃないかな，というお考え？

夫：そうですね。あとはまあ，それだけなのかな，母のことだけでこうなっているのかなと。他のことがどういうことがあるのかないのかわからないですけど。

東：ご主人としてはお母さんのことが一番引っ掛かっている。

夫：まあ一番聞くので。うちの母のことだからありえるなと。【コメント7】

【コメント7】

嫁姑問題を掘り下げる

坂本：お母さんとの関係のストレスだけで起っているのかな，という疑問を夫が言いましたね。しかし，そのことについては聞かずに，お母さんのことが一番引っ掛かっていると言って話を戻しました。これはなぜですか。

東：うん，あのね，いろいろ聞くと大変だから（笑）。あれやこれや言い出したらきりないけど，せっかくおいしいネタが1つあるんだから，これで行ける所まで行ってみようということです。それと，「他の話」は夫の葛藤回避のネタかもしれないし。

坂本：ちょっと戻りますが，亡くなったお父さんの話が出てきますね。お父さんはきっちりしていて，お母さんとどんなふうに付き合っていたかという話を聞きましたね。これは何を掴みたかったのですか。

可能性のある未来を呈示する

東：何を掴みたかったというのではなくて，そういう違った者どうしがうまくやっていたということを話題にしたかっただけ。

坂本：何かそこに，ずぼらなお母さんとやっていくコツとか，ネタが転がっていないかなとか。

東：いや，具体的なネタがどうこうというより，もちろん，そういうふうに話がふくらむこともありえただろうけど，まず「違う者どうしがうまくやっていた」という話題が欲しかった。

坂本：やっていけるんだと。

東：うん。そういう話が1つ欲しかったね。それが面接全体の中でどう役に立つのかというイメージはまったくないけれど，とりあえず違う者が一緒にいても「なんとか解決できる」んだという像を作りたかった。具体的に云々じゃなくてイメージ。

解決するんだよ，という空気感。これが欲しかったね。

Chap.08

東：なるほどね。はい。えーと，もうそのことは，大変だぞというのは，何カ月も共有されているわけだね，お母さんのことをね。

夫：（うなずく）

東：うんうん。何か解決策というか，じゃあこんなふうにやってみようかとか，アイデアは何か出てきている？

夫：いやあ……ないというか，引っ越すわけにもいかないんです，建てたばかりだし。母を追い出すわけにもいかないですし。

東：はいはい。

夫：たぶん，別居すれば治るんだと思うんですけど……。

東：（妻に向かって）そうですか？

妻：今はとにかくお義母さんと顔を合わせたくないですし，別々に暮らせたらいいかなと思います。

東：うん。じゃあ，そういう生活ができたら随分楽になるだろうという予感はあるわけね。

妻：うん。

東：そう。

（少し間）

夫：やっぱあれですかね，こういうような相談というのは結構あるんですか。

東：ん？【コメント8】

【コメント8】

2人のパターンを探る	東：まったく，このダンナにも困ったね（笑）。 坂本：その前に，奥さんが別居したら楽になると思うんですと言ったわけですね。 東：言ったね。 坂本：先生はそこで間を置いて……。 東：ダンナの顔を見た。 坂本：そうしたらダンナが……。 東：こういう相談はよくあるんですか，などと……。逃げたね（笑）。 坂本：ダンナは自分から動こうとしない。 東：うん，回避した。これはもう，おそらく奥さんの

第4章 解説編：カップル面接のキモ──1回目を解き明かす

イライラやガッカリ感を引き出すパターンだね。
坂本：奥さんが楽になると思うんですけどね，と言ったあと，先生は間を置くことで夫の出方を見ている。
東：見ている。
坂本：それで待っていた。
東：そう，どう出るか。ここで待ったから，夫婦のパターンが垣間見えた。

Chap.09

夫：こういうことで，相談に夫婦で来られるということはあるんですか。
東：いや，もちろん，ありますあります。それはもういくらでもありますよ。
夫：そういう時ってなんでしょう，別居することによって治ったりとかするんですかね。【コメント9】

【コメント9】	
夫の一般論化をどう受けるか	東：お返し（笑）。私の癖が出ているね。回避されるとますますテンション上げたくなる（笑）。 　一般論から一気に現実に引き戻す。

Chap.10

東：あー。もし別居することで治るということであるんなら別居されてみる？
夫：いや，結構それもキツイっちゃキツイ。それしかなければもうそうするしかないのかなっていう……。
東：うーん，どうしよう奥さん。別居したほうがいいよって言ってみようか。【コメント10】

【コメント10】	
第1ラウンド	坂本：「（別居したほうがいいよと）言ってみようか」と言っていますが，これはどうなんですか。 東：この時点での僕の仮説はね，夫はこんなんだけど，奥さんも奥さんではっきり言わない人ということ。奥さんは，はっきり言わないかわりにうつをやっているわけだ。つまり奥さんも葛藤回避型

	だね。
	坂本：だから代わりに言おうかと。
コンフロント（直面化）	東：あなたの意志を私に教えなさい。この場面で示しなさい。私が言うという形式はとるけど，「本来の発言者はあなたですよ」「私にすっかり代役をやらせないでね」，ということを私は奥さんに迫っているわけだ。このときに，手に持っていた紙を置いているでしょう。これは，勝負のときが来たという気持ちが現れているね。勝負に出ようとしている。あの夫の一言が私に火を点けた（笑）。それで，早くも紙を置いて勝負に出た。一気に勝負に動いたところです。私が紙を置いたら怖いよ（笑）。 　一気にコンフロント（直面化）している。怖いシーンですね，これ。もちろん，奥さんにもきついね。
	坂本：なるほど。
	東：夫が私に火を点けたんです。逃げたから（笑）。
	坂本：そう（笑）。

Chap.11

夫：ハハッ（笑）。
妻：うーん。別居……，したいですけど……。
東：うん。
妻：家も建て替えたばっかりで，確かに状況としては難しいというのもわかりますし，……でもお義母さんとは離れたいですし。でもお義母さんを追い出したり，見捨てたりというのもなんだか悪い気がして，どうしていいのかわからないです。

> 東：そうねえ。あの，たぶんね，ご主人にとっては，もちろん本当のお母さんだし，なかなか難しい面もあると思うんだけど，仮に，仮に別居したほうがいいということで別居しても，なんか後ろめたいというか，罪悪感というか，そういうことで気持ちが暗くなっちゃうよね。離れたら離れたで楽だろうけど，でもそうしたらそうしたで後ろめたいというね。
> 妻：はい。
> 東：うん，そうだと思うね。だから別居したほうが解決するのかどうかというのは難しい。
> 夫：ああ，そうですか。
> 東：難しい。うん。だって，別居しながら奥さんの罪悪感をどう軽減してさしあげるか，そして別居したことでお母さんをどう手当てするか。
> 夫：そうですねえ。
> 東：これはご主人，仕事増えますよ。
> 夫：そ，そうですか（苦笑）。私がなんとかすれば，なんとかなるんですかね。
> 東：え，なんとかするというのは，例えば？【コメント11】

【コメント11】
妻の立場を吟味しつつ，コンフロントから一旦降りる

東：奥さん，やはり回避したね。この場合はこうだし，この場合ははこうだし……って，アンビバレントな気持ちを出してきたから，それに乗ってあげることにした。
　「そうねえ」と，テンション高い状況からセラピストもいったんは降りて，別居のよしあしはどっちとも言いにくいよねといったん合わせた。
　しかしその上で，どっちに転んでもあなた（夫）の仕事が増えますよと脅した（笑）。
坂本：奥さんの罪悪感を処理しなければならないし，お母さんの世話もあるし。
東：どっちに転んでも仕事が増えるけど，その覚悟はあるか，って。実は別居がどうこうよりこのテンションが一番きつい。
　すると夫が「私がなんとかすれば，なんとかな

るんですかね」と返した。私は夫ののらりくらり質問を微妙にずらして「何をするの？」と聞いた。

> **Chap.12**
> 夫：いや，わからないですけど，罪悪感？ そんなことないよって言っても，本人がそう思っていることですよね。
> 東：ああ，罪悪感は，ね。はいはい。
> 夫：まあ話を聞いたりしても，どうしようもないんじゃないかなって感じはするんですけれども。
> 東：（妻に向かって）そうですか？【コメント12】

【コメント12】

2人の関係性に再焦点化	東：夫は，「妻の話を聞いてもどうしようもない」と言っている。このとき，画面を見たらわかるけど，奥さんが「何かを訴えるように」じーっとこちらを見ている。 　だからもう一度ここで私は2人の関係に焦点を当て始めた。「そうですか？」と，奥さんが本当のことを言いなさいと伝えている。
	坂本：罪悪感に対して自分は何もできないと夫は表明したわけですね。話なんか聞いてもしようがない，頭の中で起っていることだから。そう言って逃げた。
第2ラウンド：別居問題は捨て，違う問題を取り上げる	東：そう。話を聞いてもしようがないってね。ここで次の狙いを定めたわけ。 　最初は別居するかどうかというところで，いきなりドーンと行ったけれど，そこは奥さんもアンビバレントだからテンション上がらなかった。 　そして今度の狙いはここ。「話を聞く／話を聞いてもしようがない」。さあ，第2ラウンドの開始です。で，「そうですか？」と聞いた。 　これはさきほどの，「私が代わりに言いましょうか」というのと同じ介入です。意図は一緒。
	坂本：奥さんに確認したわけですね。

東：夫は，話を聞いても意味がないと言った。罪悪感は妻のものだから，私が話を聞いてもどうにもならないんだと。
　このとき奥さんは，僕から見たら明らかに不満そうな顔でこっちを見たから，よしここだと，もう一度行くぞと，私は決意しているわけです。
　この時点で，私の頭の中にあるのは，奥さんがとても辛抱しているということね。夫に気を遣っているのか，奥さんの気が弱いのか知らないけど，自分の願望に対して非常に抑制的になっているということが，私の中にできあがっている。1つの仮説だね。

坂本：夫のほうは能天気で，そんなことも知らずに飄々としている。

東：そう。まあ，いいお兄ちゃんだけどね（笑）。そこに齟齬が起きているようですね。

システム論からみた中立

編集部：セラピストの中立性ということが一般的に言われますが，このケースではどちらかというと奥さん側の味方をされているように思えます。ケース・バイ・ケースかもしれませんが，その辺りはいかがですか。

東：ご質問の中立というのが何に対するものを意味しているのかわからないけど，私はこのシステムに対して中立だと思っている。この2人のあり方，この2人の組み合わせに対して，中立だと自分で思っています。このケースは，奥さんがバーバルな自己主張をせずに，うつの症状によって自己主張している。そういう形で安定している夫婦システムと見ているから，それに対して思うところはあるけれども，夫が悪いとか，奥さんがいいとか悪いとか，そういう価値観は私の中にはない。今，

解説の中で夫がどうしようもないとか言っているけれど，それは言葉で説明するからそうなるので，頭の中ではこの2人をどう動かすかということしか考えてないからね。2人の形・パターンを変えたいの。

坂本：奥さんはうつの機能で夫を動かそうとしている，それを言葉でやりましょうよという形にもっていきたい，ということですね。

東：そうそう，そう言っていいだろうね。しかし一方，うつで夫を守っているとも言えるけれどもね。うつがあれば夫をとことん追い込まなくてもよいからね。夫は自分の問題ではなく妻の病気ということでシャンシャン。

坂本：夫も，うつでしか動けないという状況だから，それをうつでなくても，奥さんが普通の言葉の表現でお願いしたときに動いていくようにしていきましょうよという，そういう状況を作っていきたい。

東：そうそう。すくなくともこの相談室まで夫を引っ張ってこられたのは「うつ」のおかげ。しかしここからは妻はいよいようつを手放し，言葉を利用しなければならない。それには夫婦両方の覚悟がいる。

坂本：だから，夫に対してネガティブに見ているというわけではない。また奥さんに対しても，もっとしっかり自分で言えよという気持ちを持っているわけですね。

東：そうです。平たく言うと，うつになるまで辛抱しないで，言ったらいいじゃないかと。あるいは，うつで葛藤回避していないで，自分や夫を守らないで，新しい関係を作ろうよ。あなた方なら絶対

平等にみれば，いろいろな中立があっていい

うまく作れるよ，と。

坂本：それで，私が言いましょうか，それともあなたが言いますか，というチャレンジをしている。

東：その通り。あなたが言いなさい。あなたの仕事ですよ，と言っています。ご夫婦二人の仕事ですよと，伝えているのです。2人でサボるなって，言っているのです。

坂本：なるほど，平等にネガティブにも見ていますね。

東：そうそう（笑）。中立でしょう。要は，セラピストに「対象者がより良く変化することへの絶対的な信頼」があれば，面接の経過の中で一時的にバランスが崩れたり，今坂本先生が使った意味でネガティブに見ているといったことが生じても全然問題はないと考えている。

坂本：大事なポイントですね。やっぱり家族療法を教えるときに，バランスよくとか中立とか言いますからね。中立にもいろいろな中立があって，夫婦の話を平等に聞きましょうとか，どちらかに肩入れしないとか，クライアントに対して感情的な反応をしないとか，相手の反応を善悪で判断しないといったことが言われます。

東：今自分が中立かどうか，ほとんど考えたことないね，面接中には意識しないね。

セラピーの礼儀——みなが退屈しないよう

坂本：それは礼儀として当たり前だからでしょう。

東：礼儀？

坂本：今の話は礼儀のレベルの話ではないでしょうか。中立でありましょう，バランスよく聞いてあげましょう，というのは。だからそれはもう，東先生くらいになると自然にやっている。

東：まあ，意識をしたことはない。繰り返すけれども，「より良き変化への信頼」がこちらの意識に絶対

にあること。それともう1つ，今この2人が面接に乗っているかどうか，今の話題についてきてくれているかどうか，その話題で進行がうまく盛り上がっているか，それには非常に敏感だと思うけど，それはやはり中立であるかどうかとは関係ないように思う。

　中立かどうかはわからないけど，流れがスムーズに盛り上がっていたらいい。

坂本：もしどちらかが退屈していたら？

東：それはものすごく気になるね（笑）。参加者すべてに配慮しているという意味では，中立だね。

Chap.13

妻：うーん。話を聞いてもらえば，少し楽になるところはあります。

東：ああ，そう。

妻：ですけど，やっぱり自分だって両親のことを悪く言われるのは，いい気持ちはしないですし，主人も仕事が忙しくて朝早くから夜遅くまで働いているのに，帰ってきてお義母さんのことを悪く言うのを聞かせたりするのも申し訳ない感じがして……。【コメント13】

【コメント13】

アンビバレント ｜ 東：ここもアンビバレントだね。

Chap.14

東：うん。

妻：聞いてもらったら楽な時もあるし……。

東：かえって申し訳ないなっていう気持ちになっちゃうこともあるし，ということね。

妻：うん。

東：うん。（夫に向かって）昔から奥さんはこういうタイプの方ですか。遠慮深いといったらなんだけど，こうして欲しいけどしてもらったら悪いし，みたいな。【コメント14】

【コメント14】

ダブルバインド状態 ｜ 東：ここで，このようなアンビバレントなパターンは昔からあるのかという話題に変えました。

坂本：奥さんも自分の意見をきっちりと言えない状況なわけですね，ここでは。

東：そう。

坂本：何か決断を迫ろうとすると，「だけど……だし」となる。

東：そういうパターンだね。話の中身はともかく，ああいえばこういう，みたいなパターン。

坂本：で，その話を夫は聞かない。

東：聞かないというか，だから夫もどうしていいのかわからないのかもしれない。どうしていいかわからないから動けない。でも動かないと奥さんはそれが不満だし，動いたら動いたで奥さんは罪悪感を持つ。どっちもアウト。ダブルバインドですね。そういう意味でご主人にも同情。葛藤状態になっている奥さんにも同情。

坂本：どっちにも同情ということで，やっぱり中立です。

東：中立でしょう（笑）。

Chap.15

夫：いやいや，そんな感じじゃなかったですね。

東：あ，そうなの。どんな感じだったの？

夫：わりとカラッとして，友だちにも言いたいことを結構言ったりとか。

東：ああ，はい。ご主人に向かっても？

夫：僕にも結構，直接ここ直してとか，トイレのふたを上げっぱなしだとちゃんと閉めてとか。ぜんぜんもう……。もうちょっと優しく言ってくれてもいいのにと思うくらい。

東：ははは。ズバズバとおっしゃるんだ。

夫：そういう感じだったんです。

東：そうですか。

夫：はいはい，という感じで。

東：今回の同居のことも？「ああ，同居？ いいよー，一緒に同居しよう」という感じだったの？

夫：そんなさっぱりじゃなかったかなあ。

東：どんな感じ？

夫：ちょっとは，やっぱり不安があったみたいです。うちの母のこともよく知っていたし。だから，その前は結構普通に楽しそうに話はしていたんですけれど，うちの実家に来た時とか家の中の様子を見ているので，（妻は）結構きちっとしているので，あそこがちょっと汚かったとか，気になるところがあったとか言われたりして，そういうのがちょっと不安だという話はしていたんですけれど。
東：うん。
夫：だから，そんなにサクサクという感じではなかったかもしれないですね。ただ，そんなに絶対に嫌だという感じではなかった。
東：うんうん。はい。さて，それでご主人の仕事が増えるという話ですけれど，仕事が増えることは大丈夫？
夫：いや（苦笑），仕事って言うとどんな感じの……。
東：家庭内の仕事です。
夫：家庭内の仕事。
東：うん。大丈夫かな。
夫：あの……，仕事は結構平日は，特に忙しい時は遅かったりするので。
東：どんなお仕事？
夫：IT……。
東：IT関係。
夫：SEをやっているんですけどね。時期によるんですよ。
東：ええ，ええ。
夫：最近は結構しっかり仕事も入ってきていて。忙しいことが多いんですけど，まあ日曜日とか，休みの日だったらなんとか少しはできるかなという感じはするんですけれど。
東：どんなことができると思います？
夫：えー。今までも私としては一緒に，子どもがいるんですけれど，3人で公園へ行ったりとか，外に出かけて。
東：子どもさんはおいくつ？
妻：3歳です。
東：3歳。かわいいさかりだねえ。ふーん，そう，3人でね。
夫：うちの母とのことも何となくあるので，ちょっと気分転換に行こうよと言って。そういうことはやっていた……つもりなんですけど。
東：はいはい。（妻に）そのことはどう，役に立っている？
妻：そうですね。3人で休みの日にどこかに行ったりというのは気分転換になっていますし，娘もとっても喜んでいますので，その点では本当にありがたいなと思っています。

東：うん，なるほどね。他にはどんなことをされていますか。
夫：他にはですか。まあ，時々料理を一緒に作ったりとか。
東：料理も作られるの。へえ，すごいな。
夫：時々，時々ですけど。最近はあんまりしなかったかな。
東：本当。おいしい？
妻：おいしいですよ。
東：おいしい。へー，本当。なかなか器用だねえ。
妻：はい。
夫：1人暮らしもしていたので。
東：そうなんだ。うんうん。料理は自分からするの？　言われてするほう？
夫：うーん，言われてしているかなあ。（妻が）ちょっと疲れたとか言って。「やって」とは言わないんですけど。
東：「やって」とは言わない。
夫：うん。でもちょっと疲れた感じが……。
東：伝わってくるの。
夫：うん，伝わってきて。今週は作ろうかとか。
東：なるほど。さっきの散歩は？　家族で一緒に行こうって，奥さんからおっしゃるの？
夫：散歩は私が行きたいくらい。
東：あ，ご主人が行きたいんだ。
夫：結構好きなんですよ。【コメント15】

【コメント15】	
パターンとプロセスを探る	東：ご主人が「助ける人」ですよ，という観点にもう一度戻った。ご主人が「助ける人」で，今まではどんなことで助けてきたのかという話ね。 　そしてこのご主人が動いてくれる人だというのはものすごくいい情報だね。この話にこれだけ乗ってきてくれているのは大変うれしいね。 坂本：やる気持ちはある。

Chap.16

東：ああ，そうなんだ。
夫：普段は結構パソコンに向かったりすることが多いので，ちょっと体を動かしたりとか。
東：ああ，そう。他にはどんなことされているの？
夫：いやあ……，子どもと遊んだりくらいですかね。
東：子どもさんとどんなことをして遊んでいるの？

夫：いや，ブロックみたいなのが結構好きなので，一緒にブロックして遊んだり。
東：ああ，いいねえ。上手に遊んでいますか？
夫：いやあ……。
妻：普段家にいることがあまり少ないので。でもいるときにはよく遊んでくれているほうだと思います。
東：ああ，そうですか。奥さんから子どもさんと遊んでとお願いするの？
妻：パパがいるときには一緒に遊びたいというふうに……。
東：子どもさんが言うんだ。
妻：はい。
東：そうかそうか。他にはどんなことを？
夫：他はあまり……，時々風呂掃除とかしている。
東：風呂掃除したりとか。
夫：時々ですけど。月に1回とか2回とか。
東：はい。そのお風呂掃除は奥さんがしてちょうだいとおっしゃるの？【コメント16】

【コメント16】
「あなたが言うのか？」：質問の形でメッセージを伝える

東：もうしつこく同じメッセージを発している。「あなたが言うのか？」ともう3回くらい繰り返していますね。これである種の空気を作っていくわけです。空気を作るためにやっている。
坂本：空気というのは，どんな？
東：だれがご主人を動かすのか，つまり，あなたはちゃんとご主人に主張できるのか，という話題。そのことが大事なポイントなんですよ，それに興味を持って聞いているんですよ，というメッセージです。
坂本：そのことに私は関心があるんですよというメッセージですね。
東：私はそこに関心があるんだよ，あなたの関心もそこに向けなさいよというメッセージです。しつこいくらいの繰り返しのメッセージなんです。だから，直接的には，奥さんが自己主張することが大事ですよなんて1つも言ってないけど，間接的に

刷り込んでいくわけだね。
坂本：質問がメッセージになっているわけですね。
東：そうです。

Chap.17

妻：うーん，どうですかねえ。
夫：もう最初から，（一緒に）暮らしていたときから。
東：最初からのルール。
夫：なんか暗黙の。
東：暗黙の（笑），役割分担。
夫：風呂掃除はやります。
東：ああ，そうですか。
夫：なんとなく風呂は男がやるものという感じがあって。
東：あるのね。他にはどんなことをされていますか？
夫：あんまり思い浮かばないかなあ。そんな感じだと思います。
東：奥さんからみてね，実際にご主人がするかどうかわからないけど，あとこんなことできそうなこと，ご主人にやってもらえそうなことって何かある？
妻：うーん……（少し考える），仕事が忙しくて帰ってくるのも遅いですし，休みの日もそうやって子どもと遊んでくれたりしているので……，今やってくれていることはやってくれていると思うんですけれど……，もうちょっと2人で話す時間があったらいいかなあとは思います。【コメント17】

【コメント17】

ようやくパターンが変わる	東：よっしゃ，やっとここまでの努力が実った！というシーンだね（笑）。「やってくれることはやってくれていると思う」なんて流れだったので，またかいなという気持ちになっていたけど，やっとはっきりと「2人で話す時間があったらいいかなあ」と言ってくれましたね。ここまでの根回しが結実したわけですよ。
	坂本：やっと，やってもらいたいことを自分の口から言った。
締めに入る	東：そういうことです。本当はここから一気にドーンと進めてもよかったんだけど，面接時間もそこそ

こ経過していたし，2回目の面接も収録するという話もあったので，1回目はこの辺りから締めに入りました。

Chap.18

東：「いいかなあ」とは思う？
妻：はい。
東：そのことは日頃おっしゃいますか。
妻：うーん，少し言ったりはするかもしれないですけど，あんまり，忙しいので。
東：あきらめる？
妻：あんまりはっきりと主人に言ったことはないと思う。
夫：ないよね。
東：うんうん。奥さんは甘えるのは上手なほうですか？
夫：甘えるの？
東：うん。昔から，なになにしてちょうだい，なになに買ってちょうだい，とか。
夫：ああ，いや，あんまりなかったかもしれない。
東：あんまりなかったかもしれない？
夫：結構しっかりしているんです。
東：しっかりしている。ああ，本当。
夫：何を買ってこれを買ってというのも全部自分で考えて。
東：ああ，そう。ご主人ね，ご主人は……，ちょっと失礼なことを聞きます，ご主人はわりと打たれ弱いほう？
【コメント18】

【コメント18】

次の作戦：過保護にしているという認識

東：はい，ここから次の作戦です。奥さんは，この場では話を聞いて欲しいと言えたけれども，日頃は言っていない。しっかりしている奥さん。しっかりしていて，夫に自己主張をしない奥さんですね。だけど，ここからは奥さんがご主人を過保護にしているという話になっていきます。

Chap.19

妻：いやあ，打たれ弱くないと思います。
東：ない？
妻：結構，どっちかというと聞き流しちゃうタイプかなって。

東：ああ，はいはいはいはい。そうかあ。誰かに何かを頼まれたりしたら抱え込んでクシャッとなる感じではないんだ。
妻：ないです。
東：スーッと流すことができる人なの。【コメント19】

【コメント19】
確認作業　　　東：「あなたが自己主張してご主人に負荷をかけても大丈夫か」と奥さんに暗に確認しているところですね。

Chap.20

妻：そういう感じがします。スーッと何か，仕事とかもそんなに，忙しそうにはしていますけど，お休みの日にリフレッシュしたりとかできているんじゃないかなと。
東：ああ，なるほど。はいはいはいはい，そうなんだ。じゃあまだ余裕は……ありますか（笑）。
夫：余裕ですか（笑）。うーん，まあ，全然切羽詰っているという感じじゃないですけど。もちろん仕事をしているときはすごく忙しいときがありますけど，壊れて倒れるとかいう感じでは……。
東：ないですか。じゃあ何か，もし負担が，負荷がもうちょっとかかっても，つぶれたりせんですね。
夫：いやあ，ものによりますけどね（苦笑）。
東：うんうん（笑）。脅したみたいだね。
夫：何がくるのかちょっと怖いですけど（笑）。
東：ドキドキした？　もう一度奥さんに聞きますけど，ご主人は精神的にダウンしやすい？　それこそ今奥さんが（ごめんなさいね），うつだという話になっているわけだけど，ご主人がこれまでうつみたいになっちゃったとか，とても元気がない時期があったとか，そういうことはないですか？
妻：そういうことは，今まではないです。
東：大丈夫ね。OK。（夫に向かって）ないね？
夫：ないですね。
東：中学高校時代から。
夫：ないと思います。
東：大丈夫ね。
夫：はい。【コメント20】

【コメント20】
そしてまた確認！　｜　坂本：今の，ご主人がうつになったりしない，と聞い

　　　　　　たのは予防線ですか。
東：予防線といえば予防線だけど，奥さんがうつで夫が元気という夫婦が，夫がうつのときに奥さんが元気になるなんていうことがよくある。そういうことがこれまでになかったかどうか，知っておきたかった。そのようなエピソードがあるのなら，もっと慎重にいく必要がある。でも，どうやらそういうことはないし，負荷をかけても平気，と奥さんは乗ってきている。ご主人も OK。私は，それならばいいだろうと思っているところだね。

Chap.21

東：OK。（少し間）さっきお母さんの話がありましたよね。それで，別居したい。できたらね。できたらいいんだけど，したらしたで……どうなるだろうという心配があるよね。自分がワアワアワアという感じになっちゃうんでしょう？
妻：（うなずく）
東：ねえ。うん，そこのところ，なかなか結論出ないよね。
妻：うん。
東：すぐ結論を出したい？
妻：（少し考える）結論というか，今こうやって毎日１人で家にいるといろいろ考えちゃったり，気分が落ち込んじゃったりという，こういう状況からは早く抜け出したいというふうには思うんですけど，お義母さんのことはすぐにどうこうなる問題じゃないかなとは思っています。【コメント 21】

【コメント 21】

嫁姑問題を置いとく――パンクチュエイション

坂本：素晴らしい答えが返ってきた（笑）。
東：うん（笑）。
坂本：ひとまず嫁姑問題は置いておきましょうということですね。
東：そういうこと。やっぱりね，嫁姑問題は最初に話に出てきたわけだから。その問題に一応の区切りを付けておきたかった。すぐにどうこうなる問題じゃないよねと。

放っておくわけではなく，やることをまずやる

坂本：放っておくわけじゃないですよ，ということですね。

東：そういうメッセージ。その前にちょっと私，考えていたでしょう。何かやり残していたことがなかったかなと考えていて，嫁姑問題を思い出したのね。それで「今すぐ解決したい？」と聞いた。でもこの奥さんが「すぐに解決したい」と言うわけがない。いつものパターンで，グズグズするのがわかっている。

坂本：思い通りの答えが返ってきた。

東：それでこれを句読点にして，この話はもうごちゃごちゃ言わないで後ろに置いておきましょうと言っているわけです。別居うんぬんの話も後回し。そうした結論を出すことはこれからの話題ではありませんよということです。

坂本：まずやることをやりましょうねという話ですね。

Chap.22

東：うん，素晴らしい。最高，奥さん。やさしいね，うん。素晴らしいです。でもちょっと元気出していってね，その元気が出てくるプロセスで，じゃあお義母さんとの同居をどうしようかとか，生活をどうしようかとか，そういうことも段々解決していく可能性があるよね。

夫：うん。

東：ね，そこやね。さあ，そこです。奥さんが元気になるためにね，ご主人，一肌脱ぐ気はありますか。ちょっとお義母さんのことは置いておきましょう。すぐ結論を出すのではなくて，今は奥さんがおっしゃったように，そういうことじゃなくて直接は関係しないけど，まず奥さんがちょっと元気になる可能性のあるということで取り組んでみられる気持ちはありますか？

夫：ああ，もちろん。

東：あります？　OK？

夫：（うなずく）

東：うん。はい，えっとね（笑），ご主人，ドキドキします？

夫：ドキドキします（笑）。

東：ドキドキしますねえ。うん，あのね，次にお目にかかる……，あ，ちょっと待ってくださいよ。何時から面接始まったっけ？
夫：12 時半じゃないですか。
東：ああ，まだ時間ありますね。次お目にかかるまでにね，できたらちょっとお願いしてみたいことがあるんですけど，なんでもやってみる？
夫：え？
東：なんでもやってみる？
夫：なんでもっていうか，言われた内容によるかもしれません（苦笑）。
東：ああ。奥さんと 2 人ですることなんだけど。
夫：すること……。
東：することはね，奥さんも関係すること。ご主人だけがすることじゃない。【コメント 22】

【コメント 22】
慎重に変化の可能性を探る

坂本：慎重ですね。
東：私の疑い深さが出ている（笑）。この夫婦と私の間に生じる相互作用を完璧には信用していないんだね（笑）。だからここから，信じることができるための宿題を出していく。
坂本：何かを見ているんですか。
東：そう。この夫婦の，この段階での変化に対する対応力があるかどうか。言い換えれば，この段階で，どれくらい私の指示を聞いてくれるようになっているかということについて，私はまだ確信が持てていない。だいたい私のテンポは早すぎる傾向があるから。

　だから宿題を出した。念には念を入れてね。なぜ宿題を出したのかこの夫婦が知ったら怒るかもしれない（笑）。これはそれが主たる目的の宿題なんですよ。

　もちろん，その達成が次のさらなる変化の流れを作ってくれるので，達成されることは本望。し

かし達成されなかったら，それはやはり少し私が急ぎすぎていることを教えてくれているということ。

坂本：ということは，話をしましょうね，話を聞きましょうねというところに行く前の段階の宿題ということなんですか？

宿題を出す意図　東：そう。そういう変化に対してこの人たちが動けるかどうか，この流れに沿って変化できるかどうかを試したい。宿題を出して，この夫婦を試しているんです。それがこの宿題の意図です。多分，こうやって説明をしないと，動画を観ただけではこの意図は伝わらないんじゃないかな。

　この宿題一発で大きな変化を促そうとしているとか，そのように考える人がいるかもしれないけど，これは必ずしも変化を目的とした宿題じゃないんです。むしろまだまだ面接全体の流れを作るための装置の1つですね。

坂本：セラピストと夫婦のコンテキストを見ることが宿題の目的になっているということですか。

東：そうです。うまくいくかどうかね，そこを手探りしているわけですよ。

坂本：もし宿題をやらなかったら，次はまた別のことを考えなければいけない。

東：やらなかったらやらなかったでまた別の話になっていくと思うね。実際は，これを半分くらいやってくる。

坂本：休みの日だけですね。

東：そう。2回目の面接の話になってしまうけど，宿題を半分やってきましたという報告を聞いて，すぐにOKを出して宿題を変更した。今度は休みの日だけやってくればいいですよと。

　　　　それはなぜかというと，知りたかったのはどれだけやれるか，動けるかということなので，全部やったかどうかはまあどうでもいいことだからです。一番いやだったのが，先生に言われたことは私たち夫婦は1つもしませんでした，という場合。こうなったらちょっと別のことを考えなければならない。たとえば不変化の方向とか。

坂本：でもうまくいったので，指示で行った。

東：うん。指示で行きだした。

宿題が失敗したら

坂本：もしいかなかったら，不変化？

東：いわゆる不変化。うつに，夫との関係に意味づけたポジティブ・ストーリーを与えるなどして，すべて現状肯定。現状を続けるような方向で話をすすめるかもしれません。

　　だから，面接の流れをどっちに進めるのがベターか，その確信を得るための宿題なんです。

Chap.23

夫：できる範囲であれば。

東：たぶんできる範囲のことだろうと思います。

夫：はい。

東：はい。奥さんは？

妻：できればやってみたいと思います。

東：やってみますか？　そんなに難しいことじゃないと思います。ただねえ，今まであんまりやり慣れていないことかもしれないんだけど……奥さんが。

妻：はい。

東：チャレンジしてみる気ある？　あのね，難しくはないんだけど，やり慣れてはいないと思う。

妻：……やってみます。

東：やってみます？　はい。ご主人もいいね。

夫：はい。

東：はい。あのね，もし絶対に嫌だと思ったらすぐに言ってくださいよ。

夫：（苦笑）

妻：？

東：あのね……，もう今日からできるね，今日から。【コメント23】

【コメント23】	
「間」をとる意味	坂本：間をもたせますね。 東：だって言いながら考えているんだもん（笑）。 坂本：課題は今考えているんだ（笑）。

Chap.24

妻：今日から？
東：うん，今日からできると思います。1日1つ。1日1つ，何でもいいですから……，何でもいいですから，ご主人に命令してください。
妻：命令ですか。
東：命令です。命令というと言葉がきついかもしれんけどね，何かやってもらってほしい。何でもいいです。
妻：どんなことでもいいんですか？
東：どんなことでもいいです。【コメント24】

【コメント24】	
予行演習を兼ねた宿題	坂本：言葉で夫を動かすことであれば，なんでもいいんですね。 東：そう。予行演習みたいなものです。しかしまずは，宿題としてやってくれるかどうかがポイント。

Chap.25

妻：主人にやってもらいたいこと……。
東：うん。毎日1つずつ考えることできる？　それはもちろんご主人が帰ってこられてからね，ご主人におっしゃっていただいて，ご主人にやってもらうんだよ。【コメント25】

【コメント25】	
やるかどうかの介入	東：これならアンビバレントではないからね。 坂本：と言いますと？ 東：これはセラピストからの宿題だから，ある意味強制されたものだから，「これをしてほしいけど，してもらったら……だし」みたいな奥さん得意の複雑なコミュニケーションにならない。

「これやって」「はい」というシンプルなコミュニケーションの仕方を提示しているわけでしょう。そういう意味では介入ではあるわけ。まあ, 練習, 習慣づけ, 意識づけだね。

坂本：普段と違うことをやらなければならないという意味での介入ですね。

東：そういう意味で介入。だけど, 要はこの宿題に2人が乗ってくるかどうか, 基本はそこなわけ。やってくれるかどうか。

坂本：それは治療関係のコンテキスト。

東：そうです。ですから, 2つの意味があるということ。

Chap.26

夫：はい。何を命令されるんでしょう（笑）。

東：いや, それはわかりません。それは奥さんに聞いてください。それは僕は決められません。おそらく奥さんのことだから, 無理難題は絶対思いつかれないと思いますけどね。

夫：ああ。

東：うん。……と思いますけどね。やさしいからね。たぶんご主人が血を吐いてまで何かせんならんということは決まらんと思いますけど。それを毎日1つ, 見つけていただく作業はできませんか？

妻：（少し考える）何か今, 命令をと言われて, 考えてみたんですけど, あんまり考えたことがなかったので, ちょっと今思い浮かばないですけど……。

東：そうでしょう。だから不慣れなことですよって言ったじゃない。とっても不慣れなことです, 奥さんの。まあ命令というのはね, 言葉がちょっときつかったかもしれないけど, 要するにご主人に何かしてもらおうということです。「これしてちょうだい」

妻：何かそれで変わりますかね。【コメント26】

【コメント26】

同じパターンがまた出た……

東：奥さんが「それで変わりますかね」と疑問を呈した。逃げられそう（笑）。だから, 次, こっちも逃げる（笑）。

坂本：また同じパターンが出たわけですね。

Chap.27

東：今度2週間後に会いませんか？
妻：はい。
東：来れますか？
夫：土曜日でいいですか。
東：土曜日で結構です。
夫：そうですか。
東：今のことを毎日していただいて，その2週間後にどんなことが起きているか，お話を聞かせてください。
夫：それってあれですかね，言われて，結構遅い日とかもあるんですけど，夜。
東：仕事から帰ってくるのが？
夫：はい。まあ無理難題は言わないと思うんですけど，その日のうちにやれということですか。どういうふうに……。
東：それは奥さんが決めることです。内容は全部奥さんが決める。
夫：（妻に向かって）なんか……できそう？
妻：うん……。
東：じゃあ，試しに，早速今日のことを決めてみようか。今日，何にする？
妻：今日……。（考える）うーん，今日は休みで，一緒に娘も連れてきているので……。
東：あ，ここに？
妻：はい。預かってもらっているので。
東：ええ，ええ。
妻：ちょっとこう，買い物でもして，帰りは3人で外食がしたいです。
東：ああ，いいねえ。
妻：外食に連れて行ってください。
夫：うーん。まあ大丈夫です，それくらいいいですよ。
東：いいですよって，僕に約束しても……（笑）
夫：（笑）大丈夫，大丈夫。
妻：今日はそうしたいと思います。
東：OK。はい，こんな感じでいいです。よかったですね，とんでもない注文じゃなくて。
夫：そうですね(苦笑)。これくらいのことならいいですけど。まあ毎日外食するわけにはいかないけど，今日は大丈夫です。
東：はい。それで2週間後にまたお目にかかりませんか。
夫：はい。2人でまた？

東：うん，2人でまた来れます？　あ，2人で来るのは今日だけのつもりだったとか，ありますか？
夫：いや，そんなことはないんですけど……，ああ，そうですよね，うん。大丈夫です。
東：いやいや，あまり来たくないのに無理やり来いというのも申し訳ない。
夫：いや，そんなことなくて，最初はちょっと連れてきたっていう気持ちだったので。
東：そうねえ。まさかこんなことに巻き込まれるなんて夢にも思わなかった？
夫：最初はそうですね，あんまり考えてなかった。必要があればちゃんと来ますけど。
東：そうですか。お願いしていいですか？
夫：はい。
東：奥さん，1つ確認させてください。僕は今ご主人に，2週間後は一緒に来てください，（ご主人は）最初は横にいるだけのつもりだったのに，強くお願いしているんですけど，ご自分を責められてね，私のせいで主人が……，私さえ辛抱すれば……，なんてならないでよ。
妻：はい。
東：大丈夫？
妻：はい。
東：約束よ。絶対約束よ。
妻：はい。
東：OK？　うん。僕が要求しているんですから。
妻：はい。
東：はい。じゃあ2週間後にお目にかかりましょう。よろしくお願いします。
夫：はい。お願いします。
東：奥さん，2週間後にね。
妻：はい。
東：じゃあ，どうもありがとうございました。
夫・妻：ありがとうございました。【コメント27】

【コメント27】	
まとめ	東：さて，最後に何かありますか。
コンテキストとコンテンツを見る	坂本：はい。これはもうコンテキストとコンテンツを見る，ものすごくいい材料ですね。嫁姑問題とかいろいろあるけれども，要は夫婦の問題の解決の仕方を扱っている，と言っていいですか。

東：そうです。その通りです。解決の仕方が行き詰っている。その行き詰まりの中にうつがあるんです。

坂本：嫁姑問題もうつもそれぞれコンテンツであるし，流れの中にあるわけだけれども，そこを2人でどう解決していくか，動いていくか，そのコミュニケーションの流れを作っていっている。

東：そうです。だから夫婦二人だけでやったらある種の堂々巡りになる状態である中に，私という触媒が入ることによって別のコミュニケーションの流れを生んでいる。

坂本：ものすごくよくわかります。

東：これほどシンプルかつ，わかりやすい面接はないなと，私は思うね（笑）。それに，自分がいかに臆病者かというのがよくわかった（笑）。

坂本：慎重ということですか。

臆病さと慎重さ

東：慎重だね。最後の最後まで慎重でしょう。ご主人が次回も来るということについて，「無理にお願いしているのかな」と言って，ご主人のほうから「来ます」と言うまでさんざん聞いている。ここに至ってもまだ慎重なんだね。普通は，「じゃあ，次も一緒に来てね」でおしまいだもの。それをここまで退いて，退いて，寄せている。臆病なんだろうね。

坂本：いやいや，慎重なんでしょう。

パターンの指摘＝介入

東：奥さんにも，「私のせいで……」なんて思わないでよと言ってる。茶化すようにユーモアで包みつつ，同時に奥さんの馴染みのパターンを指摘しているという介入的な面もあるし，慎重にということもある。

坂本：今までのパターンを使えないようにしている。

東：そうそう。今までのパターンを使えないようにし

ている。一見気づかいをしているみたいな感じだけど，今までのパターンを起こすなよ，またそこに行ったら許さんぞというメッセージだね（笑）。慎重なんです。

坂本：きめ細かい。

東：きめ細かいといえばかっこいいけど，私，怖がりなんだよ。そのことがよくわかる面接でした。

第5章
解説：カップル面接のキモ

2回目を解き明かす

（夫婦入室）【コメント1】

【コメント1】
面接前の心積もり

坂本：面接2回目ということで，始める前の心積もりについて教えてください。

東：2週間，間があいていることの最大のポイントは宿題。宿題をさっき言った意味でどこまでやってくるか，それが1つ。もう1つは，前回の面接の効果，宿題を含めての効果で，何か変化が起きている可能性がある。そういう期待もある。その期待と，宿題をどれくらいやってきているかで，この面接はガラッと変わってくるから，こちらはその心の準備をしている。さあ，どっちでくるか。

Chap.01

東：はい，どうぞ。こんにちは。
夫：失礼します。
東：どうぞ，お座りください。
夫：お願いします。
東：はい，どうも。あれからもう2週間，早かったですね。【コメント2】

【コメント2】
2人の顔色を見る

東：この瞬間ね，奥さんの顔がすごく変わっているんだよ。とてもやわらかくなってね，硬さがなかったので，私はもうだいぶほっとしています。

Chap.02

夫：早かったような，長かったような気もします。
東：長かったような気がする？
夫：はい。
東：さてさて，2週間経ちましたけれども，どうですか。どのようにお過ごしでしょうか。
夫：いや，前回先生に，なんですか，宿題といいますか，出していただいて，命令というかお願いをするっていう。やってみたんですけど，お休みの日は結構できたんですけど，お願いされたりとか。でも平日があまり思い浮かばなかったりとか。
東：まあこの前の帰りの食事はね，あれだったけど……。
夫：というので，平日はちょっとあんまりできていなかったところがありまして。
東：ああ，そうですか。じゃあ，もうちょっと詳しく教えてね。まず，土日はどんなことをされました？
妻：ここでお願いした外食は実際に連れて行ってもらって，次の日も日曜日だったので，子どもと3人でプールに行きました。
夫：ああ，そうだった。
東：それをお願いされたのね。
妻：そうです，はい。その次の日は，私がちょっと手を離せないときに，子どもが本を読んでと言ってきたので，それは頼んでパパに読んでもらってと言って，絵本を読んでもらいました。
夫：読んだね。
東：ああ，そうですか。それは月曜日でしょう？
夫：祝日だったので。
東：ああ，そうだ，祝日だったんだ。そうだよね，うんうん。じゃあ，その3日間はできたわけですね。
妻：はい。
東：ところが火曜日からは？
妻：うーん。
夫：いや，1日くらいやったよ。なんか，水を買ってきてと言ったときがあったじゃん。
妻：ああ。1日やってもらったのは，平日に娘が幼稚園に水筒を持っていっているんですけれど，それで（次の日の）麦茶を作ろうと思ったらミネラルウォーターがなかったので，それを帰りに買ってきてもらいました。
東：うん，帰りにね。

妻：はい。あとは，なんか平日は朝はバタバタして忙しいですし，夜も，なんでも頼んでいいと言われると何を頼んだらいいのかちょっとよくわからなくて，考えたんですけど思いつかなくて。
夫：うん。なんでもいいんだよって，結構言ったんですけどね。先生もなんでもいいとおっしゃっていたので。何か簡単なことでもいいからとにかく作ったらというふうに言っていたんですけど，あんまり思いつかなかったみたいで。まあそれで，あんまり無理してやることもないかなと，私も強くは言わなかったんですけど。
東：はい。それはそうです，無理しないのも大事ですね。あの，ちょっと教えてほしいんだけどね。土曜日，日曜日，月曜日，それと平日1回，お願いされましたよね。
妻：はい。
東：お願いされたあと，ヘコまなかった？ お願いしてやってもらったあと，気持ち。悪いなあ，なんて。
妻：んー，でも，そんなにヘコんだ気持ちはなかったです。娘と一緒に遊んだりということだったので，そんなに悪いなあという気持ちはなかったです。逆に考えられないことのほうが，なんかどうしてこんなことも考えられないのかなと思って，そっちのほうがちょっと考えちゃいました，毎日。【コメント3】

【コメント3】

「罪悪感」を聞く

坂本：ここは先取り，先手必勝ですか。罪悪感が出てこないように先に聞いている？
東：いや，これはもう済んだことだから。先取りではなくて，実際に罪悪感が出なかったかどうか知りたかっただけ。
坂本：後からでも，「やってみたけどやっぱり罪悪感があって」という話が出てくる可能性もあるじゃないですか。
東：ああ，「罪悪感」ではなくて「罪悪感の話」ね。ありますね，肝心なとき，ここというところで，それで流れが変わってしまう。
坂本：はい。
東：それは困るな（笑）。そういう意味の先取りね。

あとで，実は落ち込んでいたんですなんて言い出されたらつらいね。早く言っといてよとなる（笑）。

坂本：そう。それであらかじめ聞いて，実は罪悪感があってという話だったらそこに乗っていくこともできますし。だから先に聞いたのかなと。

東：そう言うこともできるね。……ところで，この辺り，かなり私はしんどそうだね。魂が抜けている（笑）。この日，1日で6ケース撮って，これはその5ケース目。よくない状態だね（笑）。かなり疲れている。しんどいとそれを補おうとして，逆に力が入って声が大きくなったりするんだ。

Chap.03

東：ふーん，なるほどね。うんうん。ご主人は嫌な顔をせずにしてくださったんですか。

妻：はい。

夫：ちょっと1回，休みの日に，食事に連れて行くとかならいいんですけど，1回だけあったじゃん。なんだったっけ……草むしり！

妻：ああ。

夫：庭の草むしりをしてくれって言われて。

東：ああ，そんなことあったの。へえ，まだあるじゃない。

夫：はい。もう1つありました。それが先週かな。すごく暑かったんですよ。今日みたいにすごく晴れていて，「えー，こんな中やるのか」と思ったんですけど。その時はちょっと嫌な顔をしたかもしれない（笑）。

東：わかった？　嫌な顔。

妻：そうですね。しんどそうにしていましたけど，ずっと平日お願い事が考えられなかったので。庭は私以外誰も手入れをしないので，ボーボーになっているのがずっと気になっていて，でもなかなか私もやる気が起きなかったので，そこは平日に何も考えつかなかったこともあって，ちょっと思い切って頼んでみました。

東：頼んでみた。ああ，よく思い切ったね。ドキドキしませんでしたか？

妻：そうですね。まあちょっと大変だろうなとは思ったんですけど，娘もよろこんで庭で水やりとかをしてくれていたので，それでいいかなと思って。

東：うんうん，はい。まあご主人も嫌な顔がチラッとでたかもしれんけど，まあ，それどまりやったんやな。
夫：そればっかりはちょっとびっくりしましたけど。
東：ああそうか。
夫：やってみたらすっきりしたから。
東：ああ，すっきりした。
夫：うん，きれいになりましたからね。やってみたらよかったですけど。
東：ああ，そうですか。はい。
夫：最初はちょっとえーっと思いました，正直。
東：はい。さて，今の宿題のことですけどね，今日は結果をお聞かせいただいてね，宿題を先に言うのも変だけど，次にお目にかかるまで少し内容を変えます。先に言っておくね。お休みの日だけにしましょう，原則。
夫：はあ。
東：いいですか？　奥さんが気楽に頼める日だけにしましょう。今日のお話だと平日は頼みにくいんだよね？
妻：はい。
東：月火水木金とまあ5回あるんだけど，1回くらいいけるか。やめとこか。
夫：（笑）
妻：うん。夕方になると，ずっとそのことを考えちゃったりするのが……。
東：どうしようか，どうしようかってね。うんうん。
妻：できれば休日だけのほうが気が楽です。
東：気が楽に決められるよね。OK，じゃあ休日だけにしようね。【コメント4】

【コメント4】

宿題の確認	坂本：これでとりあえず課題はやってきていたということで……。 東：もうOK。これ以上課題にこだわって，毎日やらせる意味はない。 坂本：やる人たちだとわかった。 東：指示に従って動いてくれる。努力してくれる。可能な範囲でね。ということがはっきりしただけでもう十分OKです。

Chap.04

東：あとの月火水木金は宿題とはしません。ただ，してもいいです。ね，宿題じゃないよ。「絶対考えなよ」じゃなくて，「してもいい」です。いいですね。【コメント5】

【コメント5】

頼みごとを増やしていく	坂本：平日も頼みごとをしてもいいです，という枠を設けたのは，自発的に変化が増えてくるといいということだし，夫もそれ以外のときに「なんで命令するんだ」という嫌な気分にならないで従うことができるということでしょうか。 東：その通りですね。

Chap.05

夫：そうですね。
東：草むしりでもね。
夫：はい（笑）。当分はちょっと草むしりは……。まあ，まだ生えてないから大丈夫です。
東：ああ，そうですか。まあでもよくやっていただきましたね。これちょっとお願いしておきますね。
妻：はい。
東：そのお願いを前提としてですね，ちょっと奥さんにお聞きしたいことがあるんですけどね。
妻：はい。
東：今の宿題のことに若干関係するんですけれど，奥さんのご両親は今は？
妻：健在です。
東：健在ですね。どちらにいらっしゃいますか。
妻：はい，自宅からちょっと近いんですけれど，西国分寺というところが実家になります。【コメント6】

【コメント6】

声の張りも変わってきた	東：奥さんの声は，1回目は小さい声だったのに，2回目は大きな声になって，しゃべり方も早くなっているんです。マイクのせいじゃなくて，実際にね。2人の顔の表情でもわかると思うので，視聴者の皆さんはその辺り注意して見てもらうといいですね。

Chap.06

東：ああ，そうですか。おうちからはそんなに遠くない？
夫：30分くらいですかね，電車で。
東：ああ，そうですか。今の状況というのは伝わっているの？
妻：母には少し話しています。
東：ああ，本当。うんうん。何かおっしゃっています？
妻：うーん，まあちょっと元気のないのはとても心配はしていますけれども，お姑さんのことであればある程度うまくやらなければいけないよっていうか，まあ仕方ないよと言ってくれるというか，まあ仕方ないよというふうに言ってはいます。
東：ああ，そうですか。心配してくれているのね。
妻：うん。
東：奥さんは名前はゆきこさんだっけ？
妻：はい。
東：ゆきこさんは，子どもさんの時代から，わりとお母さんにはどんどんあれしてほしい，これしてほしいと言うタイプだった？
妻：そうですね……うーん，何してほしい，あれしてほしいというのはあまり言わなかったかもしれません。両親は共働きだったので，父も母も忙しかったのもありますし，それぞれ家族はとても仲がいいですけれど，自分でやれることは自分でするっていう感じでやってきたような気がします。
東：ああ，そうですか。じゃあ，特段あなたのほうからお母さんにあれしてと頼むことがあったというわけではない。
妻：まあ何か頼めば嫌と言わずにやってくれる母ではありました。
東：ああ，そう。お父さんはどうかな。
妻：父も，私は1人っ子なもので，かわいがってはいてくれて，忙しい仕事のわりには結構話す時間とか，夕食時に早く帰ってきて話をしてくれたり，お休みの日はどこかに連れて行ってくれたり，小さい頃はそういうことをしてくれていたと思います。
東：ああ，そうですか。うんうん。おねだりとかすること多かった？
妻：おねだり……。どっちかっていうと，父はちょっと甘やかして何か買い与えたりとかしていたかもしれません。
東：そうか。それはあなたが頼まなくても？

> 妻：まあたぶん欲しいものとかを聞いて買ってくれていた
> 　　と思います。
> 東：ああ，本当。お父さんやさしいのね。絶対欲しいと思っ
> 　　ていたのに手に入らなかったものって何かある？　子
> 　　ども時代。【コメント7】

【コメント7】
質問の意図：単なる情報収集とは違う

坂本：この質問の意図はなんですか。

東：要するに，思い通りにならないとき，あるいはアンビバレントなときの反応の癖・解決の仕方を知りたい，ということ。この奥さんは今はうつを利用するようですが，それが馴染みの方法なのかどうか，確認する方向に向かっているところ。

　だけど，実はもっと言うと，いいですか，何よりその話題を共有したいのです。「自分の思いがかなわないときにどうすればよいか」，という話題を共有したい。これが一番。結果的に，「うつ」もそのような解決策の1つであると，そういう流れも私の中で意識していますが。

　そして，そこで得られるメッセージが「夫婦関係」にも般化的に広がるかもしれないのですが，しかしまず，実際にこの人がどんな反応をしてきたかということは，まあ興味はあるけど中身はどうでもよくて，そのような「話題の流れ」を私は重視しています。

坂本：単なる情報収集とは違うということですか。

東：そう。私は，単に事実を知りたいのではなくて，そのような方向での「質疑応答」のキャッチボール，会話の流れが形成されることを大事にしている。

坂本：思い通りにならないときにどうするのか，ということに関心がありますよ，そういうネタですよ，テーマですよ，今はそういう話をしている場面で

すよということですね。

東：そう。そういう文脈形成が私の意図であって，この人の子ども時代が実際にどうだったかは，実はどうでもいいんです。

坂本：場面が変わりましたよ，話題が変わりましたよ，と言っているんですね。どう答えても内容は関係ないわけですか。

東：「内容」はどうでもいいとあえて極論したけれども，実際は相手の答えた「内容」によって面接は動くわけだから，やっぱりどうでもよくはない（笑）。その「内容」によって質問の「内容」が組み立てられるわけだから，無視するわけではない。でも私の考えでは，「内容」は重要なポイントではなくて，その話題をしているという流れを作ること，つまり「文脈形成」が第一義的なポイントだということです。「内容」はあとから，必要があれば変えれば良い。

坂本：今ここには，奥さんが子ども時代に，お父さんに自分から要求をしていたかという点と，要求が通らなかったときにどうしたかという点の，2つのことがテーブルの上に出ていますよ，ということですね。

東：そうです。しかも，それは原家族のしかも過去の話ですから，現在奥さんが抱えている状況と比べるとテンションはずいぶん低い。やわらかいところから入っていける，という作戦です。

坂本：でも，そのうちに核心に触れますよ，と。

東：覚悟しといてよ，ということね（笑）。

坂本：それはどの段階から考えていることですか。

東：それはもう最初から。宿題をしてきた場合の展開というのはどこかで準備できている。

Chap.07

妻：いやあ，特にそういうものはなかったと思います。
東：ふうん。だいたいもう自分の思い通りになった，というと変だけど，それほど……なんというかな，欲求不満な状態に置かれることはなかったですか。
妻：……はい。思い当たらないので，たぶんそういう状況にはなかったんだと思います。
東：ああ，そうですか。お友だち――小学校のときはいざしらず，中高，えっと大学も出られたのかな。
妻：いえ，短大を。
東：短大ね。その学生時代ね，学生時代の人間関係なんかはどう？　あなたとお友だちとの間のやり取りというのは。ほら，いつもいつも手の掛かるお世話してもらうほうもあれば，お世話する係とかいろいろあるじゃないですか。人間関係ね。あなたはどんな役割を取る人だったの？
妻：うーん，どちらかというとお世話をする係だった気がします。
東：なるほど，なるほど。
妻：友人は比較的多くいるほうだと思いますし，友人とうまくいかなかったということはないですし，今も実家からそんなに離れていないので，友人も近所に住んでいることが多いので，今も交流がある子もいます。
東：なるほどね。どっちかというとお世話係ね。そうか，そうか。【コメント8】

【コメント8】

三層のコンテキスト	東：この辺りの内容は個人の生育歴に関心のある人たちは興味を示すだろうね。 坂本：こう見ていくと，奥さんの世話役的な話，人に頼らせる話を集めていっているように見えます。 東：結果的にはね。 坂本：でもそれは今の話からいくと，1つ下のコンテキストですね。 東：そういうことです。 坂本：だから三層構造になっている。奥さんの生まれ育ちのコンテキストと，夫婦関係のコンテキスト，今ここでの治療関係のコンテキストという3つの

　　　　コンテキストを意識しているということでしょうか。
東：そうです。まずは今ここでの会話の流れ，つまり治療の関係性，そして夫婦の関係性，さらにそのような夫婦の関係性が成立してきた要因としての個人史的背景。

Chap.08

夫：結構旅行の計画とかも立てたりとかして，友だちと行く時とか。
東：ああ，本当。結構頼られるほうだったんですね。
妻：と思います。
東：短大を出られてからお仕事されたのかな？
妻：はい。保育園で保育士として働いていました。
東：はいはい，それじゃ，お世話だね。
夫：（笑）
東：ふーん，そうなんだ。子どもさんは好きだったですか？
妻：はい。
東：ああ，そう。はいはい。その時の職場の人間関係はどんな感じだった？　あなたはどんな立場だったのかな。子どもさんのお世話をするのは間違いないけど，同僚との関係なんていうのはどんな感じだった？
妻：うーん，院長先生も先輩方も，とてもやさしくて気さくな先生が多かったので，とても働きやすい職場でしたし，同僚もとても気が合ったので，とくにそこで人間関係で何かということはなく過ごしていました。
東：ああ，そうですか。やっぱり同僚に対してもお世話係という感じだった？【コメント9】

【コメント9】
しつこく質問を繰り出す

東：ここもしつこいね。人間関係はどうということはなかったです，という話では絶対に終わらせたくないわけ。人間関係に何かがあったという話ではなくて，あなたがどんな役割だったかということをもう1回聞いている。私のしつこさが出ているね。そこから絶対に外したくない。でも答えがちょっと外れた。だからもう1回戻した。

Chap.09

妻：うーん，どうですかねえ。そうだったかもしれないですし，まあみんなで仲良くいろいろ準備する作業とかが，園児たちが帰ってもそういう仕事があるので，そういうのをみんなで協力してやっていたという感じがします。

東：なるほどねえ，そうですか。あなたがすごく同僚に助けてもらったとか，お世話になったとか，そういったエピソードは何かある？

妻：常にいつも助け合っていたと思うんですけど……。うーん，エピソード……。私がたぶん入って1年目の時の夏のお遊戯会の準備をしている時に，ぜんぜんその準備が終わらなくて，夜11時とか12時くらいになっちゃったんですよね。そうしたらもう先に帰ったはずの先輩の先生がご飯を持って来てくれて，一緒にその作業をしてくれたというのが嬉しかったですね。

東：ああ, そう。それはあなたが頼んだわけじゃないんだね。

妻：はい。

東：へー。なんか聞いているとあれだね，ご両親の話から始まって，すごく周りの人間関係に恵まれていらっしゃった感じがしますね，人生的に。

妻：はい。

東：ねえ。現在のお友だち関係はどんな感じ？

妻：うーん，そうですねえ。今も友だちは近所に住んでいる子とかもいるんですけど，いろいろ働いていたりとか，結婚していても子どもがいなかったりとか，環境が変わったりそれぞれの環境が違ったりしているので，あんまり会ったりする機会が少なくなってしまっていると思います。

東：なるほどね。少し人間関係は少なくはなっているのかな。【コメント10】

【コメント10】

エンディングに向けて	坂本：人間関係が少なくなっているということは何か関係あるのですか。 東：何もありません。これは役割だとかなんだとかの話題からエンディングに向けて流しているところです。 坂本：フェイドアウトの尾っぽのほうですね。 東：はい。もう頭の中では次のことを考えている。

第5章　解説編：カップル面接のキモ——2回目を解き明かす　**141**

Chap.10

妻：うん。
東：そうですか，はい。まあでも逆に言うと，人間関係は人間関係で特に，友だち関係で何か煮詰まっているとかそういうことはないよね。
妻：はい。
東：はい，結構です。ご主人は……，今奥さんに聞いたのでご主人にも聞きますけど，人間関係ね。親との関係も，小・中・高・大学・職場も，わりとお世話するほう，されるほう？
夫：え，お世話？　お世話はあんまりしないと思うんですけど……。
東：あ，そうですか。
夫：世話もされないかもしれないですね。
東：え，世話もされない？
夫：世話もされない。うん。結構体育会系だった。スポーツをやっていたので。
東：何をなさっていたの？
夫：陸上をやっていたんですけど。もちろん，みんなのために走ったりもする，駅伝とかね，やったりしますけど，これといってすごく世話をされたとか，世話をしたという感じが……。
東：ないですか。
夫：うん。あんまりパッとは思い浮かばないですね。
東：ご主人はわりとあれ？　おねだり上手なほうだった？
夫：いやいや，へたくそだと思いますよ（笑）。
東：何々してくれ，とか。
夫：いや，あんまり言わないですね。たぶん言わないタイプだと思います。
東：ああ。お母さんにもあんまり言わんかった？
夫：いや，母に言ったら余計なことをいっぱいされるので。
東：余計なことってどういうこと？
夫：なんでしょう，余計こじれるというか。大騒ぎして，かえって面倒くさくなったりとか。
東：ああ。
夫：小さい時も，たしか小学生くらいの時に，学校でちょっと嫌なことがあって，それを母に言ったら，学校の先生に言っちゃって。どうにかしてください，みたいな。
東：はい。

夫：それでなんか面倒くさいことになって，こじれちゃって。もう言うもんじゃないなって思いました。【コメント11】

【コメント11】

夫に質問を繰り出す	坂本：この辺りは，ダンナのほうが甘えるタイプ，奥さんのほうが世話をするタイプであるというネタを拾っているわけですか。
	東：まあそうだね。でも内容としては，お母さんとの関係についてだけど，お母さんに対してはものが言いにくいという話だから，そこは興味を引くところだけど，そこにあまり入りすぎると話がそっちに流れてしまいそうだから，そこはサラッと流すつもり。 でも，この夫はお母さんにはものを言いにくいんだな，お嫁さんとの間で板ばさみになっているんだな，大変だろうなと単純に思っているところです。
	坂本：お父さんは亡くなっているし。
深入りは禁物	東：そう。だけどこの話題にはこれ以上入らないほうがいいなと考えている。私が保持したいと考えている文脈からはずれていく可能性が高いから。

Chap.11

東：お母さんに何か言うとロクなことにならないぞと。
夫：そうです。
東：なるほどねえ，そう。今もそういうことある？
夫：いや，もう言わないです。今は何も言わないですね。
東：今は何にも言わないのね。
夫：言わないですね。
東：お母さんのほうからも特に何か聞いてきたりせんでしょう。いい意味で想像するわけやけど，あんたたち夫婦うまくやってるかねとか，そんなふうに。
夫：いや，そんなことはあまり聞かないですね。自分の道一筋って感じで。

> 東：一筋って感じね，うん。ご夫婦の中ではやっぱりどちらかというと奥さんのほうがお世話係？【コメント12】

【コメント12】

山場に向かって ｜ 東：さあ，来たよ。

Chap.12

> 夫：そうかな。家事はやっぱりやってもらっているので。
> 妻：私は結婚する時に仕事を辞めて，専業主婦で家のことをしっかりやりたいなと思って仕事を辞めたので，おうちのこととか子育てのこととかは，私がしっかりとやっていきたいなというふうに思ってはいます。
> 東：ああ，そうですか。はいはい。それはもうきっちり？
> 夫：はい。結婚の前に話し合って。
> 東：話し合ってね，うん。話し合ったのね。
> 夫：そうですね。
> 東：もし今奥さんのね，妻としての点数を付けるとしたら何点くらいですか。
> 夫：点数ですか。
> 東：100点満点で。（笑）
> 夫：目の前にしてですけど。
> 東：目の前にして。
> 夫：100点満点で？
> 東：100点満点で。【コメント13】

【コメント13】

あえて先に聞く ｜ 坂本：これ，本当はダンナさんの点数を奥さんに聞きたいんだけど，あえて先にダンナさんのほうに聞いているわけですか。
東：そうです。

Chap.13

> 夫：（少し考える）いや，かなり点数は高いと思いますね。
> 東：うん。
> 夫：95点くらいですか。
> 東：95点！ すごいね。へえー。ちなみにご主人の点数は？
> 夫：もっと低いと思いますよ（笑）。
> 妻：うーん，でも，主人は仕事も家のことも考えてくれているので……，90点くらいかなあ。
> 東：おお。想像以上に高得点。
> 夫：これは驚きでした。

> 東：驚きでしたね（笑）。そうですか，90点。じゃあ，もし，90点が92〜93点になるとしたらどんな時？
> 妻：（少し間）もうちょっと2人で話したり，話を聞いてもらったりする時間があったらいいかなって思います。
> 【コメント14】

【コメント14】

裏スケーリング・クエスチョン	坂本：来ましたねー。
	東：うん。もう絶対ここに来るのが決まっているわけよ。
	坂本：そうですね。これ，一見，スケーリング・クエスチョン（ソリューション・フォーカスト・アプローチ）に見えますけど……。
問題探し	東：そう，違います。
	坂本：問題探しなんですね。言わば，「裏スケーリング・クエスチョン」。
	東：そうです。

Chap.14

> 東：なるほどね。それは前回もおっしゃっていたんだけど，たぶん今までもおうちで何度かそういうお話，お願いをされたことがあるんじゃないかなと想像するんだけど，そうですよね？
> 妻：そうですね，うん。でも，なかなか実際に忙しくて時間がないので難しいかな。
> 東：と，あきらめている？
> 妻：うーん，あきらめている……。あきらめているかはわからないですけど。
> 東：そんな要求をする私が悪い？
> 妻：うーん，実際に難しいかなって思います。
> 東：思います？（夫に向かって）実際に難しい？
> 夫：うーん，難しいっちゃ難しいかなあ……。あんまり聞かないほうかもしれないですね，私は。
> 東：ん？【コメント15】

【コメント15】

聞こえない！	坂本：聞こえないふり！　繰り返させる。

夫：あんまり聞かないほうかもしれないですね，話を。とにかく外に出て気晴らしをして，体を動かせば忘れるっていう考えなので。話を聞くんだったらどこかへちょっと行こうよと。
東：ああ，話すよりもどこかへ遊びに行こうよとなる。ははあ。
夫：自分でもやっぱり嫌なことは今までもありましたけど，陸上部だったのもあってパーッと走れば気晴らしになったので。
東：ああ，本当。
夫：そのほうがいいかなって思っていたんですけれども。
東：だから，あまり話を聞くというよりは体を動かすというほうが，今までのご主人のスタイルなので。
夫：そうですね。
東：ああ，そう。でも奥さんは話を聞いてもらいたいな，聞いてもらえたらなと思うんだけど，忙しいし時間がないから，無理だろうなとあきらめていたわけね。あきらめてはいないけど，辛抱していたのね。
妻：はい。
東：ああ，そう。もう1回聞きますけど，時間がないのではなくて，気晴らしのスタイルが違っていただけなんですね。
夫：そうですね。あと，聞くのがあまり得意じゃないというのもあるかもしれないですね，私が。
東：ああ，そうなの？
妻：うーん，いや，一応話せば聞いてくれるんですけど，なんというか……聞き流すじゃないですけど，「ふーん，そうなの」っていう言葉しか返ってこないので。
夫：うーん。
妻：なんか，あんまり話しても手ごたえみたいなものがないときもあって。
東：はいはい。
妻：短い時間なので，もうちょっと私もうまく話せば，主人も何か言ってくれるのかもしれないですけど，疲れていそうな顔をして聞いてくれているのを見ていると，ちょっと話せなくなっちゃいます。
東：それは，「私」の話し方が悪いんだになっちゃうわけ？
妻：うーん。疲れているのに悪いなあって。
東：悪いなあって。はー，やさしい。
夫：ははは（笑）。

> 東：そう。子どもさんは3歳だったよね。奥さんは過保護なお母さん？
> 妻：んー，いや，そうではないと思います。
> 東：そうではない。過保護なのはご主人に対してだけ？
> 夫：ははっ（笑）。
> 妻：過保護でしょうかね。
> 東：え，いや，いやいや。うらやましいなと思って。【コメント16】

【コメント16】

| 問題発言――山場がくる | 坂本：もう1回，過保護を繰り返して言った！（笑）
東：爆弾発言をするときはだいたいこんな言い方をするね（笑）。
坂本：ここが最大の山場ですね。
東：山場ですね。 |

Chap.16

> 夫：いやいやいや。過保護かねえ。
> 東：だって話を聞いてくれなくて，（ご主人が）いい加減に話を聞いていたら，ああ私の話し方が悪いんだ，もっとよく話せばとか，疲れていらっしゃるんだ，だから私は辛抱しなけりゃって自分から考えられるんでしょ。
> 妻：うーん。まあ，言われてみるとそうなのかもしれませんね。
> 東：いや，そうなのかもしれませんかどうかはわかりませんけど，聞いているとそんな気がしたもので。いや，わかりませんよ，わかりませんけど。【コメント17】

【コメント17】

| 乗せるために一度，退く | 東：ここで一度退いているのね。その前で，奥さんが「言われてみるとそうかもしれませんね」とあいまいな言い方をしている。乗っていないんです。まだ乗っていない。
坂本：夫に対して過保護であるという話に？
東：うん。それで一旦退いて，もう一度乗せに入る。 |

Chap.17

（夫婦考え込む）

東：前回も聞いたかもしれないけど，ご主人ってわりと周りからギュッギュッと何かを要求されたり，会社で言うとノルマを達成しろだなんだとか，そういう状況はすごく苦手？

夫：すごくと言うか……。

東：追い詰められる？

夫：いや，面倒くさいと思う時とか，縛られている感じが嫌だと思う時はありますね。

東：そういう時，どうなっちゃう？

夫：その時は，事によりますけど，仕事はしょうがないからやるしかないっていう感じですね。あとはできる限り手を抜けるところは抜いていくというか。そうですね，見通しをだいたい立てるので。それで仕事だったらだいたいわかるようになってきたので，これをこういうふうにやったらこれくらいの時期にできるとか，見通しをすぐパッと立ててやるから，今はそんなに困ることはないんですけど。見通しが立たないとすごく嫌になっちゃいますね。

東：見通しが立たないとね。

夫：そうですねえ。

東：見通しが立てばがんばれる？

夫：うん，そうですね。やっぱり陸上とかでもそうなんですけど，ゴールが見えているとやれるんです。

東：ああ，そうかそうか。なるほどね。あそこまで走ればいい（笑）。

夫：そうそう，そんな感じなんです（笑）。

東：そうか，はいはい。あの，ちょっと失礼なこと聞きます。ごめんなさい，間違っていると思うんですけど聞きますね。かつて奥さんがご主人のことで何かイライラをぶつけたりとか，ご主人を叱ったりして，あとでとんでもない目にあったということはあります？

夫：（苦笑）

東：ひとこと言ったら10発なぐられたとか。

妻：（笑って）そんなことは今までないです。

東：本当ですね？

妻：はい。【コメント18】

【コメント18】

裏から攻める

坂本：ここでやっているのはなんですか。

東：奥さんに，ご主人は怖くないでしょう，過去に何もないでしょう，何を恐れることがあるんですか，

何かあったんですかと聞いている。過保護にする理由はないのに，なんで過保護にしているんだ，ということです。さっきはいきなり過保護ですかと聞いたけど，あまり乗ってこなかったから，今度は裏から攻めている。何かあったんですかと聞きながら，興味があるのは「奥さんが守りすぎているのはなぜか」ということです。それを知りたい。その空気作りをしつこくやっている。

Chap.18

東：あるいは，奥さんが何か言ったら，それから1週間仕事を休んだとか。
妻：そんなこともないです。【コメント19】

【コメント19】

確認につぐ確認　│　東：もちろん，「ないです」という答えが返ってくることを前提に聞いている。
　　　　　　　　│　坂本：あったら困りますね。あったらまたそこで考えなければいけない。

Chap.19

東：本当ですね？
夫：休んだことはないですね。
東：あ，そうか。そもそも，ご主人を叱ったりということがないんだ。
妻：うーん，まあ。
東：文句言ったりとか。
夫：いや，ありますよ。
東：あるの？
夫：ありますけど，たぶんそんなに重たくないというか，サラッと言われるので。それこそ便座のふたが開いていたとか。
東：ああ，なるほどね。
夫：それは「もうわかった，ごめん」で済むので，そんな無理難題というか，すごく厳しく言われたというのは……。
東：ないのね。仕事から帰ってきたら（奥さんの）目が三角になっていて，ということはないわけね。

夫：三角というよりは，疲れて落ち込んでいるということのほうが多いです。
東：ああ，最近はね。前も？
夫：前はそんなに，結構ニコニコして出迎えにきてくれて。
東：じゃあ少なくとも強く言ってもとんでもない反応がくる人じゃないよね。嘘じゃないよね。絶対嘘じゃないですね。
妻：はい。
東：OK。
夫：今日は，また何か……
東：もう覚悟されましたか（笑）。
夫：はい（笑）。
東：でもね，今日僕はご主人がすごく大事なことをおっしゃったと思うのね。ゴールが見えたらがんばれる人だというのは，僕とってもいいこと聞いたなと思って。
夫：はあ。
東：うん。今お2人にとってゴールとはなんですか。
夫：（少し考える）いやあ……，ゴール……。家族が平和になることですかね。
東：うんうん。奥さんが元気になってね。
夫：うん，そうですね。
東：奥さんが元気になって家族が平和なこと，そういうことですね。
夫：そうですね。そうなればいいかなって思います。
東：奥さんもいいよね。
妻：はい。
東：はい。で，宿題。いいです？
夫：はい（苦笑）。
東：もうわかるでしょう，何だか。
夫：え，それを考えてこいとか……。
東：いや，違う違う。
夫：違うんですか。
東：そんなことは言いません。何だと思う？　さっき冒頭に申し上げたことはそのままよ。土日祝日ね。1つでいいからお願い事，これは健在ですよ。それとは別に。
妻：はい。
夫：別に……。
東：何度もしつこいようだけど，このご主人は落ち込んだりしないですよね，少々のことでは。大丈夫ね？
妻：はい。
東：本当に大丈夫ね。

妻：私が知る限りは，ひどく落ち込んだり，ずっと何日もというのは見たことはないです。【コメント20】

【コメント20】
メッセージを送る

東：ここのところは，ご主人を守るなよ，過保護にするなよというしつこいメッセージです。

Chap.20

東：見たことない。うん。万が一ご主人が落ち込んでもなんとかできる？
夫：（苦笑）
妻：（考え込む）その程度によると思うんですけど……。
東：ムチャクチャなことでも大丈夫だね？　心配ある？そこまではない？
妻：大丈夫……。
夫：うーん，なんか段々怖くなってきたんですけど。
東：怖くなってきたねー。何だと思います？
夫：いや，ぜんぜん想像つかないですね。
東：奥さんはどんなことだと思います？
妻：ぜんぜん，わからないです。
東：（たっぷり間をとって）今からのお２人に一番必要なことです。ゴールに向かってね。一番必要なことをお願いしようと思っているわけ。ちょっと相談してごらん。それこそ，宿題にはしませんから。
夫：必要なこと。
妻：必要なこと……。なんだろう。（考える）【コメント21】

【コメント21】
宿題を考えさせる

坂本：２人で考えさせることには何か意図があるんですか。タメというか，課題への関心やモチベーションを高める？
東：そうそう。それで２人の間から正解が出てきたらすごくOK。これまでの文脈形成の結実ですね。
坂本：何だろう何だろうと考えているとハードルを高く感じるから，そうすると出した課題を「なんだそんなことか」と思ってやりやすくなるということもありますね。
東：そうです。そういう効果もあります。

Chap.21

夫：話を聞くとか？
妻：うん。
東：はい，当たりです。
夫：当たりですか。
東：その約束をね，決めてください。
夫：約束？
東：うん，約束してください。それだけ。
夫：話を聞く約束というのは……？　なんですか，話をしてきたらとにかく聞く？　話をどういうふうに聞いたらいいのか……。【コメント 22】

【コメント 22】
だんまりを続ける

坂本：ここから東先生のだんまりが長く続きますね。
東：うん。振り返り会で，夫役の彼が言っていたけど，この沈黙の時間が一番怖かったって（笑）。目で助けを求めているのに，ぜんぜん知らん顔だから。これはなんとか自力で乗り切らないといけないんだって，ものすごく怖かったと言っていた。

Chap.22

妻：うーん。とりあえず，毎日あったこととかの話をちょっとでもいいから聞く時間があったらいいかな。聞いてもらう時間。
夫：結構今までも時々聞いていたけど。
妻：うーん。
夫：回数が足りないということなの？
妻：なんか聞いてくれているけど，忙しそうにしていたりすると話しづらいし，なにかこうしたらいいんじゃないとか，なにかなんでもいいから言ってほしい。
夫：うーん。
妻：なんか「そうなんだ，ふーん」っていう感じだけだと，こっちも話していてちょっと空しい気持ちになる。
夫：うーん。何かこう提案みたいなことをすればいいってこと？

妻：うーん，だけじゃないんだけど，なんか「そうなんだ」だけじゃなくて，もっとこう「どうなの」とか聞いてきてくれたり，私が一方的に話して「ふーん，そうなんだ」っていうだけじゃないほうがいいかな……。【コメント23】

【コメント23】

あえて反応をしない

東：この辺り，私は黙っているけど，心の中では，奥さんがんばっているね，過保護にしていないね，ちゃんと言っているね，と褒めまくっています。

坂本：よしよし，と思っている。しかし先生，見事に気配を消していますね。夫が先生を見て助けを求めているけど相手にしない。

東：だから夫はこのときが一番怖かったって（笑）。

坂本：これは怖かっただろうな。

Chap.23

夫：うーん。ちょっと，できるかどうかわからなくなってきたんですけど。うーん……今までの聞き方じゃよくないってこと？

妻：うーん。なんかもうちょっと興味を持って聞いてほしい。

夫：あの，今日あったこととかのね？

妻：うん。

夫：うん，できる限りはやろうと思うけど。

妻：お義母さんのこととかも話しちゃうこともあるかもしれないけど，ちょっと聞いてほしい。

夫：うん。……うん。特にそのさあ，お母さんのことに関しては，解決はたぶんできそうにない感じがするんだけど。

妻：うーん。なんか，お義母さんにちょっとうまく言ってもらったりとか。

夫：うーん，言っても聞かないよ。

妻：うーん。でも，今までしたことないし，今実際お義母さんと全然しゃべってないから，いつも顔は合わせるけど，お義母さんがどう思っているのかわからないし……。このまま同居していてもなんかあんまりいいこともない気がする。【コメント24】

【コメント24】

変わっていくコミュニケーション・パターン

坂本：このとき，何か考えていますか。
東：うん。いいねえ奥さん，過保護にしないで，ご主人が逃げても追いかけて。もう，うつをやめちゃったね，奥さん。これでうつは不要だね，と思っているね。
坂本：この辺りでコミュニケーション・パターンが変わったという感じですね。

Chap.24

夫：うーん。じゃあ，お母さんに，この間のことをどう思っているのか聞けばいいの，まず？
妻：……うーん。あれからしゃべってないから気になるは気になるけど，それを話して，またなにか，お義母さんとケンカみたいになっちゃうのも嫌だし。でも，このままじゃダメだと思う。
夫：うーん。聞くことはたぶんできると思うけど……，あんまり気にしているかな。気にしていないような気がするけど，この間のこと。蒸し返すのもあれじゃない。
妻：うーん。そうかなあ。
夫：この間のこと，どう思ってるって？
妻：私からは聞けないから。
夫：うん，まあね。あんまり気にしていなければいい？どういうことが知りたい？
妻：まったく気にしてないことはないと思う。
夫：うん，まあね。
妻：お義母さんも，もともと気にしない人だけど，あれだけずっとしゃべってないし，気にしてないことはないと思うけど。うーん……。【コメント25】

【コメント25】

のらりくらり

東：本物みたいだね。すごく上手なロール。
坂本：本当に泣いているかと思いますね。うーん，夫ののらりくらりも上手いよね（笑）。
東：うん，本当に上手い（笑）。絶妙な顔をする。もうロールプレイを超えているね。

Chap.25

夫：で，気にしていたとしたら，どうしたらいいかね。話を聞きだして？
妻：うーん，それはわからないけど……。でも毎日顔を突き合せるのに，こういうふうにやっていたんじゃ私もつらいから。
夫：うーん。お母さん最近しゃべらない，しゃべってこないんだっけ？
妻：うん。なるべく，会わないようにしている。
夫：でも，会ったら会ったで困るんじゃない？
妻：朝は必ず会うから，あいさつはする。
夫：うん。前みたいな感じでごちゃごちゃ言われるようになっても，逆に困るんじゃないかな。
妻：うーん……。言われても困るけど，なんかこのままなのも気になってしかたない。
夫：うーん。…（長い間）…うーん，ちょっと先が見えなくなってきたんですけど。
東：……奥さんに聞いていいですか？
妻：はい。
東：……今ね，ご主人を過保護にするかどうかの分岐点。どうする？　わからなくなってきたとおっしゃっているんです。もういい？「しかたないわ，こんなことをお願いしている私が悪いんだわ」
妻：でも，（涙声で）そうするとつらくなっちゃうんで，できればやってほしいです。
東：ご主人に聞きますよ。
夫：はい。
東：ご主人ね，どっちの奥さんがいい？　最後まで許してくれない，「なんとかしてよ，あんた」と言ってちゃんと最後まで要求を通してくる奥さんと，要求は一切言わないけどうつうつしている奥さんと，どっちが好き？どっちでいてほしい？
夫：えー？　どっちも嫌ですけど，どっちかというと……どうですかねえ。
東：うつでいてもらう？
夫：いや，それはそれで困りますね。やっぱり多少言ってくれたほうが，動きようがあるので。
東：そうよね。もういっぺん聞くよ。（ご主人は）プレッシャーがかかってへこたれる人じゃないんだよね。何度も聞いているんですけど間違いないね？
夫：たぶん，大丈夫だと思いますけど。

東：奥さんにも確認しますけど，つぶれる人ではないんだよね。
妻：うん……と思います。
東：大丈夫ね。守りすぎる必要ないんだよね。本当だね？
妻：はい。
東：さっきのような話し合いね，おうちではわりとされるほう？
妻：しない。
東：しないね。今のような話し合いだったら，もちろん結論は出ていないけど，OK という感じはある？
妻：お義母さんに言ってほしいというのは，はじめて言ったことなので……，やっぱりそういうふうにしてくれたらいいなという思いはあります。
東：今，かなりマルだね？
妻：はい。
東：（夫に向かって）おうちで奥さんの話を聞いてくださいという話だったんですけど，聞くと荷物（仕事）が増えますでしょう。
夫：ああ，そうですね。
東：もういっぺん聞くけど大丈夫？
夫：ただ，あんまりうまく聞ける感じはしないですね。
東：ああ，それはわかります，それはまた相談しましょう。もちろんほったらかしにはしませんよ。
夫：ああ，そうですか。なんか今みたいに，なんとかしたいとは思うんですけど……。
東：どうしていいかね。
夫：うん，それが見えてこないと，なんかモヤモヤとしてくるんですね。
東：それはまた次回以降お話を聞かせてもらっていいですか。
夫：はい。
東：とりあえず，僕が今日確認したいこと聞きますね。今のように自分がしてほしいことをおっしゃる奥さんと，落ち込んで何も言わずに暗い顔をされている奥さんと，どちらがいいですか。
夫：それは言ってくれるほうがいいです。
東：間違いないね？
夫：はい。
東：本当ですね？
夫：はい。
東：奥さんがご主人に対して過保護する必要もないですね？
妻：はい。

東：つぶれたりしない人ですね。暴れたりしませんか？家に帰って「今日はよくもこんなこと■％△□!!」と言って……。
夫：ははは（笑）。
東：大丈夫ですか？
妻：ないです。
東：大丈夫ね。OK。また2週間後に会いましょう。
夫・妻：はい。
東：来れる？　2人で。
夫：そうですね，2週間後の土曜日だったら大丈夫です。
東：宿題は2つになりましたよ，覚えていますか？
夫：土日に……。
妻：頼みごとをする。
東：それと？
夫：話を，毎日聞くということですよね？
東：毎日聞くことです。
夫：毎日……。
妻：なにか話したいなと思うことがある時には聞いてほしい。
夫：じゃあそれを帰ってからあるかどうか確認して，あれば聞くという感じで。
妻：うん。
東：OK。じゃあ今日はこれで終わりにしましょう。また2週間後ね。
夫：はい。どうもありがとうございました。
妻：ありがとうございました。

【コメント26】

【コメント26】	
ゴールに向かっての布石	坂本：怖いですねえ。 東：怖いねえ。自分が怖いよ。夫婦で何かあっても絶対に自分の治療は受けたくないね（笑）。 坂本：ここに至るためにずっと布石を打ってきたわけですね。
面接の会話で，コミュニケーション・パターンを替えていく	東：この2セッション，ここに来るためにね。まあ，プロセスでいろいろなことはあるけれど，要するに奥さんがうつをやめて，うつうつしていないでちゃんと自分でしゃべりなさいと。言ってしまえばそれだけのことなんだけど，やっぱりそこで起

きている夫婦のパターンというものがあるからね。

「言いたい，でも言うと……だし」という奥さんなりの葛藤があって，ご主人もそれにどう付き合ったらいいかわからないわけでしょう。

それで2人でのったりくったりしている。ご主人の癖もあるだろうし，奥さんの癖もあるだろうけど，その嚙み合わせというか組み合わせでこんなことになっている。

だからそこをシャカシャカとはっきりさせていくわけだ。パターン替えというのかな。夫婦の間に今あるパターンを替えているといえば替えているんだけど，でもそれを単に指示を出して替えるのではなくて，面接で会話していく中で，「どの方向に会話するか，どんな空気感を作っていくか，どういうことを話題とするか」といった意識を持って，そこをきちんと押さえるように会話を進めていくことが重要であると。今回はそれを見せたかったわけ。

いきなり，「奥さん，自己主張しないからですよ，がまんしているからうつをやっているんですよ，ちゃんと自己主張したらうつをしなくて済みますよ」なんて言ったら5分もあれば面接が終わってしまう。

坂本：でも，それで言えるようになるわけじゃないですからね。

東：ない。

坂本：不登校の子に，学校に行きなさいと言って行けるようになるなら，それに越したことはないでしょうけどね。

この面接について，何か予想外の展開というの

軌道修正はな かったが	はありましたか。この2回のセッションで，大きく軌道修正を迫られたとか。
東：なかった。むしろ，1回目から2回目のときに奥さんがすごく変わっていたから，それはびっくりした。それは軌道修正じゃないけど，望外のよろこびではあった。面接の全体のプランとしては何も軌道修正していない。最初の数分で決まっている。ダンナさんが「本当にうつなのかな」と言って，嫁姑の問題の話をしている辺りで，あとは奥さんの顔色を見て，はいこれで決まり，仮説がポンとできた。
あとは目的とするところまでどう運ぶか。今回動画で一番お見せしたいのはその運びなんです。そこを解説したいわけ。そこを説明しないと，なぜこんなことをやっているのかなと，わからないことがたくさんあると思う。
東の仮説は？	坂本：最初の数分でできた仮説というのはどういうものですか。
大きな仮説はシンプルに，作業仮説は随時変更していく	東：大きな仮説はごくごくシンプル。当たり前の仮説。どこにでも転がっているようなもの。いわば，奥さんは「欲求不満状況」についてご主人にバーバルな自己主張をしてもご主人が動かないから，あるいは罪悪感を感じるから，バーバルなものを手放し，「うつ」で自己主張している。「うつ」でご主人を罰しているとも言えるかもしれない。結果，わずかにご主人が動いてくれるかもしれないがそれは十分ではない。
だからまた「欲求不満状況」が続くという……。夫婦がある現実問題に直面し，これまでの問題解決パターンあるいは2人のコミュニケーションパターンに固着したので，つまり葛藤状況

を回避しようとしたので，つまり2人の関係性の変化あるいは個人個人の変化を避ける方に動いたので，これらにより，「うつ」が絶妙な存在感を得た。まあそういうことです。要するに，「うつ」はこの2人の関係性の現状維持のための絶妙な存在であるから，2人はそれを必要としている。だから「うつ」が消えない。というか，存在している。

坂本：ざっくりとした仮説作りのあとは作業なんですよね。捨てて捨てて，拾って拾って，つなげてつなげてという。

東：そうなんです。作業です。作業のための仮説なんですよ。会話の中で，ここは使えるな，ここは使うとややこしくなるな，これには乗ってきたからもっと進んでみよう，ここは乗ってこなかったから退いてみよう，こうもっていくとこう返してくるか，などなど。作業仮説は1回の面接でたくさんあるけど，大きな仮説は最初からほとんど動いていない。だから，大きな仮説は実は大したことないの。

坂本：大きな仮説が動くこともあるんですよね。

仮説力をつける

東：あるよ。それはあります。この場合は動かなかったけど。今回は心地よいボートに乗ってビュンビュン飛ばしている感じだね。なんの躊躇もない。どの道で行こうかな〜，くらいのもので，もっとも楽なケースだね。実際，2回の面接でもう解決することは約束されたも同然だけれども，仮に次に何か想定外のことが報告されても，同じボートで進めば良い。あとはうまく作業をするための段取りだけ。それをいろいろ考えていく。それが作業仮説。

　そこに，細かい，しつこい，臆病という私の性

格も出ているね，今回の動画を見ると。

坂本：でもそれはゴールへ行くための布石ですからね。

東：そう。ただし，それが必要かどうかはわからないんだよね。私は必要だと思うからやっている。でもある人から見たら無駄に映るかもしれない。そう批判する人がいてもぜんぜん不思議ではない。私はこのやり方でないと自分が納まらないというだけ。ここまでやらないと。

　だからひょっとしたら too much かもしれない。あるいは至らないところがあるかもしれない。でも完璧ではないけど，この面接には，まず自分が必要だと思うことはほぼ出ているね，ロールプレイであっても。ただ，実際のケースのほうが仮説がもっと動くかもしれない。やっぱりロールだからシンプルに作ってあるかもしれないしね。一般に，ロールプレイは実物より楽なところはある。

坂本：実物は気にするところも多いでしょうし，リスクもいろいろ考えなければいけないし。

東：そうね。ロールプレイはシンプルだけど，だから教科書にはいいと思うよ。ロールプレイには上手下手ということもあるけど，この2人は本当に良かった。秀逸。

坂本：何か降りてくるんですかね。本物に見えてくるもの。夫ののらりくらりもよかった。あれを演技でやれと言われてもできないですよ。

東：何か降りている。

坂本：のらりくらりの神様が（笑）。

東：それで自然にあの夫婦のパターンになっていくんだから，不思議なものだよね。まあ十分に役を作りこんでいるのだろうけど。

坂本：仮説を作る力を培っていくにはどうしたらいい

ですか。例えばこのケースの場合，仮説の内容については先ほど解説していただきましたが，どこからその仮説を導き出したか説明できますか。

東：うつということに単純に絞れば，夫ののらりくらりとした態度ね。

坂本：ああ，夫が「この程度で本当にうつになるものかな」という発言をしていましたね。

<small>空気感をつかむ</small>

東：そう。理解がない。最初からのらりくらりした感じがあったし。それから奥さんがずっと辛抱している感じ。その空気だね。こう言ってしまうと身も蓋もないけど，夫婦が30分会話をしているのを見てというのではなくて，最初の空気感。まあロールプレイだとそれが早くわかる。実物でもわかるときは早くわかるけど，わかりにくいときもあるからね。

坂本：実物のほうがわかりにくい。

東：それはそう。ロールプレイはやっぱり役割が出やすくなってしまうのかね。それはまあ仕方ない。最初の数分でなぜわかるかというと，それはもう夫婦二人の様子やセリフから見えてくる。VTRには夫婦二人だけの画像があるから，それをよく観ればすぐわかると思う。

坂本：仮説はシンプルだとおっしゃっていましたね。

<small>仮説は昔から言われていること</small>

東：うん。仮説というのはそんなに新しく難しいものではない。昔から皆が言っていることです。誰でも思いつきそうなことで，また家族療法特有の仮説というわけでもない。

　たとえば「夫婦の間に子どもが入って三角関係になっている」なんていうのはどこか家族療法的かもしれないけど，何も家族療法を知らなくても，面接開始早々子どもが両親の間に挟まれて面接の

大きな仮説と小さな仮説

席に着いたら，これは五分五分の可能性だとだれでも思える。単に「子どもが問題」だから真ん中に座らされたのか，システムとして子どもが夫婦の間に入ってトライアングルになっているのか。その五分五分。

もしこれが，子どもの問題で来ているのに子どもが右端で左端に父親がいてその間に母親が入っていたら，ほぼ100％お母さんが通訳になっていると考えても良い。子どもと父親には距離があると考えても良い。これは5秒でできる仮説です。

その仮説だけを大きな柱に，5回10回の面接を進めることはいくらでもあります。大きな仮説は最初にパッとできる。クライアント家族の入室の様子だけでもできるわけ。

あとは作業仮説です。それには細かなパターンがある。コミュニケーションのパターンとか，何に乗ってくるか，どういう話題で行ったらいいか，これはケースによって全部違う。そこが大変。

だから，大きな仮説を作るのはどうしたらいいかという質問は，私にとっては一番つまらない（笑）。

坂本：世間では見立てが大事とよく言われますが。

東：そうだけど，私の言う大きな仮説・見立てはとっても単純。単純な方が良いと思っている。そしてそんなものは，家族療法に限らずどこの教科書にも載っている。

もっと重要で面白いのは作業仮説・見立て。こう来たかとか，これは外れだったとか，これをこっちに持っていこうとか，そのような頭の使い方がものすごく大事。だから，大きな仮説作りにこだわってはいけない。言い換えれば，家族システム

に対する仮説よりも治療システムに対する仮説の方がはるかに重要であるということです。

　上手な治療を行なえるかどうかの最大のポイントは，面接中に，作業仮説を作って捨てて作って捨ててを繰り返し瞬時瞬時にできるかどうかということに尽きると思います。

坂本：大きな仮説というのは，「道路を作りますよ」くらいのものなんですね。

東：そうそう。ここに高速道路を作りますよ，くらいのもの。それで，どう土地の人と交渉して用地を買うか，トンネルをどう掘るかとか，陸橋をどうするかとか，こういうことが大事なので，ここに高速道路を通しましょうと言うのは誰でもできる。

坂本：大きな仮説と作業仮説を分けて考えたほうがいいわけですね。

東：そこははっきりさせておいたほうがいいね。

坂本：いろいろな階層がある。コンテキストとコンテンツもいろいろなレベルのものがあるし，それが作業仮説とも複雑にからまってくる。そこを整理したいですね。でもこのケースはシンプルだから整理できるかもしれませんね。ここはこういう段階，ここはこういう段階，ここではこんな配慮をしている，ここではこんなことを考えている，というように整理できそうです。東先生のコメントと合わせて本編 DVD を見てみると，かなりすっきり先生の頭の中が見られそうです。

東：こうして話を聞いてみるとまた印象が違うでしょう。

坂本：ぜんぜん違います。奥さんに，昔の話とか，お父さんはどんな人でしたとか聞いていた辺り，実

は布石に過ぎなくて内容はあまり意味はないというのでとても意外でした。昔の良かった経験を聞きたい，あるいはその後の介入に生きてくるようなネタを拾っているのかと思っていましたが，そうではないですね。そういう意味では催眠の種まき（seeding）に近いような印象を持ちました。

東：もちろん内容的に使えそうなネタがあったら拾うけどね。でも，全然なくてもいいの。とにかく，まずはその話題に付き合ってくれればいい。つまり，そのような話題に誘導している，といった具合。その意味で，確かに種まきですね。

テーブル作り──そこに座ってくれるか

坂本：テーブル作りとも言えますね。

東：そうそう。自然とそのテーブルに着いてくれれば，それだけでいい。

坂本：2回目の面接の終盤で，夫婦二人が話し合う場面がありますが，東先生は沈黙して知らん顔しています。内心はどんな気持ちでいるのですか。

東：楽しんでいるよ。あれだけ種を蒔いて水や肥料を撒いたんだからね。過保護にするなよ，葛藤回避するなよ，トコトン行けよっていう枠を作ったんだから，それはそれは期待して見ていますよ。

　蒔いた種がどう花を咲かせるか，セラピストとして一番ご褒美がいただける瞬間が目の前にある，そのような場面ですからね。

第6章

夫婦役2人のコメント

——記憶に残った場面を1回目の面接から時系列的にあげてもらえますか？

たかし役（夫役・久持修）：1回目の最初に，東先生が僕に対して，どうして来ることになったのかという話をされて，ご主人も一緒に面接を受けますかということを聞かれた。それを最初に言われたので，そのあとがいやすくなった。最初は付き添いのつもりで来ていて，伝えることだけ伝えたらあとはよろしくという感じだったので，「ああ，自分も一緒にいるんだ」と最初に分かったので，先生の話をちゃんと聞いて，答えることは答えないとというふうに腰が据わった。

ゆきこ役（妻役・高野智子）：その少し前に夫が，「（私が）うつなのかな」，ということを言っているのですが，私も薬を飲んでいるのに良くならないし，うつかどうかということもよく分からない。うつでもうつでなくてもどちらでもいいけれども，このつらい状況をどうにかしてほしいという気持ちがあったのと，夫が少し状況を軽く見ているのではないかという感じがしていました。それで，東先生から「どうしますか（一緒に面接を受けますか）」と言われたときに，せっかく今日ここに一緒に来たのだから，ここで一緒に話を聞いてほしいと強く思いました。聞かれる前は，なんとなく一緒に来て，一緒に面接を受けるのかなと考えていたのですが，「どうしますか」と聞かれたことで，絶対に夫にも話を聞いてほしいし，夫にも一緒にどうにかしたいと思ってもらいたいと思いました。

——うつなのかなという疑問を語った後，夫が妻から聞いているという母の話をする場面

たかし：このときに東先生がノリノリで聞いてくれた。身振り手振りも大きくて，話しやすくて，もっと話をしたいなと思いました。最初のほうからかなり話しやすい先生だなと思っていました。あまり話に入るつもりはなかったのですけど，あとで見てみたら僕もかなりしゃべっていましたね。それはこのあたりの感触が良かったからじゃないかと思います。

ゆきこ：その少しあとで別居の話が出ます。別居したら良くなるのかは分からないですけど，私には別居できるような状況ではないという縛られている感じがある。お義父さんは亡くなっていて，家は建て替えていて，子どももいて，お義母さんと同居しているという状況で，どこにも出口が見い出せない。でも東先生は「（夫に）別居したほうがいいよって言ってみようか」と笑いながら言った。夫のほうに別居する気がないのは分かっているし，したいけどできないことは分かっているけど，そうやって笑い話みたいに言ってくれたことでちょっと気が楽になった。それから，後ろめたくてそんなことはできないんだよね，と気持ちを言ってくれた。自分では直には言えなかったことを言ってくれて，すっきりしたというかほっとした。できないにしても，それくらいの気持ちなんだよ，逃げ道がないんだよ，ということを話してくれた気がしてちょっと楽になりました。

たかし：僕は「そういう時って，別居すると治ったりするんですかね」と挑発的な発言をしましたが，自分としては別居は無理だと思っていたし，別居したところでダメだろうという考えがあって聞いています。でも，東先生なら何か解決方法があるのかもしれないという期待はうっすら持っていました。それがなかったらこんなことは聞かなかったと思います。先生の意見を聞いてみたいという気持ちがあったので，思い切って聞いてみました。それに対していろいろやり取りがあったあとに，東先生が「別居したら解決するかどうか，というのは難しい」ときっぱり言い切っている。そんなにはっきりした言い方をされるのかと思いましたが，自分でもそう思っていたことなので，その考えを専門家が支持してくれたことで，やっぱりそうだよなとセラピストへの信頼感が増しました。

ゆきこ：私としては，その後の「別居しながら奥さんの罪悪感をどう軽減するか，お母さんの手当てはどうするか。（夫へ）仕事が増えますよ」と言ってくれたことに，「そうなの！」という気持ちでした。私だってお義母さんを突き放したいわけじゃなくて，そうしたらそうしたで落ち込むだろうと思っているけど，たぶん夫はそんなこと気づいていない。現実的に別居はできないと思っているだけだろう。そうじゃなくて，そういう気持ちの面がある，お母さんの面倒はどうするかという問題があると言ってくれた。この場で話すことで夫にも伝えてくれた。そういう安心感がありました。

——妻に対して，夫にもう少しやってもらえそうなことは何かありますかと質問した場面

たかし：妻が「もうちょっと2人で話をする時間があったらいいなと思う」と答えた。これは，こんなことを考えていたのかと思いましたね。家では言われたことがなかったので。一方で，仕事帰りにそれは厳しいなという思いもあったけど，それを妻が言ったということが驚きでした。

ゆきこ：東先生は会った時からずっと，「今日はどんな話があるの」「そういう気持ちがあるんだね」と包んでくれるような感じだった。私が言えなかったことや，気づいていなかったことを言ってくれた。例えば，私が八方ふさがりになっているのも，後ろめたさがあるからなんだということを言ってくれて，それで私もだんだん分かってきた。そういうふうに分かってくれている人がこの場にいることで，私の気持ちをここで言ってもいいのかなと思えるようになって，話すことができました。

たかし：その後，東先生は宿題を出す前に，僕にまだ余裕はありますか，がんばれますかということをしつこく聞いてきました。それを何回も聞くんですけど，宿題が何かは言わない。2回目の面接ではもっとひどかったんですけど，そんなに伸ばさないで早く言ってくださいという感じと，そこまで言われたら絶対やらなきゃいけないなというプレッシャーがあって，やれますと気安く言えないと思っ

た。でも最初のほうに「やる」と言ってしまっていたので，それに乗っかるしかなかった。「大丈夫？」と繰り返されるにつれてますますNoとは言えなくなって，内容を聞いていないのにきついなあと思っていましたけど，何が出てくるかちょっとわくわくするような気持ちもありました。
ゆきこ：私もそこは印象に残っています。すごく念押しをしていましたね。私としては，今のこの状況が良くなってほしいのと，今まで話してきて気持ちを汲み取ってもらえたことでこの場が居心地良くなっているというのがあって，この先生が言うのだからそれをやれば変われるかもしれない，早く聞きたいという気持ちでいました。その時にはもう，できるかできないかは分からないけど，やるだけやってみようという気持ちで先生が話すのを待っていました。

──お義母さんのことをすぐに結論を出したいかを問われて，妻が答えた。その答えに対して，東先生が「奥さん，すばらしい」という発言をした場面
たかし：自分がほめられたわけじゃないのに，隣りで聞いていてうれしかったことを覚えています。ここは妻のほうがもっとうれしかったんじゃない？
ゆきこ：確かにうれしかったけど，「そうかなあ」という感じで，「そうでしょう！」という感じではなかったです。

──最後に，夫が面接に参加することになったことについて，東先生が妻に向かって「自分のせいで，と自分を責めないでね。私が要求しているんだから」と発言した場面
たかし：そこまで配慮するのかと驚いた。これは僕にではなくて妻に配慮してくれていたわけですけど，面接の後で妻が引け目を感じるんじゃないかというところまで，セラピストは考えてくれている。この先，自分が困ったことになってもきっと先生は配慮してくれるだろう，この先生は信頼できる人だなと感じました。
ゆきこ：課題に関しても，夫に頼みごとをするということで，意外に感

じたというか，拍子抜けしました。そんなことかと思って。それから，私はそんなふうに見えるのかな，夫に頼みごとをしていないように見えるのかなと感じました。でも先生に言われてはじめて，普段頼みごとをしていないんだと分かって意外だった。先生は「難しいかもしれないけど」と言っていたけど，難しいのかなあと思った。それから「私さえ辛抱すればなんていうふうにならないでよ」と言って，この後私が１人で過ごす時間にそんなふうに思うかもしれないというところまで考えてくれて，それを夫がいる場所で言ってくれた。それが安心感があって，大丈夫ですという気持ちになりました。

――１回目を振り返って，役者としてではなく同じセラピストとしてはどう感じましたか？

たかし：１つは，ものすごく丁寧ですね。夫婦のどちらにも配慮されていたし，ここまで細かくやるのかという感じで，クライエント役としてはまったく引っかかったところがなかったです（２回目はだいぶありましたけど）。すごく話しやすかった。もう１つ，課題を提示するときの持って行き方がうまいなと思いました。絶対に No と言えないふうにするし，期待を高めて，モチベーションを高めるようなことを相当時間をかけてされていた。課題をするとこんなにいいことがありますよという言い方ではなくて，なにかもうそこへ持って行かれるという感じがありました。僕だったら，この課題は今のあなたの現状に対してこういう効果があると思いますよと，先を見せて提示しますけど，東先生の場合は「知りたい？」「本当にやれる？」「ちょっときついかもしれないよ」という感じで，「やりますよ，何ですか」とやらざるを得ないほうへ持って行かれる。その手法がうまいなと思いました。そういうところに時間をかけていたので，僕らは生育歴とか状況を細かく決めていたんですけど，ほとんど聞かれなかったのがちょっとがっかりでした（笑）。

ゆきこ：東先生は，何かを聞くときに「失礼なことかもしれませんけど」とか「ごめんなさいね」とか言いますね。それを言われた瞬間，こちらはハッとするんですね。どんなことを聞かれるんだろうって。

身構えるんですけど，全然失礼なことではない。そういうことが繰り返しあって，だんだん配慮されているということが感じられてくる。先生と夫が話しているときも，私は1人ぽつんとしているのではなくて，いつも気にかけてもらっている。言えない気持ちも拾ってくれる。生育歴とか，細かい状況とか，お義母さんとケンカした理由とかを何も聞かれていないのに，汲み取ってもらえているという感じがする。「ケンカの原因を聞かないの？」「とうとう最後まで聞かなかった」と思ったけど，それでも十分満足したので，それはすごいことだなと思いました。

——では，2回目の面接から記憶に残った場面を時系列的にあげてもらえますか？

たかし：2人には課題がうまくやれなかったという思いがあったので，先生をがっかりさせてしまうかなとか，怒られるかなとかと思っていました。僕が印象に残っているのは，そのことを言った時に，東先生がそれをプラスにとらえてくれたことです。拍子抜けしたというか，これでよかったんだと思いました。草むしりをしたところだけはちゃんとやったぞという思いがあったので，そこは聞いてほしいと思っていて，それで聞かれてもいないのにしゃべってしまいましたけど（笑），それ以外の部分はあまりうまくいかなかったという感じがあった。だから言いにくいなと思っていましたけど，先生がすぐに「じゃあ休みの日だけにしましょう」と言ってあっさり変えられた。僕は，どうやったら平日も「頼みごとをする」という宿題ができるか検討する方向に行くと思っていたんですけど，あっさり変更になったのでほっとしました。

ゆきこ：私も同じで，課題をやれなかった罪悪感や後ろめたさを持って2回目の面接に入りました。でも，休日はこんなことをしたけど，平日はできませんでしたという話をしたら，「いやいや，やれているじゃない」と言ってくださった。自分では「やれなかった」と思っていたのに，「やれている」と言ってもらったことで，「平日はできなかった」から「そうか，休日はやれていた」という考えに変わっ

ていって，すごく気持ちが楽になりました。よく考えたら，夫も協力してくれて，草むしりもしてくれたし，いろいろしてくれた。2人で一緒にいろいろできたんだという思いに変わりました。

――その後，生育歴の話になったのですが
ゆきこ：生育歴や今までの友人関係を聞かれて，前回は聞かなかったのになんで急に聞かれたのかなと思いました。
たかし：そうだね。僕もそう思った。
ゆきこ：保育士をしていたという話をしたら，先生が「はいはい，それじゃあお世話だね」と言った。自分としては，夫を過保護にしていると言われてもピンときていなかったんですけど，仕事柄もあってそういうふうにしていたのねと言われて，そうなのかなあと。保育士の仕事を選んで，子どもが好きで子どもの世話をしたい，そういう性格だから過保護にしてしまっているのかなと，質問をされて話をしている中でそうなのかなあとはじめて気づいた。ああ，そうかという思いがありました。
たかし：振り返ってみると，今までの東先生の話は全て意味があるというか，無駄がない。面接のときはそういう認識はなかったですけど，生育歴の話は急に始まったので，何か来るなという感じはありました。

――妻が夫を過保護にしているという話のあと，夫の性格について東先生が質問していく場面
たかし：東先生が僕に「～は苦手？」とか「見通しが立てばがんばれる？」とか聞いてきて，妻にも「夫を叱って，あとでとんでもない目にあったことはあります？」とか聞いて，というやり取りが長く続いた。これは何か狙っているなと。前回もそうだったので，今回は何が来るかなと思っていました。「覚悟はできましたか」と言われて「はい，もう観念しました」という感じです。ちょっと怖いので躊躇はしていますけど。
ゆきこ：今までは私が八方ふさがりだったのが，隣りで見ていて，夫が

八方ふさがりになっていくのを感じて，夫が困っているのがうれしいというのではないんですけど，夫が協力してくれる態勢を東先生がだんだん作ってくれているんだなと感じながら見ていました。

たかし：こっちはそういうのは気づいていなかった。何をさせられるんだろう，という気持ちだった。あと，最後に課題を発表するときも，「なんだと思います？」とクイズみたいに聞かれました。あれも，絶対当てたいと，モチベーションが上がりました。

──夫婦二人だけで話す場面が長く続く場面

たかし：山場ですね。あそこが一番きつかった。すぐに行き詰って，どうしたらいいんですかという感じで東先生のほうを見たら，先生は目を閉じていて僕の様子には全く気づかない。というか，あえて無視をしていたんだと思いますが，これは自分でなんとかしろということかと思って，やるしかないと。あれがなかったら，僕にはどうしようもありませんという感じで流れたと思うんですけど，完全に無視をされたので，これはやるしかないなと腹を括りました。ちょっと助けてよと思いましたけど（笑）。それまでのおぜん立てが効いていて，降りるに降りられなくなっていた。プレッシャーは大きかったですけど，でも先生がいればなんとかなるかもしれないという期待感はありました。

ゆきこ：話し合いは妻側よりも夫側のほうが困った状況だったと思いますが，でもこっちだって困っている。夫は「お母さんに関しては，解決できそうな感じがしない」とか「言っても聞かないよ」と言う。普段だったらそんな話にもならなくて，もしそういう話になったとしても，途中で心が折れてしまっていたと思う。こっちからも言いにくいし，普段ならそういう状況から逃げていたと思うけど，これまでに先生が後押ししてくれていて，その先生がこの場で聞いてくれているから，言ってみようという気持ちになった。夫が「前みたいに，（お母さんに）またごちゃごちゃ言われても困るんじゃない」と言うんですけど，でも黙っているままだったら何も変わらない，どうにかしたいんだという気持ちがふつふつと湧いてきた。それま

では考えたこともなかったけど，これはやっぱり夫に間に入ってもらうしかなくて，それを言わなくちゃいけないのは先生じゃなくて自分なんだ，先生が黙っているのは私が言わなくちゃいけないことだからだ，という気がした。それで，見守っていてくれるのだから，言ってみようという気持ちになった。夫が困って先生に助けを求めて，でも先生は助けてくれないのを見ていて，夫もきついだろうけど，自分もここで言わなければいけないんだと思った。それで，見守ってくれていることに後押しされて，言うことができた。

——セラピストは，奥さんを見守っている感じでしたか？　夫は無視されていたということですが

ゆきこ：2人の話し合いに入ってからは，先生はそっぽを向いていたので，見守っているという言い方は合わないかもしれませんけど，完全にシャットアウトしているというのではなくて，ちゃんと聞いてくれている感じがして，もし何かあったときは支えてくれるだろうと思っていました。先生がそっぽを向いているのは2人で話し合えということだろう，だからここは自分が思っている気持ちを伝える場所なんだなという感じがして，伝えてみようという勇気が湧いた。

たかし：僕としては，最初は妻についてきただけで自分に問題はない，妻の問題である，だけど何とかしたいと思っているから来たというスタンスだった。でもこの段階になってくると，悪いのは自分なのかなという気持ちになってきている。「お母さんに言っても無駄じゃない」みたいなことを何度か言ったけど，そういう発言の後は場が凍り付いているし，自分でも冷たいな，自分の問題でもあるなとだんだん気づきはじめた。なんだかみじめな気持ちがしてきました。それで最後に東先生が間に入ってくれて，妻に，「奥さん，これがあなたの分岐点ですよ」と言った。それは妻への，ここで引き下がってはダメですよ，ちゃんと頼みごとをして，言いたいことを言わなければダメですよ，というメッセージであるとともに，ちゃんと受け止めなければダメですよという僕へのメッセージとしても聞こえた。自分たちの問題というのはここにあるんだということを感じて

いたところに，東先生がズバリと指摘された。これはすごく厳しいコメントでした。夫として一番救われたのが，最後に僕が「うまく聞ける気がしない」と言ったときに（うまく聞けないということは，今2人で話し合ってまざまざと露呈したところです），先生が「それは分かります。それはまた相談しましょう」と言ってくれた。これが2回の面接を通して一番印象に残っています。自分の問題点がはっきりしたけれど，それはちゃんとフォローしますよと言ってくれたので，厳しいけど次回も来てみようという気持ちになりました。

ゆきこ：「うまく聞ける気がしない」というのは妻としても不安に感じていたところですけど，それまでは2人で話してねという感じでちょっと突き放したような感じだったのが，そこで先生は「もちろんほったらかしにはしませんよ」と言ってくれて，それですごくほっとしました。やろうとしてそれがうまくいかないときは，ちゃんと救ってくれるんだとほっとした。

──全体の感想

たかし：率直に言って，すごいなと思いました。1回目も2回目も。1回目と2回目が全然違っていて，こんなにガラッと変わるんだと驚きました。でもベースにある信頼できそうだという感じは変わらなかった。もし僕があんなに厳しいことをセラピストとしてやったら，次からは来てもらえないと思う。東先生はそこをうまくつなぎながらあそこまで持って行ける。夫役としては，最後の山場のやり取りで，自分の問題点はここなんだということが身をもって体験的に分かって，しかもそれをズバッと指摘されて，すごく腑に落ちた。みじめな気持もあったけど，今実際にやった中で指摘されたことなので，ごまかせないし，本当にその通りだなと思いました。全体的に，どきどきわくわくするような，次に何が来るんだろうというような，不安と楽しさが入り混じった感覚がありました。冒険に連れて行かれたような。次も受けてみたい，だけど次はもっと怖いことがあるんじゃないかという感じです。

ゆきこ：1回目2回目を通して，不快な感じや嫌な感じが全くなかった。

２回目は夫婦二人で話す場面があって，その瞬間瞬間にはどう言ったらいいか迷うこともあったけれど，終わってみたら，今まで気づいていなかったことに気づけて，今まで言えなかったことを夫に伝えたりできた。それでほっとしたというか，すっとした。１回目も２回目も，本当に帰りは足取りが軽くなりました。

たかし：そうそう。階段をすいすい降りて行ったのを覚えている。

　　──３回目の面接があるとしたら，その時は夫婦はどうなっていると思いますか

たかし：僕は途方に暮れていると思います。（自分の問題を）分かってしまったので。

ゆきこ：妻としては，言えなかったことを言えてだいぶすっきりした。急に何でも言えるようになるわけではないけど，多少夫が疲れて帰ってきても，聞いてもらいたいことがあったら，今まで10のうち１しか言えなかったのが３〜４は言えるようになっている気がします。

たかし：それで僕のほうはどうなるか想像してみると，話を聞くというのがすごく苦手でどう聞いたらいいのか分からないので，話を聞くよりは命令やお願いをしてもらうという方向にシフトさせていくと思います。平日でも「何かできることない？」という感じで，話を聞けないことを補うように動くような気がします。話は上手に聞けないと思います。

第 2 部

家族面接のコツ②家族合同面接編

第7章

システムズアプローチを
シンプルに理解する

動画を観る前に

1．キーワードは「相互作用」

　心理療法におけるシステムズアプローチとは，セラピストが，自分とクライエント（個人であれ家族であれ）のコミュニケーションの相互作用を強く意識して関わり，その取り扱いによってクライエントの益を生み出そうとする一連の方法論である。

　持ち込まれた「問題」はシステムの一部分であり，システムが変われば「問題」は消失すると考える。

　システムの1つは個人システムである。心身医学でいう心身交互作用は特に重要である。心と体は相互に影響し合って全体を形成している，man as a whole, man as a system としての人間理解である。心が変われば体が変わる（もちろんその逆もある）。

　システムのもう1つは家族システムである。これは家族構成員間の相互作用のパターンである。family as a whole, family as a system としての家族理解である。個人システムはその中にあって家族システムと相互に影響し合っている。家族システムが変われば個人システムが変わる（もちろんその逆もある）。

　他に，学校や職場など，個人や家族に大きな影響を与える環境システムがあるが，セラピーにおけるセラピスト・クライエント間の相互作用も当然その1つである。これを特に治療システムと呼ぶ。

　システムズアプローチでは，セラピストは「治療システムのありよう」を道具にして，クライエントの個人システムあるいは家族システムに（ときには環境システムに）変化を起こそうとする。結果，「問題」を「非問題」

にする。

　また，たとえば子どもの「問題」で母親だけが相談に来ている場合，母親が変化すれば一度も治療に来ない子どもの「問題」が消失することがあり，これも家族療法と言って良いのだが，より多くの家族構成員が治療に来てくれるなら，変化はいっそう容易となる。セラピストが家族合同面接を施行できる能力を持つことは重要である。

2．一番簡単な家族面接

　システムを変えるために必要な心構えは次の通りである。

　まずは，そのシステムに同調すること。これをジョイニングという。相手に受け入れてもらうことと言っても良いし，相手と同じ土俵に乗ることと表現しても良い。相手の価値観や力関係など，**現在あるものにとけ込もうとする**意識と，**それらにそって会話を組み立てる**能力である。これができるということは，少なくとも「システムの見立て」の力があるということでもある。

　次に，システムの変化にトライする心意気をもつこと。しかしそのためには「何をどう変えようとするのか」，しっかりと意識しなければならない（クライエントと共有するゴールとは別である）。

　漠然と会話していてはいけない。**変化した後のイメージを明確に持って，そしてそれが必ず現実化するとの想いを強く持って関わる**ことが大事である。

　たとえば，これについて私が推奨するおそらく最もシンプルなゴールは，「問題」や「問題の人（Identified Patient）」と近い人を今より比較的遠くに，遠い人を今より比較的近くに，といった配置転換（役割交替）である。現実的には，IPが子どもである場合，前者が母親であり後者で父親であることが多いようである。もちろん，このような計画は，言うは易し行うは難しであろうが，面接場面で家族から語られるさまざまな「話の中身」に過度にとらわれるセラピスト側の癖をやめることができたなら，やがて必ずそれを実現するための技術は身に付いてくるものである。

さて，本書の第2部も，入念に作り込まれた家族（今回は4人家族である）をクライエントにして，初回面接と第2回面接がノーカットで収録された。また，その動画を観ながら行った児島達美先生とのディスカッションもほぼそのまま収録されている。ここ20数年間，毎度のことではあるが，今回もまた児島先生とのディスカッションは実に刺激的であった。

　読者には，まず解説を読まずに動画を鑑賞し，感じとったものをじっくり内省していただいた上で，解説を読み，もう一度動画を見直してほしい。おそらく，第1部よりもさらに得るものは大なるはずである。

第8章

逐語録：浅田家のケース

1回目の面接

【動画の視聴方法】
　下記 QR コードから vimeo のサイトへアクセスしてご視聴ください。
　動画はアングル別に3タイプあります。

全体 ：https://vimeo.com/726609084/8e76a9e604	
セラピストのみ ：https://vimeo.com/726610077/86e9e650a8	
クライエントのみ ：https://vimeo.com/726609542/6376439040	

注意：逐語編にある【コメント xx】は，解説編（240 頁〜）での東，児島両氏による解説がある箇所を示しています。また，Chap.xx とは，動画のチャプター番号を示しています。動画のチャプター機能で位置指定して観ることが可能です。

　東　豊 先生 御机下
　浅田幸平氏（17歳）について，ご紹介申し上げます。
　今年 1 月ごろより，腹痛，下痢が生じるようになり，徐々に登校が困難となり，4 月から不登校，および外出困難の状態となっております。
　整腸剤や下痢止め，抗不安薬，SSRI などの薬物療法をおこなっていますが，あまり効果がないようです。
　背景には，父親からの心理的プレッシャーがあるようで，家族ぐるみのカウンセリングを希望されています。
　よろしくお願い申し上げます。
　2011 年 10 月 3 日

　　　　　　　　　　　　　　　　　　　とどろき心療内科クリニック
　　　　　　　　　　　　　　　　　　　　　院長　等々力太郎，拝

受付表	
受診日 （電話予約あり）	2011 年 10 月 29 日（土）
氏　名	浅田幸平（17 歳）
（つきそいがい る場合）	つきそいの方のお名前： 裕（父） 真奈美（母） 万里子（妹）
主　訴	腹痛，下痢などにより登校困難。とどろき心療内科クリニック 等々力太郎医師より紹介（紹介状あり）
かかっている他の 医療機関など	とどろき心療内科クリニック
来談経路	家族からのカウンセリングを希望され
診断書・紹介状	あり
実習生の陪席	不可
担当	東豊

Chap.01 （ノックの音）

　　　東：はい，どうぞ。浅田さん，どうぞ。
　　　母：こんにちは。失礼いたします。
　　　東：こんにちは。はい，どうぞお入りください。
　　（浅田家の人たちが入室する）
　　　東：どちらでもお好きなようにね，お座りください。
　　（セラピストの席に向かってL字型に4つの椅子が並んでいる。
　　　　　　左から，母，コウヘイ，父，妹の順で座る）【コメント1】
Chap.02 東：はい，どうも。みなさんこんにちは。
　　　母：お世話になります。
　　　東：はい，どうも。東と申します。よろしくお願いします。
　　　一同：よろしくお願いします。
　　　東：今日はご家族みなさんでお越しいただいたんでしょうか。
　　　母：はい。

東：はい。少しご紹介いただけたらうれしいんですけれど。お母さんですかね？

母：はい。

東：じゃあ，お母さんからいきましょうか。【コメント2】

Chap.03 母：コウヘイの母です。

東：コウヘイ君。はい。

母：私は学校の教員をしているんですけれども。

東：ああ，そうですか。【コメント3】

Chap.04 母：はい。すごい心配でねぇ……。ちょっと学校にコウヘイが行かなくなってしまったので……。

東：今，何年生ですかね。

母：高校2年生です。

東：はい。

母：ぜひ……。クリニックの先生にご相談したら，家族でお話を聞いてくださるところあるよということで，今日来させていただきました。

東：そうですか。（メモを見ながら）等々力先生ですね。

母：そうです。お世話になっているんです。

東：そちらのほうには長く行かれている？

母：はい，この4月から行かせていただいている。

東：ずっと通っていらっしゃるんですね。

母：それで担任も外してもらって，コウヘイがいつでも調子が悪くなったら行けるように。

東：ああ，お母さんのお仕事の担任を外してもらって。

母：そうなんです，外してもらって。心配なので。

東：ああ，そう。なるほど。じゃあ職場のほうの理解もあるわけですね。そうですか，はいはい。それで，お母さんとコウヘイ君……（紹介をうながす）。

父：父親の浅田ユタカと申します。よろしくお願いいたします。

東：はい，どうもどうも。よろしくお願いします。えーと，それで……。

妹：長女のマリコです。
東：お姉さんになるのね。
妹：いえ，妹です。
東：妹か，ごめんなさい。いくつ違いかね。
妹：1コ下です。
東：1コ下ね。はい。さて，今日は今お母さんからね，コウヘイ君のことでというお話がありましたけど，あのー，コウヘイ君に聞いていい？
IP（コウヘイ）：はい。
東：今のお母さんのお話だと，4月から等々力先生のところ，心療内科クリニックに，半年くらいになりますか，行かれていますね。
IP：（うなずく）
母：はい。そうです。
東：で，今日こちら，半年たってこちらをご紹介されて，さっきのお母さんのお話だと家族全員で一度行ってみなさいというお話だったのかな？【コメント4】

Chap.05 母：はい。先生のほうからはお薬いただいてね，飲んだりしていたんですけど，あんまりこう学校に行けるような様子もないので。
東：はあはあ。
母：それでちょっとできたら来てもらえたらと思って（父親のほうを見る）。【コメント5】

Chap.06 東：そうですか。等々力先生のところはどなたが行っていらっしゃったの？
母：私がコウヘイを連れて行っていました。
東：じゃあ，お母さんに等々力先生から提案があったんですね。
母：そうなんです。
東：そうですか。どうでしょうかね，僕いらん想像したらいかんのですけど，お父さんにしたらね，あるいは妹さんにしたら，「えー，家族みんなで行くってどういう意味なん？」とびっ

くりされたりとかなかったかしらと心配しとるんだけど，その辺はどのようにお伝えいただいたの？【コメント6】

Chap.07 母：私としてはやっぱり，この人に（父親を手で示して）来てほしかったんです。

東：この人にというのは？

母：（もう1度父親を手で示す）

東：あ，お父さんに。はいはい。

母：なかなか今までコウヘイを育てる中ではあまり……。単身赴任が長かったんです。

東：お父さんが。ああ，そうなんですか。どういったお仕事なんです？

父：まあ，一般的な企業なんですけど，製造業で，福岡であったり名古屋であったり，一昨年までは東京の本社のほうに勤務しておりましたので。【コメント7】

Chap.08 東：ああ，そうですか。

父：どうしても，なかなかコウヘイやマリコの付き合える時間が少なくて。

東：ええ，ええ，なるほど。今はもう……こちらの職場で。

父：はい。

東：（母親に向かって）それで，ぜひお父さんに来てほしかった？

母：はい。私としては，（コウヘイは）男の子ですから，やっぱりそろそろ父親の出番かなと思って。今までは私のほうが一生懸命この子のためにと思って，「こうしたの？」とか「あしたの？」とかいうことを聞いてきた，言ってきたんですけれども，もう学校に行きなさいと言っても，お腹が痛いからトイレから出てこれないんですね。もう時間でしょと言っても，まだなのと言ってもダメなんですよ。でも今，秋ですよね。留年がかかってしまっているので，このままではダメなので，やっぱりお父さんに出てきてもらわないとと思って今日はご相談にあがったんです。【コメント8】

Chap.09 東：ごめんなさいね，お父さんが出てこられることで，お母さん

としてはどんないいことが起きるんじゃないかという期待があるの?【コメント9】

Chap.10 母:やっぱり私の中では,お父さんの出番というのか,今までは私が一生懸命コウヘイを育ててきたし,私の両親が近くにいたので,ほとんど私や両親がコウヘイを育てたみたいなところがあるんです。単身赴任が長かったので。ちょっと協力してもらえなかったけど,でもこれからは,コウヘイは男の子だからそういうふうにお父さんのほうから声をかけてもらえたらと思っているんですけれども。

東:うん。

母:でもね,先生ね,その声のかけ方がね,ちょっと困るんですよ。私からすると。

(父親は居心地悪そうに身じろぎする)

東:はい。【コメント10】

Chap.11 母:等々力先生もあんまりプレッシャーはかけないようにっておっしゃっていたんですね。だけど私からすると,お父さんはもともと自分がスポーツをやっていて体力派なので,「スポーツをやったらいいんだ」とか。

東:ああ,そうか。

母:そういう声のかけ方しかしてくれないんですよ。

東:なるほど,はい。

母:私はもっとやっぱりお父さんには,コウヘイの気持ちを分かって声をかけてほしいなと思っていて。

東:うんうん,なるほど。今のようなことはわりとおうちではお話しなさるの?

母:いや,あんまり言えないです。単身赴任している期間が長かったので,そういうことをストレートには言えなくて。でも心の中ではそうしてくれるといいなとは思っていました。【コメント11】

Chap.12 東:ああ,そうなんですか。

父:マリコから,マナミ(お母さん)がこういうふうに言ってい

るよというふうには聞いたので，私なりに，仕事は忙しいんですけれど，コウヘイに声をかけたりはしているんですけど……。
東：はい。
父：どうしても心の中でどこかやっぱり運動でもすればすっきりするんじゃないかという気持ちがあるものですから，そういうふうにしか言えなくて。
東：ああ，そうですか。
母：だって，でもやっぱり，コウヘイは運動はそんなに得意じゃないもの。運動したって学校に行けるようになるとは思えないんだけど。
父：うーん。得意不得意を抜きにしても気分転換になるかなというような思いがあるんですけど。
母：それだったら，私，今までコウヘイにいろいろ言ってきたよ。でもコウヘイは「どうしてもお腹痛い」とか「下痢があるからトイレから出られない」とか言うんだもの。
父：うん。君がずっとがんばってくれていたことはよく分かるんだけど……，正直なところいつの間にこんなに大きくなったかというところもあって，なかなか共通の話題もなく。【コメント12】

Chap.13　東：うん。
母：だって，あなたが声をかけるときには，「さあ，スポーツやろう」とか「体を動かしたら元気になるんだ」とか，そんなことしか言わないじゃない。
父：うーん，まあ気分転換にはなるかなと思って，キャッチボールに誘ったり。
母：でも私はね，コウヘイは，そういうのは向いてないと思う。
父：うーん。
母：だから私は，コウヘイは体を動かすことより勉強をがんばってほしかったの。だから中学の受験もさせたのよ。【コメント13】

Chap.14 父：うーん。いや，その中学受験もどうかなあという……。オレは公立中学・高校でいろいろな人間にもまれてきたから自分ではよかったなと思っているんだけど。

母：うーん，でもコウヘイはそれに向いてないと思うのね。公立にはいろいろな子どもがいるでしょう。私もよく分かってるけど。コウヘイは繊細なナイーブなところがあるから。だからこそ，そうさせたかったけど，うまくいかなくて，それでコウヘイのことを結果的には傷つけるような形になって申し訳なかったなと思っているんだけど，でも今の高校だってけっして悪くないし，ね？　コウヘイ，そうでしょ？

IP：（うつむいたまま）うん。

母：高校，べつに嫌いじゃないでしょう？

IP：うん。

母：でも，行けないのよねえ……。先生，こんな感じで，私が（父親を指して）この人に言う，でもこの人はそうやって「がんばったらいいんだ」とか「体力で，体を動かしたらいいんだ」と言う。でもコウヘイにはそれは合っていないんですよ。等々力先生にもそのことをご相談して。「じゃあ，1回家族でお話ししたらどうや」っていうお話をいただいたので来ました。

東：なるほど。さっきお母さんはおうちではあまりお話をしないとおっしゃったんだけど，今みたいなやりとりはあるの，お父さんとの？

母：そうですね。時間的にはそんなには多くないんです。（父親を指して）休日はゴルフです。お付き合いがあるから。

東：お仕事のね。

母：だから，会ったときには少しくらいは言ったり，あるいは今はこの子の留年がかかっているので，それでもう私も必死なんですけど。今まではなんとかね，高校も入ってきたし，いいかなと思っていたんですけど，でも，これはお父さんがんばってもらいたいなって。そのあたりコウヘイの気持ちを分かって，コウヘイが学校に行けるように声をかけてもらいた

いなと思っているんです。【コメント14】

Chap.15 東：ああ，そうですか。はい。ちょっとコウヘイ君と話をさせてもらっていいですか？ コウヘイ君に話を聞きたいんだけどね。……朝になるとお腹が痛い？【コメント15】

Chap.16 IP：はい。

東：で，学校に行けないんだよね。うん。今日，こうしてご家族と一緒に来ていただいたんだけど，今日ここに来られてね，「こんなことになったらいいなあ」「こんなふうになったら，なにかこう来たかいがあるなあ」みたいなさ……。どんな感じ？

IP：今，朝学校に行こうと思って早く起きるけど，お腹痛くなってトイレから出れなくて，お腹痛いのなくなってもまた痛くなるかもしれへん……。

東：お腹痛いのなくなっても……。

IP：痛くなるかもしれないって思うからちょっと家から出れなくて，怖くて。だから，お腹痛いのがなくなったらいいです。

東：うん，お腹痛くなるんじゃないかなっていう怖さがあるんだよね。それで外に出ると出たときにお腹が痛くなったらどうしようかっていって心配するわけだ。

IP：うん。

東：そのお腹，痛いのがなくなったらいいですか？

IP：うん。

東：それが一番ののぞみね？

IP：うん。

東：お腹痛くなくなったらどんなふうになるの？

IP：お腹が痛くなくなったら，とりあえず学校に行く。

母：でもね，先生ね，お腹痛くなくなったら今度はゲームをしているんですよ。自分の部屋に戻ったりして。ゲームをするんです。この子ゲームが好きで。

東：はいはい。

母：漫画を読んでいるときもあるんですけどね。だったら行ける

んじゃないって私は思うんですけど。だって私も学校の教師をしていますから，ゲーム好きな子もいるし漫画好きな子もいるけど，普通に学校に通って来ていますからね。

東：なるほど。うんうん。

母：だけどコウヘイは，じゃあ行けるのかなって思ったら，次の日の朝になったらまた「お腹痛い」。

東：なるほどね。（コウヘイ君に向かって）お腹痛くなるんじゃないかと心配するわけやね。【コメント 16】

Chap.17 IP：うん。

東：そうかそうか。その不安がなくなったら学校に行く感じ？行けそうな感じ？

IP：うん。うん，行く……。

父：もうちょっとはっきりと返事しなきゃ。【コメント 17】

Chap.18 IP：行きます。

東：お腹の不安がなくなるかどうかが一番大事なことなんやね。

IP：はい。

東：お腹が痛くなるんじゃないかなという不安はどんな感じで出てくるん？

IP：最初はほんとうにお腹が痛くてトイレに駆け込む感じやけど，ある程度すっきりしても，前に１回学校に行く途中にすごくお腹が痛くなって，近くにコンビニとか公園とかもなくて道でうずくまってしまって……。で，なんとかトイレに駆け込んだということがあって，それ以来，次はトイレはないんじゃないかって思うようになって。トイレがないんじゃないかと思うと不安です。

東：なるほど。

母：ねえ，先生，ほんとうに繊細でしょう。

東：うん，うん。

母：こういう繊細なコウヘイにね，「スポーツやったら」とか「体動かしたら」って。そんなんでよくなるんですかねえ。【コメント 18】

Chap.19 東：ああ，さっきのお父さんの話ね。なるほどなるほど。
父：もまれてこそ（だろう）。まあ今は元気がなくてお腹が痛くなったりするかもしれないですけど，もっとなにかできるようになれば自信ができて，そういうお腹が痛くなるとかいうこともなくなるんじゃないかと。
東：自信ができてね。なるほどね，大事なことですよね。
父：ちょっとずつでも，なにかこれができたとか，走るのが早くなったとかいうことがあれば自分に自信が持ててだんだんと変わってくるんじゃないかと。
母：あなたはスポーツをやってきたからそう思うかもしれないけれど，コウヘイは中学のときは卓球部に所属していたけど，やっぱり合わなくて辞めちゃったじゃない。
父：いや，それは卓球部だからということもあるし，結局なんやかんや言って君はコウヘイができないできないということを強調しているような感じがして，もっとコウヘイができるんだということを言ってやってもいいような気がするんだけど。【コメント19】
Chap.20 母：でもコウヘイはそういうスポーツとか体を動かすことは向いていないと思うの。
父：いや，まだ高校2年だからそう決めつけたもんでもないと思うけど。
母：マリコを見てよ。マリコは同じ学校だけれども，合唱部で……。
東：一緒なの？
母：同じ高校なんです。だから余計マリコにも悪いと思って。お兄ちゃんが学校に来ていないのが分かりますよね。
東：はいはい。
母：だからマリコにも悪いと思うのでやっぱりコウヘイにも学校に行ってほしいし，私も教師だし，学校に行けなくなっちゃったらどうしようかと思って。【コメント20】
Chap.21 東：なるほどね。（妹に向かって）そうか，同じ高校行ってるのね。

妹：はい。【コメント21】

Chap.22 東：マリコさん，ちょっとお話，聞いていいですか。あなたにとってはお兄ちゃんがね，今お母さんがずっとご心配なさってるんだけど，お腹が気になって学校に行かれていないということは，あなたにとってどんな影響がある？

妹：うーん，お兄ちゃんが学校に行ってなかったら友だちにどう言ったらいいか分からへんし……。

東：聞かれたりする？

妹：聞かれますね。先生からも家でどうしとんか聞かれたりとか。

東：はいはい。そういうときはどうしてるの？

妹：「いやー，家でなにしてんのか分かりません」って言うんですけど，なんて答えたらいいか分からなくて困ってますね。

東：困っている。

母：だよね，困るよね。お兄ちゃんには学校に行ってほしいもんねえ。

東：もし，マリコさんにとっても，お兄ちゃんの腹痛に対する不安がとれて学校に行けるようになったらハッピーかな？

妹：そうですね。

東：嬉しいことだね？　OK。それで今日来てくれたんだね。ぜひ一役買おうって感じかな。【コメント22】

Chap.23 妹：そうですね。お兄ちゃんが行ってくれるようになるんなら。

東：ありがとね。はい。じゃあちょっとまたコウヘイ君に話を戻していいですか。お腹痛いということをもう少し教えてください。

IP：はい。【コメント23】

Chap.24 東：今，お話を聞いているとね，お父さんも君が自信を持っていきだしてくれるようになることが大事なんじゃないかとおっしゃっているし，お母さんも学校に行ってほしいということは当然お腹が治ってということですよね。

母：そうです。

東：お腹のことを克服してくれて，ということをおっしゃってい

るし，──お姉ちゃんもね，あ，妹さんね，ごめんなさい──，妹さんもそれを望んでいらっしゃるということなんで，もうちょっとお腹痛（なかいた）のことを聞かせてもらっていいかな？

IP：はい。【コメント24】

Chap.25 東：君のお腹痛ってさ，昔からありましたか？

母：そうです，先生。もともとちょっと腸は弱い子でした。

東：うんうん。小学校，中学校のときって同じようなことはありましたか？【コメント25】

Chap.26 IP：学校に行ってから痛くなることもときどきありました。

東：学校行ってから？　授業中とか？

IP：授業中もときどきありました。

東：ときどきありました？　そのときはどうしてたの？

IP：我慢できるときは我慢して……。だって，小学校，中学校のときってトイレに行ったらバカにされるじゃないですか。

東：なるほど。

IP：我慢できるときはして，できへんときだけこそっと行ってました。

東：こそっと行ってたのね。なるほどね。今は？　高校だとそういうわけにはいかない？

IP：高校行ってからもお腹痛くて保健室行ったりとか……。

東：……は，しているんだね。

IP：してます。

東：してるのね。小学校，中学校のときは学校を休んだりはしていなかったのね。

母：でもやっぱりお腹が痛くなったり，風邪もひきやすいところもあったので，休むということはときたまありました。

東：ああ，そうですか，なるほど。長期間休むということはなかったのね。

母：なかったです，はい。

東：一番最近，まあ今日でもいいんだけど，一番最近お腹痛いのはいつありました？

IP：今日ここに来る前です。

東：ここに来る前。うん。そのときのことをちょっと思い出してほしいんだけどね，君が今日一番最初に「あれ，お腹の調子が悪いな」と思い始めたのは何時くらい？

IP：8時くらいです。

東：8時くらい。うん。それはどんな感じで始まったの？

IP：最初はご飯を食べていて，食べている途中にキューって閉まるみたいな感じ。

東：どのあたりが？

IP：（お腹のあたりを押さえて）この辺が。

東：ご飯食べている最中に？

IP：はい。で，がまんできなくなってトイレに……。

東：行ったのね。下痢しましたか？

IP：下痢しました。

東：はい。ご飯を食べるときにキュッときたとおっしゃったけど，それはほとんど毎日そんなことですか？

IP：毎日そうです。

東：毎日そんな感じね。なるほどね。

母：先生，もともとこの子，食が細いんですよ。

東：食が細い？

母：はい。小さいころからたくさん食べることはないんですけれども，私が作ったものは食べてくれるので。

東：ああ，そうですか。

母：で，それを食べて。でも最近それが毎朝です。食べたらトイレに行きたくなる。

東：食べたらトイレに行きたくなるんだ。（コウヘイ君に向かって）食べる前に思ったりする？　どうせ食べたらお腹痛くなるんだろうなって。

IP：これ食べて今日も痛くならへんかなとは思います。

東：思い始める？

IP：思い始める。

東：そこ，もうちょっと詳しく教えて。「食べたら痛くならへんかなあ」という感じですか？　「痛くなるぞ，絶対」とはならない？【コメント26】

Chap.27 IP：絶対とは思ってないんですけど……。

東：絶対とは思ってないか。OK，OK。

IP：これ食べて痛くなったらどうしようとか，今日も痛くなるんじゃないかなとか と思います。

東：うん。「いや，そんなことにはなりはせんだろう」というふうに自分で考える部分はある？　あるいはもう全面的に「お腹痛くなるよ～，なるよ～」というのにつぶされている感じ？
　心の中にね，「今日はうまくいくかもしれんやんか」とか「負けたらいかん」とか。例えばね，そんな気持ちが出るっちゅうことはある？

IP：お腹痛くなかったらいいなとは思うんですけど，でも不安のほうが強いです。

東：不安のほうが強いね。うん。お腹が痛くならなかったらいいなという気持ちはあるよね。

IP：はい。

東：うんうん。OK。

母：先生ね，朝私も仕事に出てしまうので，朝の様子ってそうなんですけれども，今日はお休みだったので一緒に出たんですけれども。マリコどう？　私がいないときとか。マリコが家にいるときコウヘイがどんな感じかな。いつもいつもトイレに行くの？【コメント27】

Chap.28 妹：うん。トイレに毎朝行って，1時間くらい入っていて。

母：お昼とかコウヘイは家にいるじゃない。マリコも家にいるときがあったりしたら？

妹：だいたい10時か11時くらいに会ったらテレビ見ていたりとか。【コメント28】

Chap.29 母：というのはね，先生ね，私がこの子のためにお昼を用意して出るんですけれども，それは食べているんですよ。

東：お昼はね。
母：お昼は食べている。朝食のときみたいに途中でやめちゃってトイレに行くという感じではない。
東：はい。
母：(コウヘイ君に向かって)だからお昼は食べているんだよね？
IP：うん，食べてる。
母：大丈夫だよね。
IP：うん。
東：ちょっと教えてくれる？　お昼ご飯を食べているときは「お腹痛くなるぞ」「来るぞ」という不安は出てこないの？【コメント29】

Chap.30　IP：お昼のときはあんまりないです。
東：あんまりない。「大丈夫だ」という感じが強いわけ？
IP：大丈夫だとも思ってないですけど，あんまり考えずに食べてます。
東：ああ，考えずに食べてる。ふーん。学校に行っているときのお昼ご飯というのはお弁当ですか，給食ですか。
母：お弁当です。
東：学校でのお弁当はどう？　もし学校に行ったとしたら。
IP：ときどき食べた後にお腹痛くなる。
東：ときどき食べた後にお腹痛くなる。ときどきですね？　朝ほどじゃないのね。
IP：はい。
東：その，食べてお腹が痛くなるときと，食べてお腹が痛くならないときの違いをちょっと教えてほしいんだけどね。どんなことがどんなふうに違う？　お弁当でお腹痛くなったときと，ならなかったとき。何が違う？
IP：何か考え事をしているときとかはときどき痛くなるかも。
東：考え事をしているとき？
IP：うん。あとは昔からそんなにお腹強くないから，ご飯がすごく冷たかったりすると痛くなるときもあります。

東：なるほど。昔からお腹が強くなかったというのは自分でそう思っているわけね？

IP：はい。

東：思っている。なるほど，OK。さっき，考え事をしているという話だったね。それは例えばどんなことかな。もし教えていただけたら。

IP：前に痛くなったのは期末試験の前のとき。そのときテストのことを考えていて，次の授業がその授業やって考えていたら痛くなりました。

東：テストのことを考えた？

IP：たぶん。

東：もうちょっと聞いていいかな。テストのどんなことを考えていた？「今日のテストはうまくいくぞ〜。勉強してきたからいい点とれるぞ〜」とかさ，逆に「どうかなあ」とかいろいろ考えるやん。どんなふうに考えていた？

IP：数学のテストが近づいていて，でもちょっと数学は最近よく分からなくて……。

母：やっぱり……，ちょっとね，無理して理系に進ませたんです。

東：ああ，そうですか。

母：私が国語の教員をしていますから，コウヘイもやっぱり文系のほうが得意なんですよ。だけど，やっぱりねえ，いろいろ将来のことを考えたら理系のほうがいいかなと思って，私も去年，理系文系を選ぶときにコウヘイに理系のほうがいいんじゃないと勧めたのはあるんです。

東：ああ，そうですか。

母：もしかしたら，それがちょっとコウヘイにとってよくなかったのかな，プレッシャーになっちゃったのかなとは思うんですけど……。

東：ああ，そう思っていらっしゃるんですね。

父：てっきり，今の今までコウヘイ自身が理系を選んだんだと思ってた。

東：あ，お父さんはそう思ってた。ああ，そうかそうか。
父：初めて聞きました。
東：初めて聞いた。【コメント30】

Chap.31 母：だってあなたに話すとき，なかったじゃない。
父：まあ，でもそれぐらいのことは聞いておきたかった。
母：私はコウヘイとは話し合って決めたわよ。
父：いずれにしても，それはまあ本人が決めたことだから。自分で自分の道を決めることだと思うので。
東：なるほど。（何度もうなずく）はい。でも，お母さんとしては，そのこともひょっとしたらよくなかったかもという気持ちがある。
母：はい。数学がだんだん難しくなってきて，コウヘイが勉強が分からなくなると，こんなふうにお腹が痛くなったりとかがあるのかなと。
東：うん，そうか。（コウヘイ君に向かって）もうちょっと教えて。数学とか勉強のことを考えているとお腹痛が出てくるという話を思い出してくれたんだけど，そのとき，そのあとどうした？【コメント31】

Chap.32 IP：ご飯をガーって急いで食べてトイレに行きました。
東：トイレに行った。うん，そして？
IP：やっぱり下痢して，お腹痛くて戻られへんくて，トイレ行ってから保健室に行って，保健室の先生に事情を話して，数学はちょっと遅れて行かせてもらいました。
東：少し遅れて行ったの？
IP：30分くらい。
東：30分くらい遅れて。それで試験はどうなった？
IP：試験は受けれなかったです。
東：うんうん。受けれなかった結果はどうなっちゃったの？　追試か何かあるの？
IP：一応，先生は終わったあとに今日最後に居残ってやろうかという形で残ってやらせてくれたんですけど。

東：それはできたのね。
IP：受けました。
東：そのときはお腹は気にならなかった？
IP：ちょっと痛くなりそうでした。
東：ちょっとなりそうだった？　なりそうだったけど……？
IP：なんとか我慢できて……。
東：（身を乗り出して）ちょっとちょっと，そこ聞かせて。痛くなりそうやったやろ？
IP：なりそうでした。
東：で，なんとかなった？
IP：このテスト受けへんと，先生もせっかく時間作ってくれたしと思って。お腹痛かったけど，テストをがんばってやって，終わってからまたトイレに行くようにしました。
東：ほー，なんとか乗り切っちゃったわけやね。けどたぶん，「痛くなるぞ，お腹痛くなるぞ」ってさ，悪魔のささやきみたいなやつがかなりあったと思うんだけど。
IP：うん。
東：ねえ。もういっぺん聞くよ。例えば，朝起きてご飯を食べたときにお腹が痛くなってやられちゃうときと，例えば今１つなんとかなった話があったよね。それは決定的に違うのは，君にとってどこが違う？　だってそこで負けても不思議はないやん？　でもそこ，君勝ったわけやんか。どこが違うの？
IP：…………。
母：どこ？
IP：……あのときは50分じゃなくて20分くらいだったから，がんばったら耐えれるなとちょっと思った。
東：ああ，なるほどなるほど。時間もちょっと短いし，これくらいやったら行けるぞという感じ。自分で言い聞かせた感じやね。
IP：うん。
東：なるほど。うんうん。もし時間がものすごく長かったら？

IP：途中でトイレに行っていたと思います。

東：やっぱりこう大変ちゅう感じになってたかな？

IP：はい。

東：OK，なるほど，時間ね。うん，すばらしい。はい。今日はご家族みなさんで来ていただいているんですけれども，もう一度確認させてくださいね。とりあえず今，彼のお腹痛……，たぶんいろいろお薬飲まれたんですよね。お薬を飲まれたけど効かなかったわけだよね。ですから，こんな形のカウンセリングで，とにかく彼がお腹痛の不安というか怖さというか，（コウヘイ君に向かって）ちょっとビクビク感もあるやろ？　ビクビク，分かる？

IP：うん。

東：なったらどうしよう，みたいのあるやん。

母：先生，私としてはね，成績が良くないのは，もう仕方がないと思っているんです。だからお腹痛が治って，学校に行けるようになってもらったら，私としてはまずは安心というか。マリコのこともありますしね。この子が留年にでもなっちゃったらどうしようかと思っているので。お腹痛というのが治ればなんとか一安心かなと思っているんです。【コメント32】

Chap.33 東：そういうことですね。

母：学校にちょっとでも行けるといいなと思って。

東：それはお父さんも一緒と考えていいですね？

父：はい。

東：コウヘイ君，一応念のために聞いておくけど，ごめんね，ボクくどいから同じことを聞くんだけどさ，お腹痛の不安がなくなって，お腹痛の不安は近いうちになくなっていくんだけど，そうなったら君はもう学校に行っている姿を想像する？

IP：（考える）

東：いや，ごめん。これ，どういうことを聞いているかというとね，もう何カ月か休んでいるやん。そうすると，お腹痛があ

ろうがなかろうが，何カ月か休んでいるとそれだけでなにか今から行きにくいなあ，と感じる人がいたりするのよ。そんなことはないか？

IP：ちょっと行きにくいです。【コメント33】

東：ちょっと行きにくい感じがある？

IP：はい。

東：それは例えば，どんなことで行きにくいイメージを持っている？

IP：クラスの人にどう思われるのか分からへんし，なんて言っていいんか分からへんし……。

東：うん。

IP：……勉強も最近してないし。

母：勉強のことはあまり気にしなくていいのよ。お母さんはコウヘイに学校に行けるようになってほしいの。お腹痛なくなったら行けるでしょう，学校？

IP：うん。【コメント34】

母：トイレに駆け込まなくてよかったら，あんなに長くトイレに行かなくてよかったら，学校に遅刻しないで行けるよね。

IP：うん……。

東：もちろん，私もそう思いますけれども，少し気になるのがね，ごめんね，コウヘイ君，（ボクは）かなり細やかなほうですから君と一緒で（笑），聞きたいんだけれども，お腹痛ないのに学校に行ったら友だちに何か聞かれるやん。「最近どうしとったんや？　コウヘイ」って。

IP：うん。

東：それってどうしたらいいかなって気持ちがあるやん？　そのときってきっと，「うわあ，何か言われたらどうしよう」「何かへんなこと言ってくるんじゃないかな」「そこで嫌な感じになるんじゃないかな」という不安が出てくるやん。その不安はさっきの「お腹痛くなるかな」という不安よりはちょっとマシかな？

IP：（少し考えて）一緒くらいか少し弱い。
東：少し弱いかもしれない？　そっちのほうがまだ対処できる可能性があるわけやね。
IP：うん。
東：OK。じゃあさ，お腹痛の不安がなくなって，お腹が痛くなくなったあと，いよいよ学校に行くときに，その友だちの不安，どうしようかという不安が出てきたら教えてね。
IP：はい。
東：それも必ず解決するようにお手伝いしますね。他に何かないか，不安？　勉強があんまり分からんことの不安は？　お腹痛の不安がなくなったあとよ。お腹痛の不安がなくなった，友だちと何カ月ぶりに会ってどういうやりとりしよう，何か言われるんちゃうかなという不安もなくなる？　勉強は？
IP：……不安です。
東：勉強は不安。うん。ちょっと間があいているんだね。その不安はどれくらい強い？　君がくじけそうな不安だろうか。
IP：大きいです。
東：うん，その不安はけっこう君をくじきそうやね。大きい？
IP：うん。
東：順番に並べるとしたら，お腹痛の不安と，友だちに何か言われるんやないかという不安と，勉強の不安，この不安3トリオ。この中では，どれが一番君にとってやっかいな不安ですか？
IP：お腹痛くなるかもっていうのが一番強いです。
東：それがなくなったら？
IP：勉強についていかれへんっていう不安が次に大きいです。
東：ああ，そうか。友だちよりもそっちやね。なるほど。じゃあ，勉強のことについては……（母親が何か言いかける），なに？
母：私は自分が教員で，いろいろな子どもさんも見てきて，確かに私がちょっと神経質にコウヘイを育ててしまったかもしれないなとは思うんだけど，だけどこのお腹痛がなくなったら，

そこが変わったらコウヘイって学校に行けるような気がするんですよ。それって，たぶん私だけではもう難しくて，お父さんにもコウヘイの気持ちを分かってもらって，やっぱりちょっとは早く家に帰ってくるとか，あるいは休みの日にはコウヘイの話を聞いてくれるとか，もうちょっとかかわっていってもらうと，コウヘイも少しは楽になるんじゃないかなと思うんですよ。だって，コウヘイは今はこうやって何も言わないですけど，やっぱりお父さんからいろいろなことを言われるのをすごく気にしているんです。だよね，コウヘイ？スポーツしろとか体を動かせとか，そういうの嫌だって前に言っていたよね。

IP：う，うん。

父：そうなのか。そうは言っても，一緒にゲームをやるわけにもいかんしなあ。

東：ちょっと待ってもらっていいですか。（コウヘイ君に）今，不安出んかった？

IP：不安……。ちょっとお腹，痛い（お腹に手をやる）。

東：お腹？

IP：ちょっと不安です。【コメント35】

Chap.36 東：いや，ボク今聞いとったらね，「コウヘイ，お父さんからいろいろ言われるの嫌やろう」みたいな話……。

母：そうです。私には言ってくれるんです。

東：お父さんは「そうなんか」と聞かれたですよね。

父：はい。

東：だけどお父さん，そういうことはあまり……。

父：そうですね。

東：君，今「うん」と言うた？　お父さんに。

IP：うん。

東：えーっ，すごい不安なことなかった？　お父さんとようしゃべらんのやろ？　単身赴任が多かったし。今お父さんが「そうなんか」って聞いて，よう君「うん」って言えたな。

IP：いや，怖かったです。
東：せやろ。なんで言えたん？
IP：分かんないです。
東：あらびっくり。家でこんなことは？
母：言わないです。私にはお父さんがいないところでは「あんなふうに言われるのは嫌だ」と小さいときから聞いていたんですけれど，だけどお父さんに面と向かってあんなこと言えなかったです。
東：でしょう。今言ったよねえ。
父：ただ私もそんなに怒ったりした覚えはないんですけれど……。
東：はいはい，いや，ボクはそんなことは言いませんよ。ボクがお父さんに聞きたいのは，コウヘイ君が今みたいに，いや，お父さんに非があるかどうかは言いませんよ，そうじゃなくて文句を言ってきたことある？【コメント 36】

Chap.37
父：いや，ないですね。
東：ない。じゃあ今言ったのは……。
父：珍しいですね。
東：(しゃべろうとしたが父親が何か言いかけたのでうながす)
父：帰ってきたらもう最近はいなくなってしまいますし。
東：彼が。
父：はい。妹の方はなんやかんやと話してくれるんですけど。
母：マリコは言えるんですよ，お父さんに。
妹：(うなずく)
東：お母さんにも言える？
妹：言えますね。
東：お父さんやお母さんに何か言うということに不安は出てこないの？
妹：出てこないです。
母：私の話もよく聞いてくれるんですよ。
東：ああ，そうですか。マリコさんは何か不安，学校の中とかお

うちの中で何か不安な気持ちを持つことはあるの？【コメント37】

Chap.38 妹：今は，友だちにお兄ちゃんのことを言われたりするのが一番イヤ。

東：ああ，そうか。それをどうしようかなという不安があるんだね。なるほど。その不安はどんなふうにやっつけてる？

妹：うーん，学校ではあまり「知らーん」みたいな感じで答えて流すようにしていますね。

東：はいはい。それでうまくいってそう？

妹：そうですね。それ以上友だちも聞いてこないので。学校は楽しくやってます。

東：ああ，そうですか。

母：合唱部でね。合唱をやっているんです，マリコ。

東：合唱？　合唱部いうたらみんなでステージに立って歌うやつや。

妹：はい。

東：あれ，当日の本番は不安やな。

妹：でも，けっこう人数がいると安心かな。

東：ああ，ほんとう。「一人やないんや」みたいな感じになるわけ？

妹：はい。

東：独唱はあるの？　一人でステージで歌うとか。

妹：あんまりしないですね。

東：ああ，そうですか。勉強のこともそんなに不安なことない？

妹：勉強もまあそんな，賢くはないですけど。

東：（笑）

妹：まあ，そんなに。

東：大丈夫ですか。

母：マリコは元気に学校に行ってくれるんです。

東：ああ，行っているみたいですね。

母：同じ学校でね。マリコ，合唱部がんばっているしね。

東：ああ，そう。じゃあ不安もあまりもたないし，もったところ

でなんとか今のところできているという感じがあるわけや
ね。
妹：はい。
東：なるほどね，けっこうですね。さて，ごめんなさいね，また
コウヘイ君の話に戻るけどね。もう一度確認するね。君の中
に起きている不安についてボクに教えてほしいんですね。ボ
クはね，君がお腹痛の不安と勉強の不安と，そして友だち関
係の不安と，そういったことを君が克服することにちょっと
今自信を深めているんです。ボクは自信を深めたんですよ。
それはさっきお父さんに「うん」と言ったでしょう。そのシー
ンを見て，ボクはびっくりしたんです。ほんとうにびっくり
しているんです。お父さん，すばらしいことだと思いますね。
それを見てね，ああ，君はふっと不安を乗り越える力のある
子なんだ，ということを強く思っています。ですから必ずそ
の不安を克服するお手伝いができると思います。もし遠慮な
く言ってもらえれば教えてほしいんだけど，３つ以外にまだ
何かあれば全部言っておいて。全部なんとかしてあげるから。
IP：不安ですか？
東：うん。こんなことが不安，あんなことが不安，あるもの全部
言っておいて。マリコさんもあったら言ってくれていいよ。
せっかく来てくれたからお手伝いするけど，どうも君はなさ
そうやな（笑）。
妹：はい（笑）。
東：うん。
IP：他に不安は……今のところはないと思います。
東：OK。出てきたら教えてよ。どんなことでもかまわんですか
ら。その不安退治のお手伝いしてあげる。いい？
IP：はい。
東：お父さんお母さんにお願いがあります。
母：はい。
東：今日よく来ていただいたと思います。マリコさんもね。あ，

　　　　今日1回だけで終わろうという気持ちで来られているわけじゃないよね？
母：はい。
東：ボクはぜひ継続的にお目にかかりたいと思っているんですけれどもね。1つ2つお願いがあるんです。お願いしてもよろしいでしょうかね。
母：はい。
東：毎回この形でお目にかかりたいというのがお願いの1つなんですけれども，もう1つ……これはひょっとしたらお母さんの気分を害するかもしれませんが……。
母：はい。
東：思い切って言っちゃってもいいでしょうか。
母：はい。
東：許してもらえる？　彼の不安とか，いろいろあったよね。それが解決できて彼が元気になれる，いきいきして不安にとらわれないで，元気になれる子どもさんになることはお手伝いを絶対にしますけれど，約束しますけれど，お父さんがどうしたらいいとか，早く帰ってくれたらいいとかいうことについては，ボクはまったく……怒られるかな……興味がないんですけど，許してもらえるやろか。
母：はい……。
東：別にお父さんがとんでもない人だと思っているわけじゃないんだけど，仮にお父さんがとんでもない人でろくでもない人で最低のお父さんでも（ごめんなさい），でも，彼（IP）の不安はなんとかしますから。
母：はい。
東：つまり，お父さんがああしてほしいこうしてほしいというのは，ボクの中にはまったく関係ないことなんだけど，それでも許していただけるかどうか。
母：先生，それでコウヘイが学校に行けるようになるんですか？
東：不安がなくなります。不安に強くなります。【コメント38】

Chap.39
東：あ，なくなるっていうのは変だよね。おねえちゃんだってあるんだもんね，不安は。不安を乗り越える，不安をやっつける力を身に着けることができて，彼は楽になります。ほら，もうさっき1つ乗り越えたんだもん。もう顔が違うやん，来たときと。その力を引き出すことはお手伝いできるけれど，お父さんがコウヘイ君に対して変わらないかん，それについてはまったく……実際たぶんできないし，そのことはほとんど不要です。

母：そうですか。

父：私はなんにもかかわらんほうがいいですか。

東：いやいや，それはもうお父さんのいいようにしてください。いいようにというか自然にしてください。だからボクのほうから日ごろのかかわりについては，お父さんこうしてくださいああしてくださいというのはお願いすることはありません。ただ，次回お目にかかったときにいろいろご提案することはありますけど，そのときにお父さんお母さんこんなことお願いできるかなとご相談します。ただ，日ごろ一般的にもっとお父さんがかかわってあげてくださいとか，強く言わないでくださいとか……あ，彼からいろいろ希望が出てくるときは聞いてあげたらいいと思うけど，ボクのほうからああだこうだ，親はこうあれ，ああしてくれこうしてくれということはないです。

母：はあ……。

東：お母さんに対してもそうよ，言っておくけど。

母：え，私もいいんですか？

東：え，なんかあかんの？

母：私は何もしなくてもいいんですか？　コウヘイに何もしてあげなくてもいいんですか？

東：いや，今やっているとおりでいい。

母：あ……。

東：変わりたいんですか，お母さん。

母：いや，やっぱり私も言い過ぎちゃったかなとか，理系行くのそんなに得意じゃないのに無理やり理系のほうがいいんじゃないとか，私自分も言い過ぎちゃったかななんて思っていたんですけど。

東：その反省，何か役に立つ？

母：いやあ，もう今は……今では，そんなには……。

東：役に立たない？　それはもう忘れてください。

母：いいんですか。

東：いいんです。さっきからお話を聞いていると，ボクはこれお父さんお母さんの美徳だと思うんだけれど，すごく反省会モードに入られるのね。これが悪かったんじゃないか，単身赴任がどうだったとか，無理やりさせたんじゃないかとか，あるいはお父さんがちょっと強すぎたんじゃないかとか，けっこう反省会モードに入られるんだけど，それ忘れて。実は，これが今日の最後のお願いなの。

父：うーん。

母：はあ。

東：まあ，そうは言うても，もしお二人が「反省することがものすごく大事よ」という哲学みたいなものをお持ちだったら話は別ですよ。でも実際問題，息子さんが，コウヘイ君が元気になることと反省されることとね，そんなに関係ないです。むしろ反省しすぎて気持ちが落ち込んだらつらいよね。ですから，できたらそれをやめていただきたいというのがささやかながらボクのお願いです。そういう前提でこちらに一緒に来ていただけませんか。

母：（大きくうなずく）

東：ちょっとお母さん気を悪くしちゃったかなと，ボク心配してます，正直。

母：いえ。私としては，私はこれまでいろいろコウヘイにかかわってきたので，でも今コウヘイがこうなっているから，やっぱりお父さんにかかわってもらいたいという気持ちがあってこ

こに来たんです。
東：ああ，そうなんでしょうね，うん。
母：だけど今，先生にそうおっしゃっていただいて，そういうことをあまり無理にしなくていいんだったら……はい。
東：忘れていただける？
母：努力します。
東：はい。その方向でね。（父親に向かって）ですから今までどおりでけっこうです。とくに新しいことを何かこうやってくれ，ああやってくれということは気になさらないでください。いいでしょうかね。
父：（うなずく）
母：はい。
東：マリコさんも一緒に来れる？
母：来れるよね。
妹：（うなずく）
東：1週間に1回くらい来れるかしら。どれくらいのペース？
母：あなた大丈夫？
父：大丈夫。大丈夫です。
東：はい。じゃあ来週ね。またこの時間にお目にかかりたいんだけど，コウヘイ君来てくれるかな？
IP：来ます。
東：OK。1週間あいだがあくんだけど，この1週間の中にもきっと不安の野郎は君に襲い掛かってくると思うけれど，それとどんなふうに君が取り組んだか，また1週間後に教えてね。
IP：はい。
東：じゃあ，また来週お目にかかりましょう。
母・父：ありがとうございました。
東：お疲れ様でした。【コメント39】

第9章

逐語録：浅田家のケース

2回目の面接

【動画の視聴方法】
下記QRコードからvimeoのサイトへアクセスしてご視聴ください。
動画はアングル別に3タイプあります。

全体
: https://vimeo.com/726610345/a1592191eb

セラピストのみ
: https://vimeo.com/726611628/157c3a6a8b

クライエントのみ
: https://vimeo.com/726611023/eee81b637b

注意：逐語編にある【コメントxx】は，解説編（292頁～）での東，児島両氏による解説がある箇所を示しています。また，Chap.xx とは，動画のチャプター番号を示しています。動画のチャプター機能で位置指定して観ることが可能です。

Chap.01 （ノックの音）

東：はい，どうぞ。

母：失礼します。

東：はい，どうぞ。こんにちは。

（浅田一家入室。順番は1回目と同じ。あいさつをかわす）

東：1週間あっというまでしたね。さて，まずこの1週間のご様子，どんな状況かということをどなたからでもけっこうです，お話，聞かせていただきたいんですけれども。

母：まず，私も先生に前の週に「お母さん何もしなくていいですよ」と言っていただいて，それで私すごく気が楽になって，コウヘイにあまり……今まで自分がやきもきして「まだ出ないの」とか「学校始まるでしょう」とか「行かなくていいの」

とかいうのを言わなくていいんだってなって，すごく気が楽に過ごせました。

東：うん。

母：で，これはマリコから聞いた話なんですけれど，コウヘイが制服を着た日があったんです。ね，マリコ，そうだよね。

妹：うん。お母さんが出かけちゃうんで，その後で（お兄ちゃんと）リビングで会って，お兄ちゃんはトイレにも行っていたんですけれど，制服を着て，でも結局またトイレに行っちゃって，結局（学校には）行けなかったんですけど，そんなことが1回，2回ありました。

東：はい。【コメント1】

Chap.02 父：私はですね，いつも話しかけたらプレッシャーになるって言われたし，何も話すことができないし，先生に無理にしなくてもいいとおっしゃっていただいたので，どうしたものかと思っていましたら，リビングにコウヘイの読みかけの本が置いてありまして，私も読んだことがある本だったもので，コウヘイにその本のことを声かけたらけっこう話してくれまして，久しぶりに普通に話せたなという感じを持てました。

東：ああ，そうですか。

父：はい。『容疑者Xの献身』という，映画化もされましたけど，私も読んでいたものですから。ちょっと感想を言い合ったりして，話せたことが私自身ちょっとほっとできたというか。

東：そうですか。はい。

母：でも，学校にはまだ行けていないんです。私のほうからはあまり学校のことは言わないほうがいいかなと思って，そういうふうにはしたんですけど，でもやっぱり本人はまだ学校のことを気にしているかなとか，勉強のことも気になるみたいで，それはまだ続いているみたいです。

東：うん。コウヘイ君に聞いていいですか。

IP：はい。

東：まず，体のことね。体のことから教えてほしいんですけど，

この1週間，なにか君の腹痛，下痢といったことに対してなにか感じ方が変わったことはありますか。【コメント2】

IP：相変わらず不安というか，お腹痛くなるんじゃないかというのは思っていて，やっぱり朝ごはん食べた後にお腹が痛くなっちゃうんですけど……うん，はい。やっぱりお腹は痛かったです。

東：うん，そのお腹痛かったときの感じね。もうちょっと教えてほしいんだけど，この1週間，朝ごはんを食べたあと，お腹痛(なかいた)が出ましたか。

IP：出ました。

東：出ましたね。そのときの感じを教えてね。とっても怖かった？

IP：怖かった？　……お腹痛いときは怖くはない。

東：怖くはない。どんな感じやった？

IP：なんか……。

東：えらいことになった？　そうでもない？

IP：また来ちゃったみたいな。

東：また来ちゃった。ふーん，わりと軽い感じやね。

IP：うーん。また来ちゃったというくらいです。

東：ほうほう。1週間前までもそんな感じやった？　また来ちゃったという感じ？

IP：よく分からないんですけど，どうだろう……，でも1週間前は食べる前から痛くなったらどうしようどうしようとずっと思っていて，今週もやっぱりどうしようどうしようとは思っていたんですけど，前まではもしかしたら「また来ちゃった」とは思っていなかったかもしれない。

東：前まではどんな感じやったかな。

IP：前までは……（少し考える）これでまた学校に行かれへんとか，このあと着替えて外に出なあかんとかずーっと思って，またお腹痛くなる。

東：うん，前はね。学校行っていたときも？

IP：はい。

東：そうだったのね。OK。それと今，妹さんからお話があったんだけど，制服を引っ張り出してきたというのはどういうことかな。少し教えて。
IP：ちょっとがんばって学校に行ってみようというか，お腹痛くなるかもしれへんけど，とりあえず先生が良くなると言ってくれたし，ちょっとがんばってみたいなと思って。
母：部屋にはいつもこの子の制服をちゃんとかけてあるんです。
東：はいはい。それを着たのね。そっちのほうに目が向いたという感じ？
IP：はい。
東：ちょっと念のために聞いておくけど，ものすごく無理しましたという感じはないですか？
IP：やっぱりちょっとその後お腹痛くなってしまったんですけど……。
東：その後？
IP：制服を着るのに無理したという感じではなかったです。着た後に，学校行く途中にまたお腹痛くなったらどうしようと思ってまた痛くなりましたけど。
東：結局，外には出なかったんだよね。
IP：はい。
東：制服着るまでだよね。先週も言っていたものね。20分なら20分ここまでというのがあったらわりとがんばれるタイプだとおっしゃっていたから，制服着るまでだったんだよね，今回ね。
IP：そうです。
東：それでもちょっと出たんやね。
IP：はい。
東：OK。ちょっと教えてほしいのね。ボクはさっきお母さんの話をびっくりしながら聞いていたんですよ。実はたいへんびっくりしながら聞いていたんだけど，お母さんが先週から今週のあいだ「あまり言わなかったんです」とおっしゃった

ですよね。

母：はい。

東：それはどういうことなの？　君にはどういうことだったの？
【コメント3】

<u>Chap.04</u>　IP：今まで，トイレに入っていたら，ノックして「まだ入っているの」と聞いて心配してくれていたんですけど，それがなかったです。

東：そのことは君にどんな影響がありましたか。

IP：影響？……（考える）でも何かちょっと楽でした。

東：楽だった？

IP：はい。【コメント4】

<u>Chap.05</u>　東：楽っていうのは？　もう少しくわしく，どんな気持ちだった？

IP：ノックして「まだ入っているの」と言われると，ちょっとこの辺が（胸のあたりを押さえる）ギューッとなっていたんですけど，言われなかったのでそういうのもなかったです。

東：なかった。なるほど，わりと楽な感じだった？

IP：はい，楽な感じでした。

東：そのことはお母さんに伝わった？

母：私は言いたかったんですよ。

東：言いたかったでしょう。

母：だって，相変わらずトイレに入っていますからね。こもったきりですから。

東：でしょう。よう辛抱したなとびっくりしているんですけど。

母：だけど前，先生にお母さん何もしてもらわなくていいですよって言ってもらったので，私はもう気持ちを切り替えて早めに仕事のほうに出ようという感じで。トイレに入っていても，仕事の用意をして出るようにしました。

東：すごいなあ。ほんとう。それで彼は楽になったとおっしゃったんだけど，それは伝わっている？　日ごろから分かる？　それがかえって楽そうにしているなというのが伝わった？

母：うーん，そうですねえ。マリコの話を聞いて，そういうふうに制服を着れた日があったと聞いて，私自身はすごくうれしかったので。やっぱりちょっとでも学校に近づいてくれているでしょう。

東：ええ。

母：もしかしたらまた学校に行けるようになるんじゃないかと思って，それは私はうれしかったので。

東：ああ，そうですか。

母：ただ私としては，がんばったねということは伝えました。

東：伝えた。ああ，そうですか。はい。（IPを向いて）それと，さっきお父さんが本の話を（した）ということでしたけど，そのことはなにか君に影響というか，どんな感じだったですかね。

IP：お父さんがそういう本を読んでいたのを知らなくて……言われたときにちょっとびっくりしました。

東：うん，ドキドキせんかった？

IP：最初，話しかけられたときは「なんや？」とドキドキしました。

東：うん。で？

IP：で，感想どんなんやったと聞いてくれて，その本はすごく好きな本やったんで，ちょっと楽しくしゃべれました。

東：そうですか。お父さんには失礼な質問かもしれんけど，怖くなかった？

IP：最初，ちょっとだけ。

東：ねえ。実際お父さんは怖い人じゃないんだけど，今まであまりかかわってなかったというのもあったりするから，ちょっと怖い対象になりがちだと思うんだけど，前回の面接のときもよくおっしゃったけど，今回おうちでもお話しできたんだ。

IP：うん。

東：そこは何かコツがあった？「うわ，来た」と思うと思うんだよね，最初。「うわ，来た」と思うところをスッと越えたのには何か，何が起きたの君の中に。だって逃げようと思えば逃げれたわけじゃん，お父さんから。

IP：うん。

東：それをがんばったというのはどんな感じ？【コメント5】

Chap.06　IP：がんばったというのは……まあでも好きなものを聞いてくれたから話しやすかったです。

東：うんうん。なるほど，なるほど。敷居がちょっと低かった？

IP：はい。

東：もしね，お父さんが「おい，コラ！」って言ってきたら……？

IP：怖いです。

東：ちょっともう太刀打ちできん感じ？

IP：うん。

東：絶望的に太刀打ちできん感じがするね？　なるほどね。

母：先生，今までそんな本の話とか，あるいはお父さんがコウヘイの読んでいるものに興味を持つなんてことなかったので。【コメント6】

Chap.07　東：はいはい。お腹痛の不安とか「腹痛，来るぞ！」というのはちょっと勝ち目がないけど，ちょっとくらいやったらなんとかなるわけやな。

IP：うん。

東：な？　具体的には，制服に着替えたやろ。結果的には（お腹痛が）ちょっと出たけど，制服着替えるところまではいけたわけや。

IP：うん。

東：これ，いきなり学校に行け，という話になると……？

IP：痛くなるかも。

東：痛くなるかも……間違いなく？　お父さんが，「おい，コウヘイ！」って来たらシューッと君が逃げるように，「お腹痛来るぞ！」「学校行かないかんぞ！」と来たら，シューッとお腹痛が来る？

IP：たぶん。

東：そういう感じやな。OK，了解。1週間よくがんばったね。

第9章　逐語録：浅田家のケース——2回目の面接

お母さんもがんばったけどお父さんもよくがんばった。すごいねえ。妹さんから見たらどうですか。おうちの中でこの1週間に起きていることあなたから見るとどう見える？

妹：うーん，家の雰囲気がちょっと良くなったかな。

東：と，おっしゃると？

妹：お父さんとお母さんが会うと，こないだみたいな感じでお互いがダメ，みたいな感じになるので。でも二人ともちょっとやさしくなった。

東：誰に対して？　お互い？

妹：うん，そうです。【コメント7】

Chap.08 東：なるほど，なるほど。そうですか。いやボク，お母さんね，先週，お母さんに怒られるかも分からんなあと言いながら，「もういいんですわ」という話をしとったでしょ，お父さんはあんな話（お父さんはそのままでいいという話）をしたもんやから，帰られてからお父さんが「お前よう聞いたか，先生は何も変えへんでええと言うてはったやないか。お前が悪いんじゃ」と言って，今度は奥さんが責められてはんのちゃうかな思うてね，ずいぶん心配したんですけど，そんなことなかった？

母：ちょっとは言われました。

東：ちょっと言われましたか。

父：いや，あまり言った覚えはないんだけど……。

東：そうですか（笑）。【コメント8】

Chap.09 母：言いましたよ。やっぱりコウヘイのことは今まで私が中心になって面倒をみてきましたから，やっぱりこうなったのは……みたいな感じがね，お父さんの中にもあったと思うんです。

東：なるほど。

母：でもそれは私の中ではお父さんももっと変わってほしかったという気持ちもあったので，だけど先生に言ってもらったことは，ほんとう私自身は気が楽になりました。

東：うんうん。はい，分かりました。安心しました。ボクはお父さんにとっちめられているお母さんの姿をときどきふっと思い出して，大丈夫かなと心配しとったんですよ。よかったです。さて，今日ね，最後に提案したいこともあるんですよ。そうねえ……，留年という問題がありますよね。

母：そうです。まずやっぱり学校に行ってほしいんです。

東：そうでしょう。お母さん，何度もおっしゃっているよねえ。留年はあとどれくらいなんですか，日数的に。

母：日数というのか，教科であと3時間とか4時間休むともう留年が決定してしまうかもしれないと先生から言われています。【コメント9】

Chap.10 東：ああ，そうですか。なんとか留年は避けたいとお母さんは考えていらっしゃる。

母：はい。

東：お父さんはどう考えられる？　留年。【コメント10】

Chap.11 父：まだ家内とは直接話していないんですけど，若いときですから1年くらい重なっても大学行くときに浪人することを考えれば，コウヘイがそれで気が楽になるのであればそれはそれでいいじゃないかという考えを持っています。

母：お父さん，そんなことないよ。やっぱり高校で留年するなんて大変なことだもの。私たちの学校でも大変だよ。

父：うーん，でもあんまり追い詰めてコウヘイが苦しむくらいだったら，元気になって通ってくれたほうがいいんじゃないかな。

母：いや，私やっぱり留年は困るわ。

妹：私も同じ学年になったら困るし。【コメント11】

Chap.12 母：そうよ，マリコの気持ち考えてあげてよ。私だって教師ですよ。教師の子どもが不登校なんてそんな，格好悪くて学校に行けないですよね，先生。

東：そうですか（軽くうなずく）。コウヘイ君自身はどうなの，留年ということについては。

IP：できたらしたくない。

母：ね。
IP：けど……。
母：そうだよね。
父：けど？
IP：……したくないけど，学校にこのまま行かれへんかったらって，最近また思ってまして……。
母：そうよ，学校に行けなかったら留年になっちゃうからね。
IP：うん……。
母：先生，それは困るんです。（父親に向かって）だってあなただって困るでしょう。会社の人に自分の息子が高校で留年したなんて困るでしょう。話せる？
父：いや，それはコウヘイ自身の人生だから。僕たちのメンツとか，そういうことじゃないと思う。
母：（不満そうにためいき）あなたそれってほんとうにコウヘイのことを思って言っているのかなあ。そんなふうに聞こえないんだけど。だってここで高校で留年とかしちゃったらコウヘイの人生狂っちゃうわよ。
父：いや，でも君が言っていたみたいに，コウヘイはものすごく苦しんでいるわけだから。こんなに苦しんでいるコウヘイを無理やり学校に行かせるということはできないと思う。
母：うーん……，でもなんとか学校に行ってほしいと思うわ，私は。
父：それは行ってほしいのは行ってほしいけど，それは同じだけれど無理させるよりも人生は長いんだし，1年……まあマリコには大変な思いをさせるかもしれないけど，それで元気になってくれるんだったらそれでいいと思う。
母：格好いいこと言うのよねえ。でもほんとうにコウヘイのこと思っているようには思えないんだけど。マリコだってそうでしょう，困るでしょう，お兄ちゃんと同じ学年なんて。
妹：お兄ちゃんと同じ学年はムリ。
（長い沈黙）

母：なんとか行ってくれたらいいんだけど……。

（沈黙）【コメント12】

東：科目によって3〜4時間とおっしゃっいましたね。日数的に言うとどんなふうな感じ？

母：3週間くらいの余裕はあるかと思います。

東：今日ね，いろいろな提案をしたいとさっき申し上げたんですけど，その前に少しご家族の気持ちを意思統一していただかないかんなという気持ちがあります。

母：意思統一？

東：ええ。それはどういうことかというと，ここに来られて今日これからいろいろお願いしていくことなんですけど，絶対お約束できることは彼の腹痛やいろいろなものに対する不安，そういうものが消えていくことによって現実に腹痛がなくなっていく，あるいは勉強の不安，このあいだ，おっしゃっていた対人関係の不安，そういうものを彼が克服できる強さみたいなものを身につけられて，元気になっていくということについてはお約束できるんですが，それが（3週間の猶予の）留年を避けるということにつながるかどうかということまでは確約できないんですよ。スピードの問題で。ですから，もちろんみんなに取り組んでいただくことがトントン拍子にいって3週間で間に合った，留年を避けれたとなったら，これはもうみなさん万々歳。元気だし，留年はしなくていいし万々歳でしょう。そうなれば一番いいんだけど，元気にはなったけれども留年が避けられないという事態が起きうる可能性を排除できないんですよ。

母：はあ。

東：絶対3週間でなんとかなりますよ，というそこまでの魔法の薬はないので。なぜボクが今こんなことを言っているかというと，始めたのはいいけれど，絶対に留年はならんのだという優先順位が高いのであれば，ボクがまずここで彼の元気をつくりましょうということを提案しているのに，留年させて

　　　　はいかんというのを優先せねばならんのやったらボクがやっていることはノンキな話ですよね。
　母：うーん，そうですね。【コメント13】
Chap.14 東：どうしましょうかということが聞きたいんです。ボクは別にお父さんの立場に立つわけじゃないんですけど，留年だったら留年で仕方ないんじゃないかと言っていただくとね，正直ボクは今ほっとしているんです。ああ，それやったらのびのびと治療させてもらえるわぁ，よしよし，という気持ちに正直なっているんですけれど，留年だけは絶対困るんやと言われると，気持ちは分かるだけに，そしたらちょっと待てよ，今日の提案をどうしたらええねん，となってしまっているボクがいる。どうしたらええんかいなというのがあって，それでちょっと意思統一してほしいんです。でも，とにかく留年だけは困るんです，それを避けてもらえたらええんですいうんやったら，ボク今日言おう思うてる提案をやめます。
　母：うーん……（父親を見る）。
　父：そこは先生がおっしゃっていただいているんだから，まずコウヘイが元気になることを第一に考えて先生の提案を聞いてみるというのはいかがだろう。【コメント14】
Chap.15 母：うーん……，まあ私も学校の教師として留年していく子とかかわることはあるんだけど，自分の子どもがそうなっちゃうのかなと思うとつらくて……。
　父：分かっていないと言われるかもしれないけど，君の立場も全然考えていないわけじゃない。だけどここはやっぱりコウヘイの元気が一番だと思う。
　母：うーん。
　父：マリコもすごく負担をかけて申し訳ないとお父さんは思っているんだけど，ここはお兄ちゃんの元気のためにちょっと考えてみてくれないかな。【コメント15】
Chap.16 妹：うーん。
　母：どう思う，マリコ。

妹：いやあ……，だって来年一緒に……。

母：かもしれないよねえ。

父：そうなるかもしれないということで，とにかく留年を避けるということじゃなくて，コウヘイが元気になるためのことを考えようとおっしゃっていただいているんで。だからもちろん，最悪来年マリコと同じ学年になる可能性もあるんだけど。

妹：…………。

母：先生，やっぱりまずはコウヘイが元気にならないとダメなんですかねえ。

東：お父さん，そう思いませんか？

父：はい。私はそう思います。

東：私もそう思います。【コメント16】

Chap.17 母：ああ。まず，そうなってからでないと学校には行けないんですよね。

東：（父親に向かって）そう思いますよね？

父：はい，そう思います。【コメント17】

Chap.18 東：そう思います。ただ，お母さん，1つだけ。ひょっとしてね，これを聞いたらお母さん，えっと思われるかもしれないけど，もしも彼が元気になったら，学校を変わるということもあるかもしれんよ。

母：はあ。

東：ときどき，いらっしゃるんですよ。元気になったら，すごく元気がでてきて，転校するという子がいる。「え，なんで？ 学校行きたかったんと違うの」というと「いや，実は学校イヤやったん。元気出てきたら冷静にいろいろ考えて他の学校のほうがいいと思った」と転校する子がときどきいるの。【コメント18】

Chap.19 母：別の学校に行くわけですね。

東：そういう子もいる。あ，これはそうしたほうがいいということじゃないですよ。あるいは元気になったら堂々と留年する子もいる。それまで「留年イヤや……」と思っていたのに，

元気になってきたら留年でもなんとかなるやんと思える子がいる。
母：学年はマリコと同じになったとしても，同じ学校にいなかったらマリコもあまり気にしなくて済むかもしれないし。そういうこともあるわけですよね。
東：いやいや，でもそれは転校してくれという意味じゃないですよ。転校してくれという意味じゃないけど，元気が出るといろいろなことが起きる。【コメント19】

Chap.20　母：そうですか。
東：だから，ボクが何を言いたいかというと，元気が出たら学校に行くというわけじゃないよということです。このことをちょっと覚えておいてね。普通だと元気が出たら学校に行く，それはその通りなんだけど，子どもさんによっては元気が出ていろいろ考えて「就職するわ」という子もいるかもしれない。
母：ああ，そうか。【コメント20】

Chap.21　東：可能性はいろいろあるぞということであって，お母さんはひょっとしてここに来られているのは，この子を学校に戻してくれる何か魔法の方法がと思っていらっしゃるかもしれんけど，それはないですよ。元気は作れます。元気は作れるけど，結果学校に戻るかどうかは確約はしませんよ。
母：そうですか……。
東：それでもいい？
母：でもまず元気になることが大事なんですよね。
東：と，ボクは思っています。お父さんも思っていませんか？
父：はい。私もそう思います。
母：（うなずきながら）うーん，そう。
東：（コウヘイ君に向かって）念のために君にも聞くわ。お腹痛いのがそのまま大変なままで，とりあえず根性出して学校へ行けと言って学校に行くのと，とりあえず元気になってから学校に行ったらいい，つまり元気を作るほう優先と，どっち

が君にとって魅力的に聞こえる？【コメント21】

Chap.22 IP：（考える）今のままでいったらたぶん学校でもお腹痛くなるし，まずお腹痛いのをなんとかしたいです。

東：うん。元気をつけたいよね。

IP：はい。

東：マリコさんね，さっき一緒の同級生になったらイヤだとおっしゃったでしょう。

妹：（うなずく）

東：その不安はものすごく強いですか。

妹：はい。

東：その不安にやられちゃいそう？

妹：うーん，やっぱりやりづらいだろうと思いますね。

東：うん。さっきお父さんがおっしゃったように，間違いなくそうなるというわけじゃないんですよ。そうなることもありえるという話で聞いてほしいんだけど，そのとき君がその不安に負けそうになったら絶対ここでなんとかしましょうね。その不安をなんとかしてあげるから，一緒に。いいですか？

妹：うん。【コメント22】

Chap.23 東：さあ，お母さん，どうしよう？　先週は先週でこの先生はお父さんをこのままでいいと言いはるし，今週は今週でお父さんの考え方と一緒そうやし，とんでもない所に来たなあとちょっとグジュグジュ思ってない？【コメント23】

Chap.24 母：いやあ（苦笑）。でも，私はやっぱり学校に行ってほしいと思っているんですけど，でもそのために今お父さんが言ったみたいに，まずはコウヘイの気持ちを考えて，コウヘイのことを考えて元気になることを……。考えたらお父さんが私にこういうことを言ったことなかったなって。今まで，「コウヘイのことを考えて」なんて。だから，まずはじゃあ元気になることを，それを私も一緒に目指します。

東：はい。失礼ついでに聞くね。（父親に向かって）信用できる？

父：思い切って言ってくれたと思います。

東：すばらしい。

父：今，ありがとうと言いたいと思いました。

東：（大きくうなずく）分かりました。はい，失礼なことを申し上げてすいませんでした。さあ，そうしたら元気づくりをしましょうか。お父さんお母さんにもお手伝いいただくことがいくつかあると思いますので，これから私はいろいろな話をしますけど，疑問が出てきたらどなたでもおっしゃってくださいね。【コメント24】

Chap.25 母：はい。

東：コウヘイ君。この1週間のことを念のため確認させてもらいたいんだけど，制服を着たよねえ。

IP：うん。

東：着たんだよねえ。そのときの気持ちをもうちょっと教えてほしい。制服を着ようと思ったときって，着てみようかなという気持ちと，そんなことしてもどうせ（学校に行けない）という気持ちと，たぶん両方あったと思うのよ。だよねえ？

IP：はい。

東：そんなことしてもしゃあないやんかアホくさ，みたいな感じでつぶされることってけっこうあるやん。

IP：うん。

東：今回制服を着てみようと，何が君に力をくれたの。

IP：（考える）その日，たまたまなのかもしれないですけどちょっと早くトイレから出れて，部屋に戻ったときに先生が先週良くなると思うと言ってくれたのを思い出して，それでちょっとがんばってみようと思って着ました。

東：なるほど，それで着たのね。着たときどんな感じだった？

IP：やっぱりちょっと緊張して……，ちょっとがんばろうと思いました。お腹痛くなっちゃったんですけど。

東：着たときは着れたという感じだったわけやね。やったという感じだったわけやね。

IP：はい。

東：はい。あのね，君こんな話を聞いたことある？　お父さんお母さんも聞いたことあるかな……。「暗示」って知ってる？
IP：暗示？　聞いたことはあります。
東：ありますよね。催眠とか暗示とか。
母：はい。
東：暗示で人を殺せるって話，聞いたことある？
IP：小説で読んだことあります。
東：おお，すごいすごい。ほんとう，どんなやった？
IP：どんなんやったか，短編のやつやったんでよく覚えてないんですけど，どんどん刷り込んでいってという感じだったような気がします。だいぶ前に読んだのでもうよく思い出せないんですけど。
東：じゃあ君にはとっても話がしやすいと思うわ。こんな話があんねん，実は。ひょっとしたら知っているかもしれんけどね，ある友だちどうしが何人か集まってドッキリカメラしようという話になった。ドッキリカメラって知ってる？　最後に「ドッキリカメラ〜」と言ってヘルメットをかぶった人が（種明かしに）出てくるやつ。あれをやろうという話になってね，１人だけ内緒にして，あとのみんながグルになったの。どんなドッキリかというと，その１人とみんながもめるんだわ。もめて,「そいつが悪い」，みんながそいつに「お前が犯罪者だ」という形にして,「お前を死刑にする」という話にして，みんなでとっつかまえて（真剣によ），ギロチン台（スパーンと首を切るやつ）をもってきて，そこにそいつを眼隠ししてそこに連れて行って，首を切って「ギャーッ」となったときに「はい，ドッキリでした〜」と出てくるという仕掛けを作ったのよ。さあやってみようということになって盛り上がった。みんなで１人を悪者にしているわけ。「お前が悪いんや」「私は違う」「お前がやったんや」「お前なんか生きていてもしゃあない，死刑や」って言って，嫌がるのを真剣にとっつかまえて目隠しして，ギロチン台でこれからお前の首を切るぞと

迫真の演技で言って，ギロチン台に首を入れて「さあ首を切るぞ」と言って刃を落としたの。もちろん刃はにせものよ。そこで「ドッキリ」と言って出てくるところなんだけど，パーンと落ちた瞬間に「はいドッキリ」と出てきたんだけど，その子が死んでいたんです。

母：えー？

東：首はつながっていますよ，もちろん。でも死んでいたんです。

母：ええ……なんですか。

東：暗示なんです。私はもう死ぬ，殺される。ギロチン台に首を入れて，刃が落ちてくる。私は死ぬぞという信念，私は死ぬぞという思い込みで命まで消えるんです。

父：うーん。

母：暗示で……。

東：怖いねえ。こんなこともあるんですよ，お母さん，ついでにもう1つ教えてあげようか。これはある国で死刑囚に，死刑囚はどうせ死刑になるんだけど，ある実験をしてみたいといって，その死刑囚に「お前の死刑の日がきたぞ」と言って目隠しして連れていって，これからお前の首を切って血を全部流す，体中の血がなくなったらお前は死ぬんだと言って実験をしたの。実際にやったことは，首をちょっと傷つけただけ。ちょっと傷つけただけだから実際には血が一滴か二滴出るだけでしょ。ところがその実験者は，ちょっと切ったあとに首のところに普通の水，水滴をポツポツと流してやった。そうすると死刑囚はそれが自分の血だと思う。それでちょうど体全体の血の何分の一かがなくなったあたりで絶命したんです。その水の量がね。もちろん血は全部あるんですよ，そのポツンポツンの水の量がだいたいこれくらいだろうというところでほんとうに死んじゃったの。

母：えー。

東：これだけで。これも暗示なんです。もちろんこんな生き死になんていうのはものすごく大げさなことやけどね，そんな生

き死にまでいかなくても，例えばこんなの知ってる？　カニを食べたらアレルギーが出る人がいて，その人に催眠術をかけて，催眠中にカニを食べさせたらバーっとアレルギーが出るとか。

母：ほんとうには食べてないのに？

東：食べてないのに。そんなのもある。だから暗示の効果ってものすごい力が強いんです。ある子育ての専門家が言いますね，生まれた子どもに「お前は泥棒になるぞ」と言い聞かせたらほんとうに一流の泥棒になる。まあ泥棒に一流もなにもあるか知りませんよ，でも一流の泥棒になると言う人がいる。「お前はできるぞ」と言ったらほんとうにできる子になるとかね。そういうことを教育の人で言う人がいますね。いや，ウソかホントか知りませんよ。でもそういうことを言う人はいる。つまり，暗示の効果ってすごくでかいんですって。そこで，ボクはね，コウヘイ君の体の症状，下痢，これをすべて100％暗示だなどとは言いませんよ。100％暗示だなどとは言いませんよ，そこまでは言わないけれど，間違いなく君のその症状にも悪い暗示が作用している可能性はすごく高いんです。

IP：うん……。

東：なんとなく分かるやろ？

IP：うん。

東：ダメやダメや，あかんのんちゃうか，来るんちゃうか，と思うと余計に来るんちゃう？

IP：かもしれないです。

東：ねえ。そんなこと全然気にせんと他のことをやっているときって，それこそゲームをやっているときとか，来ないやろ？

IP：うん。本を読んだりゲームをしているときは痛くならないです。

東：痛くならないね。そもそも痛くなるんじゃないかということもあまり考えずに夢中になっているやろ。

IP：うん。

東：な？　そういう暗示，生き死にまではいかないけれども，君にお腹痛を起こさせるような悪い暗示というのがあって，もっと言うとその暗示を持ってくるやつがおるんです。悪霊とかそんなんじゃないんだけどね。人間って誰でも行動の中に天使と悪魔がいて，それこそ制服を着たときの君じゃないけど，「大丈夫，これくらいのことがんばろう。できるって，大丈夫やって」と勇気づけてくれる，元気づけてくれる自分と，もう1つは「そんなのやっても意味ないよ。制服着ってお腹が痛くなるだけよ。そんなんしてもお腹痛くなるし，ずっと治らんし，そらもうアカンて」という悪い暗示を与えてくる悪魔みたいのがおる。な？　でも一方では「なんとかなる」という天使のささやきもあるわけや。さっき言ってくれたやん，先週東先生が良くなると言ってくれたからって。あれ，天使のささやきやな。ボクが天使やと気持ち悪いやろけどさ，まあまあ天使のささやきやんか。そやろ？　それとの戦いが起きているわけや。でも君の中の天使，「大丈夫なんとかなる」という良い暗示をくれるほうが強くなれば，（お腹を押さえて）こっちは出ない。でも悪いほうの「来るぞ来るぞ」という暗示が強く出てくると，出る。なんとなく分かるね？

IP：うん。

東：OK。それがおそらく1つの大きな大きな原因になっていると思います。もちろんお父さんお母さんは，彼にそういう悪い暗示をかけるほうじゃなくて良い暗示をかけるほうになってほしいですよね。

父・母：はい。

東：それはそうだよね。そのための方法，君の中にある悪い暗示をかけてくる悪魔をやっつける方法をこれからやっていきたい。OK？

IP：うん。

東：お父さんお母さんもいいですか。
父：はい。
母：教えていただきたいです。
東：ねえ。やっていきましょう，ぜひ。あ，妹さんも協力してくれるかな。
妹：はい。
東：ご家族のみなさんに協力してほしいんやけどね，1つには……，あ，大前提のことを聞きますけど，これはちょっと失礼なことを聞きますよ。この中に，そうは言うてもコウヘイのお腹痛は治らんやろうと思い込んでいらっしゃる方はいる？

（家族は顔を見合わせる）

東：治るわけないやん……，と思っている人はいないよね？
母：（父親を見て）なんか私のことを見てない（笑）？
東：悪い暗示をかけている悪魔なんてボクは言うてますけど，ひょっとしてそれは私のことやわ俺のことやわと思っている人いませんよね。彼に悪い暗示を与えがちな人っています？
　　あなたお腹痛くなるんちゃうん，お腹痛いんちゃうん，お腹痛来るでえ，お前はお腹痛持っているからって，そんなん言うの好きな人います？
母：ちょっと私が思うかもしれないけど，でも私はやっぱり元気になってもらいたいので，はい。
東：ね。わりと言いがちですか？
母：いや，でもちょっと抑えようとは思っています。
東：そうですか。
父：どうしてもコウヘイと接触が多いので。
東：ああ，そうね。
父：そういう形になると，私はなんだかんだいっても仕事が遅くて顔を合わせることすらあまりないので，どうしてもマナミ（妻）は近くにいますから，そういうことになるんだと思います。【コメント25】

Chap.26 東：そういうことでしょうね。そう思います。自然体でいきましょう。

母：はい。

東：でもみんなこの症状はとれるという気持ちはお持ちになってください。間違いなくとれますからね。

（一同うなずく）

東：それでね，コウヘイ君にお願いしたいことがある。どんなことでもいいんだけど，ささいなことでいいですけど，従来だったらこれをすると悪魔が出てきて，悪魔の声のほうが大きくなって，お腹痛が出る腹痛が出るに違いないと思われる場面を思い出していただいて，その中の一番簡単なやつをとりあえず1週間やってきてほしいんです，目標にしてやってきてほしいんです。

IP：一番簡単なやつ？

東：一番簡単なやつ。例えば，これはお母さん受けするたとえですけど，例えば学校に行くとすぐお腹痛が出るよね。これはもう悪魔がものすごく出るわ。でも例えばそこの八百屋さんまでだったらどうやろ。そこの電信柱までだったらどうやろ。あるいは家を出てそこの角までならどうやろ。玄関を出るところまでだったらどうやろ。制服着るまでだったらどうやろ。これ，段階違うよね。それによって悪魔の出方がきっと違うと思うんです。

IP：うん。

東：例えば制服を着るところで出てくる悪魔の声の音量（声の量）と，仮に君がそこを乗り切って，次のところまで行った，そこで出てくる悪魔の声の大きさと，だんだん学校に近づくにつれて悪魔の声の大きさは大きくなりませんか？「来るぞ来るぞ，絶対にお腹痛が来るぞ」って。

IP：なります。

東：なりますね。となれば，学校ではなるけどその手前にぐっと持ってくれば，わりと悪魔の声はまだ小さいね。

IP：うん。

東：分かる？　その悪魔の声の小さいところのことを，とりあえずこの1週間目標にしてやってみていただきたいんです。それが何かは後で君に決めてもらうね。ただもちろん，その目標を決めたときに，その目標をするにしても悪魔が出てくるよ。悪い暗示が出てくるよ。「お腹痛いの来るで」って絶対出てきますからね，でも一方で君に「そんなのに負けたらいかん，大丈夫やで」という天使のささやき，その天使の後ろにボクの顔もちらちら見えると思うわ（笑），そこで戦いが起きる。その戦いに君が勝つという経験を何度も繰り返してやってほしいんです。

IP：うん。

東：これは学校に行くことが目的じゃないですよ。その出てきた悪魔に必ず勝つ，がんばって勝つという経験を繰り返しやってほしいんです。

IP：うん。

東：いきなり学校にいったらものすごい大きいのが出るやろ？　そんなのにいきなり勝たれへんわな。100%負けるわな？　でも制服を着るというのには勝ったやん。

IP：うん。【コメント26】

Chap.27　東：せやろ。ということは簡単な目標やったら勝てるということを君は証明してくれているわけや。それを繰り返してほしい。勝ち癖をつけてほしい。その悪魔に，悪い暗示に。いい？　それがボクの君に対するお願い。

IP：うん。【コメント27】

Chap.28　東：分かる？　質問ある？

IP：大丈夫。

東：これが彼に対するお願いです。それでお父さんお母さんにもちょっとお願いがあるんですけどね，ちょっと場所を変わってもらっていい？

（コウヘイ君と父親の座り位置を交換し，母 - 父 - コウヘイ - 妹

の席順になる）

東：お父さんお母さんにお願いがありますけどね，主役は彼なんですけど，お父さんお母さんに少し援助してほしいことがあるんです。こんなん言うとお父さんお母さんびっくりされるかもしれんけどね，簡単なことでいいので，彼が悪魔の悪い暗示に勝てるように，つまり天使の暗示が強くなるように，ちょっとしたお手伝いをいただきたいんですけどね，どんなことでもしていただける？

父：はい。

母：（父親と顔を見合わせてうなずく）はい。

東：大丈夫だね。彼が目標を決めてそれを毎日やっていて，天使のほうが勝った日，これは○ですわ。よかった。万が一負けたとき，それは最初はあると思いますよ。負けたときに，お父さんお母さんに何かペナルティをしてほしいんです。

母：え？

父：私たちがですか？

母：コウヘイができなかったときに？

東：お二人にペナルティをしてほしいんです。罰ゲーム。あ，彼に罰を与えるんじゃないですよ。

父：はあ。

母：コウヘイができなかったけど，ペナルティは私たちがする？

東：そうです。これにどんな意味があるかと言いますと，どんな小さな目標でも彼の中でチャンチャンバラバラが起きるわけですよ，悪魔と天使とね。今日はここまでの目標だけど，「お腹痛くなるで」「いいや，何を言うてんねん。そんなそそのかしにはのらんぞ」いうて彼はがんばるんやけど，そのときにね，やっぱり強いんですよ悪魔って。「そうは言うてもなるぞ～」って。そうなるとグラグラしてくる。さあここが胸突き八丁やね。そのときに「いや待てよ，ここで俺が簡単に悪魔のそそのかしに負けると，お父ちゃんお母ちゃんがこんな目にあうぞ」というのがバックに控えていると最後の底力

が出るということがものすごくよくあるんです。
母：うーん。
東：それだけのため。だから，たいそうなことせんといてね。彼が負けてしもうたらお父さんお母さんが二人で滝にでも打たれるとか（笑），そんなたいそうなことだとかえってプレッシャーになりすぎたらいかんからね。ほどよいプレッシャー。それを何かお二人で決めていただいて，黙々とそれを実行していただく，というのがお二人に対するお願い。さらにプラスのことを言うと，彼が目標を決めますね，その目標をやりなさいという指示もいっさいしていただかなくていいです。もう自分でやりますから。間違いなくやりますから。お父さんお母さんにお願いしたいのは，万が一×だったときはこういうペナルティを準備しておくで，二人でこれをやるで，ということをお決めいただく。なんでもいいんです。二人で決めていただく。ただし，そこに妹さんを巻き込んでもかまいません。（妹に向かって）あなた次第。「私，そんなんイヤや，お父ちゃんお母ちゃんだけでやって，」というのだったらお父さんお母さんにやってもらったらいいし。「私も一役買おう」っていうんやったら，お父さんお母さんがじゃあお前も一緒にやれという話にしてもらってもいいです。
母：マリコどうする？
妹：何をやるか，かなあ。
母：（父親に）あなたはどういうことを考えていらっしゃる？
父：うーん。なんだろう。何がいいかなあ。
母：私はね，先生，コウヘイがこうなってから唯一の楽しみがあるんです。
東：何です？
母：現実，つらいですよね，自分の子どもが学校に行っていなくて。そういうとき私は韓流ドラマを見るのがね，私の楽しみなんです。
東：なるほど（笑）。

母：イケメンの俳優さんのドラマを見せてもらうのが一番の楽しみで。夜どんなに遅くなっても見てたでしょう？
父：うん。
母：私，その楽しみを我慢します。
東：あらー。
母：あなたも何か考えてよね。
父：そうしたら，飲んで遅く帰ってきても必ず家でもう1杯飲みたくなってビールを飲んでいたんですが，そのビールをやめましょう。
東：これはお母さんが韓流ドラマをやめるのと同じくらいにきついですか？
母：うーん，そうですねえ。
東：自分のほうがきついと思ってるでしょ（笑）。
母：分かります（笑）？
父：（笑）
母：だって，私はあれを見ないと次の日学校に行けない。
父：私もビール飲まないとちょっと寝れない。
東：えらいことになってるぞ。マリコさんはどうする？
妹：入ったほうがいい？
父：うん，できれば。
妹：何がいいだろう。
母：マリコもよく一緒に見てくれて，私がドラマを見てする話をよく聞いてくれていたんですよ。こうでね，ああでねって。だからもうそれはマリコも聞かないとか。
妹：ああ，お母さんの韓流の話を聞かない。
母：それに協力してくれる？
妹：うん，じゃあ。
東：OK？　はい。じゃあ3人のペナルティが決まりましたね。今度は君の番や。今度お目にかかるまでの目標を決めてほしいんやけど，さっき言ったとおりできるだけ低いやつにしてくださいね。いきなり学校まで行くことなんていうと，そりゃ

お母さんは喜びはるやろうけど，どうせ負けるからそれ。悪魔のささやきに。そうでしょ。勝てると思わへんよね。【コメント28】

Chap.29 母：今まで見ていたら……。（首を横に振る）

東：だからお母さんを喜ばさんでええからな。自分がここらまでやったら悪い暗示に勝つかもしれんという，そこらへんの目標を聞きたい。どんなところやろ。

IP：ちっちゃくてもいいんですよね。

東：うん。

IP：うちの近くに公園があって，そこには公衆便所があるんですよ。（学校に）行っていたときも，そこを越えてからすぐにお腹が痛くなることが多くて公園に引き返したり，急いで学校に行ったりしていたんですけど，その公園までやったら行けるかもしれないです。

東：行けるかもしれない。そこまでは楽に行けるという話ではないんだね。そこまで行くのも今は……？

IP：分からないです。

東：行ってみないと分からないのね。OK。お父さんお母さんに確認しますが，彼がそこまで行けるというのはけっこう……。

母：ちょっとハードルが高いんじゃないかな。

東：高すぎる？　高すぎるくらい？

父：私もそう思いますね。近くの公園といってもけっこう距離があります。

東：あ，そんなにあるの。

母：うん。もうちょっと近いほうが……。

東：いいかなというくらい？　いやいや，さっきまで「学校学校」言うてたお母さんがもっと近くにしなさいと言うてくれてるんやけど（笑），どうする？

IP：じゃあ，コンビニ。

東：コンビニくらいやったら？

IP：うん，行ける。
東：さっきの公園よりもコンビニ？
IP：のほうが楽。
東：楽。そこやったら勝てそう？
IP：勝てると思う。
東：そう，OK。それから始めてみようか。
IP：うん。
東：いいね。お父さんお母さんいいですね。
父・母：はい。
東：うん。それから始めてみよう。それでね，目標は小さな目標でも，何度も言うように，その出てきたもの（悪魔）に勝つということを繰り返してやることですから。毎日やってください。
IP：うん。
東：OK？　毎日。はい，それを約束しましょう。できたかどうかは自分でカレンダーかなにかにできた日は○を書いてもらって，もし負けちゃってダメになっちゃったというときは×にして，その○×の結果だけお父さんお母さんが見たらペナルティするかどうか決まりますから，そういう形でよろしいでしょうか。
父・母：はい。
東：はい。妹さんもそれに協力してもらっていい？
妹：うん。
東：ここまでのボクの提案に，ご質問あればどうかご遠慮なく。
父：とりあえず先生のおっしゃるとおりやってみたいと思います。
母：（うなずく）
東：そうですか。やってみてください。もしマリコさんも何か……，まああなたから先週話を聞いて特段あなたは自分に悪い暗示を与えるような人じゃないような気がしたんだけど，ひょっとして私こんな悪い暗示をかけているわと何か気が付

くことがあったらまた教えてね。その暗示も変わる方法を教えてあげるから。
妹：はい。
東：OK？ お父さんは自分に悪い暗示をすることある？
父：そりゃあ，仕事上でいろいろなことがありますけど。
東：どんな暗示する？
父：いやあ，どうなんでしょうね，まあなんとかかんとか乗り越えているんだと思いますけど。
母：でも，お酒をたくさん飲むときは仕事のプレッシャーがあるんじゃないかなと思います。
東：ああ。その悪い暗示をお酒の力を借りて……なるほどそうか。
父：どうしても外の酒は取引先とのお酒になって，ほんとうの意味でリラックスできませんので。
東：なるほど。
父：だからさっきも申しあげたように帰ってからやっぱり缶ビール1本，自分のためにあけたいなと思うんですよね。
東：ああ，そうですか。これはもうとても大きなペナルティになりそうですね。韓流ドラマ以上かもしれませんね（笑）。はい，じゃあまあ，そういったことで，来週またこういう形でお目にかかりたいと思いますのでひとつよろしくお願いしますね。じゃあどうもお疲れ様でした。
一同：ありがとうございました。【コメント29】

第10章

解説編：虫退治・成功へのプロセス

1回目を解き明かす

児島＝聞き手（児島達美）
東＝東　豊

Chap.01

（ノックの音）
東：はい，どうぞ。浅田さん，どうぞ。
母：こんにちは。失礼いたします。
東：こんにちは。はい，どうぞお入りください。
（浅田家の人たちが入室する）
東：どちらでもお好きなようにね，お座りください。
（セラピストの席に向かってL字型に4つの椅子が並んでいる。左から，母，コウヘイ，父，妹の順で座る）【コメント1】

【コメント1】
面接の見所

東：この段階で，母親のパワーとの「対決」だと覚悟していますね（笑）。対決なんて言うと聞こえが悪いですが，要は，彼女とうまく波長を合せジョイニングしながら，徐々に，家族関係のバランスを変えていくこと。それが僕の頭の中ではすぐに目標になっています。

　父親はいささか硬くて暗い表情で，あまりいいポジションではないイメージがありましたから，夫婦のバランスをどのように扱うかがポイントになる予感です。とにかく，決して悪い意味ではなく，この母親からはすごくパワーを感じました。彼女と私との「パワー対決」が幕を切りましたっ

てところでしょうか（笑）。家族のパワーバランスを変えるために，話される内容をどのように扱っていくかが，この面接の見所ですね。

Chap.02

東：はい，どうも。みなさんこんにちは。
母：お世話になります。
東：はい，どうも。東と申します。よろしくお願いします。
一同：よろしくお願いします。
東：今日はご家族みなさんでお越しいただいたんでしょうか。
母：はい。
東：はい。少しご紹介いただけたらうれしいんですけれど。お母さんですかね？
母：はい。
東：じゃあ，お母さんからいきましょうか。【コメント2】

【コメント2】
先手を打って適合する

東：家族の紹介で，僕はまず母親を指定しています。母親から話し始めるに決まってますからね。相手の動きにセラピストが先手を打って適合すること。代表的なジョイニング技法の1つです。

でもその前に，僕が「おっ」と，心中喜んだ瞬間があります。それはIPである男子がセラピストに挨拶したこと。僕の聞き間違いでなければ，「お願いします」って言っているのですね。うつむいて何も話さないということではなく，会話が成立しそう。ここの情報は小さなことですが，この後の展開を思うと，僕にとっては大事な情報でしたね。とは言え，とりあえず母親についていかなきゃと，腹を決めているところです。

Chap.03

母：コウヘイの母です。
東：コウヘイ君。はい。
母：私は学校の教員をしているんですけれども。
東：ああ，そうですか。【コメント3】

【コメント3】
「私は教師ですから」

児島：このケース，事前に不登校の問題だというのは知っているんですか？　紹介で来てる？

東：紹介で来ていて，シートに息子の不登校でという記載がありましたね。

児島：お母さん，最初から自分は教員だと話していますよね。これはなかなかだなという印象を受けますね。

東：そうです。自分の職業に誇りを持っておられるのだとも思います。

児島：不登校の息子がいて，息子が学校に行けるようにと一生懸命になっている母親なんだけれど，さらに教員という職業が結果的に息子を追い詰めているケースとも……。

東：そうかもしれませんが，僕にとっては，母親が教員であること自体はそれほどの意味はないです。ただ，「教員としての立場を大事にしている人」であり，また，「自分の教員としての立場を理解して欲しい」というメッセージを読み取ることはできますよね。

児島：そうね。だからそこは大事にしないといけない。

東：そういうこと。この後わかることですが，実際，教師として，「登校」にものすごくこだわっています。「私は教師ですから，私の立場や価値観を大事にして！」という気持ちがビンビン伝わってきます。

Chap.04

母：はい。すごい心配でねぇ……。ちょっと学校にコウヘイが行かなくなってしまったので……。
東：今，何年生ですかね。
母：高校2年生です。

東：はい。
母：ぜひ……。クリニックの先生にご相談したら，家族でお話を聞いてくださるところあるよということで，今日来させていただきました。
東：そうですか。（メモを見ながら）等々力先生ですね。
母：そうです。お世話になっているんです。
東：そちらのほうには長く行かれている？
母：はい，この4月から行かせていただいている。
東：ずっと通っていらっしゃるんですね。
母：それで担任も外してもらって，コウヘイがいつでも調子が悪くなったら行けるように。
東：ああ，お母さんのお仕事の担任を外してもらって。
母：そうなんです，外してもらって。心配なので。
東：ああ，そう。なるほど。じゃあ職場のほうの理解もあるわけですね。そうですか，はいはい。それで，お母さんとコウヘイ君……（紹介をうながす）。
父：父親の浅田ユタカと申します。よろしくお願いいたします。
東：はい，どうもどうも。よろしくお願いします。えーと，それで……。
妹：長女のマリコです。
東：お姉さんになるのね。
妹：いえ，妹です。
東：妹か，ごめんなさい。いくつ違いかね。
妹：1コ下です。
東：1コ下ね。はい。さて，今日は今お母さんからね，コウヘイ君のことというお話がありましたけど，あのー，コウヘイ君に聞いていい？
IP（コウヘイ）：はい。
東：今のお母さんのお話だと，4月から等々力先生のところ，心療内科クリニックに，半年くらいになりますか，行かれていますね。
IP：（うなずく）
母：はい。そうです。
東：で，今日こちら，半年たってこちらをご紹介されて，さっきのお母さんのお話だと家族全員で1度行ってみなさいというお話だったのかな？【コメント4】

【コメント4】

仕切る人	東：さっき言い忘れたこと付け加えておきます。最初にお母さんに「紹介してもらえますか」とお願いしたのに，いきなり「息子が学校に行かなくって」と，語り始めた。こっちの質問とは違う答えが返ってきたので，オイオイって感じで，ひょっとしてこの後も仕切りにくいかなって，ちょっと嫌な予感を持ったのを思い出しました。今思うと，僕の言い方が悪くて通じなかったのかもしれないです

児島：細かいことですが，お父さんが自然に立ち上がって挨拶しましたよね。
東：そう，これも嬉しかったです。母親の方から「これが主人の何何，これが息子の何何」と来ると思ってたら，父親が自分で話した。とってもウェルカムで，思わず僕も調子乗っちゃったみたいなところがありますね。

Chap.05

母：はい。先生のほうからはお薬いただいてね，飲んだりしていたんですけど，あんまりこう学校に行けるような様子もないので。
東：はあはあ。
母：それでちょっとできたら来てもらえたらと思って（父親のほうを見る）。【コメント5】

【コメント5】
ニーズを探る

東：何の説明も不要かと思いますが，母親が息子の再登校に一生懸命なのは明明白白。これが彼女の最大目標であり，そのために彼女はここに来ている。ただ他のメンバーがどう思っているのか，この段階ではさっぱりわからないという状況です。ただ，母親が父親を連れてきたのは，セラピストに何かを言い含めてもらおうという気持ちがあるからかもしれない。とすると，多分父親は母親の反対側ですね。

Chap.06

東：そうですか。等々力先生のところはどなたが行っていらっしゃったの？
母：私がコウヘイを連れて行っていました。
東：じゃあ，お母さんに等々力先生から提案があったんですね。
母：そうなんです。

東：そうですか。どうでしょうかね，僕いらん想像したらいかんのですけど，お父さんにしたらね，あるいは妹さんにしたら，「えー，家族みんなで行くってどういう意味なん？」とびっくりされたりとかなかったかしらと心配しとるんだけど，その辺はどのようにお伝えいただいたの？【コメント6】

【コメント6】

中立的な
ポジション

東：この質問は，中立的なポジションを取るために父親に投げた球ですね。家族で一緒に面接に来るということは，母親から見て，「父親に問題がある」という前提が含まれているわけです。妹はまだわからないけれど。だからそれに対して，「ここに来ること，お父さんはびっくりしたんじゃない？」という感じで接近して，セラピストは中立的であるというサインを送ろうとしているわけです。父親がうまくキャッチしてくれたかどうかはわかりませんが。

見立てと妄想

編集部：この段階の見立ては。

東：さっき言ったように，母親が息子をなんとか学校に行かせたいけれどうまくいかない。そこで父親をその方向で協力させようと連れてきた。要するに母親からみると父親が問題で，父親が変わってもらわないといけないって考えているわけですよ。父親が登校に対して消極的なのか，あるいは逆に粗暴なやり方なのか，どちらにせよ，それに対して母親がイライラしている。だから，父親の態度が問題だろうとフレームが母親の中でできているのだろうという妄想しています。セラピストの妄想です。

児島：そうでしょうね。

東：一番端に座っているポジションから妄想すると，娘はちょっと父親寄りか，もしくは完全に外様，無関心な人。あるいは母親に批判的な人なのか

　　　　　　　　　な。この不登校の息子は父母の間に座っています
　　　　　　　　　から，見た目通り，子はかすがい的なポジション
　　　　　　　　　かなと妄想を持っている状況です。決めつけはい
　　　　　　　　　けませんが，この段階ではそのような妄想を持っ
　　　　　　　　　ていました。妄想ですよ。
　　　　　　児島：僕もみていて，だいたい同じような感じを受け
　　　　　　　　　てます。
座り方　　　東：座り方で関係性がわかるとよく言われますが，あ
　　　　　　　　　くまで可能性があるということ。気をつけないと
　　　　　　　　　いけないのが思い込みをしてしまうことです。こ
　　　　　　　　　う座ったからこうだではなくて，一応，心理的な
　　　　　　　　　距離を表している可能性があるということで考え
　　　　　　　　　る。そこがコツです。
　　　　　　児島：家族療法で関係性を診るのに，心理的な距離を
　　　　　　　　　下手に使ってしまうと，最初からこうだろう，あ
　　　　　　　　　あだろうと型にはめてしまうんです。その可能性
　　　　　　　　　があるぐらいでとどめながら，カウンセリングを
　　　　　　　　　進めていくのはけっこう難しいんですよ（笑）。
　　　　　　東：家族療法を勉強した人のなかには，子どもが真ん
　　　　　　　　　中に座ったから，これは両親のトライアングルの
　　　　　　　　　板挟みになっているなんて即判断する人もいます
　　　　　　　　　が，そんなことはない。さっきの私の妄想はそう
　　　　　　　　　ですけれども（笑）。子どもの問題で来ているん
　　　　　　　　　だから，子どもが真ん中に座って当然ともいえる
　　　　　　　　　わけです。いろんな可能性があるのだけれども，
　　　　　　　　　今，児島先生が言ったようにすぐ決めたがる人も
　　　　　　　　　いる。
　　　　　　児島：家族療法家に限らず，個人療法家にもよくいま
　　　　　　　　　す。やたら見立てよう，見立てようとするんです。
　　　　　　　　　やっぱり可能性があるぐらいにとどめるべきなん
　　　　　　　　　です。

妄想→	東：最初はせいぜい妄想で，面接が進むにつれ，やがて空想になり仮説となる。どこまで行っても真実にはなり得ない。セラピスト側が「それは自分のフレームに過ぎない」との意識を持ち続けることは大事ですね。
空想→	
仮説	

Chap.07

母：私としてはやっぱり，この人に（父親を手で示して）来てほしかったんです。
東：この人にというのは？
母：（もう1度父親を手で示す）
東：あ，お父さんに。はいはい。
母：なかなか今までコウヘイを育てる中ではあまり……。単身赴任が長かったんです。
東：お父さんが。ああ，そうなんですか。どういったお仕事なんです？
父：まあ，一般的な企業なんですけど，製造業で，福岡であったり名古屋であったり，一昨年までは東京の本社のほうに勤務しておりましたので。【コメント7】

【コメント7】

自然性	児島：中心テーマではないですが，「単身赴任で」と父親が話したとき，スッと「どういうお仕事で」と尋ねるあたりとても感心します。こう問いかけることで，父親との会話がちゃんと成立してきますよね。このへんのやりとり，家族療法家もなかなかできない，意外と大切な場面です。 東：今のご指摘はさすがと思います。母親の「この人に来てほしかったんです」なんて話にずっと付き合っていると，父親がどんどん離れて沈んでしまう可能性がありますからね。それを起こさないために，中立でいるからねと，父親に対して，そして母親に対しても，立ち位置を示しておきたい僕がいます。 児島：そのとおりですよね。「ところで……」と話を切り替える文脈ではなく，同じ文脈の流れの中で，仕事の話をするのは父親と関係つくるには一番の

　　　　　方法ですね。
東：自然性が大事ですね。自然の流れの中で，母親の話にばかりとらわれていないですよ，父親との距離感を大事にしていますよっていう，僕の気持ちを出していますね。
児島：またその突っ込み方が，儀礼的な部分を含んでいるから，お母ちゃんにとっても不快な流れではない。急に東先生が旦那と喋りだしたとはならないですから（笑）。
東：いきなり「お母さんのご意見について，どう思いますか」なんては内容ではないですからねえ（笑）。
児島：こういう細かいやりとりが大事なんです。
東：自分ではあまり気づかなかった動きだけれど，そう，かなり大事です。
児島：ちゃんと父親を立ててくれているというのがある。自然にやっている。

Chap.08

東：ああ，そうですか。
父：どうしても，なかなかコウヘイやマリコの付き合える時間が少なくて。
東：ええ，ええ，なるほど。今はもう……こちらの職場で。
父：はい。
東：（母親に向かって）それで，ぜひお父さんに来てほしかった？
母：はい。私としては，（コウヘイは）男の子ですから，やっぱりそろそろ父親の出番かなと思って。今までは私のほうが一生懸命この子のためにと思って，「こうしたの？」とか「ああしたの？」とかいうことを聞いてきた，言ってきたんですけれども，もう学校に行きなさいと言っても，お腹が痛いからトイレから出てこれないんですね。もう時間でしょと言っても，まだなのと言ってもダメなんですよ。でも今，秋ですよね。留年がかかってしまっているので，このままではダメなので，やっぱりお父さんに出てきてもらわないとと思って今日はご相談にあがったんです。【コメント8】

【コメント8】

| 父親か母親か | 児島：僕なら，もうちょっと父親との話に付き合ってしまいそうですね。 |

東：父親の話に？

児島：そう。そのまま父親の味方になってしまいそうな危ないところだから，逆にうまいな，と思うね。

東：やっぱり「母親が中心」というのは外せないので，父親ともほどほどの距離を保ちたい。だからもう一度母親の話に戻ってます。

児島：僕なら行っちゃいそうだと思ったね。

東：とことん父親と。ゴルフまで行っちゃうぞと（笑）。

児島：そこまでは言わないけれど（笑），趣味を聞いてみるのもありかなと思うけれど，やはりお母ちゃんの圧力は感じますよね。

東：趣味を聞いたりして，父親にもっと近寄るのもありかもしれませんが。

編集部：児島先生のもくろみは何ですか？

児島：ここで父親の立場を立てて，関係を作っておきたいなというのはありますね。私も企業で臨床していますから，どうしてもオヤジも大変だよな，家庭の問題もさることながら，仕事の問題も大きいからねと気持ちが入ってしまう。この場合，セラピストとしての部分をセーブしてやらないと，ついジョイニングし過ぎてしまいそうですね。

東：それが悪いとも思わない。ただ僕の場合はこのぐらいで十分という感じがあるから，父親にだけジョイニングし過ぎることはなく，もういっぺん本筋に戻して，母親中心に動いていこうとしている。ただ母親中心に動くことが，父親を遠ざけてしまっては何にもならないので，今のような動きはするけれども，それもほどほどにしておきたいところです。システムにジョイニングしようと言う意識が強いです。

Chap.09

東:ごめんなさいね,お父さんが出てこられることで,お母さんとしてはどんないいことが起きるんじゃないかという期待があるの?【コメント9】

【コメント9】
中立を保つ

東:ここでも中立をとっていますよね。母親の意見は意見として聞くけれど,彼女の意見に巻き込まれないように,すっとぼけて,少し距離を置こうとしている質問です。

児島:「父親の出番」という言葉が出たでしょう。あのとき僕だったら,「父親の出番?」というふうに,母親に言い返したかもしれないです。「父親の出番」って言葉はキーワードですよね。ちらっとお父さんの方に視線を向けながら言うかもしれないな(笑)。

東:この場面での僕の気持ちとしては,「夫婦の問題」を扱いきれるかどうか自問しています。母親が「父親の出番」を主張しているけれども,これまでそのようにはなかなかならなかった何か事情があるわけだから,やはり夫婦間の葛藤が強く臭うのですね。それで,このまま「夫婦の問題」に沿って動いたら,僕の勝ち目は無さそうだ(笑)。この母親のパワーには負けそうって思ってます(笑)。

児島:勝ち負けではないんだけれどね(笑)。普通,セラピストとクライエントとのやりとりを勝ち負けで表現する人はあまりいないですからね(笑)。

東:根っからの勝負師です(笑)。冗談はともかく,ここまで中立的に動こうとしてきたけれども,この流れに乗ると,うまい具合にお母さんに飲み込まれていくような,そんな僕の危機意識(笑)が出ている。

児島：その流れに乗り続けると，どんなふうに影響が出るかっていうことですね。
東：でも，「どんな期待しているの？」という僕の質問は，母親からしたら，きっと突き放されたような，冷めた質問に聞こえたかもしれませんね。

Chap.10

母：やっぱり私の中では，お父さんの出番というのか，今までは私が一生懸命コウヘイを育ててきたし，私の両親が近くにいたので，ほとんど私や両親がコウヘイを育てたみたいなところがあるんです。単身赴任が長かったので。ちょっと協力してもらえなかったけど，でもこれからは，コウヘイは男の子だからそういうふうにお父さんのほうから声をかけてもらえたらと思っているんですけれども。
東：うん。
母：でもね，先生ね，その声のかけ方がね，ちょっと困るんですよ。私からすると。
（父親は居心地悪そうに身じろぎする）
東：はい。【コメント10】

【コメント10】

母親の
圧倒的パワー

東：僕は，どうしようなかって思い続けています。父親は困ったような様子でしょう。母親の圧倒的パワーの前に，僕も立ちすくんでいる状態（笑）。どうするかなーって，ちょっと困っている。
児島：その後，お父さんがよく動いた。
東：まったくほんとに。

Chap.11

母：等々力先生もあんまりプレッシャーはかけないようにっておっしゃっていたんですね。だけど私からすると，お父さんはもともと自分がスポーツをやっていて体力派なので，「スポーツをやったらいいんだ」とか。
東：ああ，そうか。
母：そういう声のかけ方しかしてくれないんですよ。
東：なるほど，はい。
母：私はもっとやっぱりお父さんには，コウヘイの気持ちを分かって声をかけてほしいなと思っていて。
東：うんうん，なるほど。今のようなことはわりとおうちではお話しなさるの？

> 母：いや，あんまり言えないです。単身赴任している期間が長かったので，そういうことをストレートには言えなくて。でも心の中ではそうしてくれるといいなとは思っていました。【コメント11】

【コメント11】

「内容」を避ける	東：もう「内容」とつきあうのが大変だから，話の「内容」から，家でこういうやりとりはあるのかなどといった「文脈」の質問，「関係性」の質問に切り替えて，逃げようとしています（笑）。母親の話の勢いに飲み込まれなように，必死で脱出しようとしている自分がいますね（笑）。 児島：僕は「家でもそういう話されるんですか」という質問は，別に内容から関係性に逃げようとしているふうには思えないけれど。 東：「逃げる」という言い方はいささか不的確かもしれないですね。ただ少なくとも今の場合，これ以上，内容に付き合いたくない。いや，内容にこれ以上付き合ったらまずい。だから離れようという意識が僕の中で働いています。そういう意味では，やはり「逃げる」，少なくとも「避けよう」という感じが若干あります。 児島：いやむしろ，「今のような話を家でもお父さんにされるんですか」と質問したのは定石的だと思う。
内容の質問から文脈の質問へ	東：その通りです。内容の質問から文脈の質問へ切り替えるのはたしかに多くの場合，治療的であることは間違いなかろうと思います。だから，家族療法では積極的な定石。でもこの場合に限っては，正直言うと，そこに巻き込まれたくないよっていう，消極的な逃げの目的の方がちょっと強かったです。単なる表現の違いだけかもしれませんが。

やはり，僕的には，「逃げ」ですね。自分の気持ちにこだわり過ぎですかね？
児島：定石という言い方をしたけれど，多くの場合，この母親の話の内容にずっと入っていくのを，「それを家でもそんな話されるのか」という関係の方にもっていくのは，できそうで意外とできないものなんです。
東：家族療法家以外は？
児島：家族療法家以外は普通できないですよ。なかなか内容から関係性にもってこれないんです。個人療法でも当然使えるテクニックのはずなんです。仮にこのビデオを見せて，初心者とか，セラピストになって2，3年目で家族療法を勉強したいという連中は，おっ，こういう関係性にもっていけるのか，とはならずに，逆になんであそこであんなふうにするんですか，お母さんの話を聞かないんですか，と聞いてくるかもしれないですよ。
東：だからこそ，教育用のビデオとしての意味があるわけですね。何でもない動きだけれど，そういうところも1つのポイントだということをきっちりと示していきたいですね。

Chap.12

東：ああ，そうなんですか。
父：マリコから，マナミ（お母さん）がこういうふうに言っているよというふうには聞いたので，私なりに，仕事は忙しいんですけれど，コウヘイに声をかけたりはしているんですけど……。
東：はい。
父：どうしても心の中でどこかやっぱり運動でもすればすっきりするんじゃないかという気持ちがあるものですから，そういうふうにしか言えなくて。
東：ああ，そうですか。
母：だって，でもやっぱり，コウヘイは運動はそんなに得意じゃないもの。運動したって学校に行けるようになるとは思えないんだけど。

父：うーん。得意不得意を抜きにしても気分転換になるかなというような思いがあるんですけど。
母：それだったら，私，今までコウヘイにいろいろ言ってきたよ。でもコウヘイは「どうしてもお腹痛い」とか「下痢があるからトイレから出られない」とか言うんだもの。
父：うん。君がずっとがんばってくれていたことはよく分かるんだけど……，正直なところいつの間にこんなに大きくなったかというところもあって，なかなか共通の話題もなく。【コメント12】

【コメント12】
お父さん，がんばりや

東：さっきもそうですが，母親が話している間，「うん，うん」と僕は父親にも頷いて，父親向けにメッセージ送っているんです。とにかく父親をどのようにして中に入れていくか。どんな作業をしていけばいいのか。それを考えながら，でもちょっとずつでもやっていくしかないということで，小さな動きですが，かなり意図的にやっています。

Chap.13

東：うん。
母：だって，あなたが声をかけるときには，「さあ，スポーツやろう」とか「体を動かしたら元気になるんだ」とか，そんなことしか言わないじゃない。
父：うーん，まあ気分転換にはなるかなと思って，キャッチボールに誘ったり。
母：でも私はね，コウヘイは，そういうのは向いてないと思う。
父：うーん。
母：だから私は，コウヘイは体を動かすことより勉強をがんばってほしかったの。だから中学の受験もさせたのよ。【コメント13】

【コメント13】
セラピストの反省

東：ここで僕は少し反省しています。父親の言うことに頷きすぎて，かえって母親を煽ったのではないかと。そういうふうに考えてしまい，身動き取れないで固まっている場面です（笑）。やりすぎたかなって。もちろん，そんなことに関係なく熱くなっていく母親かもしれないけれど，セラピスト

の頷きが呼び込んだ可能性もあると，ちょっと反省しているところです。

Chap.14

父：うーん。いや，その中学受験もどうかなあという……。オレは公立中学・高校でいろいろな人間にもまれてきたから自分ではよかったなと思っているんだけど。

母：うーん，でもコウヘイはそれに向いてないと思うのね。公立にはいろいろな子どもがいるでしょう。私もよく分かってるけど。コウヘイは繊細なナイーブなところがあるから。だからこそ，そうさせたかったけど，うまくいかなくて，それでコウヘイのことを結果的には傷つけるような形になって申し訳なかったなと思っているんだけど，でも今の高校だってけっして悪くないし，ね？　コウヘイ，そうでしょ？

IP：（うつむいたまま）うん。

母：高校，べつに嫌いじゃないでしょう？

IP：うん。

母：でも，行けないのよねえ……。先生，こんな感じで，私が（父親を指して）この人に言う，でもこの人はそうやって「がんばったらいいんだ」とか「体力で，体を動かしたらいいんだ」と言う。でもコウヘイにはそれは合っていないんですよ。等々力先生にもそのことをご相談して。「じゃあ，1回家族でお話ししたらどうや」っていうお話をいただいたので来ました。

東：なるほど。さっきお母さんはおうちではあまりお話をしないとおっしゃったんだけど，今みたいなやりとりはあるの，お父さんとの？

母：そうですね。時間的にはそんなには多くないんです。（父親を指して）休日はゴルフです。お付き合いがあるから。

東：お仕事のね。

母：だから，会ったときには少しくらい言ったり，あるいは今はこの子の留年がかかっているので，それでもう私も必死なんですけど。今まではなんとかね，高校も入ってきたし，いいかなと思っていたんですけど，でも，これはお父さんがんばってもらいたいなって。そのあたりコウヘイの気持ちを分かって，コウヘイが学校に行けるように声をかけてもらいたいなと思っているんです。【コメント14】

【コメント14】

作戦決定

東：ここで僕は腹を決めました。作戦を決めました。もう母親の話を聞くのはやめようと。この母親のパワーには勝てそうもないから（笑）。また「勝ち負け」って言ってしまいますけれど（笑）。たとえば，この母親，ひとしきり話したかと思うと，

パッと,「先生, こんな具合でね」と場面転換, 仕切ってくる。頭の回転, めっちゃ早くてかないません(笑)。この流れのままでは, ちょっと僕には場を統制できる自信がなくなってきた。

> 夫婦の問題につきあわない

　つまりこのように, 母親のことを知らず知らずにネガティブに見始めている自分にも気がついてきたんです。このまま話を聞き続けていると, 僕と母親の議論にならないとも限らない。またそのために, 僕は父親と連合する形を作ろうとするかもしれない。こうなるともうただの「巻き込まれ」。子どものけんか状態(笑)。そこで, 腹を決めたというのが, 今のところ一番顕在化している「夫婦の問題」を土俵にして相撲をとるのは得策ではないと考え, ほかの土俵に移ろうと決めたわけです。

児島:なるほど。

東:で, 具体的な作戦ですが, それは「IPと会話」を続けること。もちろん, そうはいっても, 母親は絶対におとなしくするわけがなく, 口を突っ込んでくるだろうけれど, それをじわりじわりとブロックしていこうと。話題も, 夫婦関係のこととか, いろんなことが母親から出てきてかく乱されるかもしれないけれども(笑),「ただいまはIPと語る時間である」という軸からぶれずに, 少しずつ母親のパワーを落としていこうと, このようなことを決めた瞬間が今の場面です。

> セラピストの主導に切り替える

　いわば, 母親の支配下にある面接はここまでですよ。もうジョイニングはおしまいですよ。ここからは母親のパワーダウン, 場への影響力低下を図りますよ。ここからはセラピストである僕が場をコントロールしますよって。

とにかく，母親の少しのパワーダウンがないと，僕自身がやりにくかったのですねえ。

　今の段階で，いわゆるアンバランシング，つまり両親どちらかにわざと味方になってバランスを崩すなどといった方法をとっても収拾がつかなくなるような気がしたのですね。父親を持ち上げるのが上手な児島先生ならできるかもしれないけれど，僕にはちょっと無理だと思った。中央突破では立ち向かえないと判断した。だから，この瞬間は，この面接全体の中で，僕にとってはものすごく大事なポイントなんです。1つの方針が固まった。「よし，行くぞ！」という瞬間です。

児島：もう20何年か前の九大時代，いわばパワフルな母親と立場の弱い父親が二人でバチバチやって，「父親の出番」というセリフが出てくるのが，いわゆる家族関係とIPの問題を扱う家族療法であるみたいなことはもう止めようという動きがありましたね（もう20年くらい前かな。九大で東先生と一緒に仕事をしていた頃，このケースのような，いわばパワフルなお母ちゃんと立場の弱いお父ちゃんという両親の組み合わせは結構あったよね。すると，文字通り「父親の出番」というセリフが出てきて，そこを扱うのが家族療法だ，ということがよく言われていたんだけど，僕らは，そういうのはもう止めた方がいいんじゃないか，いうことを話していたことを思い出したね）。だから，おそらく僕も，これでお父さんとお母さんの問題を扱っていく，いわゆる家族療法みたいな発想よりも，そうではない方が得策だという認識を持っていますね。

虫退治

東：これは種明かしみたいになるけれど，このケース

の場合，僕がマニュアル化した「虫退治」を行ったら，実はもっとらくちんな展開が期待できます。だから，実際の臨床だったら，即「虫退治」に導入するのが普通です。「虫退治」では最初から「家族関係は関係なし，本人の性格も関係なし」といったフレームが徹底してセラピストから押し付けられます（笑）。そう，家族はうまく押し付けられるのですね。だから，このケースのようなちょっとゴチャゴチャした展開は回避できる。しかし，それを教育ビデオで作って見せても，「なんだ，家族ってそんなもの？」となってしまう。つまり，あっさりと終わってしまうことになりがち。しかし実際には，もっともっと複雑なことが家族には生じていて，いろいろな思いでいろいろな相互作用が展開している。そのようなものをできるだけじっくりみてもらいたい。そして，その1つひとつにセラピストが何を感じどのように対処していくのか，このあたりが本来は一番面白くて勉強になるところなのですね。

虫退治への
プロセス

　だから，この面接の進め方には，あえて地道な展開を見てもらおうという僕の意図が強く出ています。だって，簡単にさっさと「虫退治」に導入したら，東だからできる，名人芸だ，そんなふうに言われてオシマイですからね。ここでは，「虫退治の枠組み」を簡単に提示しないからこそ，生じてくる面白さや面倒臭さ（笑）がある。逆に言うと，「虫退治の枠組み」が何を省略してくれるのか，どうしてブリーフにしてくれるのか，それもわかるようになる。それが，実はこのケースの面接中に頭の中で考えていたもう1つのことです。この家族のことを考えながらビデオを見る人

のことも考えていた（笑）。「虫退治」のことを読者が知らないと意味不明かもしれませんが，とにかくこのケースではできるだけ細かくセラピストの心の動きや作業をみてもらいたい。そのような気持ちが強くあります。上手下手はちょっと脇において（笑）。

　それと，もう1つ種明かしすると，「教育的にビデオで見る人のことを考えて」なんてかっこいいこと言ったけれど，それだけじゃなくて，実は今回家族役をしてくれた役者4人全員，「虫退治」のことを知っているんです（笑）。

児島：知っているんだ（笑）。

東：4人に，「やっぱり，きましたか～，うふふ」みたいに内心で思われたら，嫌じゃないですか。「東はワンパターン」みたいで（笑）。

　で，そこで話を元に戻すと，このケースでは，「家族関係は問題と関係ありません」などといったリフレーミングを今の段階で押し付けるのではなくて，まあいわば，それを地道にリフレーミングしようとしている。両親がそのような問題を持ち出しても，あるいは母親がパワー満開に出ようとも，セラピストはそれらに直接向かい合うのではなく，セラピストとIPとの関係を軸に使うことで，だんだんと形を変えていこうと，頭の中で計算していたのですね。この進め方ならロールの4人にも東が何をしようとしているのか，多分，わからないはず。どうだ，と（笑）。

児島：こうした展開ができるのは，IPが最初に入ってきた時に自分から挨拶したことも大きいですよね。

東：そうそう，それが嬉しかった。だからそれが頭に

地道なリフレーミング

残っていて,「彼は使える」って思っていましたから。

児島：そうですよね。彼がうつむいて全然反応してなかったら,こうはいかないでしょう。

東：この作戦は,うまく進まない可能性が高かったでしょうね。そのようなリスクはおかせない。

児島：だから,「彼の反応の良さは使える」という意識を持ってますよね。

東：そうです。リソースとして,すでにこちらの貯金箱に入っていたのですね。

Chap.15

東：ああ,そうですか。はい。ちょっとコウヘイ君と話をさせてもらっていいですか？　コウヘイ君に話を聞きたいんだけどね。……朝になるとお腹が痛い？【コメント15】

【コメント15】
丁寧な
インタビュー
には裏がある

東：家族療法のことをあまり知らない人がみると,きっと,「先生はIPである子どものインタビューも丁寧にするんですね」,「やはり,子どもの話を聞いてやらないといけないですよね」などという感想が出るかもしれません。でも,これ,違うんです。さっきも言ったように,ただ「IPを使っている」だけなんですね。こんな表現するから他の専門家から顔をしかめられるのですけど（笑）。それでも決して,IPの状態を理解したいと思ったわけではない。第一義的には,「IPと話す」ことで,面接の文脈,つまり展開を変えようとしている。ただ,第二義的には,IPのしゃべる内容には,今後のセラピーで使えるネタもあるはずだし,外在化なんかもできるはずだから,それに役に立ちそうな情報も採取したいとは思っていま

| コミュニケーション・パターンを扱う | す。でも，あくまでも第一義的には，IPとセラピストが話すときに周りで起きるコミュニケーション・パターンを見ながら，そのパターンを扱っていきたいと考えている。

　起きることはだいたい予想できます。きっと母親が割って入って来ます。夫婦の問題に戻されることもあるでしょう。何しろパワフルな母親ですから。セラピストとしては，それをやんわりとはずして，IPとのやりとりに徹していくこと。これが，第一義的大目標なのですね。

　「IPの話を丁寧に聴いているなあ」とか，「どのような話の聴き方をしているかなあ」とか，そのようなことに視聴者の感想が向いてしまうと，それはもう，セラピストの意図と全然違う方向に行ってしまう。学生なんかでも，「先生，意外とIPの話を聞いてあげるんですね」なんて言われて，「聞いてないよ。システムチェンジのためにIPを使っているだけだよ」などと返すんですが，なかなかピンと来ない人が多いようです。

児島：難しいですよね。 |
|---|---|

Chap.16

IP：はい。
東：で，学校に行けないんだよね。うん。今日，こうしてご家族と一緒に来ていただいたんだけど，今日ここに来られてね，「こんなことになったらいいなあ」「こんなふうになったら，なにかこう来たかいがあるなあ」みたいなさ……。どんな感じ？
IP：今，朝学校に行こうと思って早く起きるけど，お腹痛くなってトイレから出れなくて，お腹痛いのなくなってもまた痛くなるかもしれへん……。
東：お腹痛いのなくなっても……。
IP：痛くなるかもしれないって思うからちょっと家から出れなくて，怖くて。だから，お腹痛いのがなくなったらいいです。
東：うん，お腹痛くなるんじゃないかなっていう怖さがあるんだよね。それで外に出ると出たときにお腹が痛くなったらどうしようかっていって心配するわけだ。

IP：うん。
東：そのお腹，痛いのがなくなったらいいですか？
IP：うん。
東：それが一番ののぞみね？
IP：うん。
東：お腹痛くなくなったらどんなふうになるの？
IP：お腹が痛くなくなったら，とりあえず学校に行く。
母：でもね，先生ね，お腹痛くなくなったら今度はゲームをしているんですよ。自分の部屋に戻ったりして。ゲームをするんです。この子ゲームが好きで。
東：はいはい。
母：漫画を読んでいるときもあるんですけどね。だったら行けるんじゃないって私は思うんですけど。だって私も学校の教師をしていますから，ゲーム好きな子もいるし漫画好きな子もいるけど，普通に学校に通って来ていますからね。
東：なるほど。うんうん。
母：だけどコウヘイは，じゃあ行けるのかなって思ったら，次の日の朝になったらまた「お腹痛い」。
東：なるほどね。（コウヘイ君に向かって）お腹痛くなるんじゃないかと心配するわけやね。【コメント16】

【コメント16】

予想通り母親が動く

東：予想通り，やはりこのような展開ですね。母親が動いてくる。セラピストはそれにしばらく付きあう。でもすぐにまたIPに話を戻す。これをトコトン続けてやるぞという気持ちでいます。「さて，どうなっていくのかな」という楽しみでいっぱいの気持ちです。つまり，文脈の変化に第一義的な興味や楽しみがあるのであって，IPの話の内容自体にそれほど強い関心を持っているわけではない。

Chap.17

IP：うん。
東：そうかそうか。その不安がなくなったら学校に行く感じ？　行けそうな感じ？
IP：うん。うん，行く……。
父：もうちょっとはっきりと返事しなきゃ。【コメント17】

【コメント17】
予想外に父親が動いた

東：これ，僕，ものすごくびっくりしたんです。あれって思った。
児島：僕も事前に観たとき，あれっ？　ヤルじゃん！って思いましたね。
東：あれっ，父親，案外動くんだと。母親がやると思っていたことを，父親もやった。ただ威圧的な感じもあるので，これを母親が否定的に見ているのかなと。でも，まあ，父親に参加意欲は十分あると，そのように考えるよう努力しました（笑）。
児島：努力しているんですか（笑）。
東：はい，きっといいことが起きているのだと思って（笑）。

Chap.18

IP：行きます。
東：お腹の不安がなくなるかどうかが一番大事なことなんやね。
IP：はい。
東：お腹が痛くなるんじゃないかなという不安はどんな感じで出てくるん？
IP：最初はほんとうにお腹が痛くてトイレに駆け込む感じやけど，ある程度すっきりしても，前に1回学校に行く途中にすごくお腹が痛くなって，近くにコンビニとか公園とかもなくて道でうずくまってしまって……。で，なんとかトイレに駆け込んだということがあって，それ以来，次はトイレはないんじゃないかって思うようになって。トイレがないんじゃないかと思うと不安です。
東：なるほど。
母：ねえ，先生，ほんとうに繊細でしょう。
東：うん，うん。
母：こういう繊細なコウヘイにね，「スポーツやったら」とか「体動かしたら」って。そんなんでよくなるんですかねえ。【コメント18】

【コメント18】
「父親はダメ」というフレーム

東：ここも予想通り，母親が入ってきて，「父親はダメ」というフレームに戻しています。ありがちな現象です。そこで，父親がため息をついたりしますが，何か言いたそう。この心の動きに期待している僕

がいます。

Chap.19

東：ああ，さっきのお父さんの話ね。なるほどなるほど。

父：もまれてこそ（だろう）。まあ今は元気がなくてお腹が痛くなったりするかもしれないですけど，もっとなにかできるようになれば自信ができて，そういうお腹が痛くなるとかいうこともなくなるんじゃないかと。

東：自信ができてね。なるほどね，大事なことですよね。

父：ちょっとずつでも，なにかこれができたとか，走るのが早くなったとかいうことがあれば自分に自信が持ててだんだんと変わってくるんじゃないかと。

母：あなたはスポーツをやってきたからそう思うかもしれないけれど，コウヘイは中学のときは卓球部に所属していたけど，やっぱり合わなくて辞めちゃったじゃない。

父：いや，それは卓球部だからということもあるし，結局なんやかんや言って君はコウヘイができないできないということを強調しているような感じがして，もっとコウヘイができるんだということを言ってやってもいいような気がするんだけど。【コメント19】

【コメント19】

やっぱり父親には「自分の意見」，「母親に言いたいこと」があるんだ……でも

東：さてここで，やっぱり父親には「自分の意見」，「母親に言いたいこと」があるんだと，僕の中で固まりました。ヨシッ，この展開を使わぬ手はない！ そのうち必ず，アンバランシングの技法が使えるぞ，と。その意味で，僕の中で父親との距離が急接近しています。しかし反面，両親の語りの内容的なところにひっかかって，「父親の意見が正しい」などと，僕の方も本気になってはいけない。これではただの巻き込まれですね。正味の話，父親の発言内容に好意的になりがちでしょ？ 読者の皆さんも（笑）。だから，ここは私の中では強い自制心が必要なところですね。アンバランシングと巻き込まれは紙一重ですから。

アンバランシングと巻き込まれは紙一重

児島：このままだと「巻き込まれ」が起こりうると。

東：極論すれば「うるさい母親と良いことを言う父親」などというイメージが，僕の中でフワッと生まれているのが自覚できました。でも本心からそう思

アンバランシングの技法	うのではなく，ちょっと距離を置きつつ，その上でアンバランシングの技法を用いる。つまり，方便上セラピストは父親の見方に立って，父親をもっと中に引き入れていく。母親のパワーをそいでいく。そのプロセスを経て，構造的家族療法で言うところの夫婦連合が形成されていく。それがまあ，僕の中のゴールですね。これは「虫退治」の導入があると一足飛びですが，この DVD ではここを丁寧に見せていこうということです。 でも，今この場面を見直してみると，本当にここは危ないシーンですね。父親が「お前はコウヘイのことをダメダメというのではなくて……」という話のところ，僕は心から頷いてしまっているように思える。これはちょっとやばいです（笑）。 でもまあ，そのような自分も意識しながらですが，面接の展開で，父親が自己主張をしやすい状況が生まれたのだと，解釈しています。 ただ，父親が出てきたからと言って，母親のパワーダウンにはつながりません。もっと火に油を注ぐことになった（笑）。今この時点で，夫婦の意見の相違に焦点を当て，アンバランシングの技法等を用いることが，さて建設的な展開を生むかどうか，僕の中で警戒心が残っていて，やはりまだここはスルーして，IP との会話に専念するという軸で通そうと考え直している。そのような場面ですね。
	児島：この父親，けっこうやるなと思いますね。母親のパワーが強い分，何だかこっちも，ぐっと父親側に乗り出してしまいそうですね。
	東：そうそう，ここで一気に頑張れーってね（笑）。
男同士の誘惑？	児島：誘惑だね。誘惑が起きる。

東：男同士だからね（笑）。児島先生も私もどっちも家では嫁さんに頭上がらないですからね（笑）。

児島：そうだよね。セラピストのポジションも、やっぱり個人的な部分が無意識のうちに反応する。いわゆる逆転移。それは当り前なんですよね。

東：でも、そのことにすぐに気がつかないと。

児島：いかん、いかんと。

東：でも、この父親のさっきの発言、僕個人として、大好きですね。だから、いずれ使える発言だと思っていますね。セラピスト個人の価値観と、システムを変えるという意識と、それがうまく融合しそうな予感がする場面でもあるということです。

Chap.20

母：でもコウヘイはそういうスポーツとか体を動かすことは向いていないと思うの。
父：いや、まだ高校2年だからそう決めつけたもんでもないと思うけど。
母：マリコを見てよ。マリコは同じ学校だけれども、合唱部で……。
東：一緒なの？
母：同じ高校なんです。だから余計マリコにも悪いと思って。お兄ちゃんが学校に来ていないのが分かりますよね。
東：はいはい。
母：だからマリコにも悪いと思うのでやっぱりコウヘイにも学校に行ってほしいし、私も教師だし、学校に行けなくなっちゃったらどうしようかと思って。【コメント20】

【コメント20】

妹を巻き込む　｜　東：母親が、自分の立場を補強するために妹を巻き込むといった展開です。

Chap.21

東：なるほどね。（妹に向かって）そうか、同じ高校行ってるのね。
妹：はい。【コメント21】

【コメント21】

妹を入れる　｜　東：ここで僕は、この流れに乗りました。1つには、

妹と話していないことをずっと気にしていたからです。とりあえずは母親の仕切りの中で動くのがジョイニングだと思っていましたので，母親から「マリコがこうで……」と出てきたところで妹と会話するのが一番良い展開だと思ったのですね。

それから，セラピストが若干父親の味方をして，父親がちょいと強くなったので，困った母親が娘を味方につけようとしている場面，このようにも見えたので，とりあえず今はまだバランスをとるために，妹に母親の味方をしてもらいましょうという気持ちもある。でも反面，意外と，妹が母親に対して父親寄りの発言をするかもしれないぞという期待もあったりします。それならそれで，早期のアンバランシング技法使用に僕の心はぐぐっと傾くかもしれない。そのような，いろいろな心持ちで妹の方に話を振っています。

Chap.22

東：マリコさん，ちょっとお話，聞いていいですか。あなたにとってはお兄ちゃんがね，今お母さんがずっとご心配なさってるんだけど，お腹が気になって学校に行かれていないということは，あなたにとってどんな影響がある？
妹：うーん，お兄ちゃんが学校に行ってなかったら友だちにどう言ったらいいか分からへんし……。
東：聞かれたりする？
妹：聞かれますね。先生からも家でどうしとんか聞かれたりとか。
東：はいはい。そういうときはどうしてるの？
妹：「いやー，家でなにしてんのか分かりません」って言うんですけど，なんて答えたらいいか分からなくて困ってますね。
東：困っている。
母：だよね，困るよね。お兄ちゃんには学校に行ってほしいもんねえ。
東：もし，マリコさんにとっても，お兄ちゃんの腹痛に対する不安がとれて学校に行けるようになったらハッピーかな？
妹：そうですね。
東：嬉しいことだね？　OK。それで今日来てくれたんだね。ぜひ一役買おうって感じかな。【コメント22】

【コメント 22】

妹の立場がわかる

東：やっぱり母親寄りかあ，ちょっと大変，って僕の気持ち（笑）。これで，両親にアンバランシング技法を行うにあたっては，妹も慎重に扱わないといけないということが明確になった。仕事が１つ増えた（笑）。妹は，あれだけ着座の距離があいていたので，中立もしくは冷めた目で観ている子か，もしくは父親に近い立場ではないかとかすかに期待していたのですが，そんな期待は一気に消えました。「あなた，お母ちゃんと一緒だったのね。２人で男たちをサンドイッチしているのね」，そんな気持ちの僕です（笑）。

Chap.23

妹：そうですね。お兄ちゃんが行ってくれるようになるんなら。
東：ありがとね。はい。じゃあちょっとまたコウヘイ君に話を戻していいですか。お腹痛いということをもう少し教えてください。
IP：はい。【コメント 23】

【コメント 23】

軸を戻す

東：ここから「IP と話す」という軸に戻そうとします。

Chap.24

東：今，お話を聞いているとね，お父さんも君が自信を持っていきだしてくれるようになることが大事なんじゃないかとおっしゃっているし，お母さんも学校に行ってほしいということは当然お腹が治ってということですよね。
母：そうです。
東：お腹のことを克服してくれて，ということをおっしゃっているし，──お姉ちゃんもね，あ，妹さんね，ごめんなさい──妹さんもそれを望んでいらっしゃるということなんで，もうちょっとお腹痛のことを聞かせてもらっていいかな？
IP：はい。【コメント 24】

【コメント 24】

対決？

東：ここは「学校に行くことが大事」から，「お腹痛

	の不安を取ることがまずは大事」という方向にフレームをズラしているやりとりです。これは，おそらく父親のフレームに近いですよね。母親のフレームへのやんわりとしたチャレンジでもある。
	児島：しかしなんとか合意できる設定。
	東：そうです。
	児島：最低限共有できる問題ですね。
母親のフレームへのやんわりとしたチャレンジ	東：母親の希望する「学校に行く」ためには「まずはお腹が痛くなる不安の解消」が大事であると，まあ，比較的受け入れられやすいフレームですね。
	児島：きっとまた「学校に行くことが大事」は出てくるでしょうけれど。
	東：これもまた，「虫退治」の枠組みなら一発で解消できる部分ですが，やはりこのDVDでは，そのあたりの家族とセラピストの微妙なやりとりを見てもらいたいと思います。

Chap.25

東：君のお腹痛ってさ，昔からありましたか？
母：そうです，先生。もともとちょっと腸は弱い子でした。
東：うんうん。小学校，中学校のときって同じようなことはありましたか？【コメント25】

【コメント25】

母親にそっけなくしだす	東：もうセラピストは，母親にこれまで通りの対応をとっていません。ちょっとやり方を変えてきています。そっけないですね。

Chap.26

IP：学校に行ってから痛くなることもときどきありました。
東：学校行ってから？　授業中とか？
IP：授業中もときどきありました。
東：ときどきありました？　そのときはどうしてたの？

IP：我慢できるときは我慢して……。だって，小学校，中学校のときってトイレに行ったらバカにされるじゃないですか。
東：なるほど。
IP：我慢できるときはして，できへんときだけこそっと行ってました。
東：こそっと行ってたのね。なるほどね。今は？　高校だとそういうわけにはいかない？
IP：高校行ってからもお腹痛くて保健室行ったりとか……。
東：……は，しているんだね。
IP：してます。
東：してるのね。小学校，中学校のときは学校を休んだりはしていなかったのね。
母：でもやっぱりお腹が痛くなったり，風邪もひきやすいところもあったので，休むということはときたまありました。
東：ああ，そうですか，なるほど。長期間休むということはなかったのね。
母：なかったです，はい。
東：一番最近，まあ今日でもいいんだけど，一番最近お腹痛いのはいつありました？
IP：今日ここに来る前です。
東：ここに来る前。うん。そのときのことをちょっと思い出してほしいんだけどね，君が今日一番最初に「あれ，お腹の調子が悪いな」と思い始めたのは何時くらい？
IP：8時くらいです。
東：8時くらい。うん。それはどんな感じで始まったの？
IP：最初はご飯を食べていて，食べている途中にキューって閉まるみたいな感じ。
東：どのあたりが？
IP：（お腹のあたりを押さえて）この辺が。
東：ご飯食べている最中に？
IP：はい。で，がまんできなくなってトイレに……。
東：行ったのね。下痢しましたか？
IP：下痢しました。
東：はい。ご飯を食べるときにキュッときたとおっしゃったけど，それはほとんど毎日そんなことですか？
IP：毎日そうです。
東：毎日そんな感じね。なるほどね。
母：先生，もともとこの子，食が細いんですよ。
東：食が細い？
母：はい。小さいころからたくさん食べることはないんですけれども，私が作ったものは食べてくれるので。
東：ああ，そうですか。
母：で，それを食べて。でも最近それが毎朝です。食べたらトイレに行きたくなる。
東：食べたらトイレに行きたくなるんだ。（コウヘイ君に向かって）食べる前に思ったりする？　どうせ食べたらお腹痛くなるんだろうなって。
IP：これ食べて今日も痛くならへんかなとは思います。
東：思い始める？
IP：思い始める。

東：そこ，もうちょっと詳しく教えて。「食べたら痛くならへんかなあ」という感じですか？　「痛くなるぞ，絶対」とはならない？【コメント26】

【コメント26】

暗示もしくは外在化	東：ここでは，この「IPとの会話」の第二義的な目的，つまり語られた内容そのものを利用して変化を作る方向を見せています。それは，「暗示」といった枠組みで症状をとらえ直そうとする方向性ですね。あるいは「外在化」していると見ても良いでしょう。でも，第一義的には，「IPと会話」を徹底することで，母親の動きを封じようとする，そういった目的をもっているのですね。
気持ち主義	児島：家族療法という枠を脇に置いて，IPと症状のレベルで細かいやりとりをしていますが，個人療法ではこれすらできないんです。心理臨床の世界では，起こってくるサインを細かく拾い上げていく作業ではなくて，「どういう気持ちなの？」と聞いちゃう。気持ち主義になってしまう。 　その時の痛みとこの時の痛みはどう違うのというような，細かいサインの違いについて触れていくあたり，これは2回目でもそうですが——話が先に行ってしまいますが——，優秀な行動療法家のやりとりがそのまま出ているなと，僕なんか感心して観ていましたね。こんなふうにやるんだよ！　と，お手本になるところです。
	東：照れくさいですが，嬉しい話です。
	児島：例えば，これを一対一でやっているのと，そこにお母ちゃんがいて，家族がいてやるのでは，やりとりに当然影響が出るはずです。おそらく，お母さんとしてはお母さんなりにこの子の腹痛はこうなんだというのは分かっているわけでしょう

が，そうではない文脈でやりとりすると，それだけでも「へぇ～，そうなんだ」とものすごい変化が起こっているはずなんです。

東：かもしれないですね。

児島：僕はそう思います。ここでのやりとりは家族の関係にも影響し合っていると思いますよ。

東：家族への影響という意味では，「学校に行く／行かない」ではなくて，「お腹痛い／痛くない」がポイントなんだよって，少なくともそのことが母親にしっかり定着すればよいなあと期待しています。そう簡単にはいかないでしょうが，僕の気持ちとしてはその程度です。

母親の変化と関係のパターンの変化

児島：このケースでは，比較的 IP がセラピストに応答するでしょう。その中で，きっと両親は，「こうでこうで」と語っていく息子の姿を初めて見ているんじゃないのかな？

東：なるほど。それがうまく行っているとすれば，母親の役割がだんだん少なくなっていく。あるいは影響力の行使がだんだん少なくなるという，このようなシステミックな変化も期待できるわけですね。

児島：そうそう。

東：1つは母親の認識の変化，もう1つは関係のパターンの変化。この2つが同時進行的に起こるという期待ですね。なるほど。

Chap.27

IP：絶対とは思ってないんですけど……。
東：絶対とは思ってないか。OK，OK。
IP：これ食べて痛くなったらどうしようとか，今日も痛くなるんじゃないかなとかと思います。

東：うん。「いや、そんなことにはなりはせんだろう」というふうに自分で考える部分はある？ あるいはもう全面的に「お腹痛くなるよ〜、なるよ〜」というのにつぶされている感じ？ 心の中にね、「今日はうまくいくかもしれんやんか」とか「負けたらいかん」とか。例えばね、そんな気持ちが出るっちゅうことはある？
IP：お腹痛くなかったらいいなとは思うんですけど、でも不安のほうが強いです。
東：不安のほうが強いね。うん。お腹が痛くならなかったらいいなという気持ちはあるよね。
IP：はい。
東：うんうん。OK。
母：先生ね、朝私も仕事に出てしまうので、朝の様子ってそうなんですけれども、今日はお休みだったので一緒に出たんですけれども。マリコどう？ 私がいないときとか。マリコが家にいるときコウヘイがどんな感じかな。いつもいつもトイレに行くの？【コメント27】

【コメント27】	
トライアングル	東：この母親、でき過ぎなくらい期待通りに動いてくれますね（笑）。 　僕が「IPとの会話」を軸にした理由について、ここでもう1つ別の視点からの解説を加えると、それが「システムチェンジを起こすのに使いやすいトライアングル」だったからです。「母親、父親、セラピスト」といったトライアングルでは、僕が未熟で場の統制ができないから（笑）、「IP、母親、セラピスト」のトライアングルで対処しようとしていると、こう考えてもらったら良いです。 　セラピストが父親に語らせたら、母親はこれほどおとなしく聞いていないはずです。もっと口を挟み、きっとお互いにエスカレートするかもしれない。これだと制御不能になる可能性がある。でもIPだと、母親にしてみたら、「先生が息子の話を一生懸命聞いてくれている」となりやすいわけです。だから、そういう意味で、このトライアングルの方が使いやすい。つまり母親の動きを封じやすいわけです。まあ、それでもこんなに突っ込

みがありますけれどね（笑）。

Chap.28
妹：うん。トイレに毎朝行って，1時間くらい入っていて。
母：お昼とかコウヘイは家にいるじゃない。マリコも家にいるときがあったりしたら？
妹：だいたい10時か11時くらいに会ったらテレビ見ていたりとか。【コメント28】

【コメント28】

母・娘連合　｜　東：母親が妹を巻き込むパターンです。

Chap.29
母：というのはね，先生ね，私がこの子のためにお昼を用意して出るんですけれども，それは食べているんですよ。
東：お昼はね。
母：お昼は食べている。朝食のときみたいに途中でやめちゃってトイレに行くという感じではない。
東：はい。
母：（コウヘイ君に向かって）だからお昼は食べているんだよね？
IP：うん，食べてる。
母：大丈夫だよね。
IP：うん。
東：ちょっと教えてくれる？　お昼ご飯を食べているときは「お腹痛くなるぞ」「来るぞ」という不安は出てこないの？【コメント29】

【コメント29】

自然に流す　　児島：上手，上手。お母ちゃんの話の流れを取り込んで，外在化的なところに息子をもっていく。またお母ちゃんが出て来たなという気持ちで構えると，どうしてもお母ちゃんの流れを止めて息子の方に集中してしまいがちなんですよね。一番怖いのは，「ところで」と話をポキッと折ってしまうこと（笑）。
　　　　　　　東：さすがのご指摘です（笑）。相手から出てきた内容を使って，セラピストのねらった文脈をつくっていく。それが一番自然な会話の展開になります。

児島：お母さんが言ったことを受けて進めていくところを,「ところで」とやってしまう。これはまずい。
東：切られた感じになってしまう。
児島：そうそう。
東：でも実は「母親が入ってくる」という流れは思いっきり切っているんですけどね（笑）。ただお母さんには切られたという感じをもたせない。「内容」は同じまま続いているから。
児島：切られた感じを持たせないで,流れをちゃんとつくっていく。これが大事だよね。

Chap.30

IP：お昼のときはあんまりないです。
東：あんまりない。「大丈夫だ」という感じが強いわけ？
IP：大丈夫だとも思ってないですけど,あんまり考えずに食べてます。
東：ああ,考えずに食べてる。ふーん。学校に行っているときのお昼ご飯というのはお弁当ですか,給食ですか。
母：お弁当です。
東：学校でのお弁当はどう？　もし学校に行ったとしたら。
IP：ときどき食べた後にお腹痛くなる。
東：ときどき食べた後にお腹痛くなる。ときどきですね？　朝ほどじゃないのね。
IP：はい。
東：その,食べてお腹が痛くなるときと,食べてお腹が痛くならないときの違いをちょっと教えてほしいんだけどね。どんなことがどんなふうに違う？　お弁当でお腹痛くなったときと,ならなかったとき。何が違う？
IP：何か考え事をしているときとかはときどき痛くなるかも。
東：考え事をしているとき？
IP：うん。あとは昔からそんなにお腹強くないから,ご飯がすごく冷たかったりすると痛くなるときもあります。
東：なるほど。昔からお腹が強くなかったというのは自分でそう思っているわけね？
IP：はい。
東：思っている。なるほど,OK。さっき,考え事をしているという話だったね。それは例えばどんなことかな。もし教えていただけたら。
IP：前に痛くなったのは期末試験の前のとき。そのときテストのことを考えていて,次の授業がその授業やって考えていたら痛くなりました。
東：テストのことを考えた？
IP：たぶん。

東：もうちょっと聞いていいかな。テストのどんなことを考えていた？「今日のテストはうまくいくぞ〜。勉強してきたからいい点とれるぞ〜」とかさ，逆に「どうかなあ」とかいろいろ考えるやん。どんなふうに考えていた？
IP：数学のテストが近づいていて，でもちょっと数学は最近よく分からなくて……。
母：やっぱり……，ちょっとね，無理して理系に進ませたんです。
東：ああ，そうですか。
母：私が国語の教員をしていますから，コウヘイもやっぱり文系のほうが得意なんですよ。だけど，やっぱりねえ，いろいろ将来のことを考えたら理系のほうがいいかなと思って，私も去年，理系文系を選ぶときにコウヘイに理系のほうがいいんじゃないと勧めたのはあるんです。
東：ああ，そうですか。
母：もしかしたら，それがちょっとコウヘイにとってよくなかったのかな，プレッシャーになっちゃったのかなとは思うんですけど……。
東：ああ，そう思っていらっしゃるんですね。
父：てっきり，今の今までコウヘイ自身が理系を選んだんだと思ってた。
東：あ，お父さんはそう思ってた。ああ，そうかそうか。
父：初めて聞きました。
東：初めて聞いた。【コメント30】

【コメント30】

おいしい餌

児島：また家族関係の文脈に戻ってしまいそうな，誘惑の場面ですね。「初めて聞きました」なんて。いかにもおいしい餌です。食ったら針がカーッとかかって（笑）。

東：すぐ釣られる。

児島：巻き込まれますよね。

東：でもここでは，僕の基本方針と違いましたから，おいしい餌でも捨てています。ウロウロしない。こうと決めたらとことんいきます。ここまでやってきた作業を途中で振り出しに戻すような，ちゃぶ台をひっくり返すようなことはしたくない。

編集部：釣られたら，どうなるのですか？

東：釣られたら，今まで作ってきたものが元に戻ってしまう。それなら最初からそのままさせておけばよかった。どれだけ美味しい餌が出てきたからといって，食いついて元へ戻ったら，この20分は

何だったんだという話になるわけです。こんな不徹底なことしたらいけません。これは僕の基本方針。

児島：僕はそれがない。僕には，どうもそのあたりが不徹底というか，釣られて，ぐるぐる回りますよ。だからもうね，僕の面接みていたらイライラすると思う（笑）。

東：意外な発言を聞きました。ぐるぐる回るのもいいわけで，それを見てイライラすることはないですよ。児島先生はそれが上手だもの。これは持ち味というやつです。僕はその辺りは不器用というか，良く言うと頑固。良くないか（笑）。

Chap.31

母：だってあなたに話すとき，なかったじゃない。
父：まあ，でもそれぐらいのことは聞いておきたかった。
母：私はコウヘイとは話し合って決めたわよ。
父：いずれにしても，それはまあ本人が決めたことだから。自分で自分の道を決めることだと思うので。
東：なるほど。（何度もうなずく）はい。でも，お母さんとしては，そのこともひょっとしたらよくなかったかもという気持ちがある。
母：はい。数学がだんだん難しくなってきて，コウヘイが勉強が分からなくなると，こんなふうにお腹が痛くなったりとかがあるのかなと。
東：うん，そうか。（コウヘイ君に向かって）もうちょっと教えて。数学とか勉強のことを考えているとお腹痛が出てくるという話を思い出してくれたんだけど，そのとき，そのあとどうした？【コメント31】

【コメント31】

セラピスト，まっしぐら

東：ここも徹底しています。児島先生のようなスタイルで上手くできる人だったらいいけれど，僕は不器用なんですね。他にいくら美味しそうなものが見えても，そこはパス。ここは軸を貫き通すぞと。これが多分，自分のスタイルなんでしょうねえ。確かに美味しい餌ですもの，「初めて聞いた」

云々の父親のセリフは。でもまっしぐら。餌を見ない（笑）。今，自分で見直してみて感動しています（笑）。

Chap.32

IP：ご飯をガーって急いで食べてトイレに行きました。
東：トイレに行った。うん，そして？
IP：やっぱり下痢して，お腹痛くて戻られへんくて，トイレ行ってから保健室に行って，保健室の先生に事情を話して，数学はちょっと遅れて行かせてもらいました。
東：少し遅れて行ったの？
IP：30分くらい。
東：30分くらい遅れて。それで試験はどうなった？
IP：試験は受けれなかったです。
東：うんうん。受けれなかった結果はどうなっちゃったの？ 追試か何かあるの？
IP：一応，先生は終わったあとに今日最後に居残ってやろうかという形で残ってやらせてくれたんですけど。
東：それはできたのね。
IP：受けました。
東：そのときはお腹は気にならなかった？
IP：ちょっと痛くなりそうでした。
東：ちょっとなりそうだった？ なりそうだったけど……？
IP：なんとか我慢できて……。
東：（身を乗り出して）ちょっとちょっと，そこ聞かせて。痛くなりそうやったやろ？
IP：なりそうでした。
東：で，なんとかなった？
IP：このテスト受けへんと，先生もせっかく時間作ってくれたしと思って。お腹痛かったけど，テストをがんばってやって，終わってからまたトイレに行くようにしました。
東：ほー，なんとか乗り切っちゃったわけやね。けどたぶん，「痛くなるぞ，お腹痛くなるぞ」ってさ，悪魔のささやきみたいなやつがかなりあったと思うんだけど。
IP：うん。
東：ねえ。もういっぺん聞くよ。例えば，朝起きてご飯を食べたときにお腹が痛くなってやられちゃうときと，例えば今１つなんとかなった話があったよね。それは決定的に違うのは，君にとってどこが違う？ だってそこで負けても不思議はないやん？ でもそこ，君勝ったわけやんか。どこが違うの？
IP：…………。
母：どこ？
IP：……あのときは50分じゃなくて20分くらいだったから，がんばったら耐えれるなとちょっと思った。

東：ああ，なるほどなるほど。時間もちょっと短いし，これくらいやったら行けるぞという感じ。自分で言い聞かせた感じやね。
IP：うん。
東：なるほど。うんうん。もし時間がものすごく長かったら？
IP：途中でトイレに行っていたと思います。
東：やっぱりこう大変ちゅう感じになってたかな？
IP：はい。
東：OK，なるほど，時間ね。うん，すばらしい。はい。今日はご家族みなさんで来ていただいているんですけれども，もう一度確認させてくださいね。とりあえず今，彼のお腹痛……，たぶんいろいろお薬飲まれたんですよね。お薬を飲まれたけど効かなかったわけだよね。ですから，こんな形のカウンセリングで，とにかく彼がお腹痛の不安というか怖さというか，（コウヘイ君に向かって）ちょっとビクビク感もあるやろ？　ビクビク，分かる？
IP：うん。
東：なったらどうしよう，みたいのあるやん。
母：先生，私としてはね，成績が良くないのは，もう仕方がないと思っているんです。だからお腹痛が治って，学校に行けるようになってもらったら，私としてはまずは安心というか。マリコのこともありますしね。この子が留年にでもなっちゃったらどうしようかと思っているので。お腹痛というのが治ればなんとか一安心かなと思っているんです。【コメント32】

【コメント32】

母親にしてやられる

東：母親の見事なブロックです（笑）。やられちゃいました（笑）。セラピストは「学校よりもまずお腹の痛みだよね」という流れをつくってきて，ほぼリーチってところで，母親は「私はとりあえず学校に……」と，そこを強調しようとしてくる。「もうやだ，このおかあちゃん」と思った瞬間でしたね（笑）。この母親，実に頭がいいです。なんというのか，文脈を読む力があるのですねえ。多分，これはこの役者自身の力量が大きいですね。でも，実際の面接でもこのようなことは起こりえます。

Chap.33

東：そういうことですね。
母：学校にちょっとでも行けるといいなと思って。

東：それはお父さんも一緒と考えていいですね？
父：はい。
東：コウヘイ君，一応念のために聞いておくけど，ごめんね，ボクどいから同じことを聞くんだけどさ，お腹痛の不安がなくなって，お腹痛の不安は近いうちになくなっていくんだけど，そうなったら君はもう学校に行っている姿を想像する？
IP：（考える）
東：いや，ごめん。これ，どういうことを聞いているかというとね，もう何カ月か休んでいるやん。そうすると，お腹痛があろうがなかろうが，何カ月か休んでいるとそれだけでなにか今から行きにくいなあ，と感じる人がいたりするのよ。そんなことはないか？
IP：ちょっと行きにくいです。【コメント33】

【コメント33】

母親に対するリフレーミング

東：この場面も細かいことをやっています。母親に対するリフレーミングを再度やっています。「お母ちゃん，ごめんね。学校行くことを直接扱ってなくて。でもね，腹痛くなくなったら学校行くからね」って，母親のフレームに合わせつつ，「でも学校へ行くとなったら，他にもいろんな不安出てくるでしょう。友だちやら勉強やら」って。結局不安に対する対処の方にもういっぺん戻しているんですねえ。「学校に行ってほしい」という母親の希望に乗りながらも，やはり新しく作りかけのフレームに戻していく。とにかく，母親は「学校へ行くこと」を優先的に扱わないと許さんぞって，そう強く主張しているわけですから，これはなかなか手強い。

Chap.34

東：ちょっと行きにくい感じがある？
IP：はい。
東：それは例えば，どんなことで行きにくいイメージを持っている？
IP：クラスの人にどう思われるのか分からへんし，なんて言っていいんか分からへんし……。

東：うん。
IP：……勉強も最近してないし。
母：勉強のことはあまり気にしなくていいのよ。お母さんはコウヘイに学校に行けるようになってほしいの。お腹痛なくなったら行けるでしょう，学校？
IP：うん。【コメント34】

【コメント34】

フレーム	東：「いろいろな不安への対処が大事」っていうフレームも，母親の「何はさておき学校に行ってほしい」というフレームの前では木っ端みじんになりそう（笑）。
	児島：この場面を見て，「母親はもっと息子のことを理解するべきである」というコメントをする人もいると思いますね。「東先生は大事なことを伝えようとしているのに，この母親は全然わかっていない」的なコメントを。
	東：ありそうですね。
	児島：ところが，そのような「正しいことをわからせる」ことが大事だなんて理解されると，ちょっと違う。

Chap.35

母：トイレに駆け込まなくてよかったら，あんなに長くトイレに行かなくてよかったら，学校に遅刻しないで行けるよね。
IP：うん……。
東：もちろん，私もそう思いますけれども，少し気になるのがね，ごめんね，コウヘイ君，（ボクは）かなり細やかなほうですから君と一緒で（笑），聞きたいんだけれども，お腹痛ないのに学校に行ったら友だちに何か聞かれるやん。「最近どうしとったんや？　コウヘイ」って。
IP：うん。
東：それってどうしたらいいかなって気持ちがあるやん？　そのときってきっと，「うわあ，何か言われたらどうしよう」「何かへんなこと言ってくるんじゃないかな」「そこで嫌な感じになるんじゃないかな」という不安が出てくるやん。その不安はさっきの「お腹痛くなるかな」という不安よりはちょっとマシかな？
IP：(少し考えて) 一緒くらいか少し弱い。

東：少し弱いかもしれない？ そっちのほうがまだ対処できる可能性があるわけやね。
IP：うん。
東：OK。じゃあさ，お腹痛の不安がなくなって，お腹が痛くなくなったあと，いよいよ学校に行くときに，その友だちの不安，どうしようかという不安が出てきたら教えてね。
IP：はい。
東：それも必ず解決するようにお手伝いしますね。他に何かないか，不安？ 勉強があんまり分からんことの不安は？ お腹痛の不安がなくなったあとよ。お腹痛の不安がなくなった，友だちと何カ月ぶりに会ってどういうやりとりしよう，何か言われるんちゃうかなという不安もなくなる？ 勉強は？
IP：……不安です。
東：勉強は不安。うん。ちょっと間があいているんだね。その不安はどれくらい強い？ 君がくじけそうな不安だろうか。
IP：大きいです。
東：うん，その不安はけっこう君をくじきそうやね。大きい？
IP：うん。
東：順番に並べるとしたら，お腹痛の不安と，友だちに何か言われるんやないかという不安と，勉強の不安，この不安3トリオ。この中では，どれが一番君にとってやっかいな不安ですか？
IP：お腹痛くなるかもっていうのが一番強いです。
東：それがなくなったら？
IP：勉強についていかれへんっていう不安が次に大きいです。
東：ああ，そうか。友だちよりもそっちやね。なるほど。じゃあ，勉強のことについては……（母親が何か言いかける），なに？
母：私は自分が教員で，いろいろな子どもさんも見てきて，確かに私がちょっと神経質にコウヘイを育ててしまったかもしれないなとは思うんだけど，だけどこのお腹痛がなくなったら，そこが変わったらコウヘイって学校に行けるような気がするんですよ。それって，たぶん私だけではもう難しくて，お父さんにもコウヘイの気持ちを分かってもらって，やっぱりちょっとは早く家に帰ってくるとか，あるいは休みの日にはコウヘイの話を聞いてくれるとか，もうちょっとかかわっていってもらうと，コウヘイも少しは楽になるんじゃないかなと思うんですよ。だって，コウヘイは今はこうやって何も言わないですけど，やっぱりお父さんからいろいろなことを言われるのをすごく気にしているんです。だよね，コウヘイ？ スポーツしろとか体を動かせとか，そういうの嫌だって前に言っていたよね。
IP：う，うん。
父：そうなのか。そうは言っても，一緒にゲームをやるわけにもいかんしなあ。
東：ちょっと待ってもらっていいですか。（コウヘイ君に）今，不安出んかった？
IP：不安……。ちょっとお腹，痛い（お腹に手をやる）。
東：お腹？
IP：ちょっと不安です。【コメント35】

【コメント 35】
面接のポイント

児島：ここはうまい。

東：1つの究極の場面です。これまで通り，いろいろな話題から「不安をどう処理するか」ってところに戻す動きなんですけれども，今度はそこに，「関係性」も利用できた。「父親とIPの関係」と「不安の処理」とがリンクできた。

児島：お父さんが「ゲームやるわけにはいかない」って言ってIPが反応した場面ですよね。ここで彼の反応を見落としてしまうとまた夫婦の問題に戻ってしまう可能性があったかもしれないのに，本当にうまい。

東：何度も言うように，首尾一貫徹底的に（笑），「ここへもっていくんだ」という意識があるから，「小さくても大事な反応」を見つけることができるし，それを使って，瞬発力を持って動けるわけです。あれやこれやと方針が定まらずにいるとせっかくのおいしい情報が何も見えなくなってしまう。脇目もふらず（笑），常に自分の中で軸を意識しているおかげで，瞬発力が発揮できるのだと思っています。この場面は，面接全体の中での一番大きなポイントだと言えます。

Chap.36

東：いや，ボク今聞いとったらね，「コウヘイ，お父さんからいろいろ言われるの嫌やろう」みたいな話……。
母：そうです。私には言ってくれるんです。
東：お父さんは「そうなんか」と聞かれたですよね。
父：はい。
東：だけどお父さん，そういうことはあまり……。
父：そうですね。
東：君，今「うん」と言うた？　お父さんに。
IP：うん。

東：えーっ，すごい不安なことなかった？ お父さんとようしゃべらんのやろ？ 単身赴任が多かったし。今お父さんが「そうなんか」って聞いて，よう君「うん」って言えたな。
IP：いや，怖かったです。
東：せやろ。なんで言えたん？
IP：分かんないです。
東：あらびっくり。家でこんなことは？
母：言わないです。私にはお父さんがいないところでは「あんなふうに言われるのは嫌だ」と小さいときから聞いていたんですけれど，だけどお父さんに面と向かってあんなこと言えなかったです。
東：でしょう。今言ったよねえ。
父：ただ私もそんなに怒ったりした覚えはないんですけれど……。
東：はいはい，いや，ボクはそんなことは言いませんよ。ボクがお父さんに聞きたいのは，コウヘイ君が今みたいに，いや，お父さんに非があるかどうかは言いませんよ，そうじゃなくて文句を言ってきたことある？【コメント36】

【コメント36】

ピンチ：もう夫婦の問題に入りたくない

東：この場面，僕は慌てています。もう夫婦の問題に入りたくない，IPの不安の対処の仕方にフォーカスしたいと思っているのに，しかもこれ以上ない素晴らしい展開になって来ているのに，父親が母親の発言に乗せられてしまって，「自分は怒ったつもりはない……」なんて，また母親を誘うようなことを言うから（笑）。もう慌ててすぐに切りました。母親よりも絶対先に動かなければと，ほんと慌てている場面です（笑）。ピンチでした。

Chap.37

父：いや，ないですね。
東：ない。じゃあ今言ったのは……。
父：珍しいですね。
東：(しゃべろうとしたが父親が何か言いかけたのでうながす)
父：帰ってきたらもう最近はいなくなってしまいますし。
東：彼が。
父：はい。妹の方はなんやかんやと話してくれるんですけど。
母：マリコは言えるんですよ，お父さんに。
妹：(うなずく)
東：お母さんにも言える？

妹：言えますね。
東：お父さんやお母さんに何か言うということに不安は出てこないの？
妹：出てこないです。
母：私の話もよく聞いてくれるんですよ。
東：ああ，そうですか。マリコさんは何か不安，学校の中とかおうちの中で何か不安な気持ちを持つことはあるの？【コメント37】

【コメント37】

娘に回避する

児島：娘の方に向いちゃって，ある意味回避していますよね（笑）。
東：隙あらば母親の大反撃って感じがしたので（笑），「不安の対処」のネタのままで，妹に逃げ込んだ（笑）。こうやって第三者的に見ると，僕の姿勢ってずいぶん単純だなって思いますね。気持ちが如実に出ているもの（笑）。
児島：まあ，いいんですよ（笑）。

Chap.38

妹：今は，友だちにお兄ちゃんのことを言われたりするのが一番イヤ。
東：ああ，そうか。それをどうしようかなという不安があるんだね。なるほど。その不安はどんなふうにやっつけてる？
妹：うーん，学校ではあまり「知らーん」みたいな感じで答えて流すようにしていますね。
東：はいはい。それでうまくいってそう？
妹：そうですね。それ以上友だちも聞いてこないので。学校は楽しくやってます。
東：ああ，そうですか。
母：合唱部でね。合唱をやっているんです，マリコ。
東：合唱？　合唱部いうたらみんなでステージに立って歌うやつや。
妹：はい。
東：あれ，当日の本番は不安やな。
妹：でも，けっこう人数がいると安心かな。
東：ああ，ほんとう。「一人やないんや」みたいな感じになるわけ？
妹：はい。
東：独唱はあるの？　一人でステージで歌うとか。
妹：あんまりしないですね。
東：ああ，そうですか。勉強のこともそんなに不安なことない？
妹：勉強もまあそんな，賢くはないですけど。
東：（笑）

妹：まあ，そんなに。
東：大丈夫ですか。
母：マリコは元気に学校に行ってくれるんです。
東：ああ，行っているみたいですね。
母：同じ学校でね。マリコ，合唱部がんばっているしね。
東：ああ，そう。じゃあ不安もあまりもたないし，もったところでなんとか今のところできているという感じがあるわけやね。
妹：はい。
東：なるほどね，けっこうですね。さて，ごめんなさいね，またコウヘイ君の話に戻るけどね。もう一度確認するね。君の中に起きている不安についてボクに教えてほしいんですね。ボクはね，君がお腹痛の不安と勉強の不安と，そして友だち関係の不安と，そういったことを君が克服することにちょっと今自信を深めているんです。ボクは自信を深めたんですよ。それはさっきお父さんに「うん」と言ったでしょう。そのシーンを見て，ボクはびっくりしたんです。ほんとうにびっくりしているんです。お父さん，すばらしいことだと思いますね。それを見てね，ああ，君はふっと不安を乗り越える力のある子なんだ，ということを強く思っています。ですから必ずその不安を克服するお手伝いができると思います。もし遠慮なく言ってもらえれば教えてほしいんだけど，3つ以外にまだ何かあれば全部言っておいて。全部なんとかしてあげるから。
IP：不安ですか？
東：うん。こんなことが不安，あんなことが不安，あるもの全部言っておいて。マリコさんもあったら言ってくれていいよ。せっかく来てくれたからお手伝いするけど，どうも君はなさそうやな（笑）。
妹：はい（笑）。
東：うん。
IP：他に不安は……今のところはないと思います。
東：OK。出てきたら教えてよ。どんなことでもかまわんですから。その不安退治のお手伝いしてあげる。いい？
IP：はい。
東：お父さんお母さんにお願いがあります。
母：はい。
東：今日よく来ていただいたと思います。マリコさんもね。あ，今日1回だけで終わろうという気持ちで来られているわけじゃないよね？
母：はい。
東：ボクはぜひ継続的にお目にかかりたいと思っているんですけれどもね。1つ2つお願いがあるんです。お願いしてもよろしいでしょうかね。
母：はい。
東：毎回この形でお目にかかりたいというのがお願いの1つなんですけれども，もう1つ……これはひょっとしたらお母さんの気分を害するかもしれませんが……。
母：はい。
東：思い切って言っちゃってもいいでしょうか。
母：はい。

東：許してもらえる？　彼の不安とか，いろいろあったよね。それが解決できて彼が元気になれる，いきいきして不安にとらわれないで，元気になれる子どもさんになることはお手伝いを絶対にしますけれど，約束しますけれど，お父さんがどうしたらいいとか，早く帰ってくれたらいいとかいうことについては，ボクはまったく……怒られるかな……興味がないんですけど，許してもらえるやろか。
母：はい……。
東：別にお父さんがとんでもない人だと思っているわけじゃないんだけど，仮にお父さんがとんでもない人でろくでもない人で最低のお父さんでも（ごめんなさい），でも，彼（IP）の不安はなんとかしますから。
母：はい。
東：つまり，お父さんがああしてほしいこうしてほしいというのは，ボクの中にはまったく関係ないことなんだけど，それでも許していただけるかどうか。
母：先生，それでコウヘイが学校に行けるようになるんですか？
東：不安がなくなります。不安に強くなります。【コメント38】

【コメント38】

正面勝負	東：ここでは，僕は完全に正面勝負に出ていますね。母親が「また学校に行けるようになりますか」と聞くから，「不安がなくなります」と，はっきり応えています。ここまでやってきたことの集大成の場面ですから，ここでは絶対引き下がりません。「そこまで再登校にこだわるなら，もうここへは来るな」って，それくらいの覚悟ですね。また，実際のところ，ここまでで仮に議論になっても負けるわけがないような展開が作れたという自信もある。また，勝ち負けか（笑）。

Chap.39

東：あ，なくなるっていうのは変だよね。おねえちゃんだってあるんだもんね，不安は。不安を乗り越える，不安をやっつける力を身に着けることができて，彼は楽になります。ほら，もうさっき1つ乗り越えたんだもん。もう顔が違うやん，来たときと。その力を引き出すことはお手伝いできるけれど，お父さんがコウヘイ君に対して変わらないかん，それについてはまったく……実際たぶんできないし，そのことはほとんど不要です。
母：そうですか。
父：私はなんにもかかわらんほうがいいですか。

第10章　解説編：虫退治・成功へのプロセス——1回目を解き明かす　**287**

東：いやいや，それはもうお父さんのいいようにしてください。いいようにというか自然にしてください。だからボクのほうから日ごろのかかわりについては，お父さんこうしてくださいああしてくださいというのはお願いすることはありません。ただ，次回お目にかかったときにいろいろご提案することはありますけど，そのときにお父さんお母さんこんなことお願いできるかなとご相談します。ただ，日ごろ一般的にもっとお父さんがかかわってあげてくださいとか，強く言わないでくださいとか……あ，彼からいろいろ希望が出てくるときは聞いてあげたらいいと思うけど，ボクのほうからああだこうだ，親はこうあれ，ああしてくれこうしてくれということはないです。

母：はあ……。

東：お母さんに対してもそうよ，言っておくけど。

母：え，私もいいんですか？

東：え，なんかあかんの？

母：私は何もしなくてもいいんですか？ コウヘイに何もしてあげなくてもいいんですか？

東：いや，今やっているとおりでいい。

母：あ……。

東：変わりたいんですか，お母さん。

母：いや，やっぱり私も言い過ぎちゃったかなとか，理系行くのそんなに得意じゃないのに無理やり理系のほうがいいんじゃないとか，私自分も言い過ぎちゃったかななんて思っていたんですけど。

東：その反省，何か役に立つ？

母：いやあ，もう今は……今では，そんなには……。

東：役に立たない？ それはもう忘れてください。

母：いいんですか。

東：いいんです。さっきからお話を聞いていると，ボクはこれお父さんお母さんの美徳だと思うんだけれど，すごく反省会モードに入られるのね。これが悪かったんじゃないか，単身赴任がどうだったとか，無理やりさせたんじゃないかとか，あるいはお父さんがちょっと強すぎたんじゃないかとか，けっこう反省会モードに入られるんだけど，それ忘れて。実は，これが今日の最後のお願いなの。

父：うーん。

母：はあ。

東：まあ，そうは言っても，もしお二人が「反省することがものすごく大事よ」という哲学みたいなものをお持ちだったら話は別ですよ。でも実際問題，息子さんが，コウヘイ君が元気になることと反省されることとね，そんなに関係ないです。むしろ反省しすぎて気持ちが落ち込んだらつらいよね。ですから，できたらそれをやめていただきたいというのがささやかながらボクのお願いです。そういう前提でこちらに一緒に来ていただけませんか。

母：（大きくうなずく）

東：ちょっとお母さん気を悪くしちゃったかなと，ボク心配してます，正直。

母：いえ。私としては，私はこれまでいろいろコウヘイにかかわってきたので，でも今コウヘイがこうなっているから，やっぱりお父さんにかかわってもらいたいという気持ちがあってここに来たんです。

東：ああ，そうなんでしょうね，うん。
母：だけど今，先生にそうおっしゃっていただいて，そういうことをあまり無理にしなくていいんだったら……はい。
東：忘れていただける？
母：努力します。
東：はい。その方向でね。（父親に向かって）ですから今までどおりでけっこうです。とくに新しいことを何かこうやってくれ，ああやってくれということは気になさらないでください。いいでしょうかね。
父：（うなずく）
母：はい。
東：マリコさんも一緒に来れる？
母：来れるよね。
妹：（うなずく）
東：1週間に1回くらい来れるかしら。どれくらいのペース？
母：あなた大丈夫？
父：大丈夫。大丈夫です。
東：はい。じゃあ来週ね。またこの時間にお目にかかりたいんだけど，コウヘイ君来てくれるかな？
IP：来ます。
東：OK。1週間あいだがあくんだけど，この1週間の中にもきっと不安の野郎は君に襲い掛かってくると思うけれど，それとどんなふうに君が取り組んだか，また1週間後に教えてね。
IP：はい。
東：じゃあ，また来週お目にかかりましょう。
母・父：ありがとうございました。
東：お疲れ様でした。【コメント39】

【コメント39】

「虫退治」のプロセス

東：結局，行われたことは「虫退治」のプロセスでしょ？「虫退治」の面接なら，早い段階でさっさとできることなんですよ。「虫退治」ではこの面接の最後のシーンが面接早々に来るのですね。だから「虫退治」は非常にあっさりしている面接です。でもそれだと，家族療法の教育ビデオを制作する意味がなくなってしまいますよね。やはり一般的に家族療法で見られるような家族員同士のコミュニケーション・パターンや，セラピストと家族の駆け引きというか，相互作用をしっかり見てもらいたいから。この辺りが観察できて，丁々

発止のやりとりができるようになれば,「虫退治」なんて誰にでも簡単。逆に言うと,このような観察の仕方や関わり方ができないで,うかつに「虫退治」を真似すると火傷することがある。

　だからこそ,編集者は実は虫退治をビデオ化したかったのかもしれないけれども（笑）,それを避けて,地道にここまで引っ張ってきたわけです。ここまでくれば,到達点としては「虫退治」と同じところに来れるということです。

誰にでもできる面接

　「虫退治」のような,ある意味名人芸ではなくて,誰にでもできる面接,これが大事です。「虫退治」なんかをするのが家族療法ではない。細かい作業を積み重ねていくのが家族療法の本来の姿であるわけです。だからこそ,このDVDは家族療法の教科書に成りうると自画自賛（笑）。「虫退治」でぱっぱっと終わったのでは,教科書にはなりません。児島先生と議論して来たような,細かな,細かなやりとりが大事。そこで起きてくる現象を相互作用として理解する。全体のあり方として理解する。文脈として理解する。そして,そこでの立ち振る舞いをどうするか。ここは無視するぞとか,ここは行くぞとか,その逐一逐一の判断をする。そしてまた相手の反応も見て修正したり,徹底したり。このような細かな作業を重ねていくこと。これが一番です。

ノーチェンジ

児島：最後の場面で先生からのメッセージをお父さん,お母さんに送りますよね。教科書ふうに言うと「ノーチェンジ」なんです。今までお父さんとお母さんも一生懸命努力してきていると,そのままでいいんだと。昔のことは関係ないんですと。これがノーチェンジの技法です。でも最初からノー

チェンジを言ってもしょうがないんです。やはりこちらのセラピスト側の考えをどう伝えるか，どう受け入れてもらえるか。つまりは日常的なコミュニケーションの作り方というところが問題になるわけです。セラピストそれぞれのスタイルはあるんだろうけれど，基本的には東先生にしろ，私にしろお願いをしていますよね。お願いをしているんだけれど，決して土下座しているわけではない（笑）。

東：土下座に近いほど腰は低いですけどね（笑）。

第11章

解説編：虫退治・成功へのプロセス

2回目を解き明かす

児島＝聞き手（児島達美）
東＝東　豊

Chap.01

（ノックの音）
東：はい，どうぞ。
母：失礼します。
東：はい，どうぞ。こんにちは。
（浅田一家入室。順番は1回目と同じ。あいさつをかわす）
東：1週間あっというまでしたね。さて，まずこの1週間のご様子，どんな状況かということをどなたからでもけっこうです，お話，聞かせていただきたいんですけれども。
母：まず，私も先生に前の週に「お母さん何もしなくていいですよ」と言っていただいて，それで私すごく気が楽になって，コウヘイにあまり……今まで自分がやきもきして「まだ出ないの」とか「学校始まるでしょう」とか「行かなくていいの」とかいうのを言わなくていいんだってなって，すごく気が楽に過ごせました。
東：うん。
母：で，これはマリコから聞いた話なんですけれど，コウヘイが制服を着た日があったんです。ね，マリコ，そうだよね。
妹：うん。お母さんが出かけちゃうんで，その後で（お兄ちゃんと）リビングで会って，お兄ちゃんはトイレにも行っていたんですけれど，制服を着て，でも結局またトイレに行っちゃって，結局（学校には）行けなかったんですけど，そんなことが1回，2回ありました。
東：はい。【コメント1】

【コメント1】
母親のフレーム　｜　東：「学校に行くことが大事」。母親のこのフレームの強さを今回も冒頭から感じています。

Chap.02

父：私はですね，いつも話しかけたらプレッシャーになるって言われたし，何も話すことができないし，先生に無理にしなくてもいいとおっしゃっていただいたので，どうしたものかと思っていましたら，リビングにコウヘイの読みかけの本が置いてありまして，私も読んだことがある本だったもので，コウヘイにその本のことを声かけたらけっこう話してくれまして，久しぶりに普通に話せたなという感じを持てました。

東：ああ，そうですか。

父：はい。『容疑者Xの献身』という，映画化もされましたけど，私も読んでいたものですから。ちょっと感想を言い合ったりして，話せたことが私自身ちょっとほっとできたというか。

東：そうですか。はい。

母：でも，学校にはまだ行けていないんです。私のほうからはあまり学校のことは言わないほうがいいかなと思って，そういうふうにはしたんですけど，でもやっぱり本人はまだ学校のことを気にしているかなとか，勉強のことも気になるみたいで，それはまだ続いているみたいです。

東：うん。コウヘイ君に聞いていいですか。

IP：はい。

東：まず，体のことね。体のことから教えてほしいんですけど，この1週間，なにか君の腹痛，下痢といったことに対してなにか感じ方が変わったことはありますか。【コメント2】

【コメント2】

IPへの焦点化	東：ここでもなお，僕の徹底ぶりは顕著ですね。「母親の変化」であるとか「制服を着た」とか，「父親と会話があったこと」とか，ある意味つかんでみたくなる変化ですが，僕はそこにはあえて突っ込んでいません。話題を広げず，「そうですか」とあっさりすませている。
	児島：お母さんが息子に対してあまり言わないようにしたとか聞くと，つい息子本人に「お母さんが言っているけれど，本当にそう？」みたいな質問をしたくなりますよね。
変化を褒めたらダメ	東：それくらいならいいかもしれません。ただ確認はいいと思うけれど，その変化を褒めたらダメですね。

第11章　解説編：虫退治・成功へのプロセス——2回目を解き明かす　293

児島：僕も，褒めはしないです。

東：「お母さんすごいですね」「お父さんすごいですね」なんてやったらアウト。「やっぱり両親が変わることが大事なんだ」なんていうフレームにすぐになってしまう。だから褒めたらダメ。前回でノーチェンジってお願いしたんだから，むしろチェンジしたら「なんで変わっちゃったの？」とユーモアを持って叱ってもよいくらい（笑）。今回はスルーしましたけどね。

児島：「はぁ」ぐらいでとどめておくくらいですね。

両親の変化

東：そうです。でも，いずれは使えるネタなので，しっかりと自分の頭の貯金箱には入れています。でも，ここですぐに乗っかってしまうのはまだ早いぞと，僕の警戒心がうずいています。このような「うれしい報告」に軽はずみに乗ると，また元の「夫婦の問題」に行ってしまうかもしれない。それはまだ僕の手に負えないかもしれない。しかし，その意味でちょっとうれしかったのは，前回よりも両親の立ち位置が少し変わって来たって感じたことです。二人の報告は，いわば母親が「私は引っ込みました」，父親が「私は出ました」ってことでしょ。この面接で，この関係をもっと促進できるかもって，思ったのですね。今回は，父親をぐんと引っ張り出す作業が，1回目よりもうんとラクにできるはずだと感じていますね。そこに「学校に行くこと」と「それにこだわらず不安の処理が大事」といったフレームの扱いをリンクさせて，アンバランシングの技法を駆使して一気にシステムチェンジ！——その可能性を感じさせてくれる報告でした。とにかく，貯金箱に。

Chap.03

IP：相変わらず不安というか，お腹痛くなるんじゃないかというのは思っていて，やっぱり朝ごはん食べた後にお腹が痛くなっちゃうんですけど……うん，はい。やっぱりお腹は痛かったです。
東：うん，そのお腹痛かったときの感じね。もうちょっと教えてほしいんだけど，この1週間，朝ごはんを食べたあと，お腹痛（なかいた）が出ましたか。
IP：出ました。
東：出ましたね。そのときの感じを教えてね。とっても怖かった？
IP：怖かった？……お腹痛いときは怖くはない。
東：怖くはない。どんな感じやった？
IP：なんか……。
東：えらいことになった？　そうでもない？
IP：また来ちゃったみたいな。
東：また来ちゃった。ふーん，わりと軽い感じやね。
IP：うーん。また来ちゃったというくらいです。
東：ほうほう。1週間前までもそんな感じやった？　また来ちゃったという感じ？
IP：よく分からないんですけど，どうだろう……，でも1週間前は食べる前から痛くなったらどうしようどうしようとずっと思っていて，今週もやっぱりどうしようどうしようとは思っていたんですけど，前まではもしかしたら「また来ちゃった」とは思っていなかったかもしれない。
東：前まではどんな感じやったかな。
IP：前までは……（少し考える）これでまた学校に行かれへんとか，このあと着替えて外に出なあかんとかずーっと思って，またお腹痛くなる。
東：うん，前はね。学校行っていたときも？
IP：はい。
東：そうだったのね。OK。それと今，妹さんからお話があったんだけど，制服を引っ張り出してきたというのはどういうことかな。少し教えて。
IP：ちょっとがんばって学校に行ってみようというか，お腹痛くなるかもしれへんけど，とりあえず先生が良くなると言ってくれたし，ちょっとがんばってみたいなと思って。
母：部屋にはいつもこの子の制服をちゃんとかけてあるんです。
東：はいはい。それを着たのね。そっちのほうに目が向いたという感じ？
IP：はい。
東：ちょっと念のために聞いておくけど，ものすごく無理しましたという感じはないですか？
IP：やっぱりちょっとその後お腹痛くなってしまったんですけど……。
東：その後？
IP：制服を着るのに無理したという感じではなかったです。着た後に，学校行く途中にまたお腹痛くなったらどうしようと思ってまた痛くなりましたけど。
東：結局，外には出なかったんだよね。
IP：はい。

東：制服着るまでだよね。先週も言っていたものね。20分なら20分ここまでというのがあったらわりとがんばれるタイプだとおっしゃっていたから，制服着るまでだったんだよね，今回ね。
IP：そうです。
東：それでもちょっと出たんやね。
IP：はい。
東：OK。ちょっと教えてほしいのね。ボクはさっきお母さんの話をびっくりしながら聞いていたんですよ。実はたいへんびっくりしながら聞いていたんだけど，お母さんが先週から今週のあいだ「あまり言わなかったんです」とおっしゃったですよね。
母：はい。
東：それはどういうことなの？ 君にはどういうことだったの？【コメント3】

【コメント3】

アンバランシングの機が熟す

児島：ここでIPに聞いていますよね。ここから入っていくわけですね。

東：そう，最初の段階ではまだ早いかなって気持ちがありました。お母さんに対してまだ警戒心があった（笑）。でもここまで来て，よし，これでいこう！と。このあたりから，母親とケンカ開始（笑）。

児島：間接的にね。

東：父親はまだ前面に出てきてはいないけれど，僕は父親に味方するつもりなんです。「学校に行く／行かない」の問題で，父親と母親の考え方の違いがもっともっと出てくると想像しています。そして，「今の段階では学校に無理に行かなくてもいい」という価値観をどんどん挿入していこうと，この段階で考えています。つまり，父親と連合するつもり。いよいよ明確にアンバランシングの実行です。

　初回面接でも一応はアンバランシングを使うことを考えていましたが，とにかく母親が強すぎて（笑），父親もなかなかすっきりとは出てこられなかったですから，ちょっと難しかったけれど，今

回は父親が頭角を表して来たし，ここまでの展開を見て，もう大丈夫ではないかという感触があり，僕の中でGOサインが出ています。

Chap.04

IP：今まで，トイレに入っていたら，ノックして「まだ入っているの」と聞いて心配してくれていたんですけど，それがなかったです。
東：そのことは君にどんな影響がありましたか。
IP：影響？……（考える）でも何かちょっと楽でした。
東：楽だった？
IP：はい。【コメント4】

【コメント4】

息子と母親との対決をあおる

児島：まずは息子と母親のガチンコ対決。火を点けちゃった。
東：せっかく火を点けたわけだから，ここでIPが「母親が口出ししなくて良かったです」なんて感じでじゃんじゃん言ってくれたらいいなと，僕は願っているわけです。
児島：母ちゃんへこみすぎないか，心配だな（笑）。「うわ〜，私いろいろ言いすぎていたのね〜」という展開にもなりそうですね。
東：もしその流れになったら，前回伝えた「反省モードに入らないでよ」という話にもっていったと思いますね。

Chap.05

東：楽っていうのは？　もう少しくわしく，どんな気持ちだった？
IP：ノックして「まだ入っているの」と言われると，ちょっとこの辺が（胸のあたりを押さえる）ギューッとなっていたんですけど，言われなかったのでそういうのもなかったです。
東：なかった。なるほど，わりと楽な感じだった？
IP：はい，楽な感じでした。
東：そのことはお母さんに伝わった？
母：私は言いたかったんですよ。
東：言いたかったでしょう。

第11章　解説編：虫退治・成功へのプロセス——2回目を解き明かす

母：だって，相変わらずトイレに入っていますからね。こもったきりですから。
東：でしょう。よう辛抱したなとびっくりしているんですけど。
母：だけど前，先生にお母さん何もしてもらわなくていいですよって言ってもらったので，私はもう気持ちを切り替えて早めに仕事のほうに出ようという感じで。トイレに入っていても，仕事の用意をして出るようにしました。
東：すごいなあ。ほんとう。それで彼は楽になったとおっしゃったんだけど，それは伝わっている？　日ごろから分かる？　それがかえって楽そうにしているなというのが伝わった？
母：うーん，そうですねえ。マリコの話を聞いて，そういうふうに制服を着れた日があったと聞いて，私自身はすごくうれしかったので。やっぱりちょっとでも学校に近づいてくれているでしょう。
東：ええ。
母：もしかしたらまた学校に行けるようになるんじゃないかと思って，それは私はうれしかったので。
東：ああ，そうですか。
母：ただ私としては，がんばったねということは伝えました。
東：伝えた。ああ，そうですか。はい。（IPを向いて）それと，さっきお父さんが本の話を（した）ということでしたけど，そのことはなにか君に影響というか，どんな感じだったですかね。
IP：お父さんがそういう本を読んでいたのを知らなくて……言われたときにちょっとびっくりしました。
東：うん，ドキドキせんかった？
IP：最初，話しかけられたときは「なんや？」とドキドキしました。
東：うん。で？
IP：で，感想どんなんやったと聞いてくれて，その本はすごく好きな本やったんで，ちょっと楽しくしゃべれました。
東：そうですか。お父さんには失礼な質問かもしれんけど，怖くなかった？
IP：最初，ちょっとだけ。
東：ねえ。実際お父さんは怖い人じゃないんだけど，今まであまりかかわってなかったというのもあったりするから，ちょっと怖い対象になりがちだと思うんだけど，前回の面接のときもよくおっしゃったけど，今回おうちでもお話しできたんだ。
IP：うん。
東：そこは何かコツがあった？　「うわ，来た」と思うと思うんだよね，最初。「うわ，来た」と思うところをスッと越えたのには何か，何が起きたの君の中に。だって逃げようと思えば逃げれたわけじゃん，お父さんから。
IP：うん。
東：それをがんばったというのはどんな感じ？【コメント5】

【コメント5】
IPの不安と家族関係

児島：いやらしいな，このセラピストは（笑）。完璧に関係性に持ち込んで，あれだけお父さんとお母

　　　　さんが変わっても関係ありません，彼の不安にどう対処してくかが大事ですよと1回目の面接で言っておきながら，2回目では，ガンガン，お母さんとお父さんがどう影響したかと言ってきてますよね。
東：IPの不安をテーマにしながらも，家族関係をじっくり扱っていく。
児島：ちゃんとお父さんが怖くなかったという話をさせて，また彼自身の不安が襲って来る時のことをちゃんとリンクさせているでしょう。拍手もんやね。ほとんど家族は気が付かないですよ。

Chap.06

IP：がんばったというのは……まあでも好きなものを聞いてくれたから話しやすかったです。
東：うんうん。なるほど，なるほど。敷居がちょっと低かった？
IP：はい。
東：もしね，お父さんが「おい，コラ！」って言ってきたら……？
IP：怖いです。
東：ちょっともう太刀打ちできん感じ？
IP：うん。
東：絶望的に太刀打ちできん感じがするね？　なるほどね。
母：先生，今までそんな本の話とか，あるいはお父さんがコウヘイの読んでいるものに興味を持つなんてことなかったので。【コメント6】

【コメント6】
母親ペースを崩す

東：この母親の発言は完全無視します（笑）。「今までがどうこう，だからこれからはどうこうしてほしい」といった方向にはもっていきたくない。セラピストは確かに関係を扱っているんだけれど，母親ベースの「関係の問題」を扱うことは一切しない。これは徹底したい。だからこそやっと，関係の話ができるようになってきたんですから。ややこしい話ですが。

Chap.07

東：はいはい。お腹痛の不安とか「腹痛，来るぞ！」というのはちょっと勝ち目がないけど，ちょっとくらいやったらなんとかなるわけやな。
IP：うん。
東：な？　具体的には，制服に着替えたやろ。結果的には（お腹痛が）ちょっと出たけど，制服着替えるところまではいけたわけや。
IP：うん。
東：これ，いきなり学校に行け，という話になると……？
IP：痛くなるかも。
東：痛くなるかも……間違いなく？　お父さんが，「おい，コウヘイ！」って来たらシューッと君が逃げるように，「お腹痛来るぞ！」「学校行かないかんぞ！」と来たら，シューッとお腹痛が来る？
IP：たぶん。
東：そういう感じやな。OK，了解。1週間よくがんばったね。お母さんもがんばったけどお父さんもよくがんばった。すごいねえ。妹さんから見たらどうですか。おうちの中でこの1週間に起きていることあなたから見るとどう見える？
妹：うーん，家の雰囲気がちょっと良くなったかな。
東：と，おっしゃると？
妹：お父さんとお母さんが会うと，こないだみたいな感じでお互いがダメ，みたいな感じになるので。でも二人ともちょっとやさしくなった。
東：誰に対して？　お互い？
妹：うん，そうです。【コメント7】

【コメント7】

夫婦の関係という文脈

東：ここは面白いところですよね。夫婦の問題は直接的には全然扱わず，むしろ避けてきたのに，娘から「両親関係が変わった」と感想が出たわけです。夫婦の関係を扱うからこうなるのではなくて，扱わないからこそ夫婦関係が変わる。
児島：そう，そう。
東：内容としては扱っていないけれども，文脈としては扱っているわけです。

Chap.08

東：なるほど，なるほど。そうですか。いやボク，お母さんね，先週，お母さんに怒られるかも分からんなあと言いながら，「もういいんですわ」という話をしとったでしょ，お父さんはあんな話（お父さんはそのままでいいという話）をしたもんやから，帰られてからお父さんが「お前よう聞いたか，先生は何も変

えへんでええと言うてはったやないか。お前が悪いんじゃ」と言って，今度は奥さんが責められてはんのちゃうかな思うてね，ずいぶん心配したんですけど，そんなことなかった？
母：ちょっとは言われました。
東：ちょっと言われましたか。
父：いや，あまり言った覚えはないんだけど……。
東：そうですか（笑）。【コメント8】

【コメント8】

| 言った／言わない | 児島：ここのやりとり，言った／言わないの夫婦の関係性が変わってますよね（笑）。 |

Chap.09

母：言いましたよ。やっぱりコウヘイのことは今まで私が中心になって面倒をみてきましたから，やっぱりこうなったのは……みたいな感じがね，お父さんの中にもあったと思うんです。
東：なるほど。
母：でもそれは私の中ではお父さんももっと変わってほしかったという気持ちもあったので，だけど先生に言ってもらったことは，ほんとう私自身は気が楽になりました。
東：うんうん。はい，分かりました。安心しました。ボクはお父さんにとっちめられているお母さんの姿をときどきふっと思い出して，大丈夫かなと心配しとったんですよ。よかったです。さて，今日ね，最後に提案したいこともあるんですよ。そうねえ……，留年という問題がありますよね。
母：そうです。まずやっぱり学校に行ってほしいんです。
東：そうでしょう。お母さん，何度もおっしゃっているよねえ。留年はあとどれくらいなんですか，日数的に。
母：日数というのか，教科であと3時間とか4時間休むともう留年が決定してしまうかもしれないと先生から言われています。【コメント9】

【コメント9】

| 登校問題を俎上にのせる | 東：母親の登校へのこだわりの背景には留年問題があるというのは察せられます。 |

Chap.10

東：ああ，そうですか。なんとか留年は避けたいとお母さんは考えていらっしゃる。
母：はい。
東：お父さんはどう考えられる？　留年。【コメント10】

【コメント10】

「お母さんはこう思う，ではお父さんはどう思いますか」

東：これはおそらく今までにない形の質問です。「お母さんはこう思う，ではお父さんはどう思いますか」という質問は今まで1回もしていないはずです。怖くてできなかった（笑）。早い段階でこれしていたらアウトだと思う。ケンカしろってことになる（笑）。そんなの僕，よう収拾しませんよ（笑）。この段階まで来て，やっとできた質問です。1回目の面接のときは絶対できなかった。

児島：そうですね。

東：この質問モードに入れたことは，僕にとって大きな変化なんです。ここまで「両親の違い」を意図的にクローズアップさせるような質問ができるようになったということは。だって，今までは極力それを避けようとしてきたんですから。安心感が僕の中で大きくなったのですねえ。だからこそ，両親の対立を引き出すことを前提にした，このような質問ができたわけです。

Chap.11

父：まだ家内とは直接話していないんですけど，若いときですから1年くらい重なっても大学行くときに浪人することを考えれば，コウヘイがそれで気が楽になるのであればそれはそれでいいじゃないかという考えを持っています。

母：お父さん，そんなことないよ。やっぱり高校で留年するなんて大変なことだもの。私たちの学校でも大変だよ。

父：うーん，でもあんまり追い詰めてコウヘイが苦しむくらいだったら，元気になって通ってくれたほうがいいんじゃないかな。

母：いや，私やっぱり留年は困るわ。

妹：私も同じ学年になったら困るし。【コメント11】

【コメント11】

母・娘連合

東：さあ，ここです。これは初回面接にもあったパターンで，妹と母親の連合です。これは予想通りの展開です。

Chap.12

母：そうよ，マリコの気持ち考えてあげてよ。私だって教師ですよ。教師の子どもが不登校なんてそんな，格好悪くて学校に行けないですよね，先生。
東：そうですか（軽くうなずく）。コウヘイ君自身はどうなの，留年ということについては。
IP：できたらしたくない。
母：ね。
IP：けど……。
母：そうだよね。
父：けど？
IP：……したくないけど，学校にこのまま行かれへんかったらって，最近また思ってまして……。
母：そうよ，学校に行けなかったら留年になっちゃうからね。
IP：うん……。
母：先生，それは困るんです。（父親に向かって）だってあなただって困るでしょう。会社の人に自分の息子が高校で留年したなんて困るでしょう。話せる？
父：いや，それはコウヘイ自身の人生だから。僕たちのメンツとか，そういうことじゃないと思う。
母：（不満そうにためいき）あなたそれってほんとうにコウヘイのことを思って言っているのかなあ。そんなふうに聞こえないんだけど。だってここで高校で留年とかしちゃったらコウヘイの人生狂っちゃうわよ。
父：いや，でも君が言っていたみたいに，コウヘイはものすごく苦しんでいるわけだから。こんなに苦しんでいるコウヘイを無理やり学校に行かせるということはできないと思う。
母：うーん……，でもなんとか学校に行ってほしいと思うわ，私は。
父：それは行ってほしいのは行ってほしいけど，それは同じだけれど無理させるよりも人生は長いんだし，１年……まあマリコには大変な思いをさせるかもしれないけど，それで元気になってくれるんだったらそれでいいと思う。
母：格好いいこと言うのよねえ。でもほんとうにコウヘイのこと思っているようには思えないんだけど。マリコだってそうでしょう，困るでしょう，お兄ちゃんと同じ学年なんて。
妹：お兄ちゃんと同じ学年はムリ。
（長い沈黙）
母：なんとか行ってくれたらいいんだけど……。
（沈黙）【コメント12】

【コメント12】

| セラピストの視点 | 児島：この時，東先生の視線はどこにいっているのかな？　天井を向いているのか，家族のメンバーの視野に入らないようにしているのか？
東：存在感は消しています。それは確かです。視線は |

第11章　解説編：虫退治・成功へのプロセス──２回目を解き明かす　303

クルクルしてるかもしれないけれど（笑）。
児島：こういう対立が出てきた時に，セラピストがどういうポジションを取っているのかも知りたいですね。もちろん，これまでの流れがあってのことだから，こういう場面ではここを見て，なんていう「マニュアル」はないですが。
編集部：第1部の夫婦面接のビデオでは，2回目の面接で夫婦が対立している場面があって，そこで東先生は黙っています。夫の方がセラピスト側に助け求めるような視線を何度も送っているんですが，先生は横を見たりして，夫の視線を無視するような動きをしています。今回はどんな感じだったんですか。
東：第1部のケースでは，妻のパワーを上げるだけ上げて，それまでの夫婦の均衡状態のバランスを崩したから，あとはそれがどのように形を変えていくかじっくり拝見という感じ。「もうセラピストの出番ではありませんよ。ここからはあなたたちだけでよろしく」って感じ。おせっかいはもう不要というところ。あなた方を信頼していますよって感じ。だって，もうシステム・チェンジの寸前まで持っていったわけですから，むしろセラピストがこれ以上口を挟むとそれ自体が葛藤回避の機能を持ってしまう可能性すらある。しかし，今回はまた違うんです。

　この面接では，まだ僕の出番が必要だと考えています。なぜかというと，まだまだバランス的には均衡状態だと感じられるから。均衡状態になって，沈潜ムードが広がる。そしてまた父親が無力化されていく。まだまだそのような可能性が感じられる状態なのですね。だから，僕はこれからバ

アンバランシングを進めるための沈黙

ランス崩しにかからないといけないんです。なので，このときの沈黙は，「さてどのようにアンバランシングを進めるか」と，その算段を頭の中で行っている沈黙ですね。第１部の何が起きるだろうかといった，うきうきとした楽しい沈黙とはまったく違いますね。第１部の夫婦の場合，あの対立はもうアンバランシングの後だから，あとは自分たちでなんとかしてくださいと，僕はするっと降りたんです。でもこのケースでは，一応違いを表面化させたけれど，まだアンバランシングは行っていません。これからなんです。これからが本番なのですね。つまり，本番前の緊張の沈黙です。第１部の沈黙は本番終了後の一服って感じ。

児島：まだ，動いてはいけないんだよね。

東：ここからです。ただ，妹をどう扱うか，そこをちょっと思案中。

Chap.13

東：科目によって３〜４時間とおっしゃっいましたね。日数的に言うとどんなふうな感じ？

母：３週間くらいの余裕はあるかと思います。

東：今日ね，いろいろな提案をしたいとさっき申し上げたんですけど，その前に少しご家族の気持ちを意思統一していただかないかんなという気持ちがあります。

母：意思統一？

東：ええ。それはどういうことかというと，ここに来られて今日これからいろいろお願いしていくことなんですけど，絶対お約束できることは彼の腹痛やいろいろなものに対する不安，そういうものが消えていくことによって現実に腹痛がなくなっていく，あるいは勉強の不安，このあいだ，おっしゃっていた対人関係の不安，そういうものを彼が克服できる強さみたいなものを身につけられて，元気になっていくということについてはお約束できるんですが，それが（３週間の猶予の）留年を避けるということにつながるかどうかということまでは確約できないんですよ。スピードの問題で。ですから，もちろんみんなに取り組んでいただくことがトントン拍子にいって３週間で間に合った，留年を避けれたとなったら，これはもうみなさん万々歳。元気だし，留年はしなくていいし万々歳でしょう。そうなれば一番いいんだけど，元気にはなったけれども留年

が避けられないという事態が起きうる可能性を排除できないんですよ。
母：はあ。
東：絶対3週間でなんとかなりますよ，というそこまでの魔法の薬はないので。なぜボクが今こんなことを言っているかというと，始めたのはいいけれど，絶対に留年はならんのだという優先順位が高いのであれば，ボクがまずここで彼の元気をつくりましょうということを提案しているのに，留年させてはいかんというのを優先せねばならんのやったらボクがやっていることはノンキな話ですよね。
母：うーん，そうですね。【コメント13】

【コメント13】

アンバランシング開始	東：ここからのやりとりが，アンバランシング開始。アンバランシングの場面です。これがやりたかったわけです。テーマがどうこうではなく，僕は完全に父親の味方になろうとしています。父親の通りに考えるのだったら，セラピストは何とかしてあげるけれど，母親のこだわりを通すんだったら，もう協力しないって，ものすごい「脅し」をかけています（笑）。はっきりと父親の側についた場面です。この場面がこの面接の大きなポイント。この後は父親がじゃんじゃん出てきます。一気に出てきます。タイミングがドンピシャですと，アンバランシングは効果抜群です。
	児島：母親の方は聞いてみないとわからないけれど，「あっ，東先生，完全に旦那の味方についちゃった。もう私のことを捨てちゃっている」と思っているんですかね？
	東：それでいい（笑）。
ある種の ダブルバインド	児島：システムのアンバランシングというのもあるけれど，もう1つの見方をあげるとしたら，これは一種のダブルバインドですよね。元気にはできます，ただし3週間以内では学校には行けない。でも絶対元気にはなりますよと。母親としては結局，

セラピストの枠組みに乗っかるしかない。ここはNOとは言えませんよね。

東：そうですね。たしかにNOとは言えない。NOと言えば、息子が元気にならなくてもいいという話になってしまう。

児島：ここは、セラピストがつくったダブルバインドですよね。

東：だからここから逃げようがない。

児島：父親にどうでしたって聞いてみたいな。

> これが
> システムズ
> アプローチ

東：でもこれね、下手をすると語られている内容だけがクローズアップされてしまう。「やっぱりそうか。まず心が元気になることが大事。学校や留年にこだわったらダメだな」などと。プロでもそう思う人がいますよ。でも実はそういうことではない。そんなこと、僕はちっとも思っていない。一番大事なことは文脈の操作。僕がやりたいのは何かというと、父親を引っ張りあげて、母親をぐっと下げる。ちょっと表現は幼稚だけど、まあ、そういうプロセスを、僕はやっているわけですよ。そのために「ある内容」を道具として扱っている。「語られている内容」はあくまでも道具なんです。そういった作業を行うこと、これがシステムズアプローチなんです。

児島：それがなかなか理解できないのよね。

東：そう、なかなか伝わらない。でも、そこを伝えたい。

Chap.14

東：どうしましょうかということが聞きたいんです。ボクは別にお父さんの立場に立つわけじゃないんですけど、留年だったら留年で仕方ないんじゃないかと言っていただくとね、正直ボクは今ほっとしているんです。ああ、それやったらのびのびと治療させてもらえるわぁ、よしよし、という気持ちに正直なっているんですけれど、留年だけは絶対困るんやと言われると、気持ちは分かるだ

けに，そしたらちょっと待てよ，今日の提案をどうしたらええねん，となってしまっているボクがいる。どうしたらええんかいなというのがあって，それでちょっと意思統一してほしいんです。でも，とにかく留年だけは困るんです，それを避けてもらえたらええんですいうんやったら，ボク今日言おう思うてる提案をやめます。
母：うーん……（父親を見る）。
父：そこは先生がおっしゃっていただいているんだから，まずコウヘイが元気になることを第一に考えて先生の提案を聞いてみるというのはいかがだろう。【コメント14】

【コメント14】
父親が出る　　｜東：父親は当然ここから動きだします。百万の味方得たようなものですからね。

Chap.15
母：うーん……，まあ私も学校の教師として留年していく子とかかわることはあるんだけど，自分の子どもがそうなっちゃうのかなと思うとつらくて……。
父：分かっていないと言われるかもしれないけど，君の立場も全然考えていないわけじゃない。だけどここはやっぱりコウヘイの元気が一番だと思う。
母：うーん。
父：マリコもすごく負担をかけて申し訳ないとお父さんは思っているんだけど，ここはお兄ちゃんの元気のためにちょっと考えてみてくれないかな。【コメント15】

【コメント15】
もっと出る　　｜東：すばらしいですねえ，父親は。想像以上のやり手。

Chap.16
妹：うーん。
母：どう思う，マリコ。
妹：いやあ……，だって来年一緒に……。
母：かもしれないよねえ。
父：そうなるかもしれないということで，とにかく留年を避けるということじゃなくて，コウヘイが元気になるためのことを考えようとおっしゃっていただいているんで。だからもちろん，最悪来年マリコと同じ学年になる可能性もあるんだけど。
妹：…………。

母：先生，やっぱりまずはコウヘイが元気にならないとダメなんですかねえ。
東：お父さん，そう思いませんか？
父：はい。私はそう思います。
東：私もそう思います。【コメント16】

【コメント16】

父親をサポートする	東：ここ，自分としては大好きな場面（笑）。母親がセラピストに振ったのを，セラピストはまた父親に，父親の味方のままで返した。もうセラピストが母親とやり取りする必要はまったくない。むしろしてはいけない。もう，それこそ「父親の出番」である。ここは必ず父親についていかないといけない場面。ここに至ってまだ僕が母親とやりとしたら，せっかく盛り上がって来た父親の立場を落としてしまう。そんなことは絶対に起こしてはいけない。さっきも話題に出た，第1部の夫婦のときの沈黙場面と，実は同じような意味合いがこの場面にありますね。沈黙ではないけれども，「家族に返していく」「あなた方でどうぞ」という感じ。「でもセラピストは父親と一緒だよ」って含ませながら。

Chap.17
母：ああ。まず，そうなってからでないと学校には行けないんですよね。
東：（父親に向かって）そう思いますよね？
父：はい，そう思います。【コメント17】

【コメント17】

繰り返す	東：はい，ここも同じこと。

Chap.18
東：そう思います。ただ，お母さん，1つだけ。ひょっとしてね，これを聞いたらお母さん，えっと思われるかもしれないけど，もしも彼が元気になったら，学

第11章　解説編：虫退治・成功へのプロセス──2回目を解き明かす　*309*

校を変わるということもあるかもしれんよ。
母：はあ。
東：ときどき，いらっしゃるんですよ。元気になったら，すごく元気がでてきて，転校するという子がいる。「え，なんで？　学校行きたかったんと違うの」というと「いや，実は学校イヤやったん。元気出てきたら冷静にいろいろ考えて他の学校のほうがいいと思った」と転校する子がときどきいるの。【コメント18】

【コメント18】

失敗

児島：ここでの話はすでに考えていた？
東：うん。これねえ，考えているといったら考えているんですが……。実はこれ，僕の中では失敗なんです。あまり賢いやり方ではなかったなと思っています。ちょっと話の腰を折っちゃった。

Chap.19

母：別の学校に行くわけですね。
東：そういう子もいる。あ，これはそうしたほうがいいということじゃないですよ。あるいは元気になったら堂々と留年する子もいる。それまで「留年イヤや……」と思っていたのに，元気になってきたら留年でもなんとかなるやんと思える子がいる。
母：学年はマリコと同じになったとしても，同じ学校にいなかったらマリコもあまり気にしなくて済むかもしれないし。そういうこともあるわけですよね。
東：いやいや，でもそれは転校してくれという意味じゃないですよ。転校してくれという意味じゃないけど，元気が出るといろいろなことが起きる。【コメント19】

【コメント19】

焦るセラピスト

東：ちょっと変な形で伝わった。せっかくいい流れだったのに，セラピストのせいで脱線ですね。反省です。「元気さえ出れば人生何でもありだ」なんて感じで，セラピストが父親と同じような方向性を持つ者であることを伝えたかっただけなのに，母親は「そうか，転校だったら妹と同じ学年にならずにすむ」などと，そちらに関心が向いてしまった（笑）。

Chap.20
母：そうですか。
東：だから，ボクが何を言いたいかというと，元気が出たら学校に行くというわけじゃないよということです。このことをちょっと覚えておいてね。普通だと元気が出たら学校に行く，それはその通りなんだけど，子どもさんによっては元気が出ていろいろ考えて「就職するわ」という子もいるかもしれない。
母：ああ，そうか。【コメント20】

【コメント20】

修正中	東：僕はちょっと慌てて修正中。 児島：この修正は，この話を出す前から考えていたの？ 東：もちろんどのような場合でも，必要に応じて修正する道筋はどこかで用意してありますが，まあ，それでもこれはちょっとまずかったですね。 児島：それにしても，この母親の反応，いいですよね。 東：見事です。一本とられました（笑）。

Chap.21
東：可能性はいろいろあるぞということであって，お母さんはひょっとしてここに来られているのは，この子を学校に戻してくれる何か魔法の方法がと思っていらっしゃるかもしれんけど，それはないですよ。元気は作れます。元気は作れるけど，結果学校に戻るかどうかは確約はしませんよ。
母：そうですか……。
東：それでもいい？
母：でもまず元気になることが大事なんですよね。
東：と，ボクは思っています。お父さんも思っていませんか？
父：はい。私もそう思います。
母：（うなずきながら）うーん，そう。
東：（コウヘイ君に向かって）念のために君にも聞くわ。お腹痛いのがそのまま大変なままで，とりあえず根性出して学校へ行けと言って学校に行くのと，とりあえず元気になってから学校に行ったらいい，つまり元気を作るほう優先と，どっちが君にとって魅力的に聞こえる？【コメント21】

【コメント21】

計算高い？	児島：いやらしいくらいに計算し尽くされた語りかけだよね（笑）。

第11章　解説編：虫退治・成功へのプロセス——2回目を解き明かす　*311*

東：いやらしいです。

Chap.22

IP：（考える）今のままでいったらたぶん学校でもお腹痛くなるし，まずお腹痛いのをなんとかしたいです。
東：うん。元気をつけたいよね。
IP：はい。
東：マリコさんね，さっき一緒の同級生になったらイヤだとおっしゃったでしょう。
妹：（うなずく）
東：その不安はものすごく強いですか。
妹：はい。
東：その不安にやられちゃいそう？
妹：うーん，やっぱりやりづらいだろうと思いますね。
東：うん。さっきお父さんがおっしゃったように，間違いなくそうなるというわけじゃないんですよ。そうなることもありえるという話で聞いてほしいんだけど，そのとき君がその不安に負けそうになったら絶対ここでなんとかしましょうね。その不安をなんとかしてあげるから，一緒に。いいですか？
妹：うん。【コメント 22】

【コメント 22】

妹対応　　児島：妹さんもやっつけましたね（笑）。
　　　　　東：またまた，そんな野蛮な表現を（笑）。

Chap.23

東：さあ，お母さん，どうしよう？　先週は先週でこの先生はお父さんをこのままでいいと言いはるし，今週は今週でお父さんの考え方と一緒そうやし，とんでもない所に来たなあとちょっとグジュグジュ思ってない？【コメント 23】

【コメント 23】

最後の砦　　児島：このセリフ，よく言いましたね（笑）。だって反論しようがないですからね。でもこれって，母親へのねぎらいですよね。
　　　　　東：そう，思いやり。
　　　　　児島：伝え方の1つ，技術的なことだと考えてもいい。
　　　　　東：僕は割と良く使うセリフですね。だから，技術かな。抵抗操作の一種？　心中は，「お母さんの気

持ちもわかるけど，ほんと，ごめんね」って，けっこう真剣に謝ってますよ。同時に，「あなたを信頼しているよ」というメッセージも込めているつもりです。

Chap.24

母：いやあ（苦笑）。でも，私はやっぱり学校に行ってほしいと思っているんですけど，でもそのために今お父さんが言ったみたいに，まずはコウヘイの気持ちを考えて，コウヘイのことを考えて元気になることを……。考えたらお父さんが私にこういうことを言ったことなかったなって。今まで，「コウヘイのことを考えて」なんて。だから，まずはじゃあ元気になることを，それを私も一緒に目指します。
東：はい。失礼ついでに聞くね。（父親に向かって）信用できる？
父：思い切って言ってくれたと思います。
東：すばらしい。
父：今，ありがとうと言いたいと思いました。
東：（大きくうなずく）分かりました。はい，失礼なことを申し上げてすいませんでした。さあ，そうしたら元気づくりをしましょうか。お父さんお母さんにもお手伝いいただくことがいくつかあると思いますので，これから私はいろいろな話をしますけど，疑問が出てきたらどなたでもおっしゃってくださいね。【コメント24】

【コメント24】

面接の目標はもう達成

児島：このあたりは，僕の影響を受けているかな〜（笑）。
東：はい，児島先生の影響は公私に渡って大ですから（笑）。それにしても実に良いシーンでした。
　で，ここまでで，この面接の目標はもう達成されました。あとはもう，何をやってもいいような気がする。実際は，暗示の話をしたりして，ちょっとずつ悪い暗示に打ち勝って行こうみたいなことでしたっけ？　悪魔とか天使とか，出てきましたっけ？　虫は出なかったけど（笑）。でもまあ，「虫退治」の枠とほとんど同じように話を進めているはずですね。あとは，それだけのことです。

|後略|見れば分かる話で，特段解説の必要もなしですね。一番重要な部分は，ここまで。これで，決まり，なのです。
児島：本当にいわゆるシステムズアプローチの真髄ですよね。
東：ここからあとの面接場面は，動画でもカットしてもいいくらい。「ここから課題を出しましたけれども，後略」としたほうがいいかも（笑）。というのも，むしろ，ここからの面接場面の方に目がいきやすいのですね。初心者ほど，この面接の核心部分は，このあとの「課題」にあるなどと思ってしまう。読者にはくれぐれも忠告しておきますけれど，ここまでもってくるのが大事なんだから。そしてセラピストとしての面白さであるのだから。
児島：そうだよね。そこを相当強調して書いても，読者はどう受けとるか分からないけれど。
東：まあ，実際がこのあとが長い。僕がよ〜くしゃべっているんだよねえ（笑）。
児島：もう仕事は終わっているから，趣味でやっているようなものだもの（笑）。|

Chap.25

母：はい。
東：コウヘイ君。この1週間のことを念のため確認させてもらいたいんだけど，制服を着たよねえ。
IP：うん。
東：着たんだよねえ。そのときの気持ちをもうちょっと教えてほしい。制服を着ようと思ったときって，着てみようかなという気持ちと，そんなことしてもどうせ（学校に行けない）という気持ちと，たぶん両方あったと思うのよ。だよねえ？
IP：はい。
東：そんなことしてもしゃあないやんかアホくさ，みたいな感じでつぶされることってけっこうあるやん。
IP：うん。

東：今回制服を着てみようと，何が君に力をくれたの。
IP：（考える）その日，たまたまなのかもしれないですけどちょっと早くトイレから出れて，部屋に戻ったときに先生が先週良くなれると思うと言ってくれたのを思い出して，それでちょっとがんばってみようと思って着ました。
東：なるほど，それで着たのね。着たときどんな感じだった？
IP：やっぱりちょっと緊張して……，ちょっとがんばろうと思いました。お腹痛くなっちゃったんですけど。
東：着たときは着れたという感じだったわけやね。やったという感じだったわけやね。
IP：はい。
東：はい。あのね，君こんな話を聞いたことある？ お父さんお母さんも聞いたことあるかな……。「暗示」って知ってる？
IP：暗示？ 聞いたことはあります。
東：ありますよね。催眠とか暗示とか。
母：はい。
東：暗示で人を殺せるって話，聞いたことある？
IP：小説で読んだことあります。
東：おお，すごいすごい。ほんとう，どんなやった？
IP：どんなんやったか，短編のやつやったんでよく覚えてないんですけど，どんどん刷り込んでいってという感じだったような気がします。だいぶ前に読んだのでもうよく思い出せないんですけど。
東：じゃあ君にはとっても話がしやすいと思うわ。こんな話があんねん，実は。ひょっとしたら知っているかもしれんけどね，ある友だちどうしが何人か集まってドッキリカメラしようという話になった。ドッキリカメラって知ってる？ 最後に「ドッキリカメラ〜」と言ってヘルメットをかぶった人が（種明かしに）出てくるやつ。あれをやろうという話になってね，1人だけ内緒にして，あとのみんながグルになったの。どんなドッキリかというと，その1人とみんながもめるんだわ。もめて，「そいつが悪い」，みんながそいつに「お前が犯罪者だ」という形にして，「お前を死刑にする」という話にして，みんなでとっつかまえて（真剣によ），ギロチン台（スパーンと首を切るやつ）をもってきて，そこにそいつを眼隠ししてそこに連れて行って，首を切って「ギャーッ」となったときに「はい，ドッキリでした〜」と出てくるという仕掛けを作ったのよ。さあやってみようということになって盛り上がった。みんなで1人を悪者にしているわけ。「お前が悪いんや」「私は違う」「お前がやったんや」「お前なんか生きていてもしゃあない，死刑や」って言って，嫌がるのを真剣にとっつかまえて目隠しして，ギロチン台でこれからお前の首を切るぞと迫真の演技で言って，ギロチン台に首を入れて「さあ首を切るぞ」と言って刃を落としたの。もちろん刃はにせものよ。そこで「ドッキリ」と言って出てくるところなんだけど，パーンと落ちた瞬間に「はいドッキリ」と出てきたんだけど，その子が死んでいたんです。
母：えー？
東：首はつながっていますよ，もちろん。でも死んでいたんです。
母：ええ……なんでですか。

東：暗示なんです。私はもう死ぬ，殺される。ギロチン台に首を入れて，刃が落ちてくる。私は死ぬぞという信念，私は死ぬぞという思い込みで命まで消えるんです。
父：うーん。
母：暗示で……。
東：怖いねえ。こんなこともあるんですよ，お母さん，ついでにもう1つ教えてあげようか。これはある国で死刑囚に，死刑囚はどうせ死刑になるんだけど，ある実験をしてみたいといって，その死刑囚に「お前の死刑の日がきたぞ」と言って目隠しして連れていって，これからお前の首を切って血を全部流す，体中の血がなくなったらお前は死ぬんだと言って実験をしたの。実際にやったことは，首をちょっと傷つけただけ。ちょっと傷つけただけだから実際には血が一滴か二滴出るだけでしょ。ところがその実験者は，ちょっと切ったあとに首のところに普通の水，水滴をポツポツと流してやった。そうすると死刑囚はそれが自分の血だと思う。それでちょうど体全体の血の何分の一かがなくなったあたりで絶命したんです。その水の量がね。もちろん血は全部あるんですよ，そのポツンポツンの水の量がだいたいこれくらいだろうというところでほんとうに死んじゃったの。
母：えー。
東：これだけで。これも暗示なんです。もちろんこんな生き死になんていうのはものすごく大げさなことやけどね，そんな生き死にまでいかなくても，例えばこんなの知ってる？　カニを食べたらアレルギーが出る人がいて，その人に催眠術をかけて，催眠中にカニを食べさせたらバーっとアレルギーが出るとか。
母：ほんとうには食べてないのに？
東：食べてないのに。そんなのもある。だから暗示の効果ってものすごい力が強いんです。ある子育ての専門家が言いますね，生まれた子どもに「お前は泥棒になるぞ」と言い聞かせたらほんとうに一流の泥棒になる。まあ泥棒に一流もなにもあるか知りませんよ，でも一流の泥棒になると言う人がいる。「お前はできるぞ」と言ったらほんとうにできる子になるとかね。そういうことを教育の人で言う人がいますね。いや，ウソかホントか知りませんよ。でもそういうことを言う人はいる。つまり，暗示の効果ってすごくでかいんですって。そこで，ボクはね，コウヘイ君の体の症状，下痢，これをすべて100％暗示だなどとは言いませんよ。100％暗示だなどとは言いませんよ，そこまでは言わないけれど，間違いなく君のその症状にも悪い暗示が作用している可能性はすごく高いんです。
IP：うん……。
東：なんとなく分かるやろ？
IP：うん。
東：ダメやダメや，あかんのんちゃうか，来るんちゃうか，と思うと余計に来るんちゃう？
IP：かもしれないです。
東：ねえ。そんなこと全然気にせんと他のことをやっているときって，それこそゲームをやっているときとか，来ないやろ？
IP：うん。本を読んだりゲームをしているときは痛くならないです。

東：痛くならないね。そもそも痛くなるんじゃないかということもあまり考えずに夢中になっているやろ。
IP：うん。
東：な？　そういう暗示，生き死にまではいかないけれども，君にお腹痛を起こさせるような悪い暗示というのがあって，もっと言うとその暗示を持ってくるやつがおるんです。悪霊とかそんなんじゃないんだけどね。人間って誰でも行動の中に天使と悪魔がいて，それこそ制服を着たときの君じゃないけど，「大丈夫，これくらいのことがんばろう。できるって，大丈夫やって」と勇気づけてくれる，元気づけてくれる自分と，もう１つは「そんなのやっても意味ないよ。制服着たってお腹が痛くなるだけよ。そんなんしてもお腹痛くなるし，ずっと治らんし，そらもうアカンて」という悪い暗示を与えてくる悪魔みたいのがおる。な？　でも一方では「なんとかなる」という天使のささやきもあるわけや。さっき言ってくれたやん，先週東先生が良くなると言ってくれたからって。あれ，天使のささやきやな。ボクが天使やと気持ち悪いやろけどさ，まあまあ天使のささやきやんか。そやろ？　それとの戦いが起きているわけや。でも君の中の天使，「大丈夫なんとかなる」という良い暗示をくれるほうが強くなれば，（お腹を押さえて）こっちは出ない。でも悪いほうの「来るぞ来るぞ」という暗示が強く出てくると，出る。なんとなく分かるね？
IP：うん。
東：OK。それがおそらく１つの大きな大きな原因になっていると思います。もちろんお父さんお母さんは，彼にそういう悪い暗示をかけるほうじゃなくて良い暗示をかけるほうになってほしいですよね。
父・母：はい。
東：それはそうだよね。そのための方法，君の中にある悪い暗示をかけてくる悪魔をやっつける方法をこれからやっていきたい。OK？
IP：うん。
東：お父さんお母さんもいいですか。
父：はい。
母：教えていただきたいです。
東：ねえ。やっていきましょう，ぜひ。あ，妹さんも協力してくれるかな。
妹：はい。
東：ご家族のみなさんに協力してほしいんやけどね，１つには……，あ，大前提のことを聞きますけど，これはちょっと失礼なことを聞きますよ。この中に，そうは言うてもコウヘイのお腹痛は治らんやろうと思い込んでいらっしゃる方はいる？
（家族は顔を見合わせる）
東：治るわけないやん……，と思っている人はいないよね？
母：（父親を見て）なんか私のことを見てない（笑）？
東：悪い暗示をかけている悪魔なんてボクは言うてますけど，ひょっとしてそれは私のことやわ俺のことやわと思っている人いませんよね。彼に悪い暗示を与えがちな人っています？　あなたお腹痛くなるんちゃうん，お腹痛いんちゃうん，お腹痛来るでえ，お前はお腹痛持っているからって，そんなん言うの好きな人います？

母：ちょっと私が思うかもしれないけど，でも私はやっぱり元気になってもらいたいので，はい。
東：ね。わりと言いがちですか？
母：いや，でもちょっと抑えようとは思っています。
東：そうですか。
父：どうしてもコウヘイと接触が多いので。
東：ああ，そうね。
父：そういう形になると，私はなんだかんだいっても仕事が遅くて顔を合わせることすらあまりないので，どうしてもマナミ（妻）は近くにいますから，そういうことになるんだと思います。【コメント25】

【コメント25】
つながる家族　｜東：優しい父親。母親をかばう。ちょっと感動。

Chap.26

東：そういうことでしょうね。そう思います。自然体でいきましょう。
母：はい。
東：でもみんなこの症状はとれるという気持ちはお持ちになってください。間違いなくとれますからね。
（一同うなずく）
東：それでね，コウヘイ君にお願いしたいことがある。どんなことでもいいんだけど，ささいなことでいいですけど，従来だったらこれをすると悪魔が出てきて，悪魔の声のほうが大きくなって，お腹痛が出る腹痛が出るに違いないと思われる場面を思い出していただいて，その中の一番簡単なやつをとりあえず1週間やってきてほしいんです，目標にしてやってきてほしいんです。
IP：一番簡単なやつ？
東：一番簡単なやつ。例えば，これはお母さん受けするたとえですけど，例えば学校に行くとすぐお腹痛が出るよね。これはもう悪魔がものすごく出るわ。でも例えばそこの八百屋さんまでだったらどうやろ。そこの電信柱までだったらどうやろ。あるいは家を出てそこの角までならどうやろ。玄関を出るところまでだったらどうやろ。制服着るまでだったらどうやろ。これ，段階違うよね。それによって悪魔の出方がきっと違うと思うんです。
IP：うん。
東：例えば制服を着るところで出てくる悪魔の声の音量（声の量）と，仮に君がそこを乗り切って，次のところまで行った，そこで出てくる悪魔の声の大きさと，だんだん学校に近づくにつれて悪魔の声の大きさは大きくなりませんか？「来るぞ来るぞ，絶対にお腹痛が来るぞ」って。
IP：なります。
東：なりますね。となれば，学校ではなるけどその手前にぐっと持ってくれば，わりと悪魔の声はまだ小さいね。
IP：うん。

東：分かる？　その悪魔の声の小さいところのことを，とりあえずこの1週間目標にしてやってみていただきたいんです。それが何かは後で君に決めてもらうね。ただもちろん，その目標を決めたときに，その目標をするにしても悪魔が出てくるよ。悪い暗示が出てくるよ。「お腹痛いの来るで」って絶対出てきますからね，でも一方で君に「そんなのに負けたらいかん，大丈夫やで」という天使のささやき，その天使の後ろにボクの顔もちらちら見えると思うわ（笑），そこで戦いが起きる。その戦いに君が勝つという経験を何度も繰り返してやってほしいんです。
IP：うん。
東：これは学校に行くことが目的じゃないですよ。その出てきた悪魔に必ず勝つ，がんばって勝つという経験を繰り返しやってほしいんです。
IP：うん。
東：いきなり学校にいったらものすごい大きいのが出るやろ？　そんなのにいきなり勝たれへんわな。100％負けるわな？　でも制服を着るというのには勝ったやん。
IP：うん。【コメント26】

【コメント26】

| しつこく | 児島：何度も学校を出してくるのってしつこくて，あなたらしいね。 |
| | 東：ある意味，母親に対するサービス精神。と同時に，再度の釘さし。しつこい（笑）。|

Chap.27

東：せやろ。ということは簡単な目標やったら勝てるということを君は証明してくれているわけや。それを繰り返してほしい。勝ち癖をつけてほしい。その悪魔に，悪い暗示に。いい？　それがボクの君に対するお願い。
IP：うん。【コメント27】

【コメント27】

| 暗示 | 児島：これは単純なお願いではなくて，言わば，強制的お願い暗示だよね（笑）。|

Chap.28

東：分かる？　質問ある？
IP：大丈夫。

東：これが彼に対するお願いです。それでお父さんお母さんにもちょっとお願いがあるんですけどね，ちょっと場所を変わってもらっていい？
(コウヘイ君と父親の座り位置を交換し，母 - 父 - コウヘイ - 妹の席順になる)
東：お父さんお母さんにお願いがありますけどね，主役は彼なんですけど，お父さんお母さんに少し援助してほしいことがあるんです。こんなん言うとお父さんお母さんびっくりされるかもしれんけどね，簡単なことでいいので，彼が悪魔の悪い暗示に勝てるように，つまり天使の暗示が強くなるように，ちょっとしたお手伝いをいただきたいんですけどね，どんなことでもしていただける？
父：はい。
母：(父親と顔を見合わせてうなずく) はい。
東：大丈夫だね。彼が目標を決めてそれを毎日やっていて，天使のほうが勝った日，これは○ですわ。よかった。万が一負けたとき，それは最初はあると思いますよ。負けたときに，お父さんお母さんに何かペナルティをしてほしいんです。
母：え？
父：私たちがですか？
母：コウヘイができなかったときに？
東：お二人にペナルティをしてほしいんです。罰ゲーム。あ，彼に罰を与えるんじゃないですよ。
父：はあ。
母：コウヘイができなかったけど，ペナルティは私たちがする？
東：そうです。これにどんな意味があるかと言いますと，どんな小さな目標でも彼の中でチャンチャンバラバラが起きるわけですよ，悪魔と天使とね。今日はここまでの目標だけど，「お腹痛くなるで」「いいや，何を言うてんねん。そのそのかしにはのらんぞ」いうて彼はがんばるんやけど，そのときにね，やっぱり強いんですよ悪魔って。「そうは言うてもなるぞ〜」って。そうなるとグラグラしてくる。さあここが胸突き八丁やね。そのときに「いや待てよ，ここで俺が簡単に悪魔のそそのかしに負けると，お父ちゃんお母ちゃんがこんな目にあうぞ」というのがバックに控えていると最後の底力が出るということがものすごくよくあるんです。
母：うーん。
東：それだけのため。だから，たいそうなことせんといてね。彼が負けてしもうたらお父さんお母さんが二人で滝にでも打たれるとか (笑)，そんなたいそうなことだとかえってプレッシャーになりすぎたらいかんからね。ほどよいプレッシャー。それを何かお二人で決めていただいて，黙々とそれを実行していただく，というのがお二人に対するお願い。さらにプラスのことを言うと，彼が目標を決めますね，その目標をやりなさいという指示もいっさいしていただかなくていいです。もう自分でやりますから。間違いなくやりますから。お父さんお母さんにお願いしたいのは，万が一×だったときはこういうペナルティを準備しておくで，二人でこれをやるで，ということをお決めいただく。なんでもいいんです。二人で決めていただく。ただし，そこに妹さんを巻き込んでもかまいません。(妹に向かって) あなた次第。「私，そんなんイヤや，お父ちゃんお母ちゃんだけでやって」というのだったらお父さんお母さんにやっても

らったらいいし。「私も一役買おう」っていうんやったら，お父さんお母さんがじゃあお前も一緒にやれという話にしてもらってもいいです。
母：マリコどうする？
妹：何をやるか，かなあ。
母：（父親に）あなたはどういうことを考えていらっしゃる？
父：うーん。なんだろう。何がいいかなあ。
母：私はね，先生，コウヘイがこうなってから唯一の楽しみがあるんです。
東：何です？
母：現実，つらいですよね，自分の子どもが学校に行っていなくて。そういうとき私は韓流ドラマを見るのがね，私の楽しみなんです。
東：なるほど（笑）。
母：イケメンの俳優さんのドラマを見せてもらうのが一番の楽しみで。夜どんなに遅くなっても見てたでしょう？
父：うん。
母：私，その楽しみを我慢します。
東：あらー。
母：あなたも何か考えてよね。
父：そうしたら，飲んで遅く帰ってきても必ず家でもう1杯飲みたくなってビールを飲んでいたんですが，そのビールをやめましょう。
東：これはお母さんが韓流ドラマをやめるのと同じくらいにきついですか？
母：うーん，そうですねえ。
東：自分のほうがきついと思ってるでしょ（笑）。
母：分かります（笑）？
父：（笑）
母：だって，私はあれを見ないと次の日学校に行けない。
父：私もビール飲まないとちょっと寝れない。
東：えらいことになってるぞ。マリコさんはどうする？
妹：入ったほうがいい？
父：うん，できれば。
妹：何がいいだろう。
母：マリコもよく一緒に見てくれて，私がドラマを見てする話をよく聞いてくれていたんですよ。こうでね，ああでねって。だからもうそれはマリコも聞かないとか。
妹：ああ，お母さんの韓流の話を聞かない。
母：それに協力してくれる？
妹：うん，じゃあ。
東：OK？　はい。じゃあ3人のペナルティが決まりましたね。今度は君の番や。今度お目にかかるまでの目標を決めてほしいんやけど，さっき言ったとおりできるだけ低いやつにしてくださいね。いきなり学校まで行くことなんていうと，そりゃお母さんは喜びはるやろうけど，どうせ負けるからそれ。悪魔のささやきに。そうでしょ。勝てると思わへんよね。【コメント28】

【コメント28】

悪魔のささやき　｜　児島：しつこいの変わらない（笑）。
　　　　　　　　｜　東：母親へのサービス精神。そして，釘さし。もういいか（笑）。

Chap.29

母：今まで見ていたら……。（首を横に振る）
東：だからお母さんを喜ばさんでええからな。自分がここらまでやったら悪い暗示に勝つかもしれんという，そこらへんの目標を聞きたい。どんなところやろ。
IP：ちっちゃくてもいいんですよね。
東：うん。
IP：うちの近くに公園があって，そこには公衆便所があるんですよ。（学校に）行っていたときも，そこを越えてからすぐにお腹が痛くなることが多くて公園に引き返したり，急いで学校に行ったりしていたんですけど，その公園までやったら行けるかもしれないです。
東：行けるかもしれない。そこまでは楽に行けるという話ではないんだね。そこまで行くのも今は……？
IP：分からないです。
東：行ってみないと分からないのね。OK。お父さんお母さんに確認しますが，彼がそこまで行けるというのはけっこう……。
母：ちょっとハードルが高いんじゃないかな。
東：高すぎる？　高すぎるくらい？
父：私もそう思いますね。近くの公園といってもけっこう距離があります。
東：あ，そんなにあるの。
母：うん。もうちょっと近いほうが……。
東：いいかなというくらい？　いやいや，さっきまで「学校学校」言うてたお母さんがもっと近くにしなさいと言うてくれてるんやけど（笑），どうする？
IP：じゃあ，コンビニ。
東：コンビニくらいやったら？
IP：うん，行ける。
東：さっきの公園よりもコンビニ？
IP：のほうが楽。
東：楽。そこやったら勝てそう？
IP：勝てると思う。
東：そう，OK。それから始めてみようか。
IP：うん。
東：いいね。お父さんお母さんいいですね。
父・母：はい。
東：うん。それから始めてみよう。それでね，目標は小さな目標でも，何度も言うように，その出てきたもの（悪魔）に勝つということを繰り返してやることですから。毎日やってください。

IP：うん。
東：OK？　毎日。はい，それを約束しましょう。できたかどうかは自分でカレンダーかなにかにできた日は○を書いてもらって，もし負けちゃってダメになっちゃったというときは×にして，その○×の結果だけお父さんお母さんが見たらペナルティするかどうか決まりますから，そういう形でよろしいでしょうか。
父・母：はい。
東：はい。妹さんもそれに協力してもらっていい？
妹：うん。
東：ここまでのボクの提案に，ご質問あればどうかご遠慮なく。
父：とりあえず先生のおっしゃるとおりやってみたいと思います。
母：(うなずく)
東：そうですか。やってみてください。もしマリコさんも何か……，まああなたから先週話を聞いて特段あなたは自分に悪い暗示を与えるような人じゃないような気がしたんだけど，ひょっとして私こんな悪い暗示をかけているわと何か気が付くことがあったらまた教えてね。その暗示も変わる方法を教えてあげるから。
妹：はい。
東：OK？　お父さんは自分に悪い暗示をすることある？
父：そりゃあ，仕事上でいろいろなことがありますけど。
東：どんな暗示する？
父：いやあ，どうなんでしょうね，まあなんとかかんとか乗り越えているんだと思いますけど。
母：でも，お酒をたくさん飲むときは仕事のプレッシャーがあるんじゃないかなと思います。
東：ああ。その悪い暗示をお酒の力を借りて……なるほどそうか。
父：どうしても外の酒は取引先とのお酒になって，ほんとうの意味でリラックスできませんので。
東：なるほど。
父：だからさっきも申しあげたように帰ってからやっぱり缶ビール1本，自分のためにあけたいなと思うんですよね。
東：ああ，そうですか。これはもうとても大きなペナルティになりそうですね。韓流ドラマ以上かもしれませんね（笑）。はい，じゃあまあ，そういったことで，来週またこういう形でお目にかかりたいと思いますのでひとつよろしくお願いしますね。じゃあどうもお疲れ様でした。
一同：ありがとうございました。【コメント29】

【コメント29】

ペナルティ	東：さっき，ここで決まり，と言ったところからラストまで，何のコメントもないです。本当に何も言うことないです。 児島：それはそうだね（笑）。私は，面白く見たけど。ところで課題を本人ができなかったときに両親

| | にペナルティを出すっていう方法を始めてもう10年近くなる？　そのアイデアの由来聞いたことなかったな？
| | 東：たぶん思いつきだと思う。何かに書いてあったわけでもない。
| | 児島：そういうふうにしているのは知っていたけれど，そもそもどこからのアイデアなのか。何かあるんだと思ったんだ。課題をする本人ではなくて，その両親が罰を受けるって聞くと，普通はえっ?!って印象受けるんじゃないかな。
| | 東：何かヘイリー的だね。
| | 児島：ジェイ・ヘイリー的な，オーディール的な感じかな。
| | 東：わからないな。どっかから記憶に何か入ったものかもしれないけれど，これが原典ですよというのが有るのか無いのかも，全然思い出せない。
| 家族の絆，あるいは外在化 | 児島：しかもその理由づけが「援軍になる」っていう。あれって別から読むとすごいベタだけれど，ぐっと家族の凝縮を高めるような，最近流行りの言葉で言うなら家族の絆を高める効果がありますね。自分が頑張らないと父ちゃん，母ちゃんが泣く。すごい浪花節的なものも影響しているのかなと思うし。いやこれはある種のパラドキシカルな感じでもあるから，それが1つの質問としてありますね。それからあのずっと続く暗示ストーリー，あれ初めて聞いたような気がします。
| | 東：僕も今回初めて話しました（笑）。
| | 児島：一応，枠組みとしては外在化ですよね。あの暗示のストーリーを追うのはあの時点で，それとも事前に決めていた？
| 暗示ストーリー | 東：あの暗示はね，事前に話そうとかは全然考えてい

ないですね。何となくこれで行こうとあの場で決めた。内容自体は昔からよく知られている話だけれど，実際の治療では話したことないです。ここで使ったのは，1つには，ベタな感じで「虫退治」をやりたくないというのがあったからかな（笑）。「また東が虫退治やっている」と思われるのが嫌だから，ちょっとアレンジしようと思ったのは確かにあります。結局同じようなものだけど（笑）。

児島：実際の治療ではそのストーリーを使ったことない？

東：使ったことないですね。

児島：これはダブルメッセージですよね。あれだけ暗示に関わることを語りながら，見事に家族4人が暗示にかかっている（笑）。だってお母ちゃんなんか，あ〜，えっ〜とか，呼吸まで変わって，もうちょっと行ったらトランス状態だよね（笑）。

　このビデオをみた人からは，おそらく，「え〜，あんな話していいんですか」という反応が結構出ると思います。要するにいずれの話も死ぬ話で，内容的にはインパクト強いじゃないですか。そのへんに強く反応する多くの臨床家がいるかもしれないですね。家族療法の枠でいうと，枠をつくっている人には関係ないけれど，これを見る側の人からすると，意識がバーンっと後半にいってしまう可能性は高いですね。

東：だからカットしてもいい。

児島：置いておくと，絶対後半に意識がいきますね。

東：もし残すなら，児島先生に解説をしっかりと語っていただかないといけません。

児島：あの家族にとっては，あの暗示の話はそれほど強烈ではないのかもしれないですね。でも中途半

　　　　　　　　　端な専門家が反応するんじゃないかな（笑）。
　　　　　　　　東：僕は知らないですよ。この本の解説は，「匿名」
　　　　　　　　　じゃなくて，ちゃんと児島先生の名前出ますから
　　　　　　　　　ね（笑）。
東臨床の全体を　　編集部：全体を観てどうですか？　お互いにもう何十
みて　　　　　　　年と知っておられるわけですが。
　　　　　　　　児島：基本的なことは全然変わってないですね。ただ
　　　　　　　　　前だったらじゃんじゃん進めていっているけれ
　　　　　　　　　ど，今回の面接は意図があるから根気よくやって
　　　　　　　　　いると感じます。
　　　　　　　　東：そう，今回は教育用動画ということで，我ながら
　　　　　　　　　根気よくやってます。いつものようにさっさと進
　　　　　　　　　めてしまうと，結局名人芸で片付けられてしまう
　　　　　　　　　こともあり，本当のところ何をやっているのかが
　　　　　　　　　うまく伝わらないし，理解してもらえない。だか
　　　　　　　　　ら面接で起きることの詳細を説明するためにも，
　　　　　　　　　今回はけっこう地道に面接を進めたつもりです。
　　　　　　　　　　何度も繰り返して言っていますが，基本は，今
細かいことの　　　回観てきたような細かいことの積み重ねです。そ
積み重ね　　　　　のような面接を行う意識がとても大事だと思いま
　　　　　　　　　す。こういった基本ができるから応用もできるし，
　　　　　　　　　省略もできるわけです。これがつまり，家族療法
　　　　　　　　　の学び方の王道でしょう。最初から「虫退治」
　　　　　　　　　を学びたいではねえ……。
　　　　　　　　　　この動画を見た後に，「虫退治」の事例を読ん
虫退治がみえて　　だら，見え方がパッと変わってくると思います。
くるか　　　　　　いかに省略，飛ばしをしているかが分かるはずで
　　　　　　　　　すから。「省略後の形」だけを真似したらいけま
　　　　　　　　　せん。仮にたまたまうまくいっても，基本がない
　　　　　　　　　と，すぐにどこかでつまずきます。で，結局家族
　　　　　　　　　療法がいやになったりする。やめてしまう。これ

ではもったいない。

児島：それに,同じ家族療法でも少しオリエンテーションが違うとまた違ってきますからね。

編集部：児島先生だったら,東先生とはどのくらい変わるものですか？　同じような流れになりますか？

児島：いや,違うだろうね。同じ家族同じセッティングでやったとしても,だいぶ違うだろうね。

　そういう意味では,例えば家族療法をしている中堅どころが,このビデオをどう見るかと考えても,相当誤解するヤツ,いっぱいいるんじゃないかな。

東：でも,それで当たり前ですよね。僕から見ると誤解だけれど,いろんな現象解釈があっていいと思うから,誤解というのはちょっと失礼かもしれないです。その人その人の見方があっていい。とりあえず,これが東流の家族療法,ということです。

第 12 章

浅田家役 4 人のコメント

　　——カウンセリングを終了した浅田家の皆さんにお集まりいただきました。お疲れさまでした。さて，今度は素の皆さんに戻っていただいて，感想をお聞かせいただけたらと思います。
父：やはりお母さんから，どうぞ。
母：ロールプレイングを演じてみての感想ですか？　一言で言うと，演じるのは難しいなと思ったんですが，セッションそのものは楽しかったです。特に面接が終わって帰る時には，また次もここに来れるのかと思うと，すごく楽しみに感じられました。
　　——最初の面接が終わってからですか。
母：最初の面接のときからです。第 2 セッションのときも，進級できるか留年するかという際どい場面だったのですが，私にとっては，それでもまた次，面接できるのが楽しみという印象が持てました。
　　——どういう部分が，またここに来たいなと思わせたのでしょうか？
母：理由はやはり自分たち家族のことを相談しているので，またもう 1 回，東先生に家族のことを話をしたい，報告したいという気持ちがありました。また楽しい感じをもう 1 回味わいたいという気持ちもあったのかもしれません。
　　——母親として楽しい気分になった理由ってありますか。
母：先生に「大丈夫」って言ってもらったことが一番ですね。保証してもらえると安心するんです。この先生を信頼できるという感じがありました。

　　——次は，お父さんお願いします。
父：私も一言で言えば，楽しかったですね。東先生には父親として，普段かかわれていない息子のことで，ちょっと発言権がない自分のポ

ジションを引き出してもらったように思います。特に2回目のセッションでは，妻と娘からやり込められて黙ってしまう沈黙の時間も生じて，父親としてはちょっと危機的な状況だったんですが，そこをうまく切り抜けさせてもらいました。そして息子のためにちょっと弱気な父親の私にも，なんとかできるぞという気持ちを持つことができたので，すごく良かったなと思っています。

——次はどなたが。
コウヘイ（IP）：IPをさせていただいたんですが，けっこう演じるのにいっぱいいっぱいで（笑），印象をそんなにうまく言うことはできません。ただ1回目のセッションで，東先生が強い語調でよくなると思うとか，絶対よくなると言ってくださったことで気持ちが楽になったというか，すごい助かりました。それを言っていただいたことで，2回目のセッションで，この先生が出す課題なら頑張れるかもという気持ちにつながったと思っています。
——よくなると思うと言われたことがよかったわけですか。
コウヘイ：そうですね。

——次は妹（マリコ）さん。
妹：はい，私は一番中立的な立場で，妹としてはお兄ちゃんが学校に行っていないことで友だちからせめられるとか，家の中の雰囲気があまりよくないということで影響を受けているという役を演じていました。1回目のセッションで東先生がいろいろ言ってくださって，ちょっと家の中の様子が変わってきたかなというのを2回目のセッションで報告したわけです。良くなるとか，治るとか，大丈夫という言葉はやはり頼れるし，また喋り方が面白い人なので，私自身もまた来てもいいかな～と思っていました。
——面白かった？
妹：はい，面白かったです。

——では時系列に思い出していただいて，1回目のセッションで印象

的な出来事，やりとりで思い出せることってありますか。
コウヘイ：僕の中では，最初に一番ドキッとしたことがありました。お父さんが僕にふってきたときに「うん」と答えてしまったんです。そしたらそこを東先生が「さっきうんと言ってたけれど，びっくりしたんやけれど」と，拾ってくださった。そこで自分と父親との関係がちょっと明確化された気がしました。
　　──どんなふうにですか。
父：普段は会話もなにもない親子で，コウヘイは私に何の口答えもしない息子なんです。そんなコウヘイが返事を返して，そのことを東先生が意志表示をしたね，うんと言ったねと拾って確認してくれた。
コウヘイ：お父さんに意志表示して不安じゃなかったのと，聞いてくれた。
父：私もコウヘイが返事したことにびっくりして……。
　　──息子としてはどんな気持ちだったんですか。
コウヘイ：僕自身は，言うことができたねと言ってもらえたので，言える子になれましたね。意志表示が何もできないという役だったので，あっ，意志表示できるんだ，言えるんだというのがはっきりわかりました。
　　──ほかにはどうですか。
父：反省会モードになっているというのが印象に残っていますね。過去のあれやこれが悪かった，こうしておけばよかったということは全く関係ないと断言していただいた。
　　──親としてホッとしたということですか。
父：そうですね。お互いに責め合う部分がどうしても出てきてしまうので，今反省会しても意味がないでしょうということをはっきりとおっしゃっていただいたことは大きいですね。
　　──切り替えることができた。
父：そうですね。
母：私はIPのコウヘイ役の彼が，自分の話を訥々としているときに，このままいったらこの子は本当に学校に行けないなと思ってしまって，自分の中にも閉塞感を感じていました。どうしたらいいのかな，

先生なんとかお願いしますというような気持ちで面接を受けていたんです。もちろん，自分も何かしなきゃと思っていって，でもどこかで自分が今までやってきたことがこの子にとってよくなかったんじゃないかなとも思っているので，今，お父さん役の方がおっしゃってくれたように，お母さんも何もしなくていいということを言われたときに，すごく気持ちが楽になりました。

――課題としてということですか。

母：はい。お母さん，次に来るまで別に何もしなくていいですよと言われて，私がキョトンとして，えっ？　と返したら，逆に何かしたいのと聞かれて，別にないんだったらいいんですけれどみたいに言われました。そこで自分としての気持ちと本当は何かしたいと思っているということも伝えられたのでよかったです。

――何もしなくてもいい，そのままでいいということで安心したのですね。

母：すごく安心して，嬉しかったんです。だからもう一度来たいと思ったんだと思います。やはり褒めてもらうというのか，今の自分でいいよと認めてもらえたので，東先生にもう1回会いたいなという気持ちが起きてきました。

妹：2回目，東先生がお父さんの意見に肩入れというか，同意するような場面があったんですが，最終的にはお母さんの意見に敵対することなく終わったというのが不思議な空間に思えました。実際，私はあまりしゃべる役ではありませんでしたが，そんなふうにみていましたね。

――妹の立場としては，セラピストがお父さんに近づいて，味方しているのはどういうふうに受け取りました？　他の家族にはどうみえたんですか？

妹：私はほとんどお母さんと同じ意見の立場だったので，えっ〜と思っていました。そんなこと言ったらいけないでしょう〜と。

――「お父さんの味方したらいけないですよ〜，先生」という感じだった？

妹：はい，そんなふうに感じてました（笑）。

――お母さんは。

母：コウヘイくんが話すのを聞いているときは，自分もどうしたらいいんだろうみたいな気持ちになったので，マリコの方に話をふるとすごく気が楽になりました。先生が父親寄りに話をされているときは，もうちょっと自分の気持ちも伝えたい，でも本当はこうなんですよと言いたくなるときはあったんですが，今はコウヘイの話をしにきているのだからダメダメと，抑えてましたね。

　――お父さんのことをチクリたくなる。

母：そうそう（笑）。そんなこと言っているけれど実際はね，と言い返したくなりました。でもそれほど強烈に押しのけてでも言いましょうかみたいなことは１回目の時はなかったです。最初だったから猫かぶってた。

　――まあ，ちょっとみておこうと思ったわけですね。

母：自分のせいで，この子が繊細でひ弱な子になっているんじゃないかというのをどこかで感じて，責任を感じている。今までやってきたことの成果として不登校になってしまったのではないかと。私は今までやってきたから，今度はあたなの番でしょうと，お父さんを引きずり込みたいんです。でもどうしてか，東先生は面接で父親を責めてくれない。私に同調してくれないことに，すごくえっ？ と抵抗を感じました。でもここで私がまた出ちゃうと，だからお母さん……と言われるのが怖くて嫌で，猫かぶって，出過ぎないようにしようというのが私にはありましたね。出さないように，出さないようにしたけれど，２回目にまた父親側に先生が立ったときには，もう掻き立てられて，ついに嚙み付いちゃう場面も起きました。

　――１回目でお父さんはどうしたか。

父：否定はされなかったけれど，おっかなびっくりという感じでしたね。自分が単身赴任で大事なときにいなくて，かかわれていなかったという負い目を抱いている。だからかかわれと言われても，いつのまにこんなに大きくなったんだろうと感心するだけで，うまくかかわれないでいる。どう声をかけていいのかもわからない。そこに無理

しなくていいと言われたので，ホッとした感じですね。

　——お母さんは？
母：私はお父さんのスポーツをやれとか，体力をつけろとか，体を動かせという一辺倒というか，変わり映えのしない励まし方に不満があって，すごく根に持っていたんです。そこのところ先生は注意してくれるんじゃないかと，お父さんそれはねえ，と言ってくれるんじゃないかと期待していたんですけれど……。
　——では，1回目はお母さんにとって不満を抱えて帰ることになったということですか。
母：お父さんのことに対して言ってもらえないことに対しては不満も思っていますが，でも先生がすごくコウヘイにかかわって下さった。どんな感じとか，お腹痛いときの様子とか，その前のときとかの話をしてくれるので，やはり自分としてはこの子が学校に行ってほしいから，割と納得できたセッションでした。コウヘイのことを解決してくれる，大丈夫と言ってくれるから，いいんだと思いましたね。
　——とりあえず，お父さんのことはさておいてと。
母：そう，お父さんのことはさておいていますね。多分，普段離れていたし，やっぱりコウヘイが気になるので。
　——1回目はどんな気持ちで帰途に着いたと，お母さんとして想像ができますか。
母：自分のかかわりがそんなに悪くなかったとわかって，肩の力を抜いて息子にかかわれるかなと思ったと思いますね。子どもが行きたくないと言ったり，朝ごはん食べない，食べている途中にすぐにトイレに行って，出てこないということに今まではすごくイライラしていたけれど，それもみなくて気持ち切り替えて仕事の用意をしてパッと出ちゃうというふうにできた。負い目が減ったので，仕事に集中していこうという感じです。
コウヘイ：IP自身が学校に行きたいと思っているかどうかは分からないですけれど，行けないことに対して問題は絶対抱えていると思うので，そのときに，お腹痛は絶対よくなるからと言ってもらえて，

ホッとした。
　　——期待感が出てきたわけですね。
父：父親としては，とにかくかかわれ，かかわれと言われ続けて，でもどう声をかけていいのか分からない，不自然になっている自分もわかっていたので，何もしなくていい，無理しなくていいと言われたので，ホッとして帰れたと思います。
妹：妹としては，このままのスタイルでいいですよと，セッションが終わったので，正直このままで治るのか，ちょっと心配しながらも，治ってほしいな，よくなってくれたらいいなという期待も込めながら，帰途に着いたと想像します。
　　——妹さんとしてはどうなんだろ的な感じですか。
妹：お父さんとお母さんが納得しているようだったので，まあいいのかなと思えました。

　　——2回目まで間があって，宿題はなかったですか？
父：課題はなかったです。だから2回目までの間の変化として，制服を着ることができたこと，僕とコウヘイが小説の話をしたという設定にしました。
コウヘイ：朝，お母さんがかかわらなくなって，気にせずにトイレに行けるようになった。
父：そうですね，トイレをノックされて，まだ入っているのと言わなくなったというのも設定としました。
　　——ホッとしたから，ノックしなくてもよくなったということですか。
母：そうですね。しなくてもいい。そういうかかわりをしなくてもいいんだと，気が楽になりました。

　　——2回目で印象に残っているのはなんですか。
父：やはり先ほどもいいましたが，私が父親としてもう留年・進級は気にしなくていいじゃないかという，いかにもいいかっこうの発言をしたときに，お母さんとマリコの両方から責められたことですね。
　　——ちょっとつらいものがありましたか。

父：ちょっと沈黙があったんですよ。どうしようかなと思いました。そこで東先生がうまく拾ってくださったというか，打開してくれた。でもしばらく続いたこの沈黙が逆に変な言い方ですが，よかったかなという感じが私の中ではあります。考える時間になったんです。だからあとで意志統一が本当にはかれたんじゃないかなと思うんです。

　——十分に考える時間を与えてもらったということですか。

父：はい。東先生は，すぐに声をかけずに，しばらく黙っておられた。どれくらいの時間か実際にはわかりませんが，けっこう実感的には長く感じられましたね。

母：2回目，何もしなくていいよだったけれど，マリコからの報告を聞くと制服を着たよというのがあって，私はもう2回目のセッションが始まって早々，その報告がしたくて，したくて。どうでした，お母さんと聞かれて，待ってましたとばかりべらべらしゃべってしまいました。それはいい報告として出せたんですが，でも自分の教員としての想い，制服着られたって学校に行けないじゃないというところに自分が戻って行くんです。やはり留年してほしくないんですということに私はこだわってしまう。これは本音です。ちょっとしたことも嬉しいけれど，でもそれだけでは嫌，私は教員として自分の子どもが不登校で学校行けなくて，進級できないなんて，そんなの嫌。でもお父さんは，かっこつけて，コウヘイのこと思ったら別に1年くらいいいじゃないかというのを言うから，すごく腹が立ちました。

父：なかなか迫力ある抗議を受けてしまいました。

母：そんなかっこいいこと言って，あなたはコウヘイのことを本当に考えて，そんなことを言っているのと言ってしまいましたね。

　——それが窮地にやられたことですね。妹の方も同じ学年になること，どう考えているのと，お父さんに迫ってきましたからね。

母：留年するとマリコと同じ学年になるじゃないですか。

　——ついに追い込まれた父ちゃんだったわけですね。でも東先生はそ

こを仕分けされた。
コウヘイ：東先生が魔法の薬はないと。留年するかしないかは確約できないけれど，元気にすることは約束できるとおっしゃった。
父：僕に肩入れをして，もう明確に僕の立場にたっていただいた感がありましたね。

　——お母さんと妹さんはどうですか？
母：私が納得するまで，どうしますかお母さんみたいな感じになっていきましたね。今日は課題をお願いしようと思いますと先生は言われたのに課題をおっしゃらない。課題を提案するまでにきちんと優先順位として，私が留年にこだわり続けるのか，あるいはコウヘイくんが元気になるのを選択するのか，どっちにするかはっきりしてほしいと迫られた。また先生は，元気にすることは自分は保証はできるけれど，留年しないですむかどうかはわからないですということもお話しされた。
　——家族が決断する局面だったわけですね。
母：そうです。
父：お母さんが教員としてのメンツを置いといて，コウヘイが元気になるんだったらそれでいいと言ってくれたときには，正直心からありがとうと言いたくなりました。
母：どっちが先でした。
父：僕があとです。
母：私は，留年するなんて嫌，ちゃんと進級させてあげたいと思っているので納得できないでいたんですが，そういえば，お父さんがコウヘイのことを考えてかかわって，小説の話をしてくれた。そんな言葉かけをしてくれたというのは今までになかったことだなということに気がついたんですね。
父：それを言ってもらって父親としては嬉しかったですね。今までなかったことをちゃんと気づいて認めてくれたんだと。
母：今までにないことをお父さんはしてくれているので，私としては合わせますというか，元気になる方を優先しようというふうに気持ち

がシフトしていきました。
　──お父さんが頑張っているのがわかったらから。
母：はい，そのことに気づかされました。
　──ちょっと譲歩したという感じなのでしょうか。譲歩といっても子どもが元気になることを望まない親はいないですものね。
母：それでもまだ保証としてどうなるんだという部分があったので，同じ学年になるのは嫌だとマリコが言ってくれたので，助かった，先生はどう答えるんだろうと待ってました。
妹：同じ学年は絶対無理だと，頑張って言いましたね。でも先生がいろいろ選択肢はあるとおしゃって，もしかしたら転校もありえるかもしれないしという話もしてくれた。そして，もし何かあなたが不安になるようなことがあれば，それはここで解決できるという保証をしてくれた。
母：それは落ち着きましたね。
父：そのことは大きかったですね。
母：私はそうか，転校かと，そっちに食いついちゃいましたね。転校したらマリコも恥ずかしい思いをしなくてもすむし，教師としてのメンツも，転校ということで保たれるかなみたいな。そういうのもありだなと，私がへんに食いついてしまったので，先生が，必ずしも元気になったから転校とは限りませんよとも言ってくれた。私もどこかで聞きたかったんです。どっちなんですかと。可能性として3週間でうまく学校に行けるようになるのか，それともこの子は元気になるけれど学校には行けないのか。先生に尋ねたいけれど，尋ねられない雰囲気がありました。でも先生は分からないよとおしゃっているので，それを受け入れて，先生がおっしゃるようにもしかしたら3週間たったら元気になって学校行っているかもしれないなと，思い始めた。いい方向に進むのではないかなという予感を感じました。
　──万が一でも，選択肢があるのを知ったからですね。
母：選択肢を出してもらったということでラクになりました。こっちでダメだったときでも，こっちがあるよねというのがわかり，すごく

ラクでした。

　——2回目を終えたときの感想はどうですか。
父：2回目は自然に笑いも起こったし，与えられた課題をなんとかやってみようということだったので，すごい希望が残る，希望がある終わり方だったので良かった気がしました。
　——なんとかやってみようと思えるようになった大きな要因はなんですか。課題を与えられても何だかな〜と思う場合もあるはずですから。いま希望という言葉が出ましたが，そういう気持ちになった決め手は何でしょう。1つではないかもしれませんが。
父：まず私が見てて思ったことは，コウヘイが自分で具体的な課題を決められたということですね。東先生から提示されるのではなく，自分で課題を選んだ。父親としてはこいつ，自分で決めたぞ，選択したぞという感じがすごくあった。だからペナルティは家族ですと言われたときにも，ごく自然にやってみようと思えましたね。
母：コウヘイが自分の設定した課題をクリアできないとペナルティが家族にあるというの，えっ？　なんでと，意外に感じました（笑）。できなかったのはコウヘイなのにと，私は思っていたんですよ。私はそこで違和感があって，あっ，そう?!　私なのと思ってしまいました。でも，私が困るのをコウヘイはどう思うのかなとも考えながら，自分のペナルティを考えたんです。自分の救いになっている韓国ドラマを見ないことをペナルティにした。でもそれは楽しみでやっていることだから，コウヘイが頑張っていること，学校に行けるようになることに比べれば何でもないことだから，自分はやれると思いました。
　——なんでと思いながらも，自分でやれると思った。コウヘイくんがどう思うかという関心もありながら。
母：はい，そうですね。お母さんは頑張っているのよという思いがコウヘイにも伝わるのかしら？　とも思ってました。
　——それでは突飛な宿題だったけれど，嫌な感じではなく，自然にやってみようかなという興味関心も湧いたわけですね。

母：課題を出す前に，東先生がご家族で意志統一してもらわないといけませんねということになったときに，ああそうかと思ったことがあるんです。私がお父さんを責めていると思わされている場面があって，この子がよくなるためにはやはり気持ちを1つにしないといけないんだなということを先生から言われているような気がしたんです。それでお父さんのことを，お父さんが頑張っていることに気づかされて，実は私たちって，そうやって気持ちを1つに合わそうと思ったら，1つにできる家族だったんだわと思い直して，自分で感動していたんです。この家族できるじゃない！と。離れて，責めあう家族じゃなく，1つになれる家族なんだわと思えた。だから課題を出されてもやっていけると思ったんです。課題の前段階で，先生が言っていただいたことが慣らしになりました。

——それはすごくいいお話ですね。意志統一ということについて，他の方はどうですか。

父：それは本当にできたなという感じがありましたね。

妹：妹の方としても，二人の仲が悪いということで居心地が悪かったので，意志を統一してくださいと言われたのはすごくいいことだなと思いました。お父さんとお母さんの言い争いを家で見るのが嫌だったので，お互いが言い分を聞き合っている場面もあって，おっ，この家族，なんかいい感じになってきたというふうに感じてましたね。

——意志統一しないと次に行けないぞ的な感じですか。

父：課題を提案される時間よりも，意志統一する時間が長かった。

母：そうです。意志統一する時間が長かった。先生は，じゃあ，課題はコウヘイくんに考えてもらって，あとで言ってもらいましょう，お父さん，お母さんって感じで。あれっ？　言ってくれないんだって思いましたね。

父：席替えもありましたからね。

コウヘイ：課題をあとに持ってこられたのは先生の意図があったんだと思います。やはりペナルティを先に聞いている分，おっと，これはと思わざるを得ない。

母：私たちの方が先にペナルティを出してますから。

コウヘイ：多分，このIPの感じだと，自分にかかるペナルティだったらお腹が痛くなったと思います。我慢しちゃう。

母：なるほど，そうか……。

コウヘイ：ペナルティの方を取ってしまう気がしたので，家族にペナルティがいくんだったら，本当にできることからやらなきゃいけないと思いました。

父：なるほど。

──あんまり無理しないでと思ったわけですね。

コウヘイ：最初に言ったやつを大丈夫，大変じゃないかと言ってもらえて，気遣いしてもらっているというのを感じました。

母：最初は公園までって言ったのかな。東先生に学校は遠い，いきなり学校だとまたお腹痛なる。どこがラクかな，いろんなところあるよなって言ってもらった。制服着て家の外行くとか，玄関とか，近所の八百屋さんとかあるよなって。その時にあっと思ったことがありました。1回目のセッションのときに，トイレ行っていて試験を受けられないというエピソードが語られたんですけれど，試験は受けられなかったけれど，その後，一人で受けたら受けられた。理由を東先生に聞かれて，コウヘイは時間が短かったからと答えた。時間が短いと行けるんだ。だから最初から大きく目標を設定するのではなく，こまめに目標を設定すれば，この子は行けるかもしれないという期待を持ったことを思い出しました。だとしたら，それって私からしたら玄関くらいの短い距離かなと思っていたら，いきなり公園って言うから，本当はコウヘイはすごい頑張り屋さんなんだと思ったんですね。

父：東先生からどうです，ハードル高くないですかと聞かれたので，勝手に遠いことにしましたね。

母：そうですね。気持ちとして制服着るところまでしか行けなかったのに，いきなり公園は遠いよと思って。家族の課題を聞いてこの子は頑張りすぎていると感じたので，やはりもうちょっとハードル下げてと言いました。

──東先生に気遣いされていると思った？　家族の方にされていると

思った？
コウヘイ：家族の方が大きかったですね。
　──それは嬉しかった？
コウヘイ：そうですね。

　──最後にお互いにロールプレイしながら，あの場面はどうなのという箇所ありますか。またはあの場面，役としてどう感じたとか。
妹：お父さんとお母さんがIPのことについて言い合っているときに，IPがどういう気持ちだったのかなと思ってました。
コウヘイ：前が見えなくて，なんかこの場で本当にお腹痛くなってしまうんじゃないかと，今このカウンセリングを抜け出して，トイレ行こうかなと思う場面もありました。
母：面接の最初も2回目もそうだったんですが，だんだん後半になるとコウヘイの姿勢が上に上がってきている。ずっと縮こまっているのではなく，少しずつ背が上がってきて，先生の方を見て話したりできて，この子こうやって答えられるんだと，嬉しくなりました。
　──自覚があったかどうかはわかりませんが，もし起き上がってきた要因があるとしたらなんですか。
コウヘイ：最初はうつむきがちを演じようと思っていたんですが，本当にずっと下向いていて，思っている以上にうつむいていたんです。ただ1回目のときの心に残っているところで，できるというのを言ってもらったときくらいから，スッと姿勢が変わってきました。
　──期待とか希望とか，治るかなという気持ちで起き上がってきた感じですか。
コウヘイ：そうですね。もっと東先生を見たいと。
　──東先生を見たいと。
コウヘイ：この人を見たいと思いました。興味が出てきたんです。
母：東先生がコウヘイにお腹痛のことを事細かに聞いている時って，親として，これってコウヘイの問題よね，私を責められないと思っていました。どっかで先生に，お母さんがプレッシャーかけているんじゃないのと言われるんじゃないかと思ってすごく心配だったんで

す。でもずっとお腹痛に集中してもらえるので，あっ，いいのかなと思ったし，最後にお母さん何もしなくていいですよと言われて，あっ，よかった〜と，すごく思いました。

──私じゃなくてと。

母：十分プレッシャーかけていると思っているので。

──それは大きいですね。だからまた来たいというのに繋がってくるんですね。

母：そうなんです。

──最後に話しておきたいことありますか。

父：皆さんすごくロールプレイがお上手で，私はそれに乗ったという感じです。打ち合わせで声を出すように言われていましたが，黙っていて急に声出すのって難しくて，すごく声が小さかったんじゃないかなと，すごい具体的なことですが心配です。

コウヘイ：僕はすごく貴重な体験ができて楽しかったです。

全員：皆さん，お疲れ様でした。ありがとうございました。

第 13 章

システムズアプローチと スピリチュアリティ *

1. はじめに

　本章は，システムズアプローチに内包されている（と筆者が考えている）スピリチュアリティに関する，個人的な体験をベースにした小論である。若干，システムズアプローチの範疇を越えるところもあるが，よほど苦手でなければ最後までお付き合いのほど。

2. システムズアプローチの哲学

　私が日常行っている心理療法は一般にシステムズアプローチと称されている。システムとは「部分と部分の相互作用のあり方＝全体性」のことである。全体は部分に影響し部分は全体に影響する。さらに階層を超えたシステム間も相互に影響し合う。いわば素粒子レベルから心身，家族，社会，国家，地球，果ては宇宙レベルまで，縦方向にも横方向にも円環的視点を導入するのがシステム論の大きな特徴であると言える。

　心理療法においては，個人療法であれ家族療法であれ，面接室における人間関係がメインターゲットであり，実際的にはコミュニケーションの相互作用を here & now で扱う。その変化を通して，階層の違うシステムの変化（たとえば心や身体）を生じせしめようとするのだ。症状や問題もコミュニケーションの１つなので，現状のコミュニケーションの相互作用が変われば，それらもおのずと変わってしまうのだと表現することも可能である。

＊ 初出　東豊（2024）システムズアプローチとスピリチュアリティ．シンリンラボ，第 12 号（2024 年 3 月号）

面接室のコミュニケーションのありようが変わるだけで症状や問題が消えるわけがない。症状はあくまで個人の病理の反映である。過去の体験の反映である。このような反論もあるかもしれないが，それは一方向にこだわった見方（信念）である。システムズアプローチでは縦の相互作用，すなわち違う階層の相互作用を強く信じているので，実はどちらの層から始めても良いのだ。その了解の上で，「個人層」ではなく「対人コミュニケーション層」から扱おうとする。これがシステムズアプローチの流儀である。伝統的なカウンセリングは主として個人の精神力動・精神病理に注目するが，システムズアプローチでは主として関係性（コミュニケーションの相互作用）に注目し，その変化がドミノ式に多方面の変化を起こしうると信じているのである。

3．システムズアプローチの技法と上達

　システムズアプローチを行うセラピストにとって技術上必要なことは次の2点につきる。1つはジョイニング（joining）といって，対象者の現状のコミュニケーションに波長を合わせることで「いったん仲間入り」することである。そしてもう1つは新しい相互作用の産出である。そのための具体的な方法は，家族療法における構造派やコミュニケーション派等のさまざまな技法，あるいは外在化，リフレーミング，解決志向の質問等，実に多くのものが開発されている。

　システムズアプローチが上達するための重要なポイントは，セラピストがいわゆる社会構成主義的な視点を持っていることである。すなわち「現実は社会的に構成されたものに過ぎない」と考えること。私たちの眼前の現実はことごとくコミュニケーションの相互作用の産物であると考える，いわば「実在するものはなし」と考えるのである。これは本質主義と対立するものである。

　私はおよそ40年，このようなものの見方に深く傾倒し，「セラピー上達のコツ」として，1つのものの見方にこだわらないことを最大限強調してきた。「ものは言いよう」。ある事物をさまざまな角度から，さまざまな立場から，柔軟に見解を述べることができるようになること。そのような自由闊達さを獲得することが何より重要であると，繰り返し強

調してきた。

たとえばセラピストが「○○は△△である」という固定した価値観を所有すると，あるクライエントと同調しすぎるか，あるいは大きな反発を受けることになりがちだが，これを巻き込まれ（involvement）といい，システムズアプローチではジョイニングの対極にある現象と理解している。しかし自由に物事を見ることができれば，面接中，時と場合に応じて「とりあえず今はこのように言っておこう」といった対応がとれるようになる。それがクライエントの従前のコミュニケーションに合わせる意識を持って行われたのであればジョイニングであるし，それを変える意識を持って行われたのであれば変化の技法となる。

4．私の堕落

さて，私は元来無神論者・ニヒリストであった。真理や神，本質的なものなど何もない。すべては社会的に作られたものと考えていた。そんな私にとって社会構成主義やシステムズアプローチの考え方はまったく違和感のないものであった。その認識論に立って，良く言えば自由闊達に，悪く言えばいささか奇矯な態度と方法でサイコセラピーを行ってきた。「あなたは何でもありですね」と半ばあきれたように私を評した人もいる。

当初こそ，本来は無価値な人生であっても，それなりに前向きに楽しもうとしていたと思う。セラピーや私生活において，「自他のための肯定的な現象」を積極的に生み出そうとし，刹那刹那を一生懸命生きていたと思う。いわば能動的ニヒリズムだ。

しかし，やがて私は受動的ニヒリズムに転じていった。他者の気持ちや都合より，自分の損得勘定ばかりを優先する。自分が良い思いをすることが何より大事。そんな利己的な生き方に転げ落ちたのだ。気がつくとセラピーに大した喜びはなくなり，私生活もすさんでしまった。そして挙げ句の果て，病気になったのである（診断としては慢性疲労症候群。2006年頃）。

5．スピリチュアルな問いかけ

　全身の激痛で，ほとんど起床できない日々。右半分が麻痺した顔面をさすりなから私はふと思った。ああ，これは今までの生き方がまちがっていたのだ。それを「何か」が私に気づかせようとしているのではないか。

　その頃の私は毎日ベッドの中で，「なぜ私は生まれて来たのか。人生とは何か。死んだらどうなるのか。神はいるのか」，そんなことばかりを盛んに考えていた。それは人生初の問いかけ。何しろそれまでの私は，「すべては社会的に構成されたものに過ぎないので，本質的なものや真理，神などといったものはどこにも存在しない。そのようなことは考えるだけ時間の無駄。人間はただの物質で，たまたま偶然この世に生まれて来たのであり，死んだらそれでオシマイ。生きている間にちょっとでも良い思いをした者の勝ち」，このような信念を持っていたのである。これぞニヒリズムのなれの果てであろう。病前の私は，誰にも見破られないよう細心の注意を払いながら，利己主義を邁進していたのだ。

　間違いなく，私はとても嫌な人間で，密かに自己嫌悪感も抱いていた。だからこそ，この度の病気は悪しき心の反映ではなかろうかと，そう思わずにはいられなかったのである。

　私はその答えを得たくて，手当り次第に（宗派を問わず）宗教書を読み漁った。多くの知人は私の変わりように大変驚いたようである。

6．縦の相互作用

　その後，私の病気は急速に改善した。以後，今までの人生で最も健康体ではないかと思えるほどの状態が続いている。若返った感覚すらある。身体だけでなく生活全般が良好な状態であると言える。

　なぜこのような展開になったのか。安直な関連づけを行うことは迷信的行動の元ではあるが，ある気づきを得たことが関係しているように思えてならない。と言っても驚くような大発見ではなく，その道（宗教）の先達にとっては，至極当たり前の内容だろうとは思う。

　その気づきに導いてくれたのは，一旦は私をニヒリズムの極地に連れていったシステムズアプローチと，病気をきっかけに読み始めた宗教書

の二人三脚であった。

　確かにそのヒントは，システムズアプローチの考え方の中にあった。すなわち，「階層を超えたシステムも相互に影響し合う」。すでに述べたように，システム論では素粒子レベルから宇宙レベルまでさまざまな階層のシステムがそれぞれ横に（同質のもの同士が）相互作用しつつ，一方では縦に（異質のものが階層を超えて）相互作用していると考える。私は他者と相互作用（横）する一方，究極のところ，宇宙全体と相互作用（縦）しているのだ。大袈裟な表現ではあるが，つまり私は大なるものに影響を与えつつ，同時に大なるものから影響を受け続けている存在であるに違いないと，初めて「実感した」のである。

　それに付け加えて重要なことに，宗教書から得た世界観では，宇宙は神や仏と同一物の別名であったのだ。これを知った直後こそ，「神が見えた！」「神とはなんであるかがわかった！」などと喜んだものだが，今振り返るとこのときの高揚感はかなり気恥ずかしいものではある。

　ともかく，神仏などまったく信じていない私だったが，ここに至って初めて，目には見えないけれども私たちを包含しつつ私たちと相互影響している「大なるものの存在」を信じられるようになった。人は皆，宇宙（神仏）に包括され，宇宙（神仏）そのものの一部として存在している。このような実感が伴うようになったのだ。

　それは他の上位システム，たとえば私が所属している家族や職場，あるいは日本国であっても同じことではある。しかしそれらと違って，宇宙（神仏）には大調和という完全性がある。これは重要なポイントだ。要するに，宇宙（神仏）の一部分である私にも「大調和が本来的に備わっているのだ」と確信を持つに至ったのだ。そのような自己の本質を信じて，それを引き出す意図を持って，たとえば祈りを用いて，宇宙（神仏）と循環すること，それと一体感を味わうこと。これが私にとって実に有益な宗教行為となったのである。私の心身が急速にバランスを回復したのは，まさにこのような考えと行為を習慣にした時期に符合している。

　さらに強調すべきこととして，そのような大調和の完全性は決して私だけに備わったものではなく，「すべての人にとって同じである」といった感覚が得られたことも大いに役立った。つまり，誰もが宇宙（神仏）

の一部分である。誰にも本来的に仏性がある，神性がある。自分だけが特別なのではない。自分だけが特別な能力を有しているわけではない。

　仏教教典にある「一切衆生悉有仏性」「山川草木悉皆成仏」，あるいは聖書に言う「我が内なるキリスト」などは，この辺りの事情を意味しているのだろうと思われた。

　人は皆神仏の一部分であって，根源が同じものの別の現れ。その大元においては自他一体。自分とすべての他者は宇宙（神仏）という全体を形成している一要素として平等・同格。だからこそ，全体が発展・調和するためには自分だけが良くてもダメ。自他ともに良くなることが大事なのだ。ここに至ってやっと，私は積年の宿痾であった利己主義と決別する用意が整ったのである。

　＊このような体験談は，（かつて私がそうだったように）宗教や信仰といったものに無関心な人には嘲笑の対象かもしれない。また仮に膝を打つ人がいたとしても，決して特定の方向に誘導しようとするものではない。それと，念のために言えば，私は特定の宗派・団体には属していない。

7．セラピーへの影響

　さて，このような「スピリチュアルな気づき」は私のセラピーにも大きな影響を及ぼした。

　その最たるものはジョイニングに関わることだ。特定の価値観に縛られることなく，相手の認知的な枠組みや関係性に合わせることがジョイニングのコツだと，今でも講演・講義では話しているが，本心を言えば，それ以上に簡単な方法がわかっている。それは，「すべての人は全体（神仏）の一部分としてつながっている。自他一体である」，この観法を自分のものにすることだ。すると，その程度に応じて誰とでも自然と波長が合う（ジョイニングできる）ようになる。あれこれのスキルより優先度ははるかに高いと思う（もちろんスキルが無用というわけではない）。ただ，このような宗教的ニュアンスを帯びた物言いを嫌がる人もいるので，特に臨床心理学者としてはなかなか気楽に話せる内容ではない。「ク

ライエントさんを肯定的に受け止めましょう」にとどめておくのが無難ではある。

しかし宗教に抵抗のない人に対しては次のように言う。すべてのクライエントはあなたと同じ神仏の一部分であり本来的に完全な存在であって、現象として観察される否定的な面は偽の存在である。コミュニケーションの相互作用によって否定的な意味が構成され、あたかもそこに実在するかのように見えているだけだと。

この感覚が了解できると、クライエントに負の部分が内在していると考えなくなる。症状や問題、欠点・短所などはただの仮象（仮の姿）であって、本質は完全大調和。人間本来水晶玉であると見えてくる。

このような人間理解が継続的にできるようになると、クライエントとの会話・やり取りはおのずと治療的なものとなる。コミュニケーションは自然と良い方に展開する。その意味でも、やはりジョイニングこそすべてのすべてなのだ。もちろんセラピーだけでなく、あらゆる人間関係におけるエッセンスでもある。

8．生かされていること

かつての私は大なるもの（神仏）をまったく信じていなかったので、何事もうまくいけば自力を誇って天狗となり、うまくいかないと落ち込んだり他者を責めたりする傾向が大変強かったように思われる。自分だけを頼りに生きていたようである。

ところが病気体験がきっかけとなり、縦の相互作用（すなわち神仏との循環）を心がけると、健康を得るだけでなく、種々のインスピレーションが豊かになることもわかった。私の成すことは決して自分一人の力ではなく、全体（神仏）から頂いたものであるといった思いも日々強くなった。縦の相互作用を大切にしさえすれば、あとは神仏が何とかしてくださるという、いわゆる他力本願から来る自信、安心、あるいは平常心。これは何物にも変え難い宝物なのである。

ニヒリズムの頃の私は大なるもの（神仏）とつながっている実感など一切なかったし、そもそも無神論者だった。しかし今の私は、「衆生、仏を億念すれば、仏、衆生を億念す」、このような相互作用の存在を信

じて疑わない。階層の違うシステムの相互作用を単に知識としてではなく強く信じていて，そこに宗教の学びも重なり，「最上位システム」を「神仏」と呼ぶことになんのためらいもなくなっている。

　システムズアプローチに傾倒することでいったんは神仏から一番遠い所へ行ってしまった私だったが，畢竟，システムズアプローチのおかげで神仏の懐に入って来られたようである。我が身が神仏に包含され生かされていることを喜ばずにはおれないのだ。このような現在のありように導いてくれた病気体験とシステムズアプローチには心から感謝したいと思っている。

9．おわりに

　個人的かつ宗教的な語りが主であったので，システムズアプローチの理論や技法に関心のある若い読者にとってはニーズに合致しない内容であったかと思う。しかしまあ，そうしたことは他の章に任せよう。本稿のようなテーマについては，システムズアプローチ外伝として頭の片隅にちょこっと置いてもらえればそれで十分だと思う。もしもいつの日か，こんな拙文でも読者の役に立てるときがくるならば，それはもう望外の喜びである。いや，そんな日が全然来なくても，それはそれで良いのだけれども。

　＊本章に興味を持てた人は，『人生の流れを変えるちょっと不思議なサイコセラピー』あるいは『マンガで学ぶ　セルフ・カウンセリング　まわせＰ循環！』（共に遠見書房）もご一読くださると嬉しい。

第3部

家族面接のコツ③Ｐ循環・Ｎ循環編

第14章

P循環とN循環について

動画を観る前に

1. 考え方

　家族合同面接であれ個人面接であれ，システムズアプローチにとってもっとも重視されるべきことは面接中に観られるコミュニケーションの相互作用です。特に**セラピストと対象者の相互作用**，つまりバーバル・ノンバーバル合わせての会話が最も重視されなければなりません。家族間の会話は，もちろんこれも大事ではありますが，優先順位としては二番目でよろしかろうと思います。

　（ここでいう「対象者」とは当事者，家族・友人，学校の先生等，面接室にやってくるすべての人のことです。）

　会話を用いて「現実の再構成」を行うのがセラピストの仕事ですが，方法としてもっともシンプルであるのは，手前みそながら，近年私が提唱しているP循環療法であろうと思っています。P循環のPはpositiveのPです。この方法はセラピスト・対象者間の相互作用をポジティブなものにすることだけを目的としています。これにより，対象者の感情や行動に良い影響を与えようとするのです。

　この方法の前提（仮説）は次の通りです。
　基本的にクライエントは「困ったこと」「悩み」「怒り」「恨み」「妬み」「哀しみ」「恐怖」「不安」などをセラピストに表出するものです。
　これらの要素をN（negative）要素と名付けます。N要素はクライエント個人の内部で還流してクライエントの心と身体にダメージを与えます。心身医学で言うところの心身交互作用はこれにあたります。たとえば強い「怒り」がうつや心疾患につながる等。これを個人内N循環と

呼ぶことにします。

　またクライエントはセラピストに限らず周囲の対人関係でN要素を表出する機会が多いので，その相手からN要素をぶつけられる可能性が高くなります。相手を責めることで責められる。いやそのような積極的なものではなくとも，その場にクライエントが存在しているだけで相手から拒否されるということもありえるでしょう。これは対人N循環と呼びますが，結果的にクライエントのN要素を一層強めることになります。このようにクライエントの対人関係と内面とは相互作用するわけです。

　つまり，「クライエントと命名された存在」は内的にも対人的にもN循環の渦の中にいる人であると考えることができます。NはNを呼ぶことになりやすいのです。その際，クライエント個人個人の生育歴や生活歴などの背景・事情，あるいは表出されるN要素の種類や強度等はいったん不問とします。内容は問わず，「N循環の中にいる人」とひとくくりにします。そして，そのようなN循環の渦からP循環の渦に移行することこそがクライエントが回復する道であるとシンプルに考えてみたいのです。対人関係においても心身の健康においても，P循環の渦の中にいてこそ良好なものが得られるということです。

　このように考えるとセラピストの一番の仕事は「まずは自分とクライエントの間にP循環を生じせしめること」だということになります。また，セラピストに余裕と能力があるならば，家族合同面接や学校の先生等の関係者との面談を行うことで，彼らともP循環を形成し，結果的にクライエントと彼らの間にP循環が波及していくような工夫をすることが望ましいでしょう。クライエントの変化がいっそう早くなることを請け合いたいと思います。

2．基本的な方法

　クライエントに対するセラピストの一番の仕事は，とにもかくにも害を与えないことであろうと思います。

　害を与えるとは，すなわち，セラピスト自身がクライエントと対人N循環に陥ることです。クライエントに腹を立てたり不快な気持ちを抱いたりすることはもちろんのこと，クライエントを「問題の人」「障害の

ある人」と見立てることも実は害を与える第一歩になりがちです。正確には「『問題の人』と自他によって見立て見立てられている人」「『障害のある人』と自他によって見立て見立てられている人」なのです。実はそのような見立て（縛り・レッテル）こそが「問題」であると言えるかもしれません。家族療法でIdentified Patientとはよく言ったものです。

そしてこれは何もクライエントと呼ばれる人に対してだけではありません。セラピストによっては，たとえばクライエントとしての子どもを被害者と観て母親を加害者であると観る場合があるかもしれませんが，この場合，たとえセラピストと子どもの間にP循環が形成されてもその効果は比較的薄いと思われます。なぜならセラピストと母親との間にN循環が形成されてしまうことで，母親と子どもの間にN循環が維持される可能性が高いからです。結果的に子どもは損なわれます。これは子どもの家族だけでなく，学校の先生や医療機関等の専門家に向けても同じことであると言えます。子どもが大事であるなら，親や先生を責めてはなりません。

セラピストは，どのようなクライエントであっても，どのような関係者であっても，少なくとも「普通の人」であると観なければなりません。どのような過去や現在の振る舞いがあろうと，「問題の人」「やっかいな人」などとして観てはいけません。しかし，現実に目の前に「とんでもない」ことが存在すれば，これは「言うは易し行うは難し」となってしまいます。筆者もこの点については長年苦労しました。対象者を「問題の人」「やっかいな人」と観た場合は大概セラピーを失敗していたのです。しかし近年，そのような意識はほとんど持たなくてすむようになりました。のけぞる人もいるかもしれませんが，筆者の場合は，近年目が覚めたところのそれなりの信仰心によるものなのです。おおむね，どんな人でも「仏性」と観ることができるようになれたおかげで,「問題の人」「困った人」は存在しなくなったのです。残ったものはそのような「縛り・レッテル」，言い方を変えれば「思い」や「言葉」によって作られた表面的現象だけになりました。人は本来水晶玉でありますが，その上から絆創膏をべたべたとはってしまうと元の姿が見えなくなる。「問題」とは，まさにその絆創膏なのであり，人の本質ではないと考えるわけです。臨

床心理学的に言うと,そのようなものとして「外在化」できるようになったとも言えるでしょうか。

さて,ここまで述べた意味でセラピストが「害を与える人」でなくなれば,次にクライエントとの間にP循環を形成するような働きかけを行うことになります。その第一歩はジョイニング（Joining）であります。この場合,ジョイニングとはクライエントから放出されるN要素に波長を合わせることと言えます。クライエントのN要素に関わる話にそって傾聴すべきであるし,内容をしっかり理解・共感する必要もあるでしょう。ただし繰り返しますが,そこで語られていることは「絆創膏」に過ぎません。セラピストは必要以上に「絆創膏」に目を奪われてはなりません。筆者流に言えば,クライエントの本質であるところの仏性をジッと見つめながら（拝みながら）「絆創膏」を見せていただく（話を聴かせていただく）ということになるでしょうか。このような意識を持ったジョイニングは,それ自体P循環を起動させるものとしての大変価値の高いものであると考えます。ジョイニングは技術ではなくセラピストの心構えであると思います。

そしてタイミングをはかり,セラピストはP循環を促すような働きかけをします。簡潔に言うと「クライエントから出て来るP要素に関心興味を示す」ことであり,「P要素を引き出す質問をする」ことであります。具体的な方法としては,近年ソリューション・フォーカスト・アプローチとして大変良いテクニックが紹介されているので,ぜひそちらの方を参考にしていただければと思います。無論,ソリューション・フォーカスト・アプローチでは「P循環」などといった言葉は用いません。キーワードは「解決」です。そしてまた厳密な意味では理論的にも異なるでしょう。しかし実際的に根っこの所はそれほど違うものではないのです。

あるいは有名なポジティブ・リフレーミングを用いることも忘れてはなりません。物は言いよう。ネガティブに意味付けされたものはすべて,どのようなものでも,ポジティブに言い換えることができます。クライエントから示されたNをPに言い換えて返すことくらい,そしてそれをクライエントに受け取ってもらうことくらい,朝飯前にできなければなりません。先日ある宗教団体の教祖が書いた本を読んでいますと「この

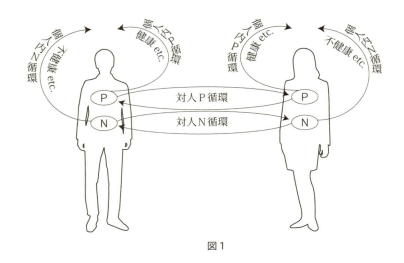

図1

病気は過去の業が消え行くプロセスであるから病気を喜べ！　病気のおかげでこれからいろいろなことがドンドン良くなる！」といった記述がありましたが，これで信者さんの**顔が輝いたら**確かに病気も治りそうだと，筆者は宗教の力にいたく感心したものです。

3．応用的方法

　Ｐ循環を作る意識を持ったセラピーで，基礎的なやりとりが十分にできるようになった場合，次にセラピストはいわゆる教育的なアプローチを行うことができます。

　図1に示すような絵を用いて，個人に内流するところの個人内Ｎ循環・Ｐ循環，人間関係で渦巻くところの対人Ｎ循環・Ｐ循環の説明を行うのです。なるべく具体例を示しながら説明するのが大事です。そしてＰ循環への移行がセラピーの目的であることを告げるのです。

　クライエントがこの話に乗ってきたら，Ｎ循環・Ｐ循環はセラピストとクライエントの共有ワードになりますから，以降のセラピーが大変楽になります。日常生活やクライエントの内面にどのような現象が観られようが，それらはすべてＮ循環・Ｐ循環といったメタレベルの理解に置き換えて会話が進められます。コンテンツ（内容）に深入りする必要は

ほとんどなくなります。そしてＮ循環から脱出する方法やＮ循環に入らない方法，あるいはＰ循環を積極に作る方法についての会話が面接中の主たるやりとりになるわけです。

　本当にこれだけのことでセラピーがうまくすすむのかと疑問に思う人もいるかもしれませんが，拙著『家族療法の秘訣』（日本評論社）に「鳴門のうず潮」といったキーワードでセラピーを展開した摂食障害の一例を紹介してありますが，これはＮ循環・Ｐ循環を用いたセラピーと良く似た治療機序であるといって差し支えないのです。しかしながら，「鳴門のうず潮」がどちらかと言えば症状に焦点化した用い方をされるのに比して，Ｎ循環・Ｐ循環は広く生活全般にわたって生じる現象に用いることができるので，しかも単にうず潮から脱出する（Ｎ循環から脱出する）だけでなく，積極的にポジティブを作っていくと言う側面が強いので，単なる対症療法ではありません。

　１つ具体的な事例を紹介しましょう。

　娘は17歳。母親に連れられてやって来ました。帽子を目深にかぶり大きなマスクで顔を隠しています。彼女は高校を中退し自宅にひきこもりがちなのですが，母親の一番の主訴はひきこもりもさることながら整形手術にかかるお金を要求することです。すでに手術は２回行ったようなのですが，娘はまだまだ変えたい部分があると訴えます。母親は，もう整形しないよう筆者に娘を説得してほしいと言いますが，すぐに娘が母親に反論し，母親は不快な顔のまま黙り込みます。また娘は，近所の同級生にいじめられたことで人生が狂ったと考えているようで，彼らを厳しく責めます。そして「私は運が悪い」と口癖のように言います。

　そこで筆者は，「整形した方がいいかどうかはわからないけれども，運を良くする方法なら教えてあげることができる」と断言しました。母親は，いったんはがっかりしたようでしたが，娘が筆者の提案に大変興味を示し「それを教えてくれるならセラピーに通う」と言うのを聞いてとても嬉しそうな顔になりました。

　ここで筆者は，紙と鉛筆を用いてＮ循環・Ｐ循環の説明を始めました。そして現在の娘がＮ循環の真ただ中にいることと，その結果として「悪い運をたくさん引き寄せている」ことを示しました。娘は「その通りだ」

と言います。筆者は続けてP循環に移行することで「運が良くなる」ことを解説しました。娘は「P循環を作りたい」と言います。

　筆者はとりあえず10回程面接に来るよう提案しました。そして「N的な出来事や感情は仕方ないのでとりあえずは放っておいて，積極的にP循環を作る」といった方針を共有した上で，毎朝毎晩のお祈りを課題として呈示しました。それは他者への感謝と赦しを暗示のように繰り返すものでした。娘は「ずいぶん怪しいけれどもそれでP循環が作れるならやってみたい」と言います。

　筆者はここで次回以降の面接担当者として大学院生（女性）を紹介し，さっそく30分程自己紹介的な面接をするよう指示しました。

　大学院生は30分の面接で「東は大変怪しいおっさんだけれども，たしかにそれで運が良くなる可能性は高いのだ」と大いに盛り上がり，面接を継続する約束をしました。

　以後，約1年半，二人の面接は続きました。この間，娘はアルバイトを始めました。高校卒業資格の認定を受けました。そして先日，某大学入学試験に合格しました。もちろん整形手術には行っていないし，すでにそのような欲求もありません。筆者が久しぶりに会った彼女は，無論顔を何かで隠すこともなく，笑顔の大変美しい娘さんでありました。

　以下，担当した元院生が書いた文章を原文のまま掲載します。
　（なおクライエントはこのような形での報告を許可してくれています）

4．Aさん（仮）との面接について

小田理未（東ゼミ修了生）

　Aさんとの面接を開始した際，Aさんは明らかにP循環の話を疑い，こちらの出かたをうかがっている様子でした。そこで私は，心の中で東先生に対し謝罪の言葉を唱えながら，東先生を「胡散臭いおっさん」にしてしまうことで，彼女に対しジョイニングを行うことを決意したのでした。この作戦はとても効果がありました。ものの数分で私達は，「なんか変な占い師に会ったみたいだった」「だいたいポジティブとかいう言葉自体が無理」等々，東先生には大変に失礼な言葉の数々で，大いに盛り上がったのでした。しかし，盛り上がりも落ち着きを見せ始めたこ

ろ，彼女はまた暗い表情に戻り，「人生で楽しいことなんて１つもないじゃないですか」と，自分がどれだけつらい目に合いながら生きてきたかということを説明し，そんな自分があんな胡散臭い方法で「良くなる」ということが想像できないと語りました。

　そこで私は，Ｐ循環を作る方法は確かに胡散臭い方法ではあるが，Ａさんの中の「良くなる」というイメージをはっきりさせるのに役に立つかもしれない，とＰ循環を使ってみることを提案しました。するとＡさん「ポジティブってのが気持ち悪い」と，ポジティブという言葉にのみ難色を示しましたが，それ以外は，乗り気な様子を見せてくれました。そこで，私達は相談し，Ｐ循環の「ポジティブ」を，「それなり（それなりに良い）」に言葉を改め，面接までの１週間で起こった「それなり話」を報告してもらうことを決めたのでした。

　そこからの面接では，「それなり話」という名の，面接までの１週間の中であった面白かったことや楽しかったことへと話題がシフトしていきました。はじめの方こそ，「良いこと１つもなかったから何も話すことがない」とぼやいていた彼女でしたが，ポジティブな話ではなく「そ・れ・な・り・話」をすれば良いということが分かると，嬉々として話し始める様子が見受けられました。また，そのような話を進めるにつれて，私達は，Ｐ循環を馬鹿にする形ではありますが，利用して「それなり話」に登場する語録も作りだしていきました。具体的には，【Ｎ女子】→人間関係をわざとややこしくさせるメンドクサイ，見た目も心もブサイクな女の子達，【Ｐ女子】→ポジティブさに嫌味のない，見た目も心も可愛らしい女の子達，【勘違いＰ女子】→根拠のない自信に充ち溢れていて，ある意味でポジティブだが，何だか可哀想で，ある意味面白い女の子達，等々が挙げられます。ちなみに「それなり話」がどのような話であったかは，この語録からご想像していただきたいと思います。

　そのような面接を行うにつれて，Ａさんに変化が見られ始めてきました。まず目に見える変化として，段々と化粧をしてこなくなり，まるで外国人のようだった見た目が，年相応の女の子へと変化していきました。次に，面接の中で，整形に関する話題が出ることが次第に少なくなっていきました。「バービー人形のようになりたい」と言っていたＡさんが，

整形を繰り返している人の顔を「化け物みたい」と評し,「ああはなりたくない」と語りました。そして,最後に,自分がいかに今まで不幸に生きてきたかということを,面接の中で語ることがなくなりました。

　私がAさんとの面接の中で心がけていたことは,Aさんの「生きていても楽しくない」という主訴から離れるという点のみでした。それには,面接における「P循環」という枠組みがとても役に立ちました。「P循環」という私にも彼女にも共通の認識を利用することで,主訴そのものから,違う側面(「それなり話」)に光を当てやすかったのです。

　また,この面接を通して私が一番驚きだったのが,問題から離れる,そのことで目の前のクライエントが目に見えて大きく変化していったことでした。そしてそれはクライエント自身にとっても同じように大きな驚きであった様子で,面接内でよく「今から考えたらそんなこと言ってた前の自分が信じられない」と話してくれました。

　このような貴重な経験をさせていただいたクライエントのAさんには感謝の想いでいっぱいです。そしてそのような機会を与えてくださった東先生にもとても感謝しております。面接内では致し方なく,心にもない失礼なことをたくさん申してしまいましたが,お許しください。ありがとうございました。

　〔終〕

　紹介した事例では,P循環を作るセラピーの応用編として教育的なアプローチを採用していました。このようなすすめ方は「P循環を作る作業」が目に見えるので,初心者にはかえって分かりやすく読者にも面白いものかもしれません。しかし実際のところはセラピストの説得力や会話力などといったものが大変重要になるので,その方面で生来の能力がなかったりトレーニングを受けたりしていないセラピストには大変難しいと思います。この点では筆者がかつて提唱した「虫退治」と同じことです。

　P循環が作れるセラピストになるためには,「話を聴く能力を磨く」→「質問をする能力を磨く」→「ポジティブ・リフレーミングする能力を磨く」の順番で自分を鍛えることが大事であろうと思います。そして

その先に応用編。「説明・説得する能力(セールス・トークの能力)を磨く」→「複数の人と同時にＰ循環を形成する能力を磨く」というふうに，徐々にハードルが上がっていくと考えていただけると良いと思います。

第 15 章

逐語録：深田家のケース

１回目の面接

【動画の視聴方法】
下記 QR コードから vimeo のサイトへアクセスしてご視聴ください。
動画はアングル別に３タイプあります。

全体 : https://vimeo.com/726607395/ef62d2d6fe	
セラピストのみ : https://vimeo.com/726608179/7f47e4a0e0	
クライエントのみ : https://vimeo.com/726607726/6cee329423	

注意：逐語編にある【コメント xx】は，解説編（409 頁〜）での東，黒沢，森三氏による解説がある箇所を示しています。また，Chap.xx とは，動画のチャプター番号を示しています。動画のチャプター機能で位置指定して観ることが可能です。

受付表	
受診日 （電話予約あり）	2014 年 9 月 27 日（土）
氏　名	深田ゆき子（17 歳）　職業：高校 3 年生
（つきそいがいる場合）	つきそいの方の続柄： 父（寛人），母（たき子），姉（あや子）
主　訴	不登校，過呼吸発作（次女），母親も家族のことで相談したい要望あり
かかっている他の医療機関など	神戸六甲記念病院（過呼吸発作）に救急搬送
来談経路	母親からの電話で，カウンセリングを希望。ゆき子さんの学校の養護教諭から紹介を受けた

診断書・紹介状	なし
担当	東豊

Chap.01 （ノックの音）

東：はい，どうぞ。こんにちは。お入りください。
　　（深田家の人たちが入室する）
東：どちらでも結構ですよ。
　　（セラピストの席に向かってL字型に椅子が並んでいる。左から順に，父，姉，ゆき子，母の順で座る）
東：はじめまして，東と申します。よろしくお願いします。ええと，深田さん。今日はご家族みなさんでお越しになったんですね。はい，よく来ていただきました。ええと，（受付表を見ながら）こちらには，お母さんから電話でお申込みいただいているんですね。
母：ええ。
東：はい。どこでこちらのことを見つけてこられましたか？【コメント1】

Chap.02 母：この子（ゆき子）の保健室の先生にときどきお話を聞いていただいたりしているんですけれど，その先生からご紹介でこちらに来られたらと薦められまして，電話させていただきました。
東：ああ，そうですか。（ゆき子を見て）ええと，ゆき子さん。ゆき子さんが行っていらっしゃる学校の先生からお聞きになったんですね。どんなふうに聞かれた？
母：そうですね，ゆき子のことで，体調がよくないものですから，ときどきご相談させていただいていまして，そのお話の中でとてもお話を上手に聞いてくださるといいますか，よく聞いてくださる先生で，ついつい私なんかもよくご相談させていただくようになりまして，ゆき子がこれからどうしていったらいいのかとか，うちの家族も含めてどうしていったらいい

のかなというお話の中で，家族のことだったら東先生ということで強くお薦めいただきまして。【コメント2】

Chap.03 東：ああ，そうですか，それで来ていただいたんですね。いま，家族のことについてもと（受付表を見て）こちらにも書いていただいているんだけど，そういったことも含めて今日はみなさん一緒に来ていただいたんですね。

母：はい。

東：どんなふうに誘っていただいたんですか，みなさんを。【コメント3】

Chap.04 母：そうですね……，坂本先生——保健室の先生が坂本先生とおっしゃるんですが——のお話で，1回目の面接は家族みんなで行ったほうがいいよということで教えていただきまして。

東：ああ，そうですか。はい，はい。どんなふうに誘われたの？

母：とりあえず細かいことを言い出すと，それぞれ忙しく生活しておりますので，1回目はとにかく家族で来いと言われているというふうに伝えさせていただきました。

東：ああ，そうかそうか。じゃあまあ1回くらいだったらいいやっちゅう感じで来ていただいたかな（笑）。

父：（苦笑いしながらうなずく）

東：お父さんですね。どうもはじめまして。今日はお母さんからお誘いがあってここに来られたと思うんですけど，たぶんお仕事……この時間は。

父：今日は休みなので。

東：ああそうか，今日は日曜日だった，ごめんなさい。お休みだもんね。じゃあ一度行ってみようかなということで。

父：そうですね。まあ，ゆき子のことですので。家族全員での参加が原則だということを聞きましたので。

東：はい。で，ゆき子さんが妹さんだから，お姉ちゃん，あや子さん。

姉（あや子）：はい。

東：あや子さんは今日はどんな感じで来られたんですか？

姉：なんかお母さんが，家族みんなで行くように言われているしあんたも一緒に行ってと言われたので，じゃあ一緒に行くって。

東：そうなんやね。ゆき子さんはどんなふうに誘われたの？

IP（ゆき子）：やっぱり私のことでということもあったので。私も保健室の先生にお話をしていたので，そこでみんなで行ってきたらとお母さんと一緒に言われて今日来たっていう感じです。

東：そうですか，よく来ていただきました。これから50分，あるいは1時間くらい一緒にお話をさせていただくんですけれど，まずどこからお話を聞かせていただきましょう。今日こちらに来られた一番の……，なんて言うかな，解決したいことはどんなことかということからお話をきかせていただけますか。

父：あの，ゆき子がですね，学校に，高校なんですけれども，なかなか通えなくて，行こうとするとどうもしんどくなる。

東：しんどくなる。

父：はい。まあ途中までは，朝も準備はしているんですけれど，行く気はあるみたいなんですけども，いざ行こうとしたり，もしくは通学途中でしんどくなって家に帰るらしいんです。一度，通学途中で倒れてしまったようで，救急車で運ばれたことがありまして，命には別条なくて過呼吸という形で先生には診断してもらったんですけど，それからなかなか学校に通えないことが続いていまして。それでいまご相談させていただきたいなと思っています。【コメント4】

東：はい。なるほど，ゆき子さんがね。ちょっとゆき子さんにお聞きしていいですか。ゆき子さん，ちょっとお聞きしますね。いま，お父さんから学校に行く途中に……過呼吸発作とおっしゃいましたね，具合が悪くなって救急車で運ばれたこともあったんだというお話でしたけど，そのときのことをよく覚

えていますか。
IP：詳しくは覚えていないんですけど，でもやっぱりそのときも学校に行こうと思って，いつもどおり家を出て，1人だったんですけど1人で学校に行って，普通に行っていたんですけど，学校が近づいてきてちょっと門が見えたらなんか（胸のあたりを押さえて）キュッてなって。
東：ん？　どのへんが？
IP：なんか……（感情がこみあげてきた様子。涙声で）すいません。
東：思い出したね，うん。
IP：なんかこう……。
東：胸が？
IP：キュッてなって。息がしづらくなって。
東：うん。
IP：そこからはもう記憶がなくて。
東：記憶がなかった。
IP：で，気づいたら病院やった。
東：ああ，ほんとう。うん。そのことははじめてだったんですか。
（母親がゆき子にハンカチを渡す）
IP：（涙をふきながら）はじめてで，自分でももうわけわからんくて，あとから聞いたら学校に行くまでに倒れちゃったから周りの人（同じ学校に行っている人たち）に囲まれていたみたいで，いろんな人に心配というか迷惑をかけた……。
東：迷惑をかけた感じ？
IP：うん。あとから「大丈夫やった？」って言ってくれた子もいっぱいおったから。親にも電話がいったし，いろんな人に迷惑かけたなって，いま思っています。
東：思っている。うん。人に迷惑をかけるのはあまり好きじゃない？
IP：うん，そうですね。あんまりかけたくない。
東：かけたくないのね，うん。それが最初だよね。いつのことかな，それは。

IP：高2の秋くらい。
東：高2の秋というと……，いまが……。
IP：高3。
東：高3だから，約1年，1年たつの？
IP：うん。
東：その1年間でどうですか，そういったことは繰り返し起きていますか。
IP：そこからやっぱり学校には行きづらくて，思い出しちゃうというのもあるかもしれないんですけど，行きたいけど行ったらまた倒れるというか。実際何回か挑戦したこともあるんですけど……。
東：ああ，挑戦した。
IP：でもやっぱり苦しくなるし，呼吸もしんどくなって，また同じことの繰り返しになっちゃうっていうのがあって，だから最近はあまり行けていないです。
東：その挑戦したときもやっぱり倒れて救急車で運ばれたの？
IP：救急車で運ばれたときもあるし……。
東：何回か運ばれた？
IP：何回か，2～3回くらい運ばれた。
東：うんうん。
IP：でもその前に，（通学路に）立っている先生がいるから，その先生が気づいたかなにかしてくれて，保健室に行って，そこで先生と話すようになったので，それからは保健室には行けるようには……。
東：なっている。
IP：先生と話せるというのがあるから。
東：うん，先生と話せるというのは安心だよな。
IP：坂本先生は安心できるかな。
東：ああ，ほんとう。いい先生やね。
IP：うん。
東：またああいうことになるんじゃないかという心配があると

おっしゃったよね。
IP：うん。
東：その「ああいうこと」の中身をちょっと教えてほしいんだけどね。身体がきつくなることと，人に迷惑をかけることと，どっちのほうがつらい？
IP：うーん，迷惑かけたくないというほうが強い。
東：迷惑かけたくないというほうが強いのね。（母親，父親に向けて）ええお子さんやねえ。そうですか，OK。あとでまた詳しく教えてね。
IP：はい。【コメント5】

Chap.06 東：それから，お姉ちゃん。
姉：はい。
東：お姉ちゃんは，いま何をなさっているんやったっけね。
姉：いま大学生です。
東：大学生。何年生？
姉：大学2回生です。
東：はい。どんなことを専攻していますか？
姉：法律のほうを。
東：法律。学校は毎日楽しいですか？
姉：はい。
東：あなたは身体は丈夫ですか？
姉：はい，全然問題なく。
東：どこか痛くなったとかいうことも過去にないのね？
姉：ないですね。
東：うんうん。いま妹さんに起きていることはどんなふうに感じますか？
姉：やっぱり学校に行けていないのもそうですけど，そのとき苦しくなるという話も聞いたりしているので心配ですね。
東：心配だね，なるほどね。なんとかしてやりたいなという感じだね。OK。（ゆき子に向かって）お姉ちゃんはずいぶんやさしい感じだけど，いつも助けになるの？

IP：うん。お姉ちゃんは私から見ても努力家やし，できるというのがあるからいつも頼りにしている。【コメント6】

Chap.07 東：お姉ちゃんを頼りにしているのね。そうですか，けっこうですね。はい，それでお母さん，話は戻るけれど，今日こうして来ていただいたことの一番大きなことはゆき子さんの症状，それがなくなることですね。

母・父：はい。

東：それと，（受付表を見ながら）よろしければ教えてください。家族のことについてもご相談したいとおっしゃっていただいているようなんですが，それはどういったことなんでしょうか。

母：はい。これは他の家族の者には言っていないんですけど，私自身が感じていることといいますか……。

東：ああ！　じゃあ，このことは……ごめんなさい，僕いらんこと言っちゃったね。

母：いえいえ。大丈夫です。【コメント7】

Chap.08 東：ごめんなさい，ここに書いていただいているので何の疑いもなく申し上げたんだけど。
　　どうぞどうぞ（母親に話をうながす）。あ，よろしいですね，お聞きして（父親の許可を求める）。

父：はい。

東：（母親に話をうながす）

母：ゆき子の身体のことがありまして，はっきりと感じ取るようになったと言いますか，たぶんそれよりも前からずっとあったんだと思うんですが，私もあまり体調がよくないと言いますか，身体が強くないもので，調子が悪いときは寝たり起きたりしながら生活するということもあったりするんですが，夫がなかなか……なんて言うんでしょうか，もちろん会社には行ってくれて，お仕事をして父親の役割を担ってくれているとは思うんですけれど，どうも気持ちをわかりあえていないといいますか，……うまく言えないんですけど，もう少し

……すいません，うまく言えないんですけど……。
東：いえいえ，いろいろ言えることでけっこうです。
母：私のしんどい気持ちというとなんかおこがましいような感じなんですけど，ぎりぎりがんばっているというようなところをもっと気づいてほしいといいますか……。すいません，家族の前でこんなこと話すのも……。
東：いやいや，もしきつかったらおっしゃってくださいよ。僕は無理やり話せと言っているわけじゃないので。言える範囲のことでけっこうです。
母：自分の，家族の中でうまくいっていない感じというか，しっくりこないという感じが，もしかしたらゆき子の体調に関係したり，自分の体調に関係したり，もっとうまくやる方法があるんじゃないかという思いになったりして，そんなことを考え始めると考えが止まらなくなるというか，すごく苦しくなるときもあるので，（受付表に）家族のことと書かせていただいたんです。
東：ああ，なるほど，そういうことね。ちょっとお母さんの体調のことをお聞きしていい？　お母さんはどんな体調なんですか？【コメント8】
Chap.09 母：もともとそれほど身体が強いほうではないんですが，夜眠れなくなることがときどきありまして，そうなると午前中家事をしたり（私は仕事はしていないんです）子どもたちの身の回りのことをしたりということがしんどいときがあります。
東：そういうときはどうなさってる？
母：いまのところ，病院には行ってもあまり変わらないので，自分で様子を見ながらぎりぎりやるべきことをこなすというような感じです。
東：うんうん。じゃあ結局は全部お1人で家事をなさってるの？
母：はい。まあ十分ではないと思うんですけど。
東：（娘たちに向かって）お母さん，かなりがんばっているの？　家事を，1人で。

姉：もう，文句は言えないくらい。すごくいろいろやってくれているし。【コメント9】

Chap.10 東：へえー，体調の悪いのが不思議なくらい？

姉：体調が悪いのかなというのはなんとなく感じていたり，ちょっと調子の悪そうなところを見ていたりするんですけど，家事は全然完璧にやってくれる。

東：へえ，すごいな。おふたりがお手伝いするチャンスはないんですか？

姉・IP：（顔を見合わせて）あんまりしいひんね。

東：もうお母さんに任せておけば安心なんや。そうですか，はいはい。（父親に体を向けて）【コメント10】

Chap.11 東：お父さんにお聞きします。ここ（受付表）に家族のことでと書いていらっしゃって，それはちょっと書いただけなのを私が無理やりほじくったみたいで申し訳ないんですけどね。

父：（苦笑）【コメント11】

Chap.12 東：少しお母さんも身体がきついというお話を聞かせていただいたんですけど，そのことはご存じでした？

父：はい。まあ昔から，若いころからそんなに健康なほうではなかったので。ただ，家事はきちんとやりますし，私から見て何も不満はないですし，体調が悪いときは病院に行けばいい。薬はあまり飲まないんですけどね。

東：お薬を。

父：はい。飲めばいいんじゃないかなとは思うんですが，飲まないからずっとしんどそうではありますけど。体調が悪い悪いと言っていますけど，寝込むほどではないかなと，そんなに気にはしていなかった。

東：そうですか。体調が悪そうに見えるときとはどんなとき？

父：仕事から帰ったとき，起きて待っていてくれているんですけど，そのとき先に寝るとか。自分からは（しんどいと）アピールしてきませんので。ただ，やることはきっちりとやりますから，それほどな感じはなかった。

第15章　逐語録：深田家のケース——1回目の面接　371

東：しんどいからこうしてほしいああしてほしい，ということはわりとおっしゃるほう？

父：何も言わないですね。

東：おっしゃらない。我慢強い奥さんですか？

父：そうでしょうね。

東：しっかり全部なさっていただけるんやね。そうですか，はい。そのことがもう1つ，お母さんがね，家族全体のこととおっしゃったけども，お母さんの体調ということが一番のネック？ お母さんの体調の悪さが彼女（ゆき子）の体調に影響しているかもという心配もおっしゃっていたよね。

母：そのこともあるんですが，この子がはじめて倒れて救急車で運ばれたとき，夫はいま何も問題ないという言い方をしたんですが，そのときも同じで，救急車で子どもが運ばれるというのは……なんて言うんでしょう，大変なことと言いますか。

【コメント12】

母：学校から連絡を受けて私はもう自分が倒れるかと思うような衝撃を受けて病院へ駆けつけたんですけど，そのときは処置をしていただいていて，命には別条なく休息して帰ってくるという状態ではあったんです。そのことを夫に電話で知らせたのですが，私もかなり動揺していたのもあるんですけど，状況を伝えて命に別状ないですと言うと，「それやったら」ということで特に駆けつけるでもなく。私が夫であれば駆けつけたかなと。

東：ああ。

母：ですけど彼は……。仕方がないと頭ではわかっているんですけど。その日会議があるとか，仕事で抜けられないということで，結局いつもどおり仕事をして帰ってきたということがあったんですね。子どもたちの前でこんなことを言うのはなんですけど，さみしいというか，わかってもらえてないというか，するべきことがあるのはもちろんわかるんですけど，私だけがしんどい思いを……，これまでもぎりぎりでやって

きているところを……。
東：ぎりぎりというのは体調的にということ？
母：はい。ぎりぎりでやっているところを，今回もうまく伝えられなかったし，わかってもらえなかったなというふうに，最終的には自分で落ち込むということがありました。私がうまく伝えられないことがたぶん原因かなと思うんですけど，そのあたりが自分の中で家族がうまくいっていないと感じているところです。
東：うん。何か受け入れてもらっていない感じ，わかってもらっていない感じ？
母：そうですね。自分1人が空回りするというか。もっとうまくやれるんじゃないかと頭では思うんですけど……。【コメント13】
東：少し言い方を変えれば，お母さんがしっかりするというか元気になれば，娘さんもうまくいくんじゃないかという感じ？ <!-- Chap.14 -->
母：そうですね，そこのつながりはちょっと……，この子にはこの子の理由があるというか，クラブのお友達とトラブルがあったというようなことがたぶんきっかけになっているんじゃないかと私は思っているんですけども。
東：なるほど，直接関係があるということをおっしゃっているわけではないんですね。なるほど了解しました。OK。（父親のほうを向いて）お父さん。
父：（苦笑しながら）初耳です，いまの……。
東：ああ，来るんじゃなかったと思っているんじゃありません（笑）？　大丈夫？
父：はい。
東：もしよかったら，いまお聞きになって初耳の感想を教えていただけたらうれしいんだけど。
父：いやあ，そんなふうに妻が感じているとは思ってはいなかったので……ちょっと，ねえ。どうしたものかと。
東：どうしたものかというのは？

父：そこまでいろいろ考えているとは全然考えもしていなかったし，確かに救急車のときは，もう出社していたんですけど朝妻から電話があって，結局どうなんやと聞いたら命に別状はない，特に心配はないと医者に言われた，少し安静にしていたら帰れるということで，じゃあわざわざ仕事を抜けてまでと思ったんですけど……妻が付いているわけですし。娘1人だったら問題かなとは思いますけど，まあ問題はないかなとそのときは判断したんですけれども，私の思いが足らなかったのかなと，いまはじめて聞いて思いました。

東：ああ，そうですか。ごめんなさい，いま奥さんから聞かれたことがね，何か今後のご主人に影響しそうな感じは？

父：ちょっとびっくりしましたね。そんなふうに思っていたのかと。

東：何か影響しそうですか，今後のご主人に。

父：まあ，妻の気持ちも考えないといけないなと思いましたけど，考えられるのかなという自信は……。今までも長いですから，今までずっと特に何も大きな問題なく来たつもりだったので。ゆき子の救急車のこととか学校に通えないこととかはあるんですけれども，私としてはそんなに大きなトラブルが起きているとは思っていなかったので。ちょっといまは驚いています。

東：はい，なるほどね。来るんじゃなかったとは思っていらっしゃらない？

父：若干思いました（笑）。

東：若干ね（笑），来たことを後悔されていますか。あの，びっくりしたとおっしゃって，これからどうしたらいいかわからないとおっしゃったけど，もしそのことをここで一緒に考えていくということが，そういう時間としてここが使えるなら興味がありますか？

父：そうですね，まあ。妻がその前に正直に……勇気がいったと思うんですけれども。

東：はじめてのことですしね。
父：自分の意見をなかなか言わないタイプなので。
東：なるほど。
父：かなり勇気がいったんだろうなとは思うんですけれども。そういうふうにしてくれるのであれば，私もできるだけ協力はしたいなとは思います。
東：そうですか。奥さんの勇気をなんとかいいほうにつなげられたらいいですね。
父：そうですね。でもちょっとびっくりしましたけど。
東：びっくりしましたね。すいません，私がいらんことを（笑）。僕はぜひご主人さんにも一緒に来ていただくことをあとでまたお願いすると思うんだけども，必ずお手伝いできると思いますのでよろしくお願いしますね。（母親のほうに向きなおって）ごめんなさい，私がいらんことを口をすべらせてしまって，言わんでもいいことを言わせてしまったみたいな感じですけど，後悔していませんか？
母：はい，ちょっと動揺はしていますが，言えてよかったなと思います。
東：そうですか，よかったです。さて，じゃあそのことはまたあとでお話聞かせてくださいね。ゆき子さんのことに話が戻っていいですか。
母：はい。
東：（ゆき子に向かって）さっきお母さんがクラブのことをおっしゃっていたんだけど，そのことをもう少し教えてよ。どんなことなの？【コメント14】

Chap.15 IP：吹奏楽部に入っていて，中学校のころからやっているんですけど，毎年夏にコンクールがあって，高2の夏のコンクールのときに，自分は金賞を取りたいしいい成績を取りたいというのがあったので，自分ではがんばっているつもりやって，自分がんばってるのに周りを見たらあんまり自分からしたらマジメに練習に取り組んでいないじゃないけど，そんなんで

大丈夫なんっていうのがあって，みんなでやらないと金賞とか絶対に無理やからがんばろうよということを言ったんですよ。言ったら，一緒にがんばろうみたいになってくれるかなと思ったんですけど，反応があんまりよくなくて「なんなん（なんなの）」みたいになって。そこからちょっと（私は周りから）浮いているんじゃないかなと。空回るじゃないですけど，そんな感じで周りといづらくなって。コンクールはみんなでやることだし，自分が抜けたら自分のパートの分もあるからここはがんばらないとあかんなという気持ちがあったので，なんとかコンクールまではがんばろうと思って，空気がビミョーなのは感じていたんですけど，とりあえず終わるまではと思って。

東：がんばった？

IP：うん。

東：すごいな。

IP：それからは，クラスの中にも吹奏楽部がけっこう多いから何人かいるし，学校に行ったら絶対に会うから，終わったら終わったでその空気もずっと残っているし，いづらいなって。周りからはっきり言われたわけじゃないんですけど，こっちから見ていてあまりよく思われてないんちゃうかなとか……。

東：なるほど。わりと空気に敏感なほう？

IP：いや，うん，まあわかってないかもしれないですけど。それがホンマかはわからんけど……。

東：何か感じるんやね。

IP：うん。

東：そうかそうか。さっきの空気は大丈夫だったですか？　お母さんがおっしゃって，お父さんがびっくりされて，（私が）妙な空気を作っちゃったんですけど（笑）。その空気はあなたにとってはどうやった？【コメント 15】

Chap.16　IP：まあ，「大丈夫かな？」とはちょっと思ったけど。

東：どうして思った？
IP：お母さんがしんどいのはけっこう言ってくれていたので。
東：ああ，さっきの話聞いていたの？
IP：ちょっとだけ。さっきみたいに詳しくは聞いていなかったけど，しんどそうやなと思うこともあったし，最近ちょっとしんどいのみたいな（話はした）。詳しいことは知らなかったけど。
東：それはまさかお母さんがしんどいのは私のせいだと思っていたわけじゃないの？
IP：それもちょっとはある（笑）。心配かけちゃったなとは。
東：聞いていたから，そこそこ知っていたんやね。だけどそれをはじめてお父さんの前で話したんやけど，その空気はどうやったの？
IP：お父さんは，全然知らんかったから……。
東：そうでしょう。
IP：怒り出すんやないかと心配やったけど。
東：ドキドキした？
IP：ちょっとだけ。
東：でもいまは安心している？
IP：うん。いまは大丈夫かなって。【コメント16】
Chap.17 東：お父さんを見ててそう思った？
IP：お父さんやさしいから。
東：ああ，ほんと。OK。話をちょっともとに戻すけど，そういうクラブのことがあって，そのことは去年の発作（過呼吸）に何か関係していると思いますか？
IP：やっぱりそこで対人関係というか友だち関係で，もめてまではないけどビミョーな感じになったから，それがきっかけというかそれで人が怖いと言ったらあれだけど，あんまり会いたくないというか，また何かあって「はっきり言うじゃん」みたいな感じになったら気まずいなという。私はべつに悪いと思ってないけど（がんばらなあかんのは当たり前やんと

思っていたから），でもそれがみんなにとっては違かったんかなとか。だからあんまり会いたくない。
東：けど，実際にみんなが何を考えているかというのはわからないんだよね？
IP：そうですね。
東：わりとこう，あれやこれやどうしようこうしようと，取り越し苦労といったら失礼かもしれんけど，わりと心配するほう？
IP：うん，けっこう心配するかもしれない。
東：心配性のほうやね。お母さんは心配症ですか？
IP：お母さんは……どうかなあ。【コメント 17】

Chap.18
母：けっこう似ているようなところはあります。
東：ふうん，そうですか。あや子さん，あや子さんから見て，さっきの話にまた戻っちゃうけど，お母さんがはじめておっしゃって，お父さんがびっくりしたとおっしゃったけど，それはあなたにとってどんな体験やったですか？
姉：私はお母さんがこんなにしっかりとお父さんの前で言っているのをはじめて見たんですけど，薄々は不満じゃないけどお父さんにもっとしてほしいことがあるとか，そういうことを持っているんじゃないかなと気づいていたので。
東：気づいていた？
姉：うん，でもまさかお母さんがこんなに言うとはってびっくりしましたね。
東：はい，はい。さっきはどうしようかと思った？
姉：まあでもお父さんはそんなには怒らないかなと。びっくりはするやろうけど，怒り出したりはしいひんかなと思ったので。むしろお母さんが言ったことにびっくり。【コメント 18】

Chap.19
東：ああ，そう。ちょっと聞いていいですかね。お父さんは怒らないだろうとおっしゃったね。ゆき子さんもお父さんはやさしいとおっしゃったよね。そんなふうなイメージがあるお父さんやのに，なんでお母さんは今日はじめておっしゃった

の？　いや，それやったらいつでも言えるやんっていう感じを僕は持ったんだけど。ごめんなさいね，またそこに話が来ちゃったね。はじめてだったというのはどういうこと？　誰か教えて。

母：私としては，しんどいから何かしてとか，そういう直接的なことは言ってなかったかもしれないですけど，でも自分の体調が悪いことは主人には伝えていたので，なんて言ったらいいか……，もう少し察して配慮してほしいというか，思いやってほしいというか，そういうようなところがいま聞かれて考えるとそうだったのかもしれない。

東：こういうことは言えますか？　身体の調子が悪いということはお父さんには言えるけれども，その背景にあることはちょっと言いにくかったというふうに考えていいですか？

母：そうですね。

東：そういうことですね。ゆき子さんはそんなことあります？　いまクラブのことを教えてくれたよね。そのことがあなたの症状に直接関係があるかわからないけどね，もし関係があるとして，その症状が出るのはああじゃないかこうじゃないかということについては坂本先生には言っているんだよね，保健室で。

IP：うん。

東：他に誰に言ってる？　お母さんに言ってた？

IP：トラブルがあったというのはお母さんにも言っていたし，お姉ちゃんにも言っていたし……。

東：お父さんには？

IP：お父さんにはあんまり……言ってなかったかもしれない。

東：やさしいお父さんやのに。

IP：うん，でもお父さんは仕事をがんばってるから迷惑かけられへんっていうか。

東：ああ，迷惑かけたくないんやなあ。そうかそうか。それでお父さんには言わんとこうってなって。でも症状があることは

言っているんでしょう？
IP：ちゃんとは言ってないけど，お父さんはお母さん伝いで聞いている感じ。
東：ああ，そうですか。なるほどね。OK。あや子さんは身体は元気だっていう話だったけど，お父さんにはわりと言うほう？
姉：そんなに……，でもお母さんや妹に比べたらはっきりは言うほうです。
東：なるほど。さっきお父さんは怒らないだろうとおっしゃっていたけど，お父さんが怒ったところは見たことない？
姉：あんまりないですね。
東：そう。お母さんはさっき，身体のことは言うけれど，こうしてほしいああしてほしいということについては一切おっしゃっていないという話だったけど，それはその通りですか？
姉：そうですね，はい。
東：それはなんでやと思う？
姉：お父さんはやっぱり仕事をがんばっているし，忙しい。家族も大事にしてくれていますけど，仕事のことがあるから，気を遣っているというとおかしいかもしれないですけど，そういうこともあってお母さんはあんまり言ってなかったのかなと思います。
東：さっきゆき子さんからお父さんに迷惑をかけたくないという話があったんだけど，そんなところがある？
姉：うん，ちょっと似てる感じかもしれないです。
東：お父さんは仕事をしていただいているしね。これ以上心配をかけたらいかんわということでね，あんまり言い過ぎたらいかんわというのがあるんかな。お母さんも人に迷惑をかけるのは嫌いなほうですか？
母：はい，そうですね。それぞれの持ち分というか，彼は会社で仕事をしていますので，私は家のことをというふうに思って

います。
東：思っている。これは私がしっかりしなければいかんと。いらんことで心配をかけたくないという気持ちなんですね。そうですか。（父親に向かって）ご主人，仕事をしやすかったでしょう。
父：まあそうですねえ。だから不満はないんです。なんでもやってくれるので。娘たちもしっかりとやってくれているので，何も心配はなかったんですけど，いろいろこういうことがあって，いまこういう状態なんですけど。
東：ゆき子さんも元気になられて，奥さんも元気になられたら一番いいですね。
父：そうですね。
東：はい。ちょっと話が変わりますけど，今日こちらに来ていただいていろいろとお話を聞かせていただいているんですけど，みなさんがこちらに来られて……，これはお1人ずつでもいいし家族全体のことでもいいんだけど，こんなよいことが起きる，こんなことになったらここに4人で来た甲斐があったなあということって，どんなことを想像されますか？
父：まずは，ゆき子が元気になること。
東：元気になること。
父：妻の話も出てきたんですけど，まあ妻も元気になればいいんですけど，どうも私に原因があるようなので……。
東：おおー！（他の3人に）ご主人に原因があると思っている人いますか？（誰も答えない）誰もいない。安心してください。
父：（苦笑）まあ，まずはゆき子の体調ですかね。
東：その次が？
父：妻のことですね。
東：奥さんのことね。（姉にむかって発言をうながす）はい。
姉：私もゆきちゃんのことが，症状というか苦しいのがなくなって学校に行けるようになったらいいなというのと，お母さん

がしんどそうなのでそれもよくなったらいいなと思います。
東：はい。（ゆき子に）あなたは？
IP：受験もあるので，学校に行って，大学に行きたいから勉強できたらいいかなって。
東：お母さんは？
母：私も主人と同じです。ゆき子の健康がもとに戻って……。これは本当に自分のことだなって，家族のことと書いたんですけど，お話しする中でこれは自分のことやなって気づいてはきたんですけど，もっと主人とうまくやれるようになれたらいいなと思います。
東：ん？（身を乗り出し）もう少し詳しく教えて。うまくやるというのはどういうこと？
母：思っていることを全部言わないというか……，どうしてほしいかというところまではなかなか言えなかったんだなというか……。言うべきでないと思っていたところもあるんですけど，言わなかった自分が悪かったなと。そこができるようになればいいなと思います。
東：（父親のほうに体を向けて）えらいことになってきましたよ。えらいことになってきましたよ。どうしよう，責任重大になってきたわぁ。【コメント19】

Chap.20
父：すいません，ほんとに（苦笑）。
東：いや，これねえ。いま奥さんが，もっとご主人に言おうということをおっしゃっているんですけど。
父：そうですね。
東：どうしよう。
父：言えてなかったんだなあ。よくわかんないですけど。
東：もっと言わないかんって今日来て気がついたとおっしゃっていますよ。
父：先ほどから申していますけど，私の中ではそれほど問題はないと思っていたので。何も大きなことが起きないですし，トラブルもないですし，家事をきっちりやりますし，私も仕事

をしっかりやっているつもりですし，休みもできるだけ家族と過ごすようにはしているんですけど……。
東：けど何かあるみたいやってん。
父：うーん。
東：これからは言いますって。しかもこれだけ迷惑はかけたくない，私は私の仕事をせないかん，ご主人はご主人で外でやってもらわないかん言うてがんばってきた人が，いややっぱりこれからは言わないかんということに気がついたとおっしゃいましたよね。どうします？
父：どうしましょう。困りましたね。
東：困る？
父：いや，困らないですけど，言ってくれたらいいんですけど。
東：え，いいの？
父：うん，そうですね。……どうですかね。
東：どうですかね。（娘たちに）お母さんがお父さんにもっといろいろなことを言いだしても大丈夫？
姉：お母さんは楽になるかも。でも言えるのかな。（妹に）言える？
IP：わからん。
東：言う必要はあると思う？
姉：言ってお母さんが楽になれば。
東：もういっぺん聞くけどね，ゆき子さん，お母さんが楽になることはあなたにどんな影響があると思いますか？
IP：うーん，私に？
東：うん。あなたの症状。お母さんはお母さん，私は私という感じが強い？　それともお母さんと，なんていうか共に揺れたりするという感じがある？
IP：私がですか？
東：うん。
IP：うーん，でもお母さんがしんどくなっているのは私のことが原因でもあるので，お父さんとの関係というふうに言っているけど，第一は私なんかなっていうのは……。

東：思っているのね。私のせいだと。
IP：だんだん（お母さんの）体調が悪くなっていったりすると，ああ（私のせいだ）……って。
東：それで落ち込んでいる？
IP：迷惑かけてるなって思ったりする。（涙ぐむ）
東：ああ，もう泣きそうやもんね。そうかそうか。それでその様子を見てお母さんもまた余計にガクッと。それを見てゆき子さんもガクッと。なるほどなあ。いや，お父さん，僕はぶっちゃけたことを言いますと，ゆき子さんがおっしゃっているように，お父さんお母さんのことが何かあってお母さんが元気なくて，そのせいで彼女が落ち込んでいる（調子が悪い）のか，あるいは彼女が調子が悪いからお母さんが元気がないのか，これはニワトリと卵でどちらが先か僕はようわからんのです。ぶっちゃけたことを言いますとね。ただ，何かふたりは近い。（姉に）近いよね，ふたりは。
姉：（うなずく）
東：ちょっと近いということがあって，影響がね，まあ家族だからみんな影響し合うのは当たり前だけど，特におふたりは強いですね？
　　（母とゆき子が顔を見合わせる）
東：違う？
母：似ているところは多いと思います。
東：似ているところは多いと思いますね。お母さんにも聞くわ。お母さんは自分が元気になったら彼女にもいい影響を与えるだろうと思っている？
母：もっとしっかり支えてあげることはできるかなと思います。自分のことでいっぱいいっぱいになっていることも多いので。
東：うん。（ゆき子に）あなたも自分が元気になったらお母さんも元気にすることができると思っているんだよね。
IP：はい。

東：OK。ちょっとお父さんに聞きますね。お父さんにとっては，これは極端な質問かもしれませんが，どちらを元気にするほうが楽ですか？　早いですか？　得意そう？

父：いやあ……。

東：どっちから先に。

父：どうなんでしょうねえ……。妻は単純に体調が悪いだけだと思っていたので。風邪を引きやすいのかなあくらいにしか思っていなかったので，薬飲めばいいのに，病院行けばいいのにと常々思っていたんですけど，「行けば」って言っても「いい」「行っていない」と言うので。妻のしんどいのは病院に行ってお薬を飲めば治るのかなと……。

東：思っていらっしゃった。

父：思っていた。今日までは。

東：今日までは（笑）。えらいところに来てしまったがために。

父：どっちが簡単かはいまはちょっと判断できない状態です。もともとは妻の体調はすぐに治ると思っていました。

東：思っていらっしゃったのね。でもそんなものでもなさそうだなという感じね。どちらからがいいかは決めかねる？

父：どうなんでしょうね。先生が困っている？

東：いやいや（笑），お父さんにとってどちらが取り組みやすいかが知りたいんだけど。奥さんを元気にするほうが得意なのか，娘さんを元気にするほうが得意なのか，どっちがお得意かな。

父：根が深そうですしね，妻の場合は。

母：根が深い……（苦笑）。

東：根が深そう？

父：いやあ，私もいろいろ考えないといけないところがあるのかなと思いますしね。

東：どういうこと？　根が深いというのはどういう意味？

父：過去も長いですから。

東：結婚されて何年？

父：ええと……21年ですね。

東：21年間のグーッと（凝縮された）何かがあったんやろうという感じ？

父：蓄積なのかなと，いまちょっと思っておりましたけど。ゆき子の場合は去年からですからね。ゆき子のほうが症状としては大きいですけど。そのへんがちょっとどうなのかなと思います。

東：僕いま心配になってきているんですけどね，奥さんね，ご主人が根が深いとおっしゃったんだけど，ご主人がこのまま家に帰ったら憂うつな感じになって落ち込んで，明日から仕事へ行くのも嫌だとなりはせんかと心配しているんですけどね。そんなに根が深いですか？

母：……もともとは，恥ずかしいですけど好きで結婚していますから。

東：でしょう。（夫に）政略結婚じゃないよね。

父：違います（笑）。

母：自分ではそんなに根が深いとは思わないんですけど。

東：思っていないですよね。ちょっとそれ（夫に）教えてあげてよ。僕心配で，このまま終わったらものすごく罪の意識にかられるので，根が深くないことを教えてあげてもらっていい（笑）？

母：確かに救急車のときは正直悲しかったです。来てほしかったといまでも思っています。けど，うまくやりたい気持ちでいてるので私もがんばります。

父：そうやったんやね。確かにね，あのときは悪かったなと思いますけど。はい。

東：（夫に）まだ思っているんじゃないの？　根が深いぞって。

父：（苦笑）いや，大丈夫です。

東：これは根が深いぞ，どうしようもないぞという気持ちが出てきたら教えてね。（妻に）そうじゃないんだよね？

母：はい。

東：そうじゃないんだ。ああ，びっくりした。お父さんが落ち込んでどうしようかと思った。21年間のうらみつらみでとか言われたらねえ，これはもうたいへんやからね。そんなことじゃないんだ。ね？

母：（うなずく）

東：お父さんはどちらかというと（僕の見た印象ですと），わりと楽観的（というと失礼かもしれんけど）にサッサかお仕事を進められていかれるようなやり手なイメージを受けるんですけど。

父：うーん，まあどっちかというとそんな感じかもしれない。

東：あまりくよくよされるタイプじゃないよね。

父：はい。あや子なんかもそんな感じかなと。

東：わりと楽観的な感じね。似ているよね，ふたりね。

姉：ふふふ。

東：あや子さんはこのふたり（母とゆき子）が，（僕が勝手なことを申し上げると）どちらかが元気になったらどちらかも元気になるやろう，追いかけっこのように元気になるやろうと（思っているけど），どちらが先に元気になってくれたらいいと思う？

姉：うーん（考える）。……お母さん。

東：お母さん？

姉：かなあ。

東：どうして？

姉：ゆき子のことは，原因は学校のことと言っているので，周りのこともあるので固められないというか，自分たちだけではできないこともあるかもしれないですけど，お母さんのいまの話を聞いているとお父さんのことを言っていたので，家族でどうにかできるというか，手を付けやすいというか対策していきやすいかなと感じました。

東：なるほどね。ゆき子さんは高校生だよね。話は変わっちゃうけど，高校生だと進級留年の問題が当然あるわけですけど，

　　　　それはどうなっていますか？【コメント20】
Chap.21 母：ずっと休んでいるわけではないので，最終的にテストを受けたりいろいろあってもいまのところはぎりぎり大丈夫じゃないかと言っていただいています。
　　東：ああ，そうですか。じゃあそっちは心配しなくていいですね。OK。じゃあその心配はなしで，もう少しゆき子さんにお話を聞かせてほしいんだけどね，あなたのその症状ね，必ずよくなると思います。それで，症状がなくなったあとのことを教えてほしいんだけどね。まったくなくなったあとね。ふつうに学校に入っていくつもりでいる？
　　IP：うん，行けたら。
　　東：学校を替わりたいとかいうことじゃないんだよね？
　　IP：うん，ないです。
　　東：さっき言ったようにそこにいろいろな人間関係があるやん。空気があるやんな？
　　IP：うん。
　　東：そのことについてはもちろん相談にのっていくし，（家族）みんなも一緒に考えていくことになるし，保健室の坂本先生も一緒に考えてくださると思うんだけど，そのことについては自分でなんとかやっていかなければいかんという感じはありますか？
　　IP：あります。
　　東：あります。うん。じゃあそのことはまた相談してね。お話してもらっていい？
　　IP：はい。
　　東：OK。友だち関係がうまくいって，他に心配なことはないですか？　不安になること，心配になること。
　　IP：あとは勉強くらい。【コメント21】
Chap.22 東：（母親に）勉強はできるんですか？
　　母：まあ，ふつうくらい。
　　東：心配っていってもものすごく心配しているわけじゃないね？

IP：うん，まあそうですね。

東：ふつうの心配ね。

IP：うん。ふふふ。

東：この心配には負けそうやっていう心配はある？　この心配には私負けそう，押しつぶされそうっていう心配。他にある？

IP：そうですねえ，勉強のことではあまり。お父さんもお母さんも，体調のことも気にしてくれているし，成績もそんなによくないから，ふつうくらいやからというのもあるかもしれないですけど，がんばらなくていいよみたいな感じで言ってくれるんですけど……。

東：お父さんもお母さんも。

IP：うん。やさしいから言ってくれるんですけど，自分としてはがんばらなあかん，お姉ちゃんはすごくできるというイメージがあるんで，小さいときからお姉ちゃんと同じようにしていきたいという気持ちもあったので，大学も，いまはお姉ちゃんよりも低い高校に行っているんですけど，もうちょっとがんばって追いつきたいなという気持ちがある。

東：うん。目標やね。お姉ちゃんが目標やね。ああ，そう。でもそれは心配で押しつぶされそうでというわけじゃないんだよね。

IP：がんばらなと思うから余計に……。

東：いい方に。プラスの希望やな。

IP：希望もあるし，でもそれで追いつけるんかなっていう……。

東：そういう心配か。なるほどな。その心配があるから「私もう勉強やめた」じゃないんだ？　どうせ追いつかないからもうやーめた，じゃない？

IP：それはないですね。

東：お父さんお母さんもあんまり勉強のこと言わないしな。昔からそうやったん？

IP：まあそうですね。お姉ちゃんはがんばってるし，私はそんなに成績がいいわけでもないから，（お父さんお母さんも）「い

いよべつに」みたいな。
東：昔からね。べつにいま病気になったからおっしゃったわけじゃないんだよね。子どものころからね。
IP：そうですね。でも自分の調子が悪くなってそう言われるときも多くなったので，また迷惑かけてるな，心配かけてるなという感じがある。
東：そうかそうか。いまあなたが迷惑をかけるという気持ちにならないのは，その坂本先生と，他に誰かいる？　相談する人。
IP：坂本先生くらいかなあ。
東：できたらここもそのうちの1つにしてちょうだいね。ぜひお願いしますね。必ずお手伝いしたいと思いますからね。さあ，今日はもう時間がきたんですけど，どうしましょう。これは特にお父さんにお聞きしたいんですけど，今日はじめてお目にかかって，最初におっしゃっていただいたように，1回だけとりあえずみんなでと思って来られた可能性が高いと思うのですが，いまもそうでしょうか。
父：いや，まあ何も解決していないので，ぜひ次回も続けてお休みの日にでも来させていただきたいと思います。【コメント22】
Chap.23　東：よろしいですか。僕はこの形でぜひお目にかかりたいと思っているのですが，今日はこうして一緒にお話を聞いていますけれども，次回からはこの形でお目にかかることもあるし，ご両親だけとお話を聞いたり，子どもたちだけとお話を聞いたり，ひょっとしたらゆき子さんだけとお話を聞いたり，いろいろな形を頭に考えているんですがよろしいでしょうか。かまいません？
母：はい。
東：とりあえず次回はまたご一緒に来ていただくという形で，その回によって面接の形を切り替えていくということでよろしいでしょうか。
父：はい。

東：よろしくお願いします。お父さんだけにお願いしましたけど，他のみなさんもよろしいですか？
（みなうなずく）
東：はい。じゃあ何かご質問になりたいこと，今日はまだこのことを言い残しているぞとか，このことだけは確認とって帰らないと来た意味がないぞということがあれば，どうぞ遠慮なくおっしゃってください。
（みなお互いの顔を見回す）
父：大丈夫です。
東：はい。ではまた来週お目にかかりますね。
一同：ありがとうございました。【コメント23】

第 16 章
逐語録：深田家のケース

2 回目の面接

【動画の視聴方法】
下記 QR コードから vimeo のサイトへアクセスしてご視聴ください。
動画はアングル別に 3 タイプあります。

全体 : https://vimeo.com/726608460/55cb092cdc	
セラピストのみ : https://vimeo.com/726608995/7275fc309a	
クライエントのみ : https://vimeo.com/726608731/90afd14989	

注意：逐語編にある【コメント xx】は，解説編（458 頁～）での東，黒沢，森三氏による解説がある箇所を示しています。また，Chap.xx とは，動画のチャプター番号を示しています。動画のチャプター機能で位置指定して観ることが可能です。

Chap.01 　（家族一同入室する。座り位置は初回と同じ）

東：1 週間ぶりでございます。

父：先週はありがとうございました。

東：こちらこそ。1 週間，あっという間でしたね。さて，まずこの 1 週間，どんな具合だったか，どの話からでも，どなたからでもけっこうですので，教えていただけたらと思います。どなたから聞こうかな。

　（みなお互いの顔を見回す）

東：みなさんがお父さんのほうを……（笑）。

父：私はまあ仕事があったので，普段どおり朝から夜おそくまで，特に何かしたわけではないので，胸を張ってしましたと言えることはないので……。【コメント 1】

Chap.02 東：いやいや，そんなものすごいことを聞きたいわけではないんですよ。元気にしていただいたですかね。特段変わったことはなかったですかね。

父：はい。

東：そうですか。お母さんはいかがですか？

母：私は体調のほうは良かったり悪かったりでそんなには大きく変わらなかったですけど，主人はいま何もしなかったと言ったんですが，頭痛いねという話をしていたときに，これまでは「そうなの，病院行ったら」というふうに言っていたところが，「大丈夫か」とか「何かすることはないか」とか，それで私が何か頼んだということはないんですけど，そういうちょっと気遣うような言葉かけをしてくれたときがありました。

東：それはお母さんにとってはどんなことでしたか？

母：ちょっとうれしかったです。

東：うれしかったですか。

母：はい。

東：この嘘つき。（と言って父親の膝を叩く）何にもしていないと言って（笑）。そうなんですか。覚えてる？

父：いや，まあ，まあ。ちょっと声をかけただけなんで。結局何も手伝いはしていないんですよ。

東：（母に向かって）もともと謙遜しいなの，ご主人って？

母：いえ，わりとそのまんまです。

東：ほんとう。そうですか。いや，だって僕の印象だと先週お目にかかった奥さんと表情が全然違うよ。

父：（照れながら）そうですか。

東：思われません？

父：そうですね。

東：いやあ，びっくりしました。やっぱりやり手やね，なかなかね。ええ，それから？

母：ゆき子は，学校には……何日？

IP：2日。
母：2日登校して，1日は月曜日，こちらの面接が終わったあとに坂本先生に報告という形で，私も坂本先生には電話でお話させていただいたんですけど，そのあとは木曜日にも登校して，まだ保健室（登校）は保健室（登校）なんですが，過ごしています。
東：ああ，そうですか。どんなですか，保健室のほうは。
IP：保健室はまあ，楽しい。
東：楽しいですか。この1週間ね，前と比べて苦しい感じとか心配な感じとか不安な感じとか，どうやった？
IP：全然なくなりはせんけど，（東）先生が頼っていいよと言ってくれたから，気が楽になったところはある。
東：そうですか。ちょっと感じが楽かなというのはあるのね？ そう考えていいですか？
IP：はい。
東：さっきのお母さんじゃないけど，実はまたお父さんが何かしたとかないやろね（笑）。
IP：大丈夫です（笑）。
東：あったら早めに言っておいてよ。また叱らないかんから（笑）。お父さんから見られてゆき子さんはどんなふうに見える？
父：そうですね，実際に学校に行った現場を見たわけではないんですけど，行ったと妻から聞きまして，まあ全然行けていなかったわけではないんですけど，ちょっとでも行けるようになったということで，まあいきなり大きく変わるとも思っていないので，ちょっとずつ変わったらいいのかなと思います。
東：なるほどね。おうちの中の様子，きょうの顔色もそうだけど，ご覧になって何か印象はありますか？
父：そうですね，少し元気になったんかな，とは思いますね。
東：感じますか。どうでしたかこの1週間，お姉ちゃん。
姉：お父さんが言ったように，大きい変化があったという感じはないんですけど，お母さんがちょっとだけ体調いいときが前

より増えたのかなという感じと，お父さんがお母さんに声を
　　　かけているなあというのをちょいちょい見るようになりまし
　　　た。
東：え，ちょいちょい見る？
姉：何回か。まあ意識して見ていたからかもしれないですけど，
　　　ああ今日も声をかけてるわというのは何回かありました。
東：ああ，そうですか。それを見たときどんな感じがした？
姉：お母さんうれしそうやなあって。
東：うれしそうやった？　ああ，ほんとう。それを見てあなたは
　　　どんな感じやった？
姉：ちょっとうれしかったです。
東：ゆき子さんは見た？　その現場。
IP：はい。ちょいちょい（笑）。
東：ちょいちょいか（笑）。お母さんどんな顔してた？
IP：やっぱりちょっとうれしそうでした。
東：それを見てあなたはどんな気分になった？
IP：今までだったらお母さんが言ってもあまり相手にしてもらえ
　　　ていなかった感じがあったんですけど，前とは違うかな。お
　　　母さん自身がちょっと楽になったんかなって感じました。
東：それはあなたに何か影響を与えましたか？　お母さんのいい
　　　感じは。
IP：お母さんが楽になったらうれしいなって。
東：うれしかった？　うんうん。あなたの気持ちも少しこう……
　　　上に向いた感じ？
IP：そうですね。
東：お母さんはそれを感じた？
母：そうですねえ。何か具体的に変わるというわけではないんで
　　　すけど，雰囲気というかちょっとした表情というか。こちら
　　　の気持ちが，この間そんなに自分でいっきにしゃべると思っ
　　　ていなかったので，疲れたり，びっくりしたりショックはあっ
　　　たんですけど，そのあと気が楽になって，その言えた楽になっ

た気持ちでゆき子を見たときに，表情が和らいでいるような感じがしました。
東：うん。いまお母さん，とっても素敵な話をされたねえ。お母さんが楽になって，その楽な気持ちになって見たら相手も楽に見えたという感じやね。
母：はい。
東：ああ，そう。ああ，いい話だ。やっぱりちょっとおふたり（ゆき子と母）似た者どうしで，一緒に動かれているところがあるのかな。先週お父さんに，お母さんにかかわってお母さんを楽にするのと，ゆき子さんを楽にするのと，どっちがお父さん上手そうって聞いたときに，「どっちやろう」とおっしゃったけど，結局お母さんを選ばれたんですね。
父：いや，まあそう意識したわけではないんですけど。
東：また謙遜でしょ（笑）。謙遜としか聞きませんからもう，わかりましたから（笑）。
父：まあまあ，結果的にはそうですね，はい。
東：はい，よかったねえ。（母に）事のついでにまだ何かリクエストあるでしょう？
母：ふふっ，主人にですか？
東：はい。（父に）いいよね，前回からの流れやから，もうちょっと聞いてもいいでしょう。
母：そうですねえ。いまが気持ちとしてはだいぶ楽になっている感じなので。
東：はい。
母：（考えつつ，夫を見て）もういいです。
東：えっ，もういいの?! えーっ。いま動かなかった大きな岩がちょっと動いて，それで満足？ もうちょっとで岩がごろごろと転がっていくかもしれんよ？ いいの？
母：今まで苦しかったので，少しの隙間でもすごいうれしいというか。
東：あらー。ひょっとして思ってない？ これ以上言うと迷惑を

かけるとか。
母：ふふっ，大丈夫です。
東：ほんとう？　（父に向かって）信用していいのかな。
父：はい，してください（笑）。
東：はい（笑）。信用しますけどね，1つだけ教えてほしいのは，いまはOKでしょう？　もしもまた何かあったら，ここに来なくても，この紙（受付表）に書かなくても（夫に）言える？　どう？
母：言うように努力します。
東：またここに来て，僕がうっかり言ってしまうというような大チョンボでもなければ話が前に行かんなんてことはないですか？
母：はい，がんばります。
東：（父に向かって）信用できそうですか？
父：はい。
東：そうですか。（姉に）信用できそう？
姉：はい。
東：はい，けっこうです。学校のほうも，ゆき子さんは2回行ったのかな。坂本先生ともいろいろお話されているけれども，いまあなたにとっての課題はどんな感じになっているの？
IP：課題は，まだ学校に行くのも気持ち的には前よりも楽になったかなというのが自分の中であるから，いまは保健室だけど教室に行けたらいいかな，それで授業を受けれたらいいかなっていうのがある。
東：教室に入ってということね。それは坂本先生と計画を立てていらっしゃるの？
IP：まだ話はしていないんですけど，自分の中でできたらいいかなと考えているところです。
東：そうですか，なるほど。それを実現するのに，僕や家族に協力できることは何かありそう？
IP：うーん，そうですねえ。【コメント2】

Chap.03 東：あったら遠慮なく言ってほしいんだけどね。
IP：前よりはちょっとのことでも言いやすくなった……。
東：誰に？
IP：家族に対して。
東：とおっしゃると？
IP：いままでやったら迷惑かけられへんとか，心配かけたらあかんなというのがあったので，ここまでは言わんとこっていうのがあったけど，いまはもうちょっと言ってもいいかなと思えるので。
東：すごーい，すごーい！　迷惑かけるの大嫌いな子が，ちょっとくらい厚かましくなってもいいやって。
IP：そうですね。ちょっとだけ言ってみようかなって思えるようになった。
東：（家族に）それ感じます？
父：うん，どうかな……。
IP：実際にこの1週間で何か言ったとかはないんですけど，自分の意識の中で今後しんどいなと思ったときに頼れるかな，言ってもいいかなちょっとだけって。
東：うんうん。実際問題，言ってもらっていいですよね？
母：はい。
東：お父さんもね，OKですよね。
父：はい。【コメント3】

・・・・・・・・・・・・・・・・・・・・・・・

Chap.04 東：前回，1回目の面接の終わりに申し上げたと思いますけど，僕はゆき子さんに，この形だけの面接じゃなくて個人面接（一対一の面接）も含めて，このあとお手伝いできたらなと考えているんですけど，よろしいでしょうか。今日するかどうかじゃなくて，このあとの予定として。そういう気持ちを持っていただいていいですか？
IP：はい。

東：僕はどちらかというとこんな形で全体の方にお目にかかったり，お父さんお母さんとだけお目にかかったりしますけど，あなた（ゆき子）は専属のカウンセラーを必要があれば付けたいと思っているのですけど，かまいませんか？
IP：はい。
東：大丈夫ですか。女性のほうがいいですか？　男性のほうがいいですか？
IP：女性がいるなら女性のほうが。
東：わかりました。じゃあ女性のカウンセラーに一対一のカウンセリングをお願いしたいと思います。約束しておきますね。お父さんお母さんもよろしいですか？
父・母：はい，お願いします。
東：はい。そうしたらね，おふたり（姉・Y）は休憩。外でお待ちいただいてよろしいですか？　あとはお父さんとお母さんとお話させていただきますね。【コメント4】

（姉・Y退室。父は空いた椅子に移って空きを埋めるように母をうながし，自分も移動する）

東：どうぞどうぞ，おつめください。（出ていくふたりに）ちょっと待っとってねー。（ふたりの退室を確認して）はい，タイプが違うおふたりですけど，いい姉妹ですね。さっきからおっしゃっているけど，お姉ちゃんのほうはかなりしっかりしている感じなの？
父：そうですね。昔から手のかからない子でしたし，成績もよかったですし。運動もできて，高校ではキャプテンだったのかな。
母：（うなずく）
父：高校のときはテニス部のキャプテンをやっていましたし，友だちも多いですし，心配はない子だったんです。
東：ああそうですか。
父：べつにゆき子が心配だったわけではないんですけどね。まあお姉ちゃんのほうがどちらかというと……。
東：いい意味でのんびり，能天気，しっかりしているのかな。い

ま，子どもさんたちに出てもらったんですけど，お父さんお母さんから見られてこの1週間の娘さんたちのことをもう少しお聞きしてみたいんですけど，ゆき子さんはだいぶ感じが変わりました？　実際のところどんな？

母：そうですねえ。このあいだ先生に，迷惑をかけてもいいというか，そんなこと考えなくてもいいというふうにこの場で言っていただいたのが，本人はすごくホッとしたというか，安心したということは話をしていまして，今日も先生にお会いするのを楽しみにして来ていました。

東：ああ，そうですか。迷惑をかけるのは心配しなくていいというのは，前回お母さんが見事に見せてくださいましたからね。お父さんに対してね。全然気にしていなかったもんね。長い間，こんなこと言ったらどうだこうだといって言わなかったのがバカバカしく思えてきたりせんかった？　【コメント5】

Chap.06
母：そうですねえ。いつから自分が思っていることを全部主人に伝えなくなったのかなということを振り返って考えていたんですけど，私が子どもが小さいときに少し病気をしまして，それで入院をしていたんですけど，そのときに彼はずっと仕事で忙しかったのでお見舞いには来なくていいよと言っていたのですが，それが自分の本心ではなかった……。

東：なるほど。

父：そんな昔……。

東：だいぶ前のことですね（笑）。

母：（夫が）根が深いと言ったときは忘れていましたが，そのきっかけはよく考えないと思い出せないくらい自分で思い込んでいたようなところがあったのかなと，この間のお話のあとに思っていました。

東：そうですか。

父：びっくりしました。

東：今日もびっくりしましたね。来るたびにびっくりして（笑）。どうですか，聞かれて。ただただびっくり？

父：そうですねえ。私がなかなか妻のことを思いやれていなかったのかなというところはありますね。いろいろな話を聞いていくうちに。自分の中ではなにも問題はない，周りからもいい夫婦だと言っていただけるような感じだったので，特になにも起きてはいないと思っていたんですけど，先生のところで娘たちもいろいろ本音で話してくれたので，自分のわかっていなかったことがいろいろ発見できました。

東：そうですか。だけどご主人，おべんちゃら言うわけじゃないんだけど，（ご主人は）ほんとうに理解が早いというか，（奥さんは）なんでいままで言わんかったんかと不思議な気がする。なんでやったんかと思うんやけど。

母：そうですね。私も自分の気持ちの変化にびっくりしています。

東：ああ，お母さん自身が？

母：はい。なんで言わへんかったんかなというか。

東：ねえ。ふたを開けてみたらなんでもなかったというのは言い過ぎかもしれんけど，思ったほどの心配もなく，迷惑をかけるわけでもなく，スッといくのに，なんでやったんやろと。

母：はい。ずっと自分のしんどい気持ちを言う習慣がなかったというか……。

東：ああ，なるほど。

母：この間の面接で先生に，ゆき子のことの前に家族の問題ということでお聞きいただいて，勢いでしゃべってしまったんですけど，そのあとどうなっていくかという不安は正直ありました。

東：はいはい，勢いでね。私がうっかり聞いてしまったから勢いで言わされちゃってね。

母：でも，それくらい自分の中で準備がない状態というか，構えない状態で聞いていただいたのがよかったんだと思います。

東：ああ，そうか。かえってポロッと言っちゃって（よかった），後ろからポンと叩いてポッと出た感じね。でも，言ってよかったよね。

母：そうですね。すごく楽になりました。

東：ほんとう，先週と顔が違うもん。そう思われません？

父：そうですね。

東：ほんとうにいままで言わずにおられたのが，いまのご主人さんを拝見しているとね。そりゃ鬼みたいな人だったら言わなかっただろうと思うけど。ちょっと聞きたいんだけどね，奥さんのご家族（原家族）はいまどちらに？

母：大阪の箕面市に。

東：そうですか。そちらにお父さんお母さんがいらっしゃる。

母：はい。

東：お父さんお母さんのご関係というと変だけど，よくありますやん，かかあ天下とか亭主関白とかいう言い方をすれば，どんな感じのご両親なの？

母：そうですねえ……仲は悪くはないんですけど，たくさん話をするような父と母ではなかったです。私たちにはとてもやさしくふつうに接してくれたんですけど，父は仕事ばかりやっている人で，母はそういう父に不満を持ちながらも（いま話していて気づきましたけど）何も言わないで私たち子どもたちの世話をしていた。

東：ああ，そうかあ。お母さんの真似をしてはったわけね（笑）。なるほどなるほど。そのお母さんに対してはどんな気持ちやったの？

母：そうですねえ，思っていることがあれば言えばいいのにと思ったかもしれません（笑）。

東：人のことやったら思うやろうねえ（笑）。そう思ってた。けど，お母さんはおっしゃらなかったよね？

母：そうですね。

東：いまもご健在？

母：はい。

東：いまもあまりおっしゃらないですか？

母：そうですね。私にはよく父の不満を漏らすんですけど，本人

には言わないですね。
東：直接言ったらと言ったことはある？
母：あります。
東：ありますか（笑），人のことやったら。
母：そうですね。言われてみればそうですね。
東：今回，お母さんよりも先に奥さんのほうが新しい冒険をしたわけやね。【コメント6】

Chap.07 母：そうですね。
東：このことをもし知ったらお母さんはどうおっしゃるやろね。
母：そうですね，母も先生のところに来たいと言うかもしれません（笑）。
東：それだったらお父さんを見てからやらなあかんね。【コメント7】

Chap.08 東：ご主人のご実家は？
父：兵庫県の豊岡市です，北のほう，日本海側の。
東：ああ，そうですか。ちょっと雪の多いところね。そちらにご両親がご健在？
父：はい。あと兄が。
東：そうですか。どのようなご家族だったんですか？
父：うちは田舎なので，父が亭主関白という感じですけれども，べつに仲が悪いわけでもなく，いたってふつうな。
東：お母さんは，わりとお父さんにこうしてくれああしてくれというような自己主張をされるタイプのお母さん？
父：そう言われたらあまりしていないかもしれませんね。父のほうが圧倒的に力が強いので，母は常に一歩下がっていました。だからあまり言っていないかもしれませんね。
東：そのご両親像はご主人にとってはどんなふうに見えているの？
父：何も疑問には思っていなかったですよ。
東：べつにお母さんがかわいそうだと思っておられたわけでもない？

父：つらそうだとかかわいそうだとか，そういったところはなかったと思います。また気づいていないだけかもしれないですけど。

東：ああ，あるかもしれませんね（笑）。弟さんがいらっしゃる？

父：兄がいます。

東：ああ，お兄さんが向こうにいらっしゃるのね。お兄さんとご主人はまた性格が違う？

父：どうなんだろう。そんなに大きく違うのかなあ。わからない。あまり意識したことないですね。取り立てて誰かに違うよねと言われたことはないです。

東：お父さん似はどっち？

父：どっちかというと兄だと思います。

東：なるほど。さっきお父さんは亭主関白とおっしゃったね。お兄さんもいま亭主関白をやってはる？

父：はい，そうだと思います。

東：亭主関白ってどんなイメージ？

父：妻のほうが一歩下がって，とりあえず「はい」と言う。すべて決定権は男性の側にあるという感じですね。

東：お父さんとお兄ちゃんがその路線なんですね。

父：そうですね。そう言われてみると私もそうかもしれないですね。

東：そうですか？（奥さんは）三歩下がって（という感じ）？

父：はい，基本的には。だからいままで自分の意見をなかなか言えていなかったんだと思うと，結局は私の思うように動いていたのかなと思います。

東：なるほど，結果的にね。

父：そんなつもりは全然なかったですけど。

東：いつの間にかお父さんの何かを踏襲しとったかなと。

父：そうですね。

東：なるほど，そうかそうか。（奥さんは）ちょっと変わってきたんですけど，そのことが「俺の深田家の先祖代々のやり方

に反しとるぞ」なんて思ったりは……。
父：いやいや，そんなことは全然思っていないです（笑）。
東：ゆき子さんにこれから個人面接の段取りをしていきますけど，しばらくこちらに通っていただいて，こちらにお任せいただいてということなんですけれども，僕は今回のゆき子さんのことに関しては，またそんな大風呂敷を広げてと思われるかもしれませんけどね，もう100％彼女が元気になることを保証できると思う。絶対約束します。もし外したら僕は土下座してでも謝る。絶対約束してあげる。なんでこんなお約束をできるかというと，やっぱり前回から今回……こんなふうに言ったからって夫婦の仲が悪かったのかなとはとらないでよ，そういう意味じゃないんだけど，お父さんとお母さん，特にお母さんが思い切ってお話されてとても楽な感じになられたでしょう。この楽な感じがゆき子さんによう伝わってるわ。
母：そうですか。
東：思いません？
母：でも，そうだったとしたら申し訳ないというか……。やっぱり私がゆき子のしんどい原因になっていたんでしょうかね。
東：ううん，原因は学校でしょう。【コメント8】

Chap.09 東：学校というと悪いけどね，学校と，彼女の中にあることで，さっきおっしゃっていたけど，迷惑かけたらいかんとか，どんどん考え込んでしまうとか，そういうところが彼女の中にきつさとしてあると思うから，それは彼女が楽になっていかれたらそれでしまいのことだと思うわ。ただ，そういう状態やけど，そういう状態がおうちの中にいて……なんて言ったらいいかなあ，ご主人はお酒を飲みに行かれる？
父：はい。
東：例えば仕事が終わって（これはたとえが悪いけど）お酒を飲みに行かれるときに，楽しい雰囲気のお店でお酒を飲むのと，店に入ったら暗い感じで，何が悪いというわけでもないけど

なんとなく暗いなあという雰囲気のお店と，どっちで飲みたい？
父：もちろん明るい店です。
東：でしょう。そのほうがなんだか憂さが晴れますよね。それで次の日の活力が出ますやん。それと同じような話でね，ごめんなさい飲み屋さんと同じにしてますけど。
母：(笑) そうなんやあ。
東：ん，なんです？
母：そうなんやあと思います。あまり家ではそんな話をしないので。
東：ご主人？
母：ええ。
東：え，待って。飲みに行っているという話を初めて聞いたということじゃないよね。
母：いえ，飲みに行く話は聞く。
東：ああ，よかった。秘密を暴露しちゃったかとドキドキした。いや，だからね，彼女が学校の中で悩んでいる。そりゃ悩むのはふつうだし，そこから成長しはったらええんやけど，その悩んでいるものを家に持って帰ってきはる。それで家で相談はしたりしなかったりでいいんだけど，やっぱりそこは考える場じゃないですか。さっき言ったお酒を飲む場やないですか。やっぱりそこの空気感というのは，けっこう僕らのセラピーに影響するんですよ。ここで子どもさんと面接をやっていく中で元気になっていかれるというのは，やはりよい飲み屋さんに通っていただけているととてもいい感じがあるので，そういう意味で前回お母さんが変わられて，言っていただいて，今日の顔を見て僕はホッとしているもん。これでもう絶対彼女を預かろうと思った。
母・父：ありがとうございます。
東：そういう意味なの。だからしばらく預からせてください。週にいっぺんくらいね。お父さんお母さんも，これから毎週必

ず一緒に来てくださいというわけじゃないけど，ときどきお目にかかるのはよろしいでしょうか。一緒に来ていただいて。

母・父：はい。

東：それでおうちの中の様子とかをまた教えてください。（母に向かって）やっぱり最初に言ったのが失敗でしたと思われたらおっしゃってくださいね（笑）。（父に向かって）いやいや，聞いたのが失敗でしたと思われたらおっしゃってください。そのときは遠慮なくまた考えていきましょう。当面，こういう形で子どもさんの面接をさせていただきたいと思います。何かご要望があれば遠慮なくおっしゃってくださいね。どうでしょうか。

母：特にないです。

東：何か気をつけておいたほうがいいことはありませんか，ゆき子さんとお話を聞いていく中で。こういう子ですからこういうことに気をつけてねとか。あったら遠慮なくおっしゃってね。

父：（母と顔を見合わせて）先生のことを信頼しているしね。お任せします。

東：ありがとうございます。じゃあまた来週以降のことを計画立てますけど，彼女には女性のカウンセラー（もちろん僕もいろいろ関わっていきますけど），基本的に毎週会っていただける女の先生をお付けしますので，そうやって一緒にやっていきましょう。じゃあ今度お目にかかるのは来月くらいということにしましょうか。

母：はい。

東：彼女がここに来るのにつきそいはいるかな。

母：1人で大丈夫だと思います。【コメント10】

Chap.10 東：じゃあしばらく1人で通ってもらいましょう。それで月にいっぺんくらい私がお目にかかるという形にさせてください。じゃあそういうことで今日は終わりにします。ありがとうございました。

父・母:どうもありがとうございました。【コメント11】

第 17 章

解説編：システムズアプローチ，ソリューション・フォーカスト・アプローチ，それぞれの解決

1回目を解き明かす

黒沢＝聞き手（黒沢幸子）　森＝聞き手（森　俊夫）　東＝東　豊

Chap.01

（ノックの音）
東：はい，どうぞ。こんにちは。お入りください。
（深田家の人たちが入室する）
東：どちらでも結構ですよ。
（セラピストの席に向かってL字型に椅子が並んでいる。左から順に，父，姉，ゆき子，母の順で座る）
東：はじめまして，東と申します。よろしくお願いします。ええと，深田さん。今日はご家族みなさんでお越しになったんですね。はい，よく来ていただきました。ええと，（受付表を見ながら）こちらには，お母さんから電話でお申込みいただいているんですね。
母：ええ。
東：はい。どこでこちらのことを見つけてこられましたか？【コメント１】

【コメント１】

| 最初の雰囲気 | 東：最初の段階の雰囲気がすごく大事です。
黒沢：入ってきた順番はお父さんが先頭で，お子さんは夫婦の間にいますね。それぞれの子どもが父母のどちら寄りなのか，この段階ではまだわかりませんけど，お母さん寄りの子どものほうがお母さんのほうをチラチラッと見るんですよね。お姉さんはわりと堂々としていて，あまり不安そうな様 |

子ではない。（私は受付表を共有していないので）いま相談室に入ってきた段階では誰の問題としていらしたのかはわかりませんが，手前の女の子（妹）のほうが少し不安そうな様子ですね。東先生の声かけに対して，お父さんはそれほど硬い表情ではなく発声された様子を見て安心しました。大丈夫な家族だなって（笑）。

東：そうそう，この瞬間，もうOKという感じですよね。

黒沢：そうですよね。この人数で家族揃って来てくれて，お父さんがこの雰囲気で，お姉ちゃんもしっかりしていそうだし，この家族，OKな感じがしますね。このなかでは，妹さんが一番不安そうかなと感じます。子どもが両親の間に2人入っていて，それぞれ近いほうの親寄りなんだろうなと思います。

東：この段階で私が一番知りたいのは，この人たちがどうしてここに来たのかということです。何が問題なのかではなくて，どうして家族4人で来たのか，どういういきさつで4人で来ることになったのか，どういった気持ちでこの人たちは来ているのか，それを知りたい。それにつきます。

Chap.02

母：この子（ゆき子）の保健室の先生にときどきお話を聞いていただいたりしているんですけれど，その先生からご紹介でこちらに来られたらと薦められまして，電話させていただきました。

東：ああ，そうですか。（ゆき子を見て）ええと，ゆき子さん。ゆき子さんが行っていらっしゃる学校の先生からお聞きになったんですね。どんなふうに聞かれた？

母：そうですね，ゆき子のことで，体調がよくないものですから，ときどきご相談させていただいていまして，そのお話の中でとてもお話を上手に聞いてくださるといいますか，よく聞いてくださる先生で，ついつい私なんかもよくご相談させていただくようになりまして，ゆき子がこれからどうしていったらいいのかとか，うちの家族も含めてどうしていったらいいのかなというお話の中で，家族のことだったら東先生ということで強くお薦めいただきまして。【コメント2】

【コメント2】

姿勢　　　　　森：見ていると，皆さんたいてい姿勢がいいですね。東さんも姿勢がいい。考えているのかは知りませんが，たぶん，座り方を合わせているんでしょうね。特にお母さんと東さんは似ているでしょう。

東：私，足は行儀悪いですよ（笑）。

森：足はね（笑）。背中のところとか。

――姿勢を合わせたり呼吸を合わせたりということを臨床でよく言いますが，東先生はどうですか。

東：意識はしていない。そう見えるのであればそうなのかもしれないけれど，あまり意識はしていない。

――森先生はどうですか。

森：私は意識している。

東：私はそこまで意識していないけど……。

黒沢：こうやってビデオを見ると結果的に同じ姿勢をしていること多いですよ。

東：そうですね。

黒沢：それは自分でもびっくりする時がある。

紹介者との関係　東：ありますね。でもその場では意識していない。このときの私の気持ちを言うと，お母さんが紹介者の学校の先生と関係性が良いという話をしてくれているから，ますます大丈夫だと思ってる。最初からいい話ばっかりでしょう。

黒沢：私もそう思いました。学校との関係性が良い。そもそも自分が信頼して話している養護の先生から紹介されて，またそれを信じてやって来ている。

東：そう。

黒沢：その上，家族全員連れて来られている。

東：ものすごいことですよ，これ。

黒沢：もうOKやん（笑）。

東：もうこれで十分。さてこれ以上セラピストは何し

たらいい？（笑）。
黒沢：ここまで揃っていたら，何でもいいわ。
東：何でもありですね。
黒沢：私があそこにいたら，何でもうまくいくと，そう思いますよ。
東：そうそう。

Chap.03
東：ああ，そうですか，それで来ていただいたんですね。いま，家族のことについてもと（受付表を見て）こちらにも書いていただいているんだけど，そういったことも含めて今日はみなさん一緒に来ていただいたんですね。
母：はい。
東：どんなふうに誘っていただいたんですか，みなさんを。【コメント3】

【コメント3】

失敗

黒沢：最初に（Chap.02で）お母さんが，相談内容については，ゆき子のことと家族のことというふうに2つを並列しておっしゃったのに，東先生は，ゆき子さんのことは言わないで，家族のことで来てくださったんですねと言ったのは，何か意図があったんですか。

東：実は，ここからが失敗の始まりなんですけれどね（笑）。

黒沢：もともとゆき子さんの問題がきっかけで，養護教諭に言われたから家族揃って来ているわけですが，お母さんは家族の問題ということを付け加えて言っている。その辺りで，東先生としては何か扱う狙いはあったのかなと。

東：それにとびついて失敗した。実は相談シートにこの子のことと，2番目に家族のことと書いてあったので，あとでわかるのですけど，結局それを私が暴露してしまったことになった。「家族のこと

で」っていうのはお父さんに内緒だったようです。家族に問題があるというのはお母さんの意識であって，お父さんはびっくりです。「家族のこと」を強調することでちょっと微妙な空気を作ってしまった。

Chap.04

母：そうですね……，坂本先生——保健室の先生が坂本先生とおっしゃるんですが——のお話で，1回目の面接は家族みんなで行ったほうがいいよということで教えていただきまして。

東：ああ，そうですか。はい，はい。どんなふうに誘われたの？

母：とりあえず細かいことを言い出すと，それぞれ忙しく生活しておりますので，1回目はとにかく家族で来いと言われているというふうに伝えさせていただきました。

東：ああ，そうかそうか。じゃあまあ1回くらいだったらいいやっちゅう感じで来ていただいたかな（笑）。

父：（苦笑いしながらうなずく）

東：お父さんですね。どうもはじめまして。今日はお母さんからお誘いがあってここに来られたと思うんですけど，たぶんお仕事……この時間は。

父：今日は休みなので。

東：ああそうか，今日は日曜日だった，ごめんなさい。お休みだもんね。じゃあ一度行ってみようかなということで。

父：そうですね。まあ，ゆき子のことですので。家族全員での参加が原則だということを聞きましたので。

東：はい。で，ゆき子さんが妹さんだから，お姉ちゃん，あや子さん。

姉（あや子）：はい。

東：あや子さんは今日はどんな感じで来られたんですか？

姉：なんかお母さんが，家族みんなで行くように言われているしあんたも一緒に行ってと言われたので，じゃあ一緒に行くって。

東：そうなんやね。ゆき子さんはどんなふうに誘われたの？

Y（ゆき子）：やっぱり私のことでということもあったので。私も保健室の先生にお話をしていたので，そこでみんなで行ってきたらとお母さんと一緒に言われて今日来たっていう感じです。

東：そうですか，よく来ていただきました。これから50分，あるいは1時間くらい一緒にお話をさせていただくんですけれど，まずどこからお話を聞かせていただきましょう。今日こちらに来られた一番の……，なんて言うかな，解決したいことはどんなことかということからお話をきかせていただけますか。

父：あの，ゆき子がですね，学校に，高校なんですけれども，なかなか通えなくて，行こうとするとどうもしんどくなる。

東：しんどくなる。

父：はい。まあ途中までは，朝も準備はしているんですけれど，行く気はあるみたいなんですけども，いざ行こうとしたり，もしくは通学途中でしんどくなって家に帰るらしいんです。一度，通学途中で倒れてしまったようで，救急車で運ばれたことがありまして，命には別条なくて過呼吸という形で先生には診断してもらったんですけど，それからなかなか学校に通えないことが続いていまして。それでいまご相談させていただきたいなと思っています。【コメント4】

【コメント4】

母親の表情

東：お父さんが話したので私はますます気持ちが楽になっている。一方お母さんの表情はかたい。信頼している先生から紹介されて来たというわりに表情がかたい。

黒沢：横顔なので，あとでアングル変えたら表情がもっとよくわかるかもしれないですが，お父さんがゆき子ちゃんが救急車で運ばれたけれどたいしたことではなく過呼吸だったと。でも学校に通えていないというゆき子ちゃんの説明をお父さんがしているときに，ますますお母さんの表情が硬くなっているんです。

東：そう。

黒沢：横からなのでよくわからないけれど，例えばお父さんの説明がその通りだと思ったら，お母さんはうなずいたり，表情が緩んだりすると思うんですが，表情も姿勢もかたいままで手足も動かない。あまりお父さんのほうを見ていないですよね。普通はお父さんがしゃべっていれば，ちゃんと言うかしらとか，そうそうとか，言い足りなければ私が付け足すからという雰囲気がありますけれど。お父さんがゆき子さんの話をし始めてからお母さんはさらにかたいです。

東：だからお父さんが話してくれてほっとする反面，母親のかたさはなんだろう，という気持ちになっている場面ですね。私が「家族のこと」を強調し

| 解決したいことは？ | た副作用かもしれないとはこのときは思っていない（笑）。
黒沢：なるほど。ところで，ここでもう1つ私が興味深いのは，東先生が，家族に対して，「どんな問題で来られましたか」とか「どんなことで困っていますか」と聞くのではなくて，「解決したいことはどんなことか」を聞かせてほしいと尋ねていることです。この聞き方によって，問題をもつ家族ではなく，解決のために集っている家族という枠組みが作られます。この2つには大きな違いがありますね。

　少し余談ですが，解決にまつわる話をすると，ここで東先生が問われている解決とは問題解決のことです。でも，ソリューション・フォーカスト・アプローチの解決はそれとは異なります。解決したいことは何か（問題解決）を問うことと，解決したらどうなっているか（解決像）を問うことは，また違うのです。ソリューションは後者です。ソリューションであれば，ここでの面接が終ってここから出て行くときに，どんなふうになっていれば面接に来てよかったと皆が思えるかしら？　そのためにここでどんなことが話し合われればいいかしら？　と尋ねるでしょうね。 |
|---|---|

Chap.05

東：はい。なるほど，ゆき子さんがね。ちょっとゆき子さんにお聞きしていいですか。ゆき子さん，ちょっとお聞きしますね。いま，お父さんから学校に行く途中に……過呼吸発作とおっしゃいましたね，具合が悪くなって救急車で運ばれたこともあったというお話でしたけど，そのときのことをよく覚えていますか。

IP：詳しくは覚えていないんですけど，でもやっぱりそのときも学校に行こうと思って，いつもどおり家を出て，1人だったんですけど1人で学校に行って，普通に行っていたんですけど，学校が近づいてきてちょっと門が見えたらなんか（胸のあたりを押さえて）キュッてなって。

東：ん？　どのへんが？
IP：なんか……（感情がこみあげてきた様子。涙声で）すいません。
東：思い出したね，うん。
IP：なんかこう……。
東：胸が？
IP：キュッてなって。息がしづらくなって。
東：うん。
IP：そこからはもう記憶がなくて。
東：記憶がなかった。
IP：で，気づいたら病院やった。
東：ああ，ほんとう。うん。そのことははじめてだったんですか。
　　（母親がゆき子にハンカチを渡す）
IP：（涙をふきながら）はじめてで，自分でももうわけわからんくて，あとから聞いたら学校に行くまでに倒れちゃったから周りの人（同じ学校に行っている人たち）に囲まれていたみたいで，いろんな人に心配というか迷惑をかけた……。
東：迷惑をかけた感じ？
IP：うん。あとから「大丈夫やった？」って言ってくれた子もいっぱいおったから。親にも電話がいったし，いろんな人に迷惑かけたなって，いま思っています。
東：思っている。うん。人に迷惑をかけるのはあまり好きじゃない？
IP：うん，そうですね。あんまりかけたくない。
東：かけたくないのね，うん。それが最初だよね。いつのことかな，それは。
IP：高２の秋くらい。
東：高２の秋というと……，いまが……。
IP：高３。
東：高３だから，約１年，１年たつの？
IP：うん。
東：その１年間でどうですか，そういったことは繰り返し起きていますか。
IP：そこからやっぱり学校には行きづらくて，思い出しちゃうというのもあるかもしれないんですけど，行きたいけど行ったらまた倒れるというか。実際何回か挑戦したこともあるんですけど……。
東：ああ，挑戦した。
IP：でもやっぱり苦しくなるし，呼吸もしんどくなって，また同じことの繰り返しになっちゃうっていうのがあって，だから最近はあまり行けていないです。
東：その挑戦したときもやっぱり倒れて救急車で運ばれたの？
IP：救急車で運ばれたときもあるし……。
東：何回か運ばれた？
IP：何回か，２～３回くらい運ばれた。
東：うんうん。
IP：でもその前に，（通学路に）立っている先生がいるから，その先生が気づいたかなにかしてくれて，保健室に行って，そこで先生と話すようになったので，それからは保健室には行けるようには……。
東：なっている。
IP：先生と話せるというのがあるから。
東：うん，先生と話せるというのは安心だよな。

IP：坂本先生は安心できるかな。
東：ああ，ほんとう。いい先生やね。
IP：うん。
東：またああいうことになるんじゃないかという心配があるとおっしゃったよね。
IP：うん。
東：その「ああいうこと」の中身をちょっと教えてほしいんだけどね。身体がきつくなることと，人に迷惑をかけることと，どっちのほうがつらい？
IP：うーん，迷惑かけたくないというほうが強い。
東：迷惑かけたくないというほうが強いのね。（母親，父親に向けて）ええお子さんやねえ。そうですか，OK。あとでまた詳しく教えてね。
IP：はい。【コメント5】

【コメント5】

個人の問題から関係性の問題へ

東：「迷惑をかけたくない」というのがキーワードです。私はそこに焦点を当てようとしています。なぜかと言うと体の問題は自分の問題だけれど，「迷惑かける，かけない」というのは対人関係の問題ですよね。個人の問題から関係性の問題へとシフトして行こうとしています。複数面接ではこのシフトを私は大変重視しています。なので，いずれこのテーマは役に立つという確信がこの段階でありますね。

黒沢：この家族は，それだなというのがわかります。迷惑かけたくない，お互いがそういった感じですね。普通，家族全員で一緒に行こうと言われたら，面倒くさいとか，何で私が行かなくちゃいけないの，といったことになるわけだけれど，ここではみんなで行かないと家族に迷惑がかかるとそれぞれが思っている。たぶん，家族で来るというのも養護教諭が言ってくれたから，お母さんは家族に提案できたけれども，人から言われたという言い訳ができなければ，お母さんは他の家族に言いづらいだろうなと思います。1回目は原則としてみんなで行くという話だから来てちょうだいという

言い方にも，それが表れていますね。最初にお父さんから話し出したことも，この家族の姿勢や雰囲気が非常にきちんとしていることからも，お母さんや家族が，迷惑をかけることは良くないという価値観をとても大事にしていることが伝わってくる。ゆき子さんが苦しんだ話を泣きながらしたときに，お父さんは全然ゆき子さんのほうを見ないし，下を向いて口をへの字に曲げてじっとしていて，今度はお父さんに緊張を感じてかたい感じがした。時々，お父さんは，東先生をチラチラッと見るけれど，お母さんやゆき子さんのことは全然見ていない。この家族の迷惑をかけたくないという関係性のテーマに東先生が，それや！っと飛びついて（笑），そこを明確にしようとされたんですね。

東：そうです。ばれましたか（笑）。

「迷惑をかけたくない」

黒沢：けれども，東先生が自分のほうから，迷惑かけたくないというテーマにボーンと飛びついていくとお行儀悪いから，というかこの家族への決めつけになってしまうから，過呼吸で倒れたことなど体のことと，迷惑かけたくない関係性のこととどちらなのかなと，一応選択肢を出して本人が答えられるように仕向けていますよね。

東：そうです。

黒沢：身体のこと？ それとも迷惑かけること？ どっちがつらいのか確認したいと，あえて選択肢を出して，本人は迷惑をかけることのほうを選んで答えるだろうと東先生は読んでいると思いますが，すっとぼけて，ゆき子さんが選ぶほうについていくしかけをしている。

東：しかけです。その方向に向かって種まきしていま

	す。
	黒沢：ゆき子さんが迷惑かけたくないというだけではなくて，この家族には迷惑かけるのはいけないよねという暗黙の了解がある。よく言えばみんなで配慮し合っているし，悪く言えば，きちんとする代わりにあまりぶつかり合わない，本音を出さない。そういう雰囲気がある。
近似性	東：そうですね。特に彼女とお母さんの近似性を感じた。だから家族みんなの価値として「迷惑をかけないのが大事」というのがあるかもしれないけど，少なくともこの子とお母さんは良く似ているのだろうなと，この時点で思っています。

Chap.06

東：それから，お姉ちゃん。
姉：はい。
東：お姉ちゃんは，いま何をなさっているんやったっけね。
姉：いま大学生です。
東：大学生。何年生？
姉：大学2回生です。
東：はい。どんなことを専攻していますか？
姉：法律のほうを。
東：法律。学校は毎日楽しいですか？
姉：はい。
東：あなたは身体は丈夫ですか？
姉：はい，全然問題なく。
東：どこか痛くなったとかいうことも過去にないのね？
姉：ないですね。
東：うんうん。いま妹さんに起きていることはどんなふうに感じますか？
姉：やっぱり学校に行けていないのもそうですけど，そのとき苦しくなるという話も聞いたりしているので心配ですね。
東：心配だね，なるほどね。なんとかしてやりたいなという感じだね。OK。（ゆき子に向かって）お姉ちゃんはずいぶんやさしい感じだけど，いつも助けになるの？
IP：うん。お姉ちゃんは私から見ても努力家やし，できるというのがあるからいつも頼りにしている。【コメント6】

【コメント6】 姉に話をふった理由	黒沢：ここで，東先生は，お姉さんに身体は丈夫か，痛くなることはないかと聞いていますよね，それ

はどんな意図があってですか？　この家族は，ゆき子ちゃんの体調が悪いということで相談に来られているわけです。東先生としては，お姉ちゃんに対して体調のことを聞くのは，一応ご挨拶のような意味あいでの声かけなんでしょうか。お姉ちゃんはこの家族の中で一番健康そうだし，関係性もあまり偏っていない印象ですし，妹のことを心配しているのがわかるし，お母さん，お父さんに対してどちらかが悪いと思っているふうでもない。お姉さんには邪気がほとんど感じられない。お姉さんは，どう見ても体調悪そうではないのに，あえて身体のことを聞かれたのは？

　私が思うには，もしかしたらお母さんも体調に何かあるだろうと考えているからかと。お母さんすごくかたいし，言わないけれど，何かもっている感じ。まずお姉ちゃんに，家族の体調のことを僕は心配しているよというのを言っておいて，つまりお姉ちゃんをクッション材にして，お母さんの体調についてあとで扱いやすくしているのかなと。迷惑かけないように頑張っている人というのは身体に不調が表れやすいことはお見通しでしょうから。

東：そのとおりです。

Chap.07

東：お姉ちゃんを頼りにしているのね。そうですか，けっこうですね。はい，それでお母さん，話は戻るけれど，今日こうして来ていただいたことの一番大きなことはゆき子さんの症状，それがなくなることですね。
母・父：はい。
東：それと，（受付表を見ながら）よろしければ教えてください。家族のことについてもご相談したいとおっしゃっていただいているようなんですが，それはどういったことなんでしょうか。

> 母：はい。これは他の家族の者には言っていないんですけど，私自身が感じていることといいますか……。
> 東：ああ！　じゃあ，このことは……ごめんなさい，僕いらんこと言っちゃったね。
> 母：いえいえ。大丈夫です。【コメント7】

【コメント7】

失敗？
結果オーライ？

東：これ，慌てました。結果オーライだったけれど，このときは慌てたね。これ，内緒だったんかいって（笑）。

黒沢：でも一番最初にお母さんが入られてきたときに，今日は，ゆき子のことと家族のこととちゃんと並列しておっしゃっていたから，内容については家族に何も言っていないけれど，最初からお母さんはゆき子のことだけとは言ってないですよね。ゆき子のこともあるし，何か家族のこともあるというようなニュアンスだった。

東：だから油断した（笑）。

黒沢：私には，お母さんがまだ家族に言っていないと言ったので，お母さんが家族に言っていないことを言いやすくするために，東先生はわかったうえで自分がドジったという役まわりをとっているように見えましたけど。

東：最初からそんな高級な手が使えるほど器用ではありません（笑）。でも，この段階ではもう「やっちゃった〜」と思ったから一瞬で切り替えた。

黒沢：でもお母さん自身が，冒頭でゆき子のことと，家族のことって言っている……。

東：じゃあ，100％私のミスではないんだ（笑）。

黒沢：だから，東先生は自分がドジッてお母さんに無理やり言わせてしまったというシナリオにして，お母さんをサポートしているんだなと感じました。

東：すごく肯定的に見てもらっている。なんだかうれしくなってきました（笑）。

Chap.08

東：ごめんなさい，ここに書いていただいているので何の疑いもなく申し上げたんだけど。
どうぞどうぞ（母親に話をうながす）。あ，よろしいですね，お聞きして（父親の許可を求める）。
父：はい。
東：（母親に話をうながす）
母：ゆき子の身体のことがありまして，はっきりと感じ取るようになったと言いますか，たぶんそれよりも前からずっとあったんだと思うんですが，私もあまり体調がよくないと言いますか，身体が強くないもので，調子が悪いときは寝たり起きたりしながら生活するということもあったりするんですが，夫がなかなか……なんて言うんでしょうか，もちろん会社には行ってくれて，お仕事をして父親の役割を担ってくれているとは思うんですけれど，どうも気持ちをわかりあえていないといいますか，……うまく言えないんですけど，もう少し……すいません，うまく言えないんですけど……。
東：いえいえ，いろいろ言えることでけっこうです。
母：私のしんどい気持ちというとなんかおこがましいような感じなんですけど，ぎりぎりがんばっているというようなところをもっと気づいてほしいといいますか……。すいません，家族の前でこんなこと話すのも……。
東：いやいや，もしきつかったらおっしゃってくださいよ。僕は無理やり話せと言っているわけじゃないので。言える範囲のことでけっこうです。
母：自分の，家族の中でうまくいっていない感じというか，しっくりこないという感じが，もしかしたらゆき子の体調に関係したり，自分の体調に関係したり，もっとうまくやる方法があるんじゃないかという思いになったりして，そんなことを考え始めると考えが止まらなくなるというか，すごく苦しくなるときもあるので，（受付表に）家族のことと書かせていただいたんです。
東：ああ，なるほど，そういうことね。ちょっとお母さんの体調のことをお聞きしていい？　お母さんはどんな体調なんですか？【コメント8】

【コメント8】

ちょっと冷やそう

東：ここで私，緊張に耐えられなくなった（笑）。私のドジは良いきっかけにはなったかもしれないけれど，家族関係の話に一気になったから，この段階ではむしろ急ぎすぎるなって感じかな。なんだか堰外し過ぎたって感じが私の中にあるのよね。ちょっと冷やそうと思った。体調の話に後戻りし

てというか，もういっぺんゆっくり行こうという意識が私の中で働いている。ちょっと落ち着こうと思っている。
黒沢：お父さんはかなり引きましたもんね。
東：引いた。引いた。思い切り引いた！
黒沢：肩が思い切り後ろに……。
——東先生はずっとお母さん側を見ていますが，お父さんのほうも感じている？

"家族"を感じる

東：一番感じていますよ。当たり前です。お父さんがどんな反応しているか，もう私のアンテナピリピリ。今おっしゃったように，お父さんが引いてね，身体ものけぞるようにして，「そんなの知らんかった」って感じでしょう。この段階では，私，まずいことやってしまったなというのが心中にあってね。急ぎすぎたらいけないという意識が働いていて，確実にブレーキかかってる。

森：このお母さんは確信犯なんですかね。そうじゃないと書かないですよね。書いてるということは，こうやりたいと。東先生の面接をダシに使って家族会議をやりたい，自分の問題を言いたいというのがあってさっきからウズウズしていて。それにとりあえず乗って，お母さんの暴走を今止めにかかったところですよね。今ようやく主導権がこっちに，実は今までお母さんの掌の上で転がされていて。やっと東先生が主導権を取り戻した。

仕切り直す

東：主導権というか，別に主導権争いする必要はないけれど，いったん流れを止めておこうと。お父さんの動きが気になるので，もうちょっと冷静に行こうという気持ちですね。
森：このままいくと，お父さんがドロップアウトしてしまう？

東：ドロップアウトするかどうかはわからないけれど，私自身の中で，この場をセラピストとして責任もって仕切っていけているという安心感がほしいわけ。それは例えば，お母さんが提示したこの話題にどんどん入っていっても OK というサインがまだない。この話題で会話を続けていいよというサインがみんなから出れば，「よし！」と，そこからじゃんじゃん突っ込んで行くのだけど，この段階ではまだそうではないのですよ。この話題にお父さんや子どもたちがついてくるかどうかわからない。子どもは「私のことで来ているのに……」となるかもしれない。お父さんも「なんだ，これは！」となるかもしれない。それなのにこの話題に突っ込んでいったら，それは結局主導権という意味になるのかもしれないけれども，私は，あるいはセラピーの場が，お母さんに巻き込まれたことになる。

森：お母さんの主観話についていかないといけなくなるから客観的な症状の話に戻った。

東：体調の話に戻ってお母さんとの距離をあけようとしたとも言える。それは結果としてお父さんをもう一度落ち着いた会話の中に入れることになる。お母さんが提示した「家族の問題」にみんながつきあってくれるかっていうところを十分確認して，そこから再度始める。そうしないで，この段階での見切り発車は怖かったのですよ。要するにみんなが乗ってくるかどうかがわからないから。

Chap.09

母：もともとそれほど身体が強いほうではないんですが，夜眠れなくなることがときどきありまして，そうなると午前中家事をしたり（私は仕事はしていないんです）子どもたちの身の回りのことをしたりということがしんどいときがあります。
東：そういうときはどうなさってる？
母：いまのところ，病院には行ってもあまり変わらないので，自分で様子を見ながらぎりぎりやるべきことをこなすというような感じです。
東：うんうん。じゃあ結局は全部お1人で家事をなさってるの？
母：はい。まあ十分ではないと思うんですけど。
東：（娘たちに向かって）お母さん，かなりがんばっているの？　家事を，1人で。
姉：もう，文句は言えないくらい。すごくいろいろやってくれているし。【コメント9】

【コメント9】

ジョイニング	黒沢：ここで一番安全なお姉ちゃんに聞いていますね（笑）。 東：一番客観的に見ていそうな人だから。ジョイニングということにもなりますね。

Chap.10

東：へえー，体調の悪いのが不思議なくらい？
姉：体調が悪いのかなというのはなんとなく感じていたり，ちょっと調子の悪そうなところを見ていたりするんですけど，家事は全然完璧にやってくれる。
東：へえ，すごいな。おふたりがお手伝いするチャンスはないんですか？
姉・妹：（顔を見合わせて）あんまりしいひんね。
東：もうお母さんに任せておけば安心なんや。そうですか，はいはい。（父親に体を向けて）【コメント10】

【コメント10】

リフレーミング	東：結果的にこれは使わなかったけれど，「母親が心配だから娘2人がお母さんを助ける」というリフレーミングをちょっと意識していますね，この時の私は。そのような展開も選択肢の1つとして用いることが出来るかもしれないとぼんやりと考えている。 黒沢：私も一瞬そのような話になるかと思った。でも，

ソリューションならば	このケースは違った（笑）。ここからも，東先生が今後用いることができるかもしれない枠組みについて，常に意識して質問していることがわかりますね。ただここでも，私だったら，たとえばソリューションであれば，「お母さんが，少し調子悪そうなときもあるのに，家事をしっかりやってくれるのはお母さんがどのようなことを大切にしているからでしょうか？」「お母さんはどんなことに支えられているからできるのかしら？」といったことを，姉妹やお母さん自身，たぶんお父さんにも尋ねるでしょうね。冒頭で感じたようにこの家族はとてもリソースに満ちたOKな家族ですから，私なら肯定的な側面を見出して積み上げていくことで，この家族のP循環を作るようにもっていくかな。

Chap.11

東：お父さんにお聞きします。ここ（受付表）に家族のことでと書いていらっしゃって，それはちょっと書いただけなのを私が無理やりほじくったみたいで申し訳ないんですけどね。
父：（苦笑）【コメント11】

【コメント11】

本番	東：さて仕切り直してここからに本番に入ります。一度冷やして，再度，お母さんが提示した話題にお父さんが付き合えるかどうか確認する場面ですね。

Chap.12

東：少しお母さんも身体がきついというお話を聞かせていただいたんですけど，そのことはご存じでした？

父：はい。まあ昔から，若いころからそんなに健康なほうではなかったので。ただ，家事はきちんとやりますし，私から見て何も不満はないですし，体調が悪いときは病院に行けばいい。薬はあまり飲まないんですけどね。
東：お薬を。
父：はい。飲めばいいんじゃないかなとは思うんですが，飲まないからずっとしんどそうではありますけど。体調が悪い悪いと言っていますけど，寝込むほどではないかなと，そんなに気にはしていなかった。
東：そうですか。体調が悪そうに見えるときとはどんなとき？
父：仕事から帰ったとき，起きて待っていてくれているんですけど，そのとき先に寝るとか。自分からは（しんどいと）アピールしてきませんので。ただ，やることはきっちりとやりますから，それほどな感じはなかった。
東：しんどいからこうしてほしいああしてほしい，ということはわりとおっしゃるほう？
父：何も言わないですね。
東：おっしゃらない。我慢強い奥さんですか？
父：そうでしょうね。
東：しっかり全部なさっていただけるんやね。そうですか，はい。そのことがもう1つ，お母さんがね，家族全体のこととおっしゃったけども，お母さんの体調ということが一番のネック？ お母さんの体調の悪さが彼女（ゆき子）の体調に影響しているかもという心配もおっしゃっていたよね。
母：そのこともあるんですが，この子がはじめて倒れて救急車で運ばれたとき，夫はいま何も問題ないという言い方をしたんですが，そのときも同じで，救急車で子どもが運ばれるというのは……なんて言うんでしょう，大変なことと言いますか。【コメント12】

【コメント12】

お父さんはOK | 東：これでお父さんはOKという印象。そこでお母さんに話を戻しますが，十中八九「家族の問題」にくるだろうという予想をしています。

Chap.13
母：学校から連絡を受けて私はもう自分が倒れるかと思うような衝撃を受けて病院へ駆けつけたんですけど，そのときは処置をしていただいていて，命には別条なく休息して帰ってくるという状態ではあったんです。そのことを夫に電話で知らせたのですが，私もかなり動揺していたのもあるんですけど，状況を伝えて命に別状ないですと言うと，「それやったら」ということで特に駆けつけるでもなく。私が夫であれば駆けつけたかなと。
東：ああ。

母：ですけど彼は……。仕方がないと頭ではわかっているんですけど。その日会議があるとか，仕事で抜けられないということで，結局いつもどおり仕事をして帰ってきたということがあったんですね。子どもたちの前でこんなことを言うのはなんですけど，さみしいというか，わかってもらえてないというか，するべきことがあるのはもちろんわかるんですけど，私だけがしんどい思いを……，これまでもぎりぎりでやってきているところを……。
東：ぎりぎりというのは体調的にということ？
母：はい。ぎりぎりでやっているところを，今回もうまく伝えられなかったし，わかってもらえなかったなというふうに，最終的には自分で落ち込むということがありました。私がうまく伝えられないことがたぶん原因かなと思うんですけど，そのあたりが自分の中で家族がうまくいっていないと感じているところです。
東：うん。何か受け入れてもらっていない感じ，わかってもらっていない感じ？
母：そうですね。自分1人が空回りするというか。もっとうまくやれるんじゃないかと頭では思うんですけど……。【コメント13】

【コメント13】
森の見方

森：お母さんのせりふが終わった段階で，東さんはお母さんの話を続けさせたけれど，私だったらこの話は2人の娘さんに，今まで聞いたことある？と絶対に聞くと思います。

Chap.14

東：少し言い方を変えれば，お母さんがしっかりするというか元気になれば，娘さんもうまくいくんじゃないかという感じ？
母：そうですね，そこのつながりはちょっと……，この子にはこの子の理由があるというか，クラブのお友達とトラブルがあったというようなことがたぶんきっかけになっているんじゃないかと私は思っているんですけども。
東：なるほど，直接関係があるということをおっしゃっているわけではないんですね。なるほど了解しました。OK。（父親のほうを向いて）お父さん。
父：（苦笑しながら）初耳です，いまの……。
東：ああ，来るんじゃなかったと思っているんじゃありません（笑）？　大丈夫？
父：はい。
東：もしよかったら，いまお聞きになって初耳の感想を教えていただけたらうれしいんだけど。
父：いやあ，そんなふうに妻が感じているとは思ってはいなかったので……ちょっと，ねえ。どうしたものかと。
東：どうしたものかというのは？

父：そこまでいろいろ考えているとは全然考えもしていなかったし，確かに救急車のときは，もう出社していたんですけど朝妻から電話があって，結局どうなんやと聞いたら命に別状はない，特に心配はないと医者に言われた，少し安静にしていたら帰れるということで，じゃあわざわざ仕事を抜けてまでと思ったんですけど……妻が付いているわけですし。娘1人だったら問題かなとは思いますけど，まあ問題はないかなとそのときは判断したんですけれども，私の思いが足らなかったのかなと，いまはじめて聞いて思いました。

東：ああ，そうですか。ごめんなさい，いま奥さんから聞かれたことがね，何か今後のご主人に影響しそうな感じは？

父：ちょっとびっくりしましたね。そんなふうに思っていたのかと。

東：何か影響しそうですか，今後のご主人に。

父：まあ，妻の気持ちも考えないといけないなと思いましたけど，考えられるのかなという自信は……。今までも長いですから，今までずっと特に何も大きな問題なく来たつもりだったので。ゆき子の救急車のこととか学校に通えないこととかはあるんですけれども，私としてはそんなに大きなトラブルが起きているとは思っていなかったので。ちょっといまは驚いています。

東：はい，なるほどね。来るんじゃなかったとは思っていらっしゃらない？

父：若干思いました（笑）。

東：若干ね（笑）。来たことを後悔されていますか。あの，びっくりしたとおっしゃって，これからどうしたらいいかわからないとおっしゃったけど，もしそのことをここで一緒に考えていくということが，そういう時間としてここが使えるなら興味がありますか？

父：そうですね，まあ。妻がその前に正直に……勇気がいったと思うんですけれども。

東：はじめてのことですしね。

父：自分の意見をなかなか言わないタイプなので。

東：なるほど。

父：かなり勇気がいったんだろうなとは思うんですけれども。そういうふうにしてくれるのであれば，私もできるだけ協力はしたいなとは思います。

東：そうですか。奥さんの勇気をなんとかいいほうにつなげられたらいいですね。

父：そうですね。でもちょっとびっくりしましたけど。

東：びっくりしましたね。すいません，私がいらんことを（笑）。僕はぜひご主人さんにも一緒に来ていただくことをあとでまたお願いすると思うんだけども，必ずお手伝いできると思いますのでよろしくお願いしますね。（母親のほうに向きなおって）ごめんなさい，私がいらんことを口をすべらせてしまって，言わんでもいいことを言わせてしまったみたいな感じですけど，後悔していませんか？

母：はい，ちょっと動揺はしていますが，言えてよかったなと思います。

東：そうですか，よかったです。さて，じゃあそのことはまたあとでお話聞かせてくださいね。ゆき子さんのことに話が戻っていいですか。

母：はい。

東：（ゆき子に向かって）さっきお母さんがクラブのことをおっしゃっていたんだけど，そのことをもう少し教えてよ。どんなことなの？【コメント14】

【コメント 14】

配慮の方法

東：さっきの森さんがおっしゃったことは大事な指摘だと思います。お母さんは自分のことを子どもたちの前で話すことにものすごく抵抗があるかもしれない。確かにそのことに対して配慮しないといけないと思います。そのときの配慮にはいろんな方法があるけれど，私が選んだのは，お父さんにとってこの内容が語られることはOKなんだということを子どもたちに見せることでした。逆にお父さんの反応がわからないままで子どもたちの意見は聞きたくなかった。お父さんがお母さんの語りを受け入れているところを子どもたちに見せることができれば，それでOKというのが私の頭の中にはありましたね。お父さんが今の面接状況を受け入れて，夫婦の問題を自分たちで解決していく姿勢を子どもたちに見せることができればOKというのがこのときの私の判断でした。

森の流儀

森：お母さんがこういう話をここに出している流れがいまいちよくわからない。お父さんの気持ちはすごくわかるけれど，お母さんの気持ちがわからない。しかもそれをIPの過呼吸，学校に行けないということと関連づけて考えているのか。もし関連づけて考えているんだったら，今お母さんは過呼吸が起こったときの話をしたけれど，そのへんの夫婦関係の感じをすでに子どもたちはなんらかの形で知っているだろう。その反応として過呼吸や学校への行きづらさが起こっていると関連づけてお母さんは考えているはずだから，たぶん子どもたちはそういうニュアンスの話をただ観察しているだけではなくて，お母さんが何気に子どもたちにその前からしゃべっているはずなんですよ。

だから私だったら，その話聞いていた？　とまず確認する。お子さんが知らなかった場合は，お父さん当たり前ですよねになるし，お子さんが知っていた場合は，でもお父さんは初めてですかと言って，それからお父さんにふりますね。ここでは東先生のミスにより家族の話に流れた。でも主訴は妹さんの過呼吸発作と不登校なわけだから，私だったらまずそこの話をものすごく具体的に聞いていくので，家族の話というところに，それが伝わっている，伝わっていない以前に，不登校や過呼吸の話をより具体的に展開していくので，こういう状況にまずならない。でもそうなって，もしそういうことをお母さんがおっしゃり始めたというのなら，まずIPにあたる妹やそれをサポートしているお姉さんに，この話前から知ってた？　聞いてた？　と入れてから，お父さんにいく流れになります。

黒沢の見方

黒沢：私が感じたことは，今のディスカッションとは少しずれるかもしれないですが，家族4人が揃っているなかで，東先生がそれぞれに分け隔てなく肩入れして下準備をしたうえで，家族の安全ネットが機能してそれに守られて，お母さんは自分の言いたいことが言えたのだろうということです。東先生が家族を見立てたうえで，客観的な立場の姉の力をうまく用いたことで，「お母さんは，家事は完璧」という事実が先に姉から語られており，妹も同意していることで，お父さんがお母さんのしんどさに十分気づけなかったことがそこまで無理解なことではない，お父さんだけが悪者になることにならずに守られている。お母さんは，お父さんへの不満を夫婦だけだったらなかなか言えな

いし，妹も影響を受けやすいところがありそうで言えないだろうし，だけどお姉ちゃんがいることで，お母さんはこのことが言いやすい。お母さんはお父さんを責めているようなことになっているけれど，この家族が4人いることで家族がお互いを守っている，そのなかでやりたいことがここでできているんだと感じます。お母さんにとっては，このことがとっても大事なことなんだと思う。

Chap.15

IP：吹奏楽部に入っていて，中学校のころからやっているんですけど，毎年夏にコンクールがあって，高2の夏のコンクールのときに，自分は金賞を取りたいしいい成績を取りたいというのがあったので，自分ではがんばっているつもりやって，自分がんばってるのに周りを見たらあんまり自分からしたらマジメに練習に取り組んでいないじゃないけど，そんなんで大丈夫なんっていうのがあって，みんなでやらないと金賞とか絶対に無理やからがんばろうよということを言ったんですよ。言ったら，一緒にがんばろうみたいになってくれるかなと思ったんですけど，反応があんまりよくなくて「なんなん（なんなの）」みたいになって。そこからちょっと（私は周りから）浮いているんじゃないかなと。空回るじゃないですけど，そんな感じで周りといづらくなって。コンクールはみんなでやることだし，自分が抜けたら自分のパートの分もあるからここはがんばらないとあかんなという気持ちがあったので，なんとかコンクールまではがんばろうと思って，空気がビミョーなのは感じていたんですけど，とりあえず終わるまではと思って。

東：がんばった？

IP：うん。

東：すごいな。

IP：それからは，クラスの中にも吹奏楽部がけっこう多いから何人かいるし，学校に行ったら絶対に会うから，終わったら終わったでその空気もずっと残っているし，いづらいなって。周りからはっきり言われたわけじゃないんですけど，こっちから見ていてあまりよく思われてないんちゃうかなとか……。

東：なるほど。わりと空気に敏感なほう？

IP：いや，うん，まあわかってないかもしれないですけど。それがホンマかはわからんけど……。

東：何か感じるんやね。

IP：うん。

東：そうかそうか。さっきの空気は大丈夫だったですか？ お母さんがおっしゃって，お父さんがびっくりされて，（私が）妙な空気を作っちゃったんですけど（笑）。その空気はあなたにとってはどうやった？【コメント15】

【コメント 15】
場の安全性　　　東：子どもたちにとっての「両親の問題を語ること」の意味を，場の安全性を，ここから確認していきます。

Chap.16

IP：まあ，「大丈夫かな？」とはちょっと思ったけど。
東：どうして思った？
IP：お母さんがしんどいのはけっこう言ってくれていたので。
東：ああ，さっきの話聞いていたの？
IP：ちょっとだけ。さっきみたいに詳しくは聞いていなかったけど，しんどそうやなと思うこともあったし，最近ちょっとしんどいのみたいな（話はした）。詳しいことは知らなかったけど。
東：それはまさかお母さんがしんどいのは私のせいだと思っていたわけじゃないの？
IP：それもちょっとはある（笑）。心配かけちゃったなとは。
東：聞いていたから，そこそこ知っていたんやね。だけどそれをはじめてお父さんの前で話したんやけど，その空気はどうやったの？
IP：お父さんは，全然知らんかったから……。
東：そうでしょう。
IP：怒り出すんやないかと心配やったけど。
東：ドキドキした？
IP：ちょっとだけ。
東：でもいまは安心している？
IP：うん。いまは大丈夫かなって。【コメント 16】

【コメント 16】
根回し　　　　東：私の中ではこれで妹は OK なんだけど，お父さんの反応を見せてからでないと，これを聞くのはきついと思った。だからお父さんがうまく対応したのを見たから安心が生まれたと思うのですね。これはだいたい予想通りの反応でしたから，次はお姉ちゃんにふります。ここを話題にしていくよ，ここを扱うよと，大丈夫だねと，全員に根回ししているところです。

Chap.17

東：お父さんを見ててそう思った？
IP：お父さんやさしいから。
東：ああ，ほんとう。OK。話をちょっともとに戻すけど，そういうクラブのことがあって，そのことは去年の発作（過呼吸）に何か関係していると思いますか？
IP：やっぱりそこで対人関係というか友だち関係で，もめてまではないけどビミョーな感じになったから，それがきっかけというかそれで人が怖いと言ったらあれだけど，あんまり会いたくないというか，また何かあって「はっきり言うじゃん」みたいな感じになったら気まずいなという。私はべつに悪いと思ってないけど（がんばらなあかんのは当たり前やんと思っていたから），でもそれがみんなにとっては違ったんかなとか。だからあんまり会いたくない。
東：けど，実際にみんなが何を考えているかというのはわからないんだよね？
IP：そうですね。
東：わりとこう，あれやこれやどうしようこうしようと，取り越し苦労といったら失礼かもしれんけど，わりと心配するほう？
IP：うん，けっこう心配するかもしれない。
東：心配性のほうやね。お母さんは心配症ですか？
IP：お母さんは……どうかなあ。【コメント17】

【コメント17】

リンク　　　　　｜東：不登校の問題と家族の問題をリンクさせていきます。

Chap.18

母：けっこう似ているようなところはあります。
東：ふうん，そうですか。あや子さん，あや子さんから見て，さっきの話にまた戻っちゃうけど，お母さんがはじめておっしゃって，お父さんがびっくりしたとおっしゃったけど，それはあなたにとってどんな体験やったですか？
姉：私はお母さんがこんなにしっかりとお父さんの前で言っているのをはじめて見たんですけど，薄々は不満じゃないけどお父さんにもっとしてほしいことがあるとか，そういうことを持っているんじゃないかなと気づいていたので。
東：気づいていた？
姉：うん，でもまさかお母さんがこんなに言うとはってびっくりしましたね。
東：はい，はい。さっきはどうしようかと思った？
姉：まあでもお父さんはそんなには怒らないかなと。びっくりはするやろうけど，怒り出したりはしいひんかなと思ったので。むしろお母さんが言ったことにびっくり。【コメント18】

【コメント18】

次のステージ　　｜東：「この話題でOK」という全員の許可をもらった

ので，ここから次のステージに入ろうと決めたところですね。

Chap.19

東：ああ，そう。ちょっと聞いていいですかね。お父さんは怒らないだろうとおっしゃったね。ゆき子さんもお父さんはやさしいとおっしゃったよね。そんなふうなイメージがあるお父さんやのに，なんでお母さんは今日はじめておっしゃったの？　いや，それやったらいつでも言えるやんっていう感じを僕は持ったんだけど。ごめんなさいね，またそこに話が来ちゃったね。はじめてだったというのはどういうこと？　誰か教えて。

母：私としては，しんどいから何かしてとか，そういう直接的なことは言ってなかったかもしれないですけど，でも自分の体調が悪いことは主人には伝えていたので，なんて言ったらいいか……，もう少し察して配慮してほしいというか，思いやってほしいというか，そういうようなところがいま聞かれて考えるとそうだったのかもしれない。

東：こういうことは言えますか？　身体の調子が悪いということはお父さんには言えるけれども，その背景にあることはちょっと言いにくかったというふうに考えていいですか？

母：そうですね。

東：そういうことですね。ゆき子さんはそんなことあります？　いまクラブのことを教えてくれたよね。そのことがあなたの症状に直接関係があるかわからないけどね，もし関係があるとして，その症状が出るのはああじゃないかこうじゃないかということについては坂本先生には言っているんだよね，保健室で。

IP：うん。

東：他に誰に言ってる？　お母さんに言ってた？

IP：トラブルがあったというのはお母さんにも言っていたし，お姉ちゃんにも言っていたし……。

東：お父さんには？

IP：お父さんにはあんまり……言ってなかったかもしれない。

東：やさしいお父さんやのに。

IP：うん，でもお父さんは仕事をがんばってるから迷惑かけられへんっていうか。

東：ああ，迷惑かけたくないんやなあ。そうかそうか。それでお父さんには言わんとこうってなって。でも症状があることは言っているんでしょう？

IP：ちゃんとは言ってないけど，お父さんはお母さん伝いで聞いている感じ。

東：ああ，そうですか。なるほどね。OK。あや子さんは身体は元気だっていう話だったけど，お父さんにはわりと言うほう？

姉：そんなに……，でもお母さんや妹に比べたらはっきりは言うほうです。

東：なるほど。さっきお父さんは怒らないだろうとおっしゃっていたけど，お父さんが怒ったところは見たことない？

姉：あんまりないですね。

東：そう。お母さんはさっき，身体のことは言うけれど，こうしてほしいああしてほしいということについては一切おっしゃっていないという話だったけど，それはその通りですか？
姉：そうですね，はい。
東：それはなんでやと思う？
姉：お父さんはやっぱり仕事をがんばっているし，忙しい。家族も大事にしてくれていますけど，仕事のことがあるから，気を遣っているというとおかしいかもしれないですけど，そういうこともあってお母さんはあんまり言ってなかったのかなと思います。
東：さっきゆき子さんからお父さんに迷惑をかけたくないという話があったんだけど，そんなところがある？
姉：うん，ちょっと似てる感じかもしれないです。
東：お父さんは仕事をしていただいているしね。これ以上心配をかけたらいかんわということでね，あんまり言い過ぎたらいかんわというのがあるんかな。お母さんも人に迷惑をかけるのは嫌いなほうですか？
母：はい，そうですね。それぞれの持ち分というか，彼は会社で仕事をしていますので，私は家のことをというふうに思っています。
東：思っている。これは私がしっかりしなければいかんと。いらんことで心配をかけたくないという気持ちなんですね。そうですか。（父親に向かって）ご主人，仕事をしやすかったでしょう。
父：まあそうですねえ。だから不満はないんです。なんでもやってくれるので。娘たちもしっかりとやってくれているので，何も心配はなかったんですけど，いろいろこういうことがあって，いまこういう状態なんですけど。
東：ゆき子さんも元気になられて，奥さんも元気になられたら一番いいですね。
父：そうですね。
東：はい。ちょっと話が変わりますけど，今日こちらに来ていただいていろいろとお話を聞かせていただいているんですけど，みなさんがこちらに来られて……，これはお1人ずつでもいいし家族全体のことでもいいんだけど，こんなよいことが起きる，こんなことになったらここに4人で来た甲斐があったなあということって，どんなことを想像されますか？
父：まずは，ゆき子が元気になること。
東：元気になること。
父：妻の話も出てきたんですけど，まあ妻も元気になればいいんですけど，どうも私に原因があるようなので……。
東：おおー！（他の3人に）ご主人に原因があると思っている人いますか？（誰も答えない）誰もいない。安心してください。
父：（苦笑）まあ，まずはゆき子の体調ですかね。
東：その次が？
父：妻のことですね。
東：奥さんのことね。（姉にむかって発言をうながす）はい。
姉：私もゆきちゃんのことが，症状というか苦しいのがなくなって学校に行けるようになったらいいなというのと，お母さんがしんどそうなのでそれもよくなったらいいなと思います。

東：はい。（ゆき子に）あなたは？
IP：受験もあるので，学校に行って，大学に行きたいから勉強できたらいいかなって。
東：お母さんは？
母：私も主人と同じです。ゆき子の健康がもとに戻って……。これは本当に自分のことだなって，家族のことと書いたんですけど，お話しする中でこれは自分のことやなって気づいてはきたんですけど，もっと主人とうまくやれるようになれたらいいなと思います。
東：ん？（身を乗り出し）もう少し詳しく教えて。うまくやるというのはどういうこと？
母：思っていることを全部言わないというか……，どうしてほしいかというところまではなかなか言えなかったんだなというか……。言うべきでないと思っていたところもあるんですけど，言わなかった自分が悪かったなと。そこができるようになればいいなと思います。
東：（父親のほうに体を向けて）えらいことになってきましたよ。えらいことになってきましたよ。どうしよう，責任重大になってきたわぁ。【コメント19】

【コメント19】

慎重に
石橋を渡る

東：おわかりかと思いますが，石橋を叩いて渡っていますね。自分であらためて見ても，ここまで慎重にやるかというくらいやっていますね（笑）。

黒沢：事前にお預かりしたこの面接動画を飛ばし見していたときに，ちらっとこのくだりを見て，相当面倒くさいことを丁寧に仕事されているって感心して，つぶやいたのを覚えています（笑）。

東：本当に面倒くさいことをやっています。石橋叩いて壊すくらい（笑）。ここまでやらなくてもいいんだろうけど，これ私の性格ですね。結局，怖がりなんですよ。

――過去に外された経験があったんですか。

東：覚えてない（笑）。1つにはこれを教育ビデオとして見せないといけないわけでしょう。実際はスッ飛ばしていいところだろうけれど，これくらいやらないといけないということを強調して見せなくてはという意識が，このときの私にはあった

	と思う。ふだんの面接でここまでやるかと言うと……やってないかも（笑）。
	黒沢：この家族は，冒頭から力ある家族だから，実際の面接ではそんなにまでやる必要はない。教育ビデオですからね。この話し合いの最初に動画は誰を対象にしているのかを聞いたのは，院生さんが対象ならこの丁寧さはわかるけれども，本当の臨床家が見たらここまで丁寧にやらないかも。
意識	東：しかし気持ち的には大切なところだと思います。やるかどうかはともかく，そこを意識しているかどうかは大事だと思う。
	黒沢：この面接では，そのあたりをすごく丁寧にやって，そこを可視化してくれている。
	──そこを意識してほしいから，そこを見せたいということですね。
ソリューションなら	黒沢：ここで家族に対して，「こんなよいことが起きる，こんなことになったらここに4人で来た甲斐があったなということ」について，つまり解決像について，やっと聞き始めていますよね。もっと早く聞いてもいいんじゃないかと思っていました。私なら，この家族は力があるから，最初の1ラウンドか2ラウンドとか，もっと早い段階で，解決像を聞きますね。そんなにひどく憎しみあっている家族でもないし，誰かが何か言うと誰かがフォローするし，お父さんも悪い人じゃないし，お母さんもかたいけれど一生懸命やっているんだろうなという感じだったから。また，家族面接っていいなと感じたのは，お父さんが「自分に原因があるのかな」と呟いた時に，東先生が「お父さんに原因があると思う人？」と他の家族に振って，誰もそう思っていないことをその場で確認したとき

です。家族の意見を間髪入れずにその場で聞けるというのはやりやすい。でもそれは家族みんながお父さんに原因があるとは思っていないという前提があるから聞いているんですよね。

東：お父さん凹ませたくないから。

黒沢：でも凹むようなことを周りが言わないということもわかっているから。

東：言わないです。「お父さんはやさしい」ですからね。

黒沢：お父さんはやさしいとか、原因じゃないという家族の言葉を聞けば、お父さんは悪い気はしないですから、家族面接はそういうことが聞ける場が与えられるのがいいですね。

Chap.20

父：すいません、ほんとに（苦笑）。

東：いや、これねえ。いま奥さんが、もっとご主人に言おうということをおっしゃっているんですけど。

父：そうですね。

東：どうしよう。

父：言えてなかったんだなあ。よくわかんないですけど。

東：もっと言わないかんって今日来て気がついたとおっしゃっていますよ。

父：先ほどから申していますけど、私の中ではそれほど問題はないと思っていたので。何も大きなことが起きないですし、トラブルもないですし、家事をきっちりやりますし、私も仕事をしっかりやっているつもりですし、休みもできるだけ家族と過ごすようにはしているんですけど……。

東：けど何かあるみたいやってん。

父：うーん。

東：これからは言いますって。しかもこれだけ迷惑はかけたくない、私は私の仕事をせないかん、ご主人はご主人で外でやってもらわないかん言うてがんばってきた人が、いややっぱりこれからは言わないかんということに気がついたとおっしゃいましたよね。どうします？

父：どうしましょう。困りましたね。

東：困る？

父：いや、困らないですけど、言ってくれたらいいんですけど。

東：え、いいの？

父：うん、そうですね。……どうですかね。

東：どうですかね。（娘たちに）お母さんがお父さんにもっといろいろなことを言いだしても大丈夫？

姉：お母さんは楽になるかも。でも言えるのかな。（妹に）言える？
IP：わからん。
東：言う必要はあると思う？
姉：言ってお母さんが楽になれば。
東：もういっぺん聞くけどね，ゆき子さん，お母さんが楽になることはあなたにどんな影響があると思いますか？
IP：うーん，私に？
東：うん。あなたの症状。お母さんはお母さん，私は私という感じが強い？　それともお母さんと，なんていうか共に揺れたりするという感じがある？
IP：私がですか？
東：うん。
IP：うーん，でもお母さんがしんどくなっているのは私のことが原因でもあるので，お父さんとの関係というふうに言っているけど，第一は私なんかなっていうのは……。
東：思っているのね。私のせいだと。
IP：だんだん（お母さんの）体調が悪くなっていったりすると，ああ（私のせいだ）……って。
東：それで落ち込んでいる？
IP：迷惑かけてるなって思ったりする。（涙ぐむ）
東：ああ，もう泣きそうやもんね。そうかそうか。それでその様子を見てお母さんもまた余計にガクッと。それを見てゆき子さんもガクッと。なるほどなあ。いや，お父さん，僕はぶっちゃけたことを言いますと，ゆき子さんがおっしゃっているように，お父さんお母さんのことが何かあってお母さんが元気なくて，そのせいで彼女が落ち込んでいる（調子が悪い）のか，あるいは彼女が調子が悪いからお母さんが元気がないのか，これはニワトリと卵でどちらが先か僕はようわからんのです。ぶっちゃけたことを言いますとね。ただ，何かふたりは近い。（姉に）近いよね，ふたりは。
姉：（うなずく）
東：ちょっと近いということがあって，影響がね，まあ家族だからみんな影響し合うのは当たり前だけど，特におふたりは強いですね？
（母とゆき子が顔を見合わせる）
東：違う？
母：似ているところは多いと思います。
東：似ているところは多いと思いますね。お母さんにも聞くわ。お母さんは自分が元気になったら彼女にもいい影響を与えるだろうと思っている？
母：もっとしっかり支えてあげることはできるかなと思います。自分のことでいっぱいいっぱいになっていることも多いので。
東：うん。（ゆき子に）あなたも自分が元気になったらお母さんも元気にすることができると思っているんだよね。
IP：はい。
東：OK。ちょっとお父さんに聞きますね。お父さんにとっては，これは極端な質問かもしれませんが，どちらを元気にするほうが楽ですか？　早いですか？　得意そう？

父：いやあ……。
東：どっちから先に。
父：どうなんでしょうねえ……。妻は単純に体調が悪いだけだと思っていたので。風邪を引きやすいのかなあくらいにしか思っていなかったので，薬飲めばいいのに，病院行けばいいのにと常々思っていたんですけど，「行けば」って言っても「いい」「行っていない」と言うので。妻のしんどいのは病院に行ってお薬を飲めば治るのかなと……。
東：思っていらっしゃった。
父：思っていた。今日までは。
東：今日までは（笑）。えらいところに来てしまったがために。
父：どっちが簡単かはいまはちょっと判断できない状態です。もともとは妻の体調はすぐに治ると思っていました。
東：思っていらっしゃったのね。でもそんなものでもなさそうだなという感じね。どちらからがいいかは決めかねる？
父：どうなんでしょうね。先生が困っている？
東：いやいや（笑），お父さんにとってどちらが取り組みやすいかが知りたいんだけど。奥さんを元気にするほうが得意なのか，娘さんを元気にするほうが得意なのか，どっちがお得意かな。
父：根が深そうですしね，妻の場合は。
母：根が深い……（苦笑）。
東：根が深そう？
父：いやあ，私もいろいろ考えないといけないところがあるのかなと思いますしね。
東：どういうこと？　根が深いというのはどういう意味？
父：過去も長いですから。
東：結婚されて何年？
父：ええと……21年ですね。
東：21年間のグーッと（凝縮された）何かがあったんやろうという感じ？
父：蓄積なのかなと，いまちょっと思っておりましたけど。ゆき子の場合は去年からですからね。ゆき子のほうが症状としては大きいですけど。そのへんがちょっとどうなのかなと思います。
東：僕いま心配になってきているんですけどね，奥さんね，ご主人が根が深いとおっしゃったんだけど，ご主人がこのまま家に帰ったら憂うつな感じになって落ち込んで，明日から仕事へ行くのも嫌だとなりはせんかと心配しているんですけどね。そんなに根が深いですか？
母：……もともとは，恥ずかしいですけど好きで結婚していますから。
東：でしょう。（夫に）政略結婚じゃないよね。
父：違います（笑）。
母：自分ではそんなに根が深いとは思わないんですけど。
東：思っていないですよね。ちょっとそれ（夫に）教えてあげてよ。僕心配で，このまま終わったらものすごく罪の意識にかられるので，根が深くないことを教えてあげてもらっていい（笑）？
母：確かに救急車のときは正直悲しかったです。来てほしかったといまでも思っています。けど，うまくやりたい気持ちでいてるので私もがんばります。

父：そうやったんやね。確かにね，あのときは悪かったなと思いますけど。はい。
東：（夫に）まだ思っているんじゃないの？　根が深いぞって。
父：（苦笑）いや，大丈夫です。
東：これは根が深いぞ，どうしようもないぞという気持ちが出てきたら教えてね。（妻に）そうじゃないんだよね？
母：はい。
東：そうじゃないんだ。ああ，びっくりした。お父さんが落ち込んでどうしようかと思った。21年間のうらみつらみでとか言われたらねえ，これはもうたいへんやからね。そんなことじゃないんだ。ね？
母：（うなずく）
東：お父さんはどちらかというと（僕の見た印象ですと），わりと楽観的（というと失礼かもしれんけど）にサッサかお仕事を進められていかれるようなやり手なイメージを受けるんですけど。
父：うーん，まあどっちかというとそんな感じかもしれない。
東：あまりくよくよされるタイプじゃないよね。
父：はい。あや子なんかもそんな感じかなと。
東：わりと楽観的な感じね。似ているよね，ふたりね。
姉：ふふふ。
東：あや子さんはこのふたり（母とゆき子）が，（僕が勝手なことを申し上げると）どちらかが元気になったらどちらかも元気になるやろう，追いかけっこのように元気になるやろうと（思っているけど），どちらが先に元気になってくれたらいいと思う？
姉：うーん（考える）。……お母さん。
東：お母さん？
姉：かなあ。
東：どうして？
姉：ゆき子のことは，原因は学校のことと言っているので，周りのこともあるので固められないというか，自分たちだけではできないこともあるかもしれないですけど，お母さんのいまの話を聞いているとお父さんのことを言っていたので，家族でどうにかできるというか，手を付けやすいというか対策していきやすいかなと感じました。
東：なるほどね。ゆき子さんは高校生だよね。話は変わっちゃうけど，高校生だと進級留年の問題が当然あるわけですけど，それはどうなっていますか？【コメント20】

【コメント20】

山は越えた

東：このあたり私は余裕を持って遊んでいます（笑）。遊んでいるとか言うと言葉が悪いかな。でも山場はとっくに終わっている。一番のポイントはお父さんに「娘とお母さんとどっちを先に元気にするほうがいいですか」というやりとりで，お父さん

フレームの完成

が話に乗ってきたところ。あそこで決まり。あそこで終わった。あとは付録。ここにもっていくまでに，間違いなくそこに行けるようしつこいくらいに石橋を叩いて束ねて行く。そこへもっていったら後は馬なり。もうすでにフレームはできているので，ここからなかなか外れようがない。このフレームは最初からあるフレームではないから，そのフレームにもっていかないといけないわけですよ。そこまで行けば，あとは自然と動く。特にこの家族の場合はね。それでもそのフレームに落とし込んでいくときに，複数の人がいるといろいろな思惑が存在するわけだから，みんなが同じような帰結点にいくように束ねていかないといけない。それがファミリー・セラピーの醍醐味だと私は思っている。なので，そのプロセスを何とかこのビデオで見せたいというのが私の希望だったわけです。でも見ていてやっぱりしつこい，面倒くさいことやっているなと思うけどね（笑）。実際のケースなら，パッと見てわかる話ですよ。でもそれだと視聴者はわからないと思う。最初から簡単にすませてしまうのではなく，その意識をきっちり視覚化したい。このビデオはそのプロセスのつもりです。この面接が始まったときの気分を思い出すと，最初はよくわからないからかなり身構えていたけれど，ここでは私はとってもリラックスしている。

黒沢：それは見てとれますね。

東：お父さんに「どっちを楽にする」って聞いた質問で終わっている。答えは要らない。結論出す必要ない。お母さんでも，娘でも，どっちが答えでもいい。その質問を受け入れてくれれば，つまり「あ

なた（父親）の仕事だからね」と，そのフレームが明確になればそれで良い。ただもし，お父さんが「なんで私が」とか「仕事忙しいので無理」とか言ってきたら全然違う。さらなる展開が必要。そうなったら逆に私はわくわくしますよ（笑）。でも今回のようにお父さんが乗って来たらもう終わりよ。もう特段こっちの仕事はない。勝手にやってよといった展開です。

Chap.21

母：ずっと休んでいるわけではないので，最終的にテストを受けたりいろいろあってもいまのところはぎりぎり大丈夫じゃないかと言っていただいています。
東：ああ，そうですか。じゃあそっちは心配しなくていいですね。OK。じゃあその心配はなしで，もう少しゆき子さんにお話を聞かせてほしいんだけどね，あなたのその症状ね，必ずよくなると思います。それで，症状がなくなったあとのことを教えてほしいんだけどね。まったくなくなったあとね。ふつうに学校に入っていくつもりでいる？
IP：うん，行けたら。
東：学校を替わりたいとかいうことじゃないんだよね？
IP：うん，ないです。
東：さっき言ったようにそこにいろいろな人間関係があるやん。空気があるやんな？
IP：うん。
東：そのことについてはもちろん相談にのっていくし，（家族）みんなも一緒に考えていくことになるし，保健室の坂本先生も一緒に考えてくださると思うんだけど，そのことについては自分でなんとかやっていかなければいかんという感じはありますか？
IP：あります。
東：あります。うん。じゃあそのことはまた相談してね。お話してもらっていい？
IP：はい。
東：OK。友だち関係がうまくいって，他に心配なことはないですか？ 不安になること，心配になること。
IP：あとは勉強くらい。【コメント21】

【コメント21】

保証すること　　東：あなた絶対良くなると思いますよって，こんなこと保証していいのかとしばしば言われるんだけれど，この段階では保証していいに決まってます。

ミラクル・クエスチョン？

ここまでの状況ができているのだから良い方向に行くのに決まってる。でも同じ発言を面接冒頭の段階で言ったら，それも必ずしも嘘ではないけれど，やはりちょっと軽はずみ。大風呂敷広げ過ぎやね（笑）。でもここまでのプロセスを踏んで，この家族のいろいろなことが良くならないわけはないじゃないですか。あれ？　そう思わない，読者の皆さん？（笑）私，楽観的に過ぎる？

黒沢：私からも読者の皆さんに聞きたいです。そう思わない人いるの？（笑）　ここでは，「症状がまったくなくなったあとのことを教えてほしい」と東先生はさらっと尋ねていらっしゃるけど，これって，ダイレクトに解決像を聞く質問でもありますね。ソリューションでいう「ミラクル・クエスチョン」と似た構造の質問です。こんなところで，こそっと使っている（笑）。でも，解決像といっても，きっとこうなっているという望ましい未来のイメージだけではなく，心配なこと，不安になることがないかについても確認している。楽観的と言っても，やっぱり慎重なんですね。もっと言えば，逆説的な確認の仕方をして，より本人の大丈夫なモティベーションを引き出しているという高度な技でもあるかな。この後のくだり（Chap.22）を見るとよりそれがはっきりします。

Chap.22

東：（母親に）勉強はできるんですか？
母：まあ，ふつうくらい。
東：心配っていってもものすごく心配しているわけじゃないね？
IP：うん，まあそうですね。
東：ふつうの心配ね。
IP：うん。ふふふ。

東：この心配には負けそうやっていう心配はある？　この心配には私負けそう，押しつぶされそうっていう心配。他にある？
IP：そうですねえ，勉強のことではあまり。お父さんもお母さんも，体調のことも気にしてくれているし，成績もそんなによくないから，ふつうくらいやからというのもあるかもしれないですけど，がんばらなくていいよみたいな感じで言ってくれるんですけど……。
東：お父さんもお母さんも。
IP：うん。やさしいから言ってくれるんですけど，自分としてはがんばらなあかん，お姉ちゃんはすごくできるというイメージがあるんで，小さいときからお姉ちゃんと同じようにしていきたいという気持ちもあったので，大学も，いまはお姉ちゃんよりも低い高校に行っているんですけど，もうちょっとがんばって追いつきたいなという気持ちがある。
東：うん。目標やね。お姉ちゃんが目標やね。ああ，そう。でもそれは心配で押しつぶされそうでというわけじゃないんだよね。
IP：がんばらなと思うから余計に……。
東：いい方に。プラスの希望やな。
IP：希望もあるし，でもそれで追いつけるんかなっていう……。
東：そういう心配か。なるほどな。その心配があるから「私もう勉強やめた」じゃないんだ？　どうせ追いつかないからもうやーめた，じゃない？
IP：それはないですね。
東：お父さんお母さんもあんまり勉強のこと言わないしな。昔からそうやったん？
IP：まあそうですね。お姉ちゃんはがんばってるし，私はそんなに成績がいいわけでもないから，（お父さんお母さんも）「いいよべつに」みたいな。
東：昔からね。べつにいま病気になったからおっしゃったわけじゃないんだよね。子どものころからね。
IP：そうですね。でも自分の調子が悪くなってそう言われるときも多くなったので，また迷惑かけてるな，心配かけてるなという感じがある。
東：そうかそうか。いまあなたが迷惑をかけるという気持ちにならないのは，その坂本先生と，他に誰がいる？　相談する人。
IP：坂本先生くらいかなあ。
東：できたらここもそのうちの１つにしてちょうだいね。ぜひお願いしますね。必ずお手伝いしたいと思いますからね。さあ，今日はもう時間がきたんですけど，どうしましょう。これは特にお父さんにお聞きしたいんですけど，今日はじめてお目にかかって，最初におっしゃっていただいたように，１回だけとりあえずみんなでと思って来られた可能性が高いと思うのですが，いまもそうでしょうか。
父：いや，まあ何も解決していないので，ぜひ次回も続けてお休みの日にでも来させていただきたいと思います。【コメント22】

【コメント22】

しつこい？　　　東：本当にしつこいね（笑）。必要な配慮を，もう１
　　　　　　　　　　回見せていますね。家族の方向を１つに束ねて行

く積み重ねを，わざわざまた視聴者に見せていますよね。実際には「また来てね」で終わり，でいいですかね（笑）。

Chap.23

東：よろしいですか。僕はこの形でぜひお目にかかりたいと思っているのですが，今日はこうして一緒にお話を聞いていますけれども，次回からはこの形でお目にかかることもあるし，ご両親だけとお話を聞いたり，子どもたちだけとお話を聞いたり，ひょっとしたらゆき子さんだけとお話を聞いたり，いろいろな形を頭に考えているんですがよろしいでしょうか。かまいません？
母：はい。
東：とりあえず次回はまたご一緒に来ていただくという形で，その回によって面接の形を切り替えていくということでよろしいでしょうか。
父：はい。
東：よろしくお願いします。お父さんだけにお願いしましたけど，他のみなさんもよろしいですか？
（みなうなずく）
東：はい。じゃあ何かご質問になりたいこと，今日はまだこのことを言い残しているぞとか，このことだけは確認とって帰らないと来た意味がないぞうということがあれば，どうぞ遠慮なくおっしゃってください。
（みなお互いの顔を見回す）
父：大丈夫です。
東：はい。ではまた来週お目にかかりますね。
一同　ありがとうございました。【コメント 23】

【コメント 23】

介入のプラン

──お聞きしてもいいですか。最初の情報収集，いわゆるジョイニングだと思うんですが，わりと先生がゆったりじっくり腰を据えて聞かれているところと，かなりガンガン前のめりになって介入に入っているところがありますよね。今のビデオでも相当早い段階で先生はプリントを置いて動いていたんですが，情報収集とかジョイニングしている段階で最初の介入のプランをどうやって立てていかれているのかをすごく知りたい。今の話だと，本人が迷惑をかけているという認知のパターンをもっているとか，奥さんは我慢強いですかと，先

生聞かれていましたよね。そういう介入のために役立つキーワードを拾っているのかなと感じたんですが，最初のほうはどういう意識ですか。

起きたことを使う

東：このケースは私が「ミスをした」と言ったけど，もっと言うと，「ミスをミスだと思うからミスになる」わけで，「起きたことを使う」という発想があればどのような展開も「ミス」のまま終わることはない。だからそもそも「ミス」はどこにもない。「ミスをした。」と句読点を打つと「ミス」になりますが，そこで切り替えてその流れに乗ってしまうと新たな良い展開が開けて来ることが多い。「見立て」と言うべきかどうかはわかりませんが，あの段階でのやりとりから生じたことの私なりの理解が一番重要な「見立て」でした。

――お母さんがお父さんに言えなかったことが言えた。

東：私の「ミス」のおかげで，今まで起きていなかったことが偶然新しく起きたんです。それ以上の何の見立てもいらなかった。

――最初からそこを起こそうと思っていたわけではない。

東：とんでもない。神様ではありません（笑）。そんなこと１つも考えていません。

――そろそろ介入していいのかどうか，ためらっているところはあるのかなと思ったんですが。

東：いつもためらっていますね。

――そこを試していっていいのか，丁寧に確かめる。

東：そこが今回の教材の１つのテーマです。

――先生は遊んでいるとおっしゃったけれど，追い討ちをかけているというか，ダメ押しをしているというか，それがすごく丁寧で，そこに感動を使っ

　　　　　　　　　たり，挑戦するようなものを使ったり，それが面白さにつながったり，全体のポジティブな雰囲気につながったり。だから先生の面接は楽しくなってくる。

東：結果的に，楽しくなってくる。楽しくしようと意気込んでいるわけではありません。

――それを東節という人もいる。うまく言っている面接は，聞いていて楽しい感じになってくる。そういうことなのかなと思います。

楽になる状況をつくる

東：そういうことだろうと思います。セラピーについての私の考えを言うと，横着だけれど，セラピストとしての自分がいかに楽な状況にいられるかを考えることなんですよ。どうしたら面接室で自分が楽に動ける状況が生まれるか。遊ぶというと言葉は悪いけれど，そのような状況を作りたい。「この話題」を続けても家族皆が必ずついてこれるといったような，そういう状況を作っておきたいわけですよ。その状況作りのために汗をかいているわけです。ここまでできれば後は何でもありという状況ね。そこまでもっていくためにいろいろなポイントを押さえていかないといけない。そこにどれだけ神経質になるか，私が一番エネルギーを使っているところですね。あとはそんなに考えていない（笑）。そこができればあとはなんとかなるよって，お気軽です。この家族のような場合は特に。

――瞬間的にわかってしまうとなるとシステムズアプローチの名人芸だとか，難しいものだとなってしまうけれど，確認して確認してもっていっている。

東：そこなんです。そこなんです，ありがとうございます。この動画ではそこのところを伝えたいんで

す。本ではそこが伝わらない。天才だとか，名人芸だとかの扱い方をされてしまうこともある。それはゼッタイにあり得ないんです。

──先生が書いた本で語られる事例でも，こう言ったらこうなった，パーっと打ったら響いたみたいな。それだとやはり面白いけれど……。

東：苦労が見えない。そこにもっていくまでにどんな苦労があるか，そこを伝えたい。このDVDの家族にはしなくてもいい苦労をわざわざ見せているんだけれどね（笑）。でも多くの場合，実際はそういう苦労をしているわけですよ。たとえば，苦労して面接の方向性を束ねて行く。複数面接はそれができてしまえばあとはとても楽なんです。どんなケースでもだいたいは初回面接でその枠（フレーム）をつくる。あとは，大抵の場合，その枠に沿って楽に動ける。だから初回面接は一番大事です。シングル・セッションで解決しようということではなくて，初回で変化に向かう枠組みを家族と共有できればいい。

──情報収集の段階で，介入に入ろうかな，大丈夫かな，まだダメだ，というふうにやっている段階で，時間が来てしまうことってあるんですか？

東：それはない。やはり1回の中である流れは作っちゃう。混沌があれば混沌を活かす枠組みを作る。こちらが本気で，「1回ではよくわからなかったのでもう1回」というのはあり得ないですね。1回目で何もできずに終わることはあり得ない。あったとしたらそれこそ失敗。

──私も終われないですね。終わりにしない。

東：そうでしょう。

──こういう展開を見るとみんなきれいに収まってい

フレームに収める責任	るけど，初学者などは収まりきらないと思うんですね。それで自分はダメだと思ってしまうとつらいかなという感じがする。時間は超過してもいいんですか。
	東：いいよ。少々のことは問題ない。時間が大事なのではなく，収めることが大事なんだから。ある種の枠組みをセラピストと家族みんなで共有して収束するということが大事なんであって，拡散して終わったらいけないと思っている。やはりそれはある種の流れを作らないといけないでしょう。流れを作るというのはセラピストの責任。クライエント・家族とセラピストは対等ではない。セラピストは治療的会話の専門家なのだから。
	――それは責任。
	東：そう，責任です。私にとってそれは責任ですね。
ごめんなさい主導権	黒沢：今の責任ということで，私から僭越ですが，名づけさせていただくと「ごめんなさい主導権」という感じです。いつも，ごめんなさいね，いや，私が間違えたんですよと，私が言いすぎた，私がむりやりふったんです，ごめんなさいね，ごめんなさいと謝っているんだけれども，それって自分に責任があるってことですよね。自分が悪いと。そういうふうにごめんなさいと言いながら，自分に責任を引きつけて常に主導権をとっていかれている感じがして，いちいちこの場面，この場面って止めなかったんですが，またそれが相手をホッとさせたり，笑わせたりする。私は，これはごめんなさい主導権だと思って見ていました。
	東：ごめんなさいセラピーやね。
	黒沢：相手に責任があると思ったら人はごめんなさいと言わないわけで，自分に責任があることを表明

するときに1つのやり方としてごめんなさいと言う。先生はごめんなさいとよくおっしゃるのですが，ごめんなさいねと言うときに，「私に責任はあるんですよ」という言葉に私には聞こえます。責任性を明確にするということは，言い換えるとセラピストに主導権があると示すことになる。さっきのお母さんがワーッとしゃべりだしたりとか，ちょっとその辺の責任や主導権があいまいになるときは，あっ，ごめんなさいねと言って，ちょっと状況が微妙になったときもごめんなさいねと言って，責任性を発動させるといったらいいかな。

東：そう，その結果，主導権を握ることになる。

黒沢：だからごめんなさい主導権（笑）。

東：ネーミングが面白いね。

——吉川（悟）先生はごめんなさいを本当によく言うなと前から思っていたんですが。

東：あれは昔，私のがうつった（笑）。

——吉川先生の事例を読んでいると，いろんなところで「ちょっとごめんなさい」が出てきますね。

東：30年くらい前に，私の口癖がうつったのですね。

——東先生もずいぶん言っていますね。

東：村上（雅彦）さんもよく言う。だから少なからず私の影響受けた人はみんな「ごめんなさいセラピー」になっているね。で，吉川さんのお弟子さんも「ごめんなさいセラピー」の人ばっかり（笑）。

——セラピーって，やはり先生と患者という立場だと，どうしても知識の点などから上位下位がある。そこでワンダウンをとることで，逆転を起こしたり，動かしたりするところにつながるのかなと思っているのですが，意識して使っているのですか。

専門家とクライエントの上位下位

東：意識して使っているというか，癖になっている（笑）。

――もう根付いている。そういうところがすごくうまく回っている大事なところじゃないかなと感じます。

黒沢：ごめんなさいというと，クライエントさんを責めないですよね。何が起こってもこちらのやり方でこんなことやっちゃったとか，言っちゃったとか。例えばこんなこと聞いたけれど，本当はここで話したいことと違うかもしれないけれどって，ごめんなさいをすごく上手に要所，要所で効果的に使っていらっしゃいますね。

東：まあちょっと，too much かもしれないけどね。

――下からという感じがありますよね。黒沢先生は口癖のようなものはありますか？

黒沢：私も「ごめんなさい」はすごくよく言います。

東：使っているんだ，ごめんなさい主導権（笑）。

黒沢：自分で主導権とは思っていなかったけれど。あとは「こういう言い方したら失礼かもしれませんが」というセリフもすごく使っていますね。他には「うまく表現できていないかもしれませんが」というのもよく使いますね。

森：それは私も使う。私はごめんなさいは絶対言わない。

黒沢：森さんはごめんなさいは言わないですよね。

東：ヘー。

森：言いませんね。

黒沢：口癖ではないですけど，「自分でよくわかっているね」「分析できているね」と感心していう言葉も，私はよく使いますね。まだ解決のために何をしたらいいか具体的な行動が見えていなくて

も，とりあえずいまどういう状況なんだということをクライエントがしっかり言えるときは必ずこのセリフで結びます

東：なるほど。どんなこともできていることを肯定する作戦だね。ところで，面接終わった後に，こっちからクライエントや家族にありがとうございましたって言う？

森：ありがとうございましたもあんまり言わないかな。言うこともある。

東：これ，精神分析系の人は嫌がるようだね。

――（分析系では）ごめんなさいも絶対ありえないですよね。

黒沢：私はほぼ100％言います。

――分析系は治療者は絶対アップなんです。それがすごく苦しいです。

東：常にアップという枠を壊したらイカンというのはきついな。

――それはできないなと，それが分析家をやめようと思った第一歩でした。

東：そうなんだ。こっちはごめんなさい，ごめんなさい，ありがとう，ありがとうの世界だもの。この２つでなんとかなっているんだから（笑）。

黒沢：そうそう。何か言うときも「ちょっと失礼な言葉かもしれませんが（失礼な表現だったらごめんなさい）」って前置きする（笑）。

東：それ言ったらいかんとなったら，どうしたらいいかわからん（笑）。

年相応の「ごめんなさい」

――学生がありがとうございましたと言ったらまた別な意味がありますね。ベテランなら，ありがととか，わからないけれどっていう言葉はすごく意味があると思う。学生が言うと本当にわからない

のって思っちゃう。特に若造で威張ってしまうヤツがいる。頑張るとそういうふうに見えるので，そこでむしろ意識して使うと有効かなと思います。頑張っているときほど使ったほうがいいと思います。

――学生がありがとうございますって言ったらダメなんですかね。

東：ダメではないけれど，やはり伝わり方として，クライエントさんは自分の問題解決のために来ているのに，学生の勉強のためが優先されているみたいな枠組みになったらいけない。そういった伝わり方になってクライエントさんが不愉快になったら，やはりいけないかな。

――私のところでは逆に，クライエントはもともとセラピストが院生だとわかっている。勉強のためとは思わないけれど，昔で言えばいわゆるインターンがやっているというのはクライエントはもうわかっていて，それが前提だから。

東：だからね，私はいつも院生に言うんだけれど，勉強させてくれてありがとうではなくて，この一期一会の機会を与えてもらってありがとうございましたという意味でのありがとうは言いなさいと指導しています。おどおどしながら，こんな面接でスミマセンと心の中で思いながら，あるいは心のどこかでクライエントを責めながらのありがとうだったら言わなくていい。

――すみませんでした的なありがとうはダメ。

東：この時間をいただいた，この出会いをいただいた感謝を伝えなさい。ありがとうの言葉の背景にあるきみら（院生）の気持ちが伝わるって，いつも言っています。だから単にありがとうと言ったら

見送りの言葉　　　いいとか，いけないとか，そういう字面の問題ではない。
――僕は去年，東先生にお会いしてその話を聞いてから，全部ありがとうございましたと言って帰していますね。どうもありがとうございました，気をつけて帰ってねと。お大事にの代わりに。僕，お大事には絶対言わないんです。

森：私も言わない。

――お大事には医者の言うことではないような気がするので，また，いらしてくださいね，待っていますねとは言ってたけれど。ありがとうございましたはあまり言っていなかった。

東：言ったほうがいいでしょう？

――言ったほうがうまくまとまっていくなという感じ。でもあまり違いがないといえばないかもしれない。今までの気をつけて帰ってねとか，またお待ちしていますというのとは。

森：この前，帰り際にお気をつけてと言ってしまって。

東：お気をつけてか……。ちょっとなあ（笑）。

森：ほとんど言わないのに，そのときついクライエントさんに言ってしまった。また今度来られるけれど。なんで言っちゃったかな。

東：その人に対して何か心配があったんじゃないですか？

森：心配は全然なかったんだけれど。

――クライエントのことを思って，そのセラピーの流れの中でお気をつけてになってしまった？

森：帰り際，お見送りするときです。

――お気をつけてお帰りくださいは，なんとなく帰したいときに言っちゃうかもしれない。お帰りくださいの前の接頭辞としてお気をつけてくださいが

　　　　あるかも。
東：お気をつけてはなかなか言わないセリフやね。
——雪とか降っていたら……。
東：それは別よ（笑）。階段がちょっと急だとかは別だけれど。でも普通には言わない。
森：なんであんな言葉が出たのか，自分でもわからない。悪く作用してなければいいけれど。普段は絶対言わないけれどね。
——別れ際って大事ですね。
東：大事やなあ。

編集部注：この座談会には，東，黒沢，森と編集部のほかに数名の聴衆がいた。——は，その方たちの発言を指す。

第 18 章

解説編：システムズアプローチ，ソリューション・フォーカスト・アプローチ，それぞれの解決

2 回目を解き明かす

黒沢＝聞き手（黒沢幸子）　森＝聞き手（森　俊夫）　東＝東　豊

Chap.01
（家族一同入室する。座り位置は初回と同じ）
東：1週間ぶりでございます。
父：先週はありがとうございました。
東：こちらこそ。1週間，あっという間でしたね。さて，まずこの1週間，どんな具合だったか，どの話からでも，どなたからでもけっこうですので，教えていただけたらと思います。どなたから聞こうかな。
（みなお互いの顔を見回す）
東：みなさんがお父さんのほうを……（笑）。
父：私はまあ仕事があったので，普段どおり朝から夜おそくまで，特に何かしたわけではないので，胸を張ってしましたと言えることはないので……。【コメント1】

【コメント1】
家族が揃う必要性

黒沢：東先生が1回目終わった後に，2回目はかなり遊びだとおっしゃっていたように，かなりもう，この家族は大丈夫，効果あり，技ありという感じだったわけですよね。
東：うん，終わっている。
黒沢：だから2回目はやる前からやることあるのかなと思っていたんですけれど。
東：そうなの。だから変化を紡いでいくしかない。そ

の変化を表に引っ張り出して，盛り上げて終わる
　　　しかない（笑）。
黒沢：その感覚はもう最初からあった？
東：最初からある。これから何かとんでもないものが
　　　出て来るって，1回目の展開から考えるともうほ
　　　とんどあり得ないもの。
黒沢：ただ前回の面接のときにも，ゆき子ちゃんは担
　　　当をつけて話しましょうと言っているし，ご夫婦
　　　も機会があれば面接を続けていきましょうとおっ
　　　しゃっていますけど，それは私は院生に勉強させ
　　　るために，家族からのニーズがあって面接をする
　　　というよりは，こちら側のニーズが大きいのかな
　　　というふうに感じられる部分もあったんですけれ
　　　ど。やっぱり面接は必要だと思われたんですか。
東：この子のですか？　必要でしょう。
黒沢：あの終わり方だったらこの子の学校のこととか，
　　　これからより個別的なテーマをやっていくという
　　　ことで。
東：そうそう，家族でこんな形で扱うというのはもう
　　　必要ないの。だからこの子はこの子として分離し
　　　て個体化して扱ってあげればいいというのが僕の
　　　頭の中にはあって，来なくていいとまでは思わな
　　　い。来たくないというなら別ですよ。まだ来たい
　　　と思ってくれている限りは扱わないといけない
　　　し，この形でなくて，この子と個別の面接が筋だ
　　　ろうと，1回目から思っていたね。家族揃ってと
　　　いうのは必要ないというのが僕の1回目のイメー
　　　ジでした。1回目の終わりにあんなことを言い出
　　　したということは，そういう意識がすでにあった
　　　から。
黒沢：そうですよね。納得です。家族揃う必要は感じ

|　　られない。

Chap.02

東：いやいや，そんなものすごいことを聞きたいわけではないんですよ。元気にしていただいたですかね。特段変わったことはなかったですかね。
父：はい。
東：そうですか。お母さんはいかがですか？
母：私は体調のほうは良かったり悪かったりでそんなには大きく変わらなかったですけど，主人はいま何もしなかったと言ったんですが，頭痛いねという話をしていたときに，これまでは「そうなの，病院行ったら」というふうに言っていたところが，「大丈夫か」とか「何かすることはないか」とか，それで私が何か頼んだということはないんですけど，そういうちょっと気遣うような言葉かけをしてくれたときがありました。
東：それはお母さんにとってはどんなことでしたか？
母：ちょっとうれしかったです。
東：うれしかったですか。
母：はい。
東：この嘘つき。（と言って父親の膝を叩く）何にもしていないと言って（笑）。そうなんですか。覚えてる？
父：いや，まあ，まあ。ちょっと声をかけただけなんで。結局何も手伝いはしていないんですよ。
東：（母に向かって）もともと謙遜しいなの，ご主人って？
母：いえ，わりとそのまんまです。
東：ほんとう。そうですか。いや，だって僕の印象だと先週お目にかかった奥さんと表情が全然違うよ。
父：（照れながら）そうですか。
東：思われません？
父：そうですね。
東：いやあ，びっくりしました。やっぱりやり手やね，なかなかね。ええ，それから？
母：ゆき子は，学校には……何日？
IP：2日。
母：2日登校して，1日は月曜日，こちらの面接が終わったあとに坂本先生に報告という形で，私も坂本先生には電話でお話させていただいたんですけど，そのあとは木曜日にも登校して，まだ保健室（登校）は保健室（登校）なんですが，過ごしています。
東：ああ，そうですか。どんなですか，保健室のほうは。
IP：保健室はまあ，楽しい。
東：楽しいですか。この1週間ね，前と比べて苦しい感じとか心配な感じとか不安な感じとか，どうやった？
IP：全然なくなりはせんけど，（東）先生が頼っていいよと言ってくれたから，気が楽になったところはある。
東：そうですか。ちょっと感じが楽かなというのはあるのね？　そう考えていいですか？

IP：はい。
東：さっきのお母さんじゃないけど，実はまたお父さんが何かしたとかないやろね（笑）。
IP：大丈夫です（笑）。
東：あったら早めに言っておいてよ。また叱らないかんから（笑）。お父さんから見られてゆき子さんはどんなふうに見える？
父：そうですね，実際に学校に行った現場を見たわけではないんですけど，行ったと妻から聞きまして，まあ全然行けていなかったわけではないんですけど，ちょっとでも行けるようになったということで，まあいきなり大きく変わるとも思っていないので，ちょっとずつ変わったらいいのかなと思います。
東：なるほどね。おうちの中の様子，きょうの顔色もそうだけど，ご覧になって何か印象はありますか？
父：そうですね，少し元気になったんかな，とは思いますね。
東：感じますか。どうでしたかこの1週間，お姉ちゃん。
姉：お父さんが言ったように，大きい変化があったという感じはないんですけど，お母さんがちょっとだけ体調いいときが前より増えたのかなという感じと，お父さんがお母さんに声をかけているなあというのをちょいちょい見るようになりました。
東：え，ちょいちょい見る？
姉：何回か。まあ意識して見ていたからかもしれないですけど，ああ今日も声をかけてるわというのは何回かありました。
東：ああ，そうですか。それを見たときどんな感じがした？
姉：お母さんうれしそうやなあって。
東：うれしそうやった？　ああ，ほんとう。それを見てあなたはどんな感じやった？
姉：ちょっとうれしかったです。
東：ゆき子さんは見た？　その現場。
IP：はい。ちょいちょい（笑）。
東：ちょいちょいか（笑）。お母さんどんな顔してた？
IP：やっぱりちょっとうれしそうでした。
東：それを見てあなたはどんな気分になった？
IP：今までだったらお母さんが言ってもあまり相手にしてもらえていなかった感じがあったんですけど，前とは違うかな。お母さん自身がちょっと楽になったんかなって感じました。
東：それはあなたに何か影響を与えましたか？　お母さんのいい感じは。
IP：お母さんが楽になったらうれしいなって。
東：うれしかった？　うんうん。あなたの気持ちも少しこう……上に向いた感じ？
IP：そうですね。
東：お母さんはそれを感じた？
母：そうですねえ。何か具体的に変わるというわけではないんですけど，雰囲気というかちょっとした表情というか。こちらの気持ちが，この間そんなに自分でいっきにしゃべると思っていなかったので，疲れたり，びっくりしたりショックはあったんですけど，そのあと気が楽になって，その言えた楽になった気持ちでゆき子を見たときに，表情が和らいでいるような感じがしました。

東：うん。いまお母さん，とっても素敵な話をされたねえ。お母さんが楽になって，その楽な気持ちになって見たら相手も楽に見えたという感じやね。
母：はい。
東：ああ，そう。ああ，いい話だ。やっぱりちょっとおふたり（ゆき子と母）似た者どうしで，一緒に動かれているところがあるのかな。先週お父さんに，お母さんにかかわってお母さんを楽にするのと，ゆき子さんを楽にするのと，どっちがお父さん上手そうって聞いたときに，「どっちやろう」とおっしゃったけど，結局お母さんを選ばれたんですね。
父：いや，まあそう意識したわけではないんですけど。
東：また謙遜でしょ（笑）。謙遜としか聞きませんからもう，わかりましたから（笑）。
父：まあまあ，結果的にはそうですね，はい。
東：はい，よかったねえ。（母に）事のついでにまだ何かリクエストあるでしょう？
母：ふふっ，主人にですか？
東：はい。（父に）いいよね，前回からの流れやから，もうちょっと聞いてもいいでしょう。
母：そうですねえ。いまが気持ちとしてはだいぶ楽になっている感じなので。
東：はい。
母：（考えつつ，夫を見て）もういいです。
東：えっ，もういいの?!　えーっ。いま動かなかった大きな岩がちょっと動いて，それで満足？　もうちょっとで岩がごろごろと転がっていくかもしれんよ？　いいの？
母：今まで苦しかったので，少しの隙間でもすごいうれしいというか。
東：あらー。ひょっとして思ってない？　これ以上言うと迷惑をかけるとか。
母：ふふっ，大丈夫です。
東：ほんとう？（父に向かって）信用していいのかな。
父：はい，してください（笑）。
東：はい（笑）。信用しますけどね，1つだけ教えてほしいのは，いまはOKでしょう？　もしもまた何かあったら，ここに来なくても，この紙（受付表）に書かなくても（夫に）言える？　どう？
母：言うように努力します。
東：またここに来て，僕がうっかり言ってしまうというような大チョンボでもなければ話が前に行かんなんてことはないですか？
母：はい，がんばります。
東：（父に向かって）信用できそうですか？
父：はい。
東：そうですか。（姉に）信用できそう？
姉：はい。
東：はい，けっこうです。学校のほうも，ゆき子さんは2回行ったのかな。坂本先生ともいろいろお話されているけれども，いまあなたにとっての課題はどんな感じになっているの？
IP：課題は，まだ学校に行くのも気持ち的には前よりも楽になったかなというのが自分の中であるから，いまは保健室だけど教室に行けたらいいかな，それで授業を受けれたらいいかなっていうのがある。

東：教室に入ってということね。それは坂本先生と計画を立てていらっしゃるの？
IP：まだ話はしていないんですけど，自分の中でできたらいいかなと考えているところです。
東：そうですか，なるほど。それを実現するのに，僕や家族に協力できることは何かありそう？
IP：うーん，そうですねえ。【コメント2】

【コメント2】

| 万事OK | 黒沢：ここに来なくても，もうやれそうかどうかということはけっこう念を押して聞いていますよね。やれそうだと言われると，じゃあ大丈夫だというふうに安心できるセラピストもいるのかもしれませんが，ここもその念押しではないけれど，よく言えば丁寧に，悪く言えばしつこく，ここに来なくても，こういう相談しなくてもできそうかというのを何度も聞いていて，これなんかも大事なところかなと思います。入ってきた瞬間から表情が明るくて，もう全然最初の面接のときに入ってきた感じと違うから，おのずと東先生，OKみたいな感じ（笑）。あと東先生はイスをけっこう接近されますよね。ものすごくイスを動かされる。 |

——動画撮影の第1弾のときは，カメラの関係でイスを動かさないでほしいと言われましたね。

東：あれは困ったね。無茶苦茶な注文するのよ（笑）。カメラのアングルがあるからと。まあ仕方ないかと始めたら，今度は家族の声が聞こえないのよ（笑）。体動かしたらいけないし，声は聞こえないし，どうしたらいいのって（笑）。それで1つボツになった摂食障害の面接があったね。

イスを動かす　黒沢：それで言えば今回の2回目に限らず，面接1回目のときも，自分が話す相手に東先生はイスごと動かしますよね。でも今回は，一度ちょっと引きましたけれど，イスを動かすだけでなく，相当接

　　　　　　近している。奥さんがいいことを話すときというか，P循環の話をするときにも。あれは自然に体が動いているのですか？

東：そうだね。計算していない。何も考えていない。

黒沢：考えてないんだ。

——テーブルの有る無しもあると思うのですが。

東：これはテーブルないしね。

黒沢：今日の昼間の研修（編集部注：この座談会の前に東の研修会があった）のときにも，すごくイスを動かして詰めたり，引いたりしていた。

東：覚えていないな。まったく無自覚ですね。

黒沢：今日のレクチャーで，Pなことが出てきたときに大きく反応するというのをお話しされていましたよね。本当にイスごと大きく反応されている。たいがい詰め寄るときは，聞かせてというふうに入っていっているときなので，お母さんにもすごく詰め寄りましたよね。

メモ

森：話は替わるけど，東さんってメモ取らないね。

東：取らない，取らない。

森：私や黒沢先生だと，必ずメモ取っているんだけど，要するにクライエントさんの言葉を正確に使いたいから。東先生は全部覚えている？

東：覚えたりはしていません。取ったらいかんとは言いませんが，私にとってはメモを取っている時間があったら，相手を見ていたほうがいいので，だから取らないんです。どっちを優先するかと考えたときに，見るほうがいいんです。

黒沢：よくわかります。

——こういう面接をしましたという振り返りの記録は残さないんですか？

東：残していないですね。後でパッパッと記号で書く

だけですね。

——初学者にとっては，そこは知りたいところです。

東：いまは幸いなことに院生が陪席してくれている。この動画の面接はいないけど，普段の大学の面接は，院生が全部ボイスレコーダーに入れるか，メモするか，どっちかを必ずしてくれます。でも自分1人だけの面接でもメモしないね。記憶だけです。大概そうですね。それがいいかどうかではなくて，私のスタイルがそうだということです。

森：適当に都合のいい言葉に言い換えているものね。

東：そうです（笑）。

——初学者はメモをしたほうが振り返りやすいし，リフレームするにもメモはあったほうがいいかもしれないですね。東先生は初学者の頃からメモをとっていないのですか。

メモの三様

東：思い出してみたらそうかもしれないね。昔からカルテは終わってから書くような感じだったかもしれない。はっきりとは思い出せないけれど，おそらくメモ取ったことないね。

——1回の面接の中だけなら覚えていられると思うんですけれど，2回目，3回目で久しぶりに来たときに，記憶があいまいになって困ったときはありますか。

東：困ったときはあります。昔，何週間ぶりかに来られた方に，前回どんなお話でしたかねなどと言ってしまって，相手を怒らせたことがあるもの（笑）。

森：それは私もある（笑）。私何言いましたっけって。クライエントの言葉はメモに残っているけれど，自分の言った言葉は残っていないから（笑）。黒沢さんは自分の言った言葉もメモしているね。

黒沢：自分の言ったことは，あとでメモを補充する形

　　　　で書きます。やはり何を言ったかって，あとで大事だし，特に最後どういうふうに言って面接が終わったかは必ず書きます。また，私は次の面接は早くても2，3週間先なので，私の記憶力では忘れてしまう。だから書かないとやはりダメかな。

東：いいか悪いかは別で，面接って1回，1回だから，前回どうだったかということに影響されることがいいかどうかわからないということもあって，常に一期一会というのはあるかもしれない。

黒沢：メモ程度でいいんです。そんな逐語でバーっと書きません。

東：ときどき，面接中に速記みたいに全部書く人いるよね。信じられないね。

黒沢：たとえば，ソリューションだとミラクル・クエスチョン（MQ）とか，ただ一言だけ。だから，前回ミラクル・クエスチョンはしたけど，何をしたんだっけというふうになることもあります。

東：それメモになっていないじゃない（笑）。

黒沢：一応したということだけは覚えておこうみたいな。

東：それでいいのよ。

黒沢：相手が何か言ってきたら，それや，そうやったと思い出すときもあります。

東：たとえば虫退治していたときは，カルテに，○月×日4勝2敗とか書いてある。それだけで終わり。なんのことかわけわからないでしょ？

一同：（笑）

Chap.03

東：あったら遠慮なく言ってほしいんだけどね。
IP：前よりはちょっとのことでも言いやすくなった……。

東：誰に？
IP：家族に対して。
東：とおっしゃると？
IP：いままでやったら迷惑かけられへんとか，心配かけたらあかんなというのがあったので，ここまでは言わんとこっていうのがあったけど，いまはもうちょっと言ってもいいかなと思えるので。
東：すごーい，すごーい！　迷惑かけるの大嫌いな子が，ちょっとくらい厚かましくなってもいいやって。
IP：そうですね。ちょっとだけ言ってみようかなって思えるようになった。
東：（家族に）それ感じます？
父：うん，どうかな……。
IP：実際にこの1週間で何か言ったとかはないんですけど，自分の意識の中で今後しんどいなと思ったときに頼れるかな，言ってもいいかなちょっとだけって。
東：うんうん。実際問題，言ってもらっていいですよね？
母：はい。
東：お父さんもね，OKですよね。
父：はい。【コメント3】

【コメント3】

| 終わった | 黒沢：もう終わっていますね。
東：もう終わって，この後本当にどうしようかと思った。この気持ち，わかるでしょう！
——わかります（笑）。このあとどうするんですか。
東：よかったねと言って終わるかな。実際だったら，何かの形でさっさと終わっているね。ここで13分。50分間やれって言われていたからね。困りましたよ。
黒沢：困った感じありましたよ。困った顔していた。
東：このあとは，たぶんしょうもないことを言っていると思います。 |
| --- | --- |

編集部注：このあと，しばらくは家族全体とのやりとりが続きます。本来の面接ならば，ここで家族合同面接を終了し，面接を終えるか，個別面接に移るかしたはずだと思います。けれども，この動画は家族面接の教育目的であり，時間も50分ほどを予定していたこともあり，苦肉の策で東先生は引き伸ばし作戦に出られました。しかし，

後で見返して協議したところ，この部分はやはり蛇足であるという結論になりました（コメント4参照）。動画はノーカットでというのが原則でしたが，かえって初学者の誤解を招きかねないという懸念もあるため，一部（15分ほど）をカットすることにしました。面接の映像は，家族合同面接から夫婦面接に移る場面から再開します。

Chap.04

東：前回，1回目の面接の終わりに申し上げたと思いますけど，僕はゆき子さんに，この形だけの面接じゃなくて個人面接（一対一の面接）も含めて，このあとお手伝いできたらなと考えているんですけど，よろしいでしょうか。今日するかどうかじゃなくて，このあとの予定として。そういう気持ちを持っていただいていいですか？
IP：はい。
東：僕はどちらかというとこんな形で全体の方にお目にかかったり，お父さんお母さんとだけお目にかかったりしますけど，あなた（ゆき子）は専属のカウンセラーを必要があれば付けたいと思っているのですけど，かまいませんか？
IP：はい。
東：大丈夫ですか。女性のほうがいいですか？　男性のほうがいいですか？
IP：女性がいるなら女性のほうが。
東：わかりました。じゃあ女性のカウンセラーに一対一のカウンセリングをお願いしたいと思います。約束しておきますね。お父さんお母さんもよろしいですか？
父・母：はい，お願いします。
東：はい。そうしたらね，おふたり（姉・Y）は休憩。外でお待ちいただいてよろしいですか？　あとはお父さんとお母さんとお話させていただきますね。【コメント4】

【コメント4】

合同面接の終わり

東：もう限界（笑）。ここからだと合同面接したらいかんですわ。森さんだと，とっくに合同面接終わっているでしょう。
森：そう。
東：気持ちはそうなの。
黒沢：始まって13分くらいのところですね。そしたら残りの時間，ゆき子さんとしゃべりますから，お母さんたちどうぞとやりますね。

東：そうするべきなのに，それをどうするかと……。もうここで辛抱できなかった（笑）。頑張ったけれどね。だから本当の面接ではこんなのやっていないです。ただこの家族合同面接を撮るビデオという枠だから，何とか残さないといけないと踏ん張った。でもここでギブアップ。

黒沢：今回，私は家族療法，あるいはシステムズアプローチってやはり自分がやるのはどうかなと思ったんです。というのは，2回目を全員でやらないといけないのか，また問題を探して，こんなに変わってきた家族に新たに面接する必要があるのかと。あとはゆき子さんの勉強のこととか，保健室もだいぶ行けるようになってきているというのも語られているから，もう東先生の実力だったら，院生に毎週回さなくても，ここでサシで30分やれば片つくでしょ，というふうに思ってしまったので。

東：そう，全く意味ないね。だからほんとに困ったなと思ったの。

ロールプレイの限界

黒沢：その辺の（動画作成の）事情が全くわからなかったので，この面接動画をさっと仮視聴したときに，このようなやり方が家族療法だったら，私にはコメントするのが難しいなと。

東：四苦八苦しているもの。しゃべり方までおかしい。これいらないよね。

――いらないという話もつけて残すと言う方法もありますよ。どこかで，この先はいらないという話をしないといけないと思うんです。

森：カットしてと言ったところも使ってもらいつつ，ロールプレイの限界みたいなものも言及しておいたほうがいいと思うんだけれど。東さんがこの本，

動画で学んでほしいことを前面に出しておかない
　　　と，この通りの面接をしろよ的なメッセージが出
　　　たらまずいですよね。
東：そうなの，今の発言は書いてほしいの。常にそう
　　なの，でも too much なのよ。それにしても度
　　が過ぎている。こんなの，ちょっとな〜。
——1回目で終わりにして，今の話を長々とディス
　　カッションとして残しますか？
東：1回目が終わって，2回目で家族がこうでしたと
　　報告する場面までは必要だけど。
黒沢：ソリューションでいうと2回目は what's
　　　better? なんですよ。だから what's better? の
　　　中で出てきた話は，それいいね，それいいねと肯
　　　定して，それをもっと続けましょうと伝える。
——15分でも終わる。
東：終わるよ。あそこで終わりたかったもの。
——ソリューションの2回目面接と同じ流れですよ
　　ね？　13分のところ。
東：そうそう，そこからあとは困っていたでしょう
　　(笑)。それで，もう1回最初から問題を引っ張り
　　出してきてやり直している。あれはヘンだよね。
　　いつものパターンじゃないんだから。でもそれし
　　かないと腹くくったわけで。あるいはあの13分
　　で完全に分離面接にすればね。
黒沢：学校のことがまだあるから，ほな2人で話そう
　　　かと。
東：そうなのよ，それで終わりなんよ。「お父さん，
　　お母さん，ご苦労さん」なの。私もわかっている
　　けれど，家族面接の形を続けなきゃいけないと
　　思っちゃって。このカットした15分はしんどかっ
　　たな。でもようやく，ここから夫婦面接に移行す

ることになったので，気が楽になった。少しホッとしました。

Chap.05
(姉・Y退室。父は空いた椅子に移って空きを埋めるように母をうながし，自分も移動する)
東：どうぞどうぞ，おつめください。(出ていくふたりに) ちょっと待っとってねー。(ふたりの退室を確認して) はい，タイプが違うおふたりですけど，いい姉妹ですね。さっきからおっしゃっているけど，お姉ちゃんのほうはかなりしっかりしている感じなの？
父：そうですね。昔から手のかからない子でしたし，成績もよかったですし。運動もできて，高校ではキャプテンだったのかな。
母：(うなずく)
父：高校のときはテニス部のキャプテンをやっていましたし，友だちも多いですし，心配はない子だったんです。
東：ああそうですか。
父：べつにゆき子が心配だったわけではないんですけどね。まあお姉ちゃんのほうがどちらかというと……。
東：いい意味でのんびり，能天気，しっかりしているのかな。いま，子どもさんたちに出てもらったんですけど，お父さんお母さんから見られてこの１週間の娘さんたちのことをもう少しお聞きしてみたいんですけど，ゆき子さんはだいぶ感じが変わりました？　実際のところどんな？
母：そうですねえ。このあいだ先生に，迷惑をかけてもいいというか，そんなこと考えなくてもいいというふうにこの場で言っていただいたのが，本人はすごくホッとしたというか，安心したということは話をしていまして，今日も先生にお会いするのを楽しみにして来ていました。
東：ああ，そうですか。迷惑をかけるのは心配しなくていいというのは，前回お母さんが見事に見せてくださいましたからね。お父さんに対してね。全然気にしていなかったもんね。長い間，こんなこと言ったらどうだこうだといって言わなかったのがバカバカしく思えてきたりせんかった？　【コメント５】

【コメント５】

お母さんを
モデルに

黒沢：このコメントは良かったですね。前回お母さんが迷惑かけたらいけないと思わないでお母さんがあの場で言ったじゃないですかと，それがあの子の目の前でモデルになったというコメント。これはすごくいいコメントで，２回目の面接でないと言えないですよね。１回目の面接の冒頭で，この家族はみんな，人に迷惑かけたらいけないと思っ

ている家族だという話をしましたが，ゆき子さんの問題で来ているのに，ご主人に不満を持っているという自分の問題を言ったら，本来なら迷惑な話なのに，でもあの場で，お母さんはバーッと言った。それで流れが変わり，今回の2回目の面接で語られるような変化があったわけです。それをここで東先生がもう1回意味づけて，それはゆき子さんにとってのモデルにもなったし，迷惑をかけたらいけないと思っているゆき子さんにもいいメッセージを与えたんですよと言っている，ということですよね。これはすごい意味があったなと思います。

東：一番の強調点。

黒沢：2回目の面接で一番よかったのはこのセリフですね。

東：私もそう思う（笑）。それが一番言いたかったこと。ゆき子さんとお母さんとの近似性の中で，同じような穴にはまっているわけだから，お母さんが脱出したら娘もついて来る。そういうストーリーですから。

黒沢：そのストーリーを1回目の面接で作っているんですよね。

東：そうです。

do more

黒沢：だからいい変化が起こっている種明かしを一応親にするということは，do more（もっとそれをしましょう）につなげられることなんですよ。これを今後やっていけば大丈夫ですよと。

東：そうそう，そこなんよ！　まさにそこが意味があるのね。

黒沢：さっき2回目を残す，残さないという話をしていましたけれど，ここは2回目の面接の意義だと

思うんですね。システムの話はあまり詳しくわかりませんが，1回目で作った枠組みをちゃんとここで帰結している。

分離面接の意義

——合同面接ではこの話題が出てこなかったですよね。夫婦面接に切り替えてから出てきた。それはなぜでしょう。

黒沢：冒頭，来たときからいい変化が起きているのは一目瞭然で，その変化は前回，お母さんがモデルを示しましたよねと，その段階で言ってもいい。

東：言ってもいいよね。なんで言わなかったのかな？

黒沢：だから私は2回目の面接を見たときに，やはり問題から入るんだなと思ったんです。ここに来なくてもできそうかと，問題のほうから入っている。

東：おそらく，ともかく分離にもっていきたかったんじゃないかな。そのことばかりにとらわれていたのではないかな。でも実際はこれが一番自然な流れだよね。本来，ここにもってきたかったはず。

黒沢：これは家族とやってもいいことですよね。4人いるときにお母さんが前回やってくださったこと，こういう意味ありましたよねって，やってもよかった。

東：そっちのほうがうんとよかったね。

——それは娘さんにも影響が直接的に出ますよね。

黒沢：そういうことがあったから冒頭のよい変化が起こっているんですよ。こんなふうにいい形になっていい変化が起きているのは，前回の面接でお母さんがこうこうやったからですよね，というくだりを最初の十数分の間に入れると……。

東：実は最初の13分の間で1回だけ言っている。前回の影響でという言い方で，フワッと種まいただけ。

Chap.06

母：そうですねえ。いつから自分が思っていることを全部主人に伝えなくなったのかなということを振り返って考えていたんですけど，私が子どもが小さいときに少し病気をしまして，それで入院をしていたんですけど，そのときに彼はずっと仕事で忙しかったのでお見舞いには来なくていいよと言っていたのですが，それが自分の本心ではなかった……。

東：なるほど。

父：そんな昔……。

東：だいぶ前のことですね（笑）。

母：（夫が）根が深いと言ったときは忘れていましたが，そのきっかけはよく考えないと思い出せないくらい自分で思い込んでいたようなところがあったのかなと，この間のお話のあとに思っていました。

東：そうですか。

父：びっくりしました。

東：今日もびっくりしましたね。来るたびにびっくりして（笑）。どうですか，聞かれて。ただただびっくり？

父：そうですねえ。私がなかなか妻のことを思いやれていなかったのかなというところはありますね。いろいろな話を聞いていくうちに。自分の中ではなにも問題はない，周りからもいい夫婦だと言っていただけるような感じだったので，特になにも起きてはいないと思っていたんですけど，先生のところで娘たちもいろいろ本音で話してくれたので，自分のわかっていなかったことがいろいろ発見できました。

東：そうですか。だけどご主人，おべんちゃら言うわけじゃないんだけど，（ご主人は）ほんとうに理解が早いというか，（奥さんは）なんでいままで言わんかったんかと不思議な気がする。なんでやったんかと思うんやけど。

母：そうですね。私も自分の気持ちの変化にびっくりしています。

東：ああ，お母さん自身が？

母：はい。なんで言わへんかったんかなというか。

東：ねえ。ふたを開けてみたらなんでもなかったというのは言い過ぎかもしれへんけど。思ったほどの心配もなく，迷惑をかけるわけでもなく，スッといくのに，なんでやったんやろと。

母：はい。ずっと自分のしんどい気持ちを言う習慣がなかったというか……。

東：ああ，なるほど。

母：この間の面接で先生に，ゆき子のことの前に家族の問題ということでお聞きいただいて，勢いでしゃべってしまったんですけど，そのあとどうなっていくかという不安は正直ありました。

東：はいはい，勢いでね。私がうっかり聞いてしまったから勢いで言わされちゃってね。

母：でも，それくらい自分の中で準備がない状態というか，構えない状態で聞いていただいたのがよかったんだと思います。

東：ああ，そうか。かえってポロッと言っちゃって（よかった），後ろからポンと叩いてポッと出た感じね。でも，言ってよかったよね。

母：そうですね。すごく楽になりました。
東：ほんとう，先週と顔が違うもん。そう思われません？
父：そうですね。
東：ほんとうにいままで言わずにおられたのが，いまのご主人さんを拝見しているとね。そりゃ鬼みたいな人だったら言わなかっただろうと思うけど。ちょっと聞きたいんだけどね，奥さんのご家族（原家族）はいまどちらに？
母：大阪の箕面市に。
東：そうですか。そちらにお父さんお母さんがいらっしゃる。
母：はい。
東：お父さんお母さんのご関係というと変だけど，よくありますやん，かかあ天下とか亭主関白とかいう言い方をすれば，どんな感じのご両親なの？
母：そうですねえ……仲は悪くはないんですけど，たくさん話をするような父と母ではなかったです。私たちにはとてもやさしくふつうに接してくれたんですけど，父は仕事ばかりやっている人で，母はそういう父に不満を持ちながらも（いま話していて気づきましたけど）何も言わないで私たち子どもたちの世話をしていた。
東：ああ，そうかあ。お母さんの真似をしてはったわけね（笑）。なるほどなるほど。そのお母さんに対してはどんな気持ちやったの？
母：そうですねえ，思っていることがあれば言えばいいのにと思ったかもしれません（笑）。
東：人のことやったら思うやろうねえ（笑）。そう思ってた。けど，お母さんはおっしゃらなかったよね？
母：そうですね。
東：いまもご健在？
母：はい。
東：いまもあまりおっしゃらないですか？
母：そうですね。私にはよく父の不満を漏らすんですけど，本人には言わないですね。
東：直接言ったらと言ったことはある？
母：あります。
東：ありますか（笑），人のことやったら。
母：そうですね。言われてみればそうですね。
東：今回，お母さんよりも先に奥さんのほうが新しい冒険をしたわけやね。【コメント6】

【コメント6】

原家族論にはならない原家族論

黒沢：ここ素敵だった。お母さんのほうが先に新しい冒険をされたんですよねというセリフ好きです。さっきのお母さんが娘さんにとって，気を遣わないモデルになったというのもいいと言いましたが，このセリフもすごく良かったなと思います。

やはり自分のことはわからないけれど，人のことなら言える。思っていることがあれば言えばいいのにって，東先生は研修でもおっしゃっていたんですが，原家族のほうにわざわざもっていって，原家族もそういうパターンがあったんだねという話を一応して，でもそれだけだとただの原家族論で，そういう親に育てられたのねと何でも原因をそちらにもっていくだけになってしまう。そこにもっていったとき，それをどうするという何らかの対処や介入，つまり落としどころがないと，ただ親が悪かったよね，親がそういう人だったからあんたもそうなってしまったよね，悪影響受けたという話で終わってしまう。でもこの面接ではそうではなくて，原家族の話を持ち出すときというのは，そこまで落とせる，あなたのほうが先に新しいチャレンジしたんですねと，前回の面接で起こったことをちゃんと言えるだけの落としどころがあるから，原家族のことを聞いているのかなと。聞いてみないとわからないけれど，きっとそういう家族なんだろうなと想像できる。もちろんシナリオ通りに奥さんが言ってくれるかどうかはわからないからこわいですけどね。自分のことはなかなかわからないけれど人のことなら言える，思っていることがあるなら言えばいいということ，それを結局ここで，ご本人は自分で自分に教えられる。ここはさすがでもあるし，原家族を使うことを誤解されないようにすべきところでもあると思います。

東：そうです。大事なところです。下手すると誤解されますからね。原家族扱ってそこに原因を探るような用い方ではないんです。今おっしゃったのが

　　　　エッセンスです。落としどころにいって，そこからポジティブにもっていってエンカレッジしていく，最後の帰結が大事です。まったくおっしゃる通り。

黒沢：夫婦面接いいですね。前回の面接の落としどころが全部ここに入っている。

Chap.07

母：そうですね。
東：このことをもし知ったらお母さんはどうおっしゃるやろね。
母：そうですね，母も先生のところに来たいと言うかもしれません（笑）。
東：それだったらお父さんを見てからやらなあかんね。【コメント7】

【コメント7】
お父さんを上げる

黒沢：ここうまいわ。
東：でしょう（笑）。ここ自分でも好きなシーンなの。ありがとう。ここはお父さんを思い切り上げている。
黒沢：もう上げ上げ〜！みたいな。これが反射神経的にすぐ出るというのは，東先生の素敵なところです。これは上げ上げ。
東：我ながら惚れ惚れしてしまう（笑）。
黒沢：これは本当にうまい。

Chap.08

東：ご主人のご実家は？
父：兵庫県の豊岡市です，北のほう，日本海側の。
東：ああ，そうですか。ちょっと雪の多いところね。そちらにご両親がご健在？
父：はい。あと兄が。
東：そうですか。どのようなご家族だったんですか？
父：うちは田舎なので，父が亭主関白という感じですけれども，べつに仲が悪いわけでもなく，いたってふつうな。
東：お母さんは，わりとお父さんにこうしてくれああしてくれというような自己主張をされるタイプのお母さん？

父：そう言われたらあまりしていないかもしれませんね。父のほうが圧倒的に力が強いので，母は常に一歩下がっていました。だからあまり言っていないかもしれませんね。

東：そのご両親像はご主人にとってはどんなふうに見えているの？

父：何も疑問には思っていなかったですよ。

東：べつにお母さんがかわいそうだと思っておられたわけでもない？

父：つらそうだとかかわいそうだとか，そういったところはなかったと思います。また気づいていないだけかもしれないですけど。

東：ああ，あるかもしれませんね（笑）。弟さんがいらっしゃる？

父：兄がいます。

東：ああ，お兄さんが向こうにいらっしゃるのね。お兄さんとご主人はまた性格が違う？

父：どうなんだろう。そんなに大きく違うのかなあ。わからない。あまり意識したことないですね。取り立てて誰かに違うよねと言われたことはないです。

東：お父さん似はどっち？

父：どっちかというと兄だと思います。

東：なるほど。さっきお父さんは亭主関白とおっしゃったね。お兄さんもいま亭主関白をやってはる？

父：はい，そうだと思います。

東：亭主関白ってどんなイメージ？

父：妻のほうが一歩下がって，とりあえず「はい」と言う。すべて決定権は男性の側にあるという感じですね。

東：お父さんとお兄ちゃんがその路線なんですね。

父：そうですね。そう言われてみると私もそうかもしれないですね。

東：そうですか？（奥さんは）三歩下がって（という感じ）？

父：はい，基本的には。だからいままで自分の意見をなかなか言えていなかったんだと思うと，結局は私の思うように動いていたのかなと思います。

東：なるほど，結果的にね。

父：そんなつもりは全然なかったですけど。

東：いつの間にかお父さんの何かを踏襲しとったかなと。

父：そうですね。

東：なるほど，そうかそうか。（奥さんは）ちょっと変わってきたんですけど，そのことが「俺の深田家の先祖代々のやり方に反しとるぞ」なんて思ったりは……。

父：いやいや，そんなことは全然思っていないです（笑）。

東：ゆき子さんにこれから個人面接の段取りをしていきますけど，しばらくこちらに通っていただいて，こちらにお任せいただいてということなんですけれども，僕は今回のゆき子さんのことに関しては，またそんな大風呂敷を広げてと思われるかもしれませんけどね，もう100％彼女が元気になることを保証できると思う。絶対約束します。もし外したら僕は土下座してでも謝る。絶対約束してあげる。なんでこんなお約束をできるかというと，やっぱり前回から今回……こんなふうに言ったからって夫婦の仲が悪かったのかなとはとらないでよ，そういう意味じゃないんだけど，お父さんとお母さん，特にお母さんが思い切ってお話されてとても楽な感じになられたでしょう。

この楽な感じがゆき子さんによう伝わってるわ。
母：そうですか。
東：思いません？
母：でも，そうだったとしたら申し訳ないというか……。やっぱり私がゆき子のしんどい原因になっていたんでしょうかね。
東：ううん，原因は学校でしょう。【コメント8】

【コメント8】

スプリッティングとリンキング

黒沢：切った切った（笑）。
東：慌てたもの（笑）。
黒沢：スパッと切った。さっきまでさんざん原家族につなげていたのに。この話は切る切る。用語で言えば，スプリッティングとリンキングで，どこの話を切ってどこにつなげるか，どこにつなげておいて，どこを切るかというのが見事に見えた。さっきコメントし忘れていたんですが，そもそも原家族を使う前にお母さんは自分のそのことを習慣と言ったんですよ。性格という言い方をせず，ご主人に言いたいことが言えないでいる習慣がついていると言ったんです。自分でそういうパターンがあると言っていて，性格ではない。習慣は習慣ですから，よりそういう習慣がついた話にもっていきやすいじゃないですか。自分が悪いのではなく，習慣なんだと。だからお母さんのそういうパターンの原家族を見ていて習慣になってしまったと，もっていきやすい話はつなげていくけれど，ここは切る切る。さっきまであんなに丁寧に丁寧にやってきて，ここではスパンと切りますか。でも100％，土下座してでも大丈夫ですって言っていますから，両親は信じますよね。両親は肯定されているから。
東：これ学校の先生が聞いていたら気分悪いでしょうね。そういうヘンな伝わり方しないか，また心配

切るのもケースバイケース	黒沢：そのへんの解説を入れておくといいですね。東は，不登校について，家族はうまくいっているのに，学校がいかんといっているように勘違いされるといけないから。原家族にしても，学校にしても別にどちらが原因とも本気では思っていない。学校が悪いと言いたいのではなく，お母さんが罪悪感みたいなことを言い出したから。
	東：そこを切っただけのことなんだけれどね。私のその発言で学校攻撃を始めるような可能性が少しでも感じられるケースなら口が裂けても言わない（笑）。

Chap.09

東：学校というと悪いけどね，学校と，彼女の中にあることで，さっきおっしゃっていたけど，迷惑かけたらいかんとか，どんどん考え込んでしまうとか，そういうところが彼女の中にきつさとしてあると思うから，それは彼女が楽になっていかれたらそれでしまいのことだと思うわ。ただ，そういう状態やけど，そういう状態がおうちの中にいて……なんて言ったらいいかなあ，ご主人はお酒を飲みに行かれる？

父：はい。

東：例えば仕事が終わって（これはたとえが悪いけど）お酒を飲みに行かれるときに，楽しい雰囲気のお店でお酒を飲むのと，店に入ったら暗い感じで，何が悪いというわけでもないけどなんとなく暗いなあという雰囲気のお店と，どっちで飲みたい？

父：もちろん明るい店です。

東：でしょう。そのほうがなんだか憂さが晴れますよね。それで次の日の活力が出ますやん。それと同じような話でね，ごめんなさい飲み屋さんと同じにしてますけど。

母：（笑）そうなんやあ。

東：ん，なんです？

母：そうなんやあと思います。あまり家ではそんな話をしないので。

東：ご主人？

母：ええ。

東：え，待って。飲みに行っているという話を初めて聞いたということじゃないよね。

母：いえ，飲みに行く話は聞く。

東：ああ，よかった。秘密を暴露しちゃったかとドキドキした。いや，だからね，彼女が学校の中で悩んでいる。そりゃ悩むのはふつうだし，そこから成長しはったらええんやけど，その悩んでいるものを家に持って帰ってきはる。それで家で相談はしたりしなかったりでいいんだけど，やっぱりそこは考える場じゃないですか。さっき言ったお酒を飲む場やないですか。やっぱりそこの空気感というのは，けっこう僕らのセラピーに影響するんですよ。ここで子どもさんと面接をやっていく中で元気になっていかれるというのは，やはりよい飲み屋さんに通っていただけているととてもいい感じがあるので，そういう意味で前回お母さんが変わられて，言っていただいて，今日の顔を見て僕はホッとしているもん。これでもう絶対彼女を預かろうと思った。

母・父：ありがとうございます。

東：そういう意味なの。だからしばらく預からせてください。週にいっぺんくらいね。お父さんお母さんも，これから毎週必ず一緒に来てくださいというわけじゃないけど，ときどきお目にかかるのはよろしいでしょうか。一緒に来ていただいて。

母・父：はい。

東：それでおうちの中の様子とかをまた教えてください。（母に向かって）やっぱり最初に言ったのが失敗でしたと思われたらおっしゃってくださいね（笑）。（父に向かって）いやいや，聞いたのが失敗でしたと思われたらおっしゃってください。そのときは遠慮なくまた考えていきましょう。当面，こういう形で子どもさんの面接をさせていただきたいと思います。何かご要望があれば遠慮なくおっしゃってくださいね。どうでしょうか。

母：特にないです。

東：何か気をつけておいたほうがいいことはありませんか，ゆき子さんとお話を聞いていく中で。こういう子ですからこういうことに気をつけてねとか。あったら遠慮なくおっしゃってね。

父：（母と顔を見合わせて）先生のことを信頼しているしね。お任せします。

東：ありがとうございます。じゃあまた来週以降のことを計画立てますけど，彼女には女性のカウンセラー（もちろん僕もいろいろ関わっていきますけど），基本的に毎週会っていただける女の先生をお付けしますので，そうやって一緒にやっていきましょう。じゃあ今度お目にかかるのは来月くらいということにしましょうか。

母：はい。

東：彼女がここに来るのにつきそいはいるかな。

母：1人で大丈夫だと思います。【コメント10】

【コメント10】

夫婦連合を作らせる

黒沢：最後，ゆき子さんとの面接をするにあたって，気をつけてほしいことってありますか？と，ご両親に確認されていますね。あのへんもうまいと思いました。初回面接では，お母さんとゆき子さん

がくっついていて，お父さんとお姉ちゃんが近しい存在で，並び方も夫婦の間に子どもがいて，両親の間にはなんとなく距離があった。ゆき子さんは不調で，お母さんもお父さんに不満があった。それがこの2回目面接の最後では，あなたたち2人が親なんですよと，両親に対して，子どものことで心配なこと気をつけたほうがいいことはありますかと聞いている。今までは，母と妹が親密で，父と姉が近い構造だったけれども，これからは，夫婦連合（親チーム）になって両親が娘をケアする立場になるのですよ，というのをダメ押しして終わろうとしている。そこがうまいなと思いました。これがないと，なんとなく締りが悪いもの。

Chap.10

東：じゃあしばらく1人で通ってもらいましょう。それで月にいっぺんくらい私がお目にかかるという形にさせてください。じゃあそういうことで今日は終わりにします。ありがとうございました。
父・母：どうもありがとうございました。【コメント11】

【コメント11】

総評

東：やっぱり「ありがとうございました」って言っているね，私（笑）。

――総評的には東面接どうでしたか。

森：ロールプレイはしんどいね。読者に現実とロールは違うんだということを誤解されないようにきちんと伝える必要がある。ここで起こっていることはロールプレイだから起こっていることなのか，現実でも起こり得ることなのか。

東：どこに解説の力点を置くかによって違うと思う。「実際に家族にはこういうことが起こるんだ」と

インタラクショ ン命	力点を置くのか,「セラピーのプロセス・すすめ方」に力点を置くのか, それによって全然違ってくる。もちろんこの動画は後者。
	森：そうなんですけれど, そこをはっきりさせておかないと読者は, 特に勘違いする読者はここで起こっていることが現実なんだと思ってしまう。しかし実際はシステムで言うと, インタラクション命ですよね。
	東：そうです。インタラクション命です。
	森：だからそれがロールであろうが, 現実であろうが, 一緒ですということなんだけれど, ただし読者は, これは現実なんだと読む人がいるわけよ。例えば家族を全部集めないといけないとか, そもそも家族に焦点を当てないといけないとかも。
	東：全然関係ない。
	森：タイトルが東先生の家族面接のコツなので, 常にケースが来たときに家族のシステムを扱わなきゃいかんというようなイメージがある。
	東：全然関係ない。それは払拭しないといけない。そういうことはいつも自分でも言っているけれど, 全然関係ない。でも, 家族で来たんだから家族で扱う。そこが大事。そこでやるしかないんだよね。
	森：このビデオはロールで, 家族で来るというロールを与えられた人たちがいるわけよ。家族で来る人ももちろんいるけれど, 例えばこのセッティングでは, 最初に保健室の先生が紹介したと。ここへ行くには家族みんなで行かないといけないよと, そういうふうに紹介したということは, 常に東先生が自分の面接に来るときは家族みんなで来てくださいという枠組みを作っているんだと勘違いして読む人がいる。

問題か解決か	**編集部**：だから，ビデオにこうやってコメントを挟むという形式にして，誤解されないように裏側の考えなども入れているのです。
	黒沢：ざっと見た感じでの総評ですが，ソリューションがいいとか悪いとかというのが前提ではなくて，私たちが普段ソリューションで当たり前にするような質問の仕方，展開の仕方，フォローの仕方が，私が想像している以上に共通しているなと思いました。一方で，こんなふうには聞かないとか，もっと早い段階で解決の方向に踏み込んだほうがこの人たちにはよさそうとか，あるいは情報収集でも問題のほうの情報収集が多いなということを感じました。私だったら，あの子は何が得意とか，どんなことが学校で楽しいかとか，お母さんが頑張っているところはどこだと思うかとか，そういうところをもっとどんどん情報収集すると思います。はっきり言うと，少しまどろっこしいというか。結局のところ解決像やＰ循環にもっていくのなら，ここまで問題や家族関係に関して丁寧な手順を踏まなくてもいけるのではないかと思います。私も丁寧にやりますけれど，聞く情報の角度が違う感じがしますね。
	東：それは大事な話。
反射神経とノンバーバル	**黒沢**：東先生はとっても反射神経がいいというか，さっきのご主人を上げ上げするような，そのへんは本当に上手だから，エンターテイメントじゃないけれど，見ていて楽しいし面白い。そこがクライエントさんにも伝わって楽しくなったり，気持ちよくなったりする。口頭でいくら今あなたに集中していますと言うよりも，セラピストのノンバーバルなところが大きいので，東先生の場合は特にノ

ンバーバルが与えている影響がすごく大きいと感じます。他の家族療法家の面接をあまり見たことがないのでわかりませんが。東先生の場合はノンバーバルなメッセージがすごく大きいけれど，それはあまり面接を説明する文章の中では語られていないですよね（語るのが難しいですし）。また，意外とクライエントの言葉をその通りには使っていないですね。たとえばクライエントに「自分を責める方？」とクライエントはそう言ってないのに，ボーンと問題の枠組みを言われる（笑）。そうやって押すかと思えば，ごめんなさいセラピーになったり，刑事コロンボを髣髴とさせるようなエンターテイメント性があったり。ノンバーバルなアクションがどれだけクライエントさんに影響を与えているかということを，せっかくビデオを使うんだから，もっとその動きの意味に触れるといいのかもしれない。

　一方で，東先生のような秀逸な反射的リアクションができないと家族療法にならないのかとか，ソリューションにならないのかというと，またそれも違って，一人ひとりの持ち味が，どのように面接の中で生かされるのかを考えることも大切だと思う。ソリューションの創始者のインスーも「ワ～オ」とか「アメイジング！」って表情たっぷりにタイミングよく言うから，そんなふうに言えないとソリューションはできないと感じる人もいるらしいけれど，それについてスコット・ミラーは，僕はあんなふうに「ワ～オ」とか，「アメイジング」なんて言えませんよって，でもそれでもいいんだって言っている。だから，東先生の味が出ていてとっても魅力的なところと，機能してい

るところと，そうじゃなくてもできる部分とを伝えて，他の人は自分がどんな味を出したらいいのかということもまた読者が見えるようにしたらいいんじゃないでしょうか。

共通点　森：黒沢さんと東先生，感覚的に似ているね。

東：似ている。

黒沢：すごい似ている。

森：テクニカルでは私と東先生はすごい似ているの。

東：2人のいいところを私は取らしてもらったんだね（笑）。

——一人 KIDS ですね。

東：一人 KID だ（笑）。

黒沢：逆接的にパーンっと入ったり，ほんまにそれでできますとか，すごく上手。

森：挑発的にやったり，じらしたりとかいうテクニックは全く同じ。でも感覚はこっち（黒沢さん）なんですね。

東：ああ，そうか。

黒沢：反射的な感じとか，わりとアクションを大きくできるところはすごくわかる。

東：それにしても，あの2回目13分からあとのものはカットしましょう。あまりに不自然だもの。DVDの1巻目，2巻目では私のヘタクソはあるけれど，おかしい，不自然，はない。だから今回はほんとに困った（笑）。

——今までのは，無駄がないですからね。DVD第1巻目の打ち合わせのときに，東先生をどうやったら困らせられるかって話したことがあるんですが，何のことはない，うまく行き過ぎたら困る（笑）。

東：いやいや，難しいほど簡単なんです。

ソリューションはベース	黒沢：そうそう。問題多いほうがつかみどころが多いから。
	東：問題があればあるほど楽。逆に問題が簡単だと困る（笑）。早く終わっちゃったらまずいよね，みたいな。変な話だけれど。
	森：思っていた以上に，東さんはソリューションを使っていますね。例えば，IPがいて，別の人に同じような問題に対してどうコーピングしているかを尋ねていく，というのをすごくよく使っています。
	黒沢：これやったら変わるのではというのは何かと聞くときでも，まず変えたいかどうかを聞いて，これをやったら変わるのではと聞いて，小さいことで，些細なことで，というふうにもっていくのは，だいたいソリューションと同じですよね。
	東：うん。ソリューションのテクニックは本当にベースなんです。
	黒沢：逆に言えば，それがすごく大事。
	森：だから東さんも困ったときはソリューション（笑）。
	東：いつでもソリューション（笑）。困ったときではなくても，いつでもソリューション。そもそもの前提。それがベース。
	黒沢：1回目から，かなり使っているから，いつコメントしていいのかなと思って。ここもソリューション，ここもソリューションだと。
	東：そもそもシステムズアプローチって考えた方なんだもの。技術的には一番ソリューションが使いやすい。P循環作るのに，あれほどいいものはない。
差異の質問について	森：差異についての質問って，昔から東さんやってるね。

東：そう昔から。相対化の質問ね。基礎の基礎。

森：それもソリューションですよね。

東：だからソリューションのやり方がベースなの。これはあちこちで言っているけれど，まずはソリューションのやり方を学んだらいいんです。そこにいいものがいっぱい含まれているんだから。

黒沢：ソリューションだと，たとえば先ほどのように，自分を責めるほう？　みたいな，本人が言っていないことをこちらから言うというのはあり得ないですよね。

東：ありえないでしょうね。

黒沢：本人が言っていないのに言ってしまうの？　とは思う。それをどこにつなげていきたいのかなと，思いながら見ているわけです。

新しく問題を定義する／しない

東：そこそこ！　私は多くの場合，「新しく問題を定義」してしまうわけ。「実はこれがあなた（方）の問題。さて，解決をどうする？」と。ソリューションのテクニックが使えるのは後半のプロセス。いきなりダイレクトにソリューションでもいいけど，私は相手の定義と違った「新たな問題」を作って解決を構築するのが得意。だからワンクッションある。善し悪しは議論があるだろうけれども，これは私の長年の癖だと思う。だから虫が付いたとか，鳴門の渦潮にはまったとか，N循環が生じているだとか，ややこしい（笑）運びをする。そういう風に「これが問題でしょ？　でも何とかなるよ」ともっていく方が好きなんですね。ただ，下手すると「新たな問題」作りっぱなしで終わってしまうので，危ないことこの上ない。読者の皆さんにはくれぐれも安易に真似をなさらないように。

第 19 章

深田家役 4 人のコメント

―― (インタビュアー:坂本真佐哉) 深田家の皆さん,今日はお疲れ様でした。お一人ずつ感想をお聞かせください。まず,全体の印象から。

父:勉強になりました。皆で話していたんですが,1 回目から 2 回目のセッションにかけて,こんな出来事があったと設定した話は出てこなかったんですが,面接の現場以外のところでもいろんな出来事があって,そういうことも家族に影響するんだなと改めて実感できました。

――面接室の世界だけではないぞ的な。

父:やはり東先生の面接のやり方というんですかね,たいしたことやってなくてもすごくほめてもらえたり。

――お父さんとして?

父:はい。そういう意味でこちらが気分がよいというか,快になってどんどん楽しくなっていく感じを受けて,参考になりました。

――ほめてもらった感じがあって,それは嬉しかった?

父:はい。

――ありがとうございました。次は,順番にお願いします。

姉:姉だったので,この家族の状況にそれほど危機感をめちゃくちゃ持っているというよりも,自分には外の世界があって,そっちが楽しいからという設定だったので,割と客観的に,この先生は面白い先生だなという感じの見方で。

――この人面白い人だと。

姉:面白い先生だなという客観的なポジションでみていて,でも 1 回目と 2 回目で空気が違っていたり,はじめの打ち合わせしていたとき

とは違って，いきなりそっちにいくんだというくらいの流れの変わり方とか，予想していないことが起こりながら面接って流れていくんだなと感じました。
　――お姉ちゃん的にはどうでした。お姉ちゃん役の立場からの面接の印象はどうでしたか。
姉：1回目はお母さんがそんなに言いたいことを言えないというキャラクターなのに，面接場面でいきなり出て，それにびっくりして，1回目で言えたお母さんから2回目で，何か変化が起こっているという感じがあったので，その時点で来たことがすごくプラスだったという受け取りはしています。
　――何か違うことが起こってきたということですね。次はゆき子さんどうぞ。
ゆき子（IP）：1回目の空気と2回目の空気が全然違うなというのをすごい感じたし，自分がしゃべっているのでも，設定や裏の設定で考えていたことなどもいろいろあった上で，自分でできているかもとか，自分の中の設定とかもあったので，改めて気づかされているし，お母さんとここの関係とかも，あらためて関係があるんだなというのをすごい身に感じたロールでした。
　――IPの役でしたが，当事者としてはどうでしたか。
ゆき子：1回目，役で周りに迷惑をかけれないというので，保健室の先生にしか心を許していないという設定だったんですが，東先生が，家族も含め，先生も頼れる一員にしていいよと言ってくださったので，その言葉でああ，頼っていいんやというのがスッと入ってきました。
　――安心した？
ゆき子：安心した。ああ,頼ってもいいんやと思って。もう少し頼っても。
　――あ～，頼ってもいいんや～って？
ゆき子：そういう気にちょっとなりました。
　――お母さん役はどうでしたか？
母：面接場面でも自分の中で，東先生とのやりとりでいろいろ変化する部分がすごくあったんですが，最初に母が電話をかけて予約をとっ

てという設定から，もう母はこの面接に何かを仕掛けていたというか，本当はゆきちゃんのパニック，過呼吸発作を看板にして来ているんだけれども，もうすでに電話をかけた，家族の問題と言った時点で，旦那さんとの葛藤に勝負をかけるという気持ちでおったんだなと．

――お母ちゃんとしては．

母：はい（笑）．東先生にそこをうまく聞いていただいて，１回目で一気に暴露したので，すごいショックはショックでしたけれど，それでなんかスッキリして夫婦のことが２回目に向けて動きだしたりしたので，すごいそれが自分でびっくりしたところです．

――しょっぱなのドラマティックな．

母：しょっぱなに，本当に事前に準備していたことを全部ひっくり返しそうな展開というか，本当はもっと旦那さんが主導してゆきちゃんのことを話すと思っていたところが，意図していないような流れになって，だからこそ生の体験ができた．

――つまり家族のことも相談したいということで申し込みはしていたけれど，お父ちゃんには言っていなくて，東先生がペロって言っちゃった．

母：ええっ，もう言うの～っていう驚きの中で．

――すごい展開になっていった．

母：そこはもっと小出しにという段取りだったのが，いきなりの直面化だったけれども，それが言えたことでゆきちゃんの問題についてもリンクしていったりとか，すごく展開の早さの秘訣になったのではないかなと思います．

――お父ちゃんはちょっとびっくりだったんですよね．

父：はい．

母：晴天の霹靂（笑）．

――１回目のセッションで印象的だったのは，お母さん的にはそこでしたか．

母：う～ん，そうですね．最初と最後かな．最初にいきなり夫婦間の葛藤に直面したというのと，最後に旦那さんにゆきちゃんの問題と

奥さんの問題とどっちの方がとりかかりやすいかという質問をしていただいて，本気で旦那さんが迷ったんですよ。どっちか正直わかりませんと。ゆきちゃんはまだしんどい期間が短いのでとりかかりやすいような気もするとか，奥さんは結婚21年の積年のいろんな思いがあるんやったら根は深いでしょうしと，真剣にとりあってもらって。

——どうでした，奥さんとしては？

母：え〜っ，みたいな。でも，そこで妻ですと即答されたらそんな軽く思わんといてよと思ったかもしれないし，わが子の問題と同等に自分の問題がきちんと受け止められているという満足感にも多分つながったと思うんです。

——良かったんだ。

母：結果的に良かった。今思うと，そんなに狼狽している旦那さんの姿はかつて見ていない家族やと思うんです。そこでどうなるの，そんなに根深いの？ みたいな感じで東先生に扱っていただいて，そこで何か根深いと言っていますけれど，とまたふられて，根深いんですかみたいな。根深いんですかと聞かれたら，でも好きで結婚してるし……みたいな。葛藤はあるけれどうまくやりたいと思っているお母さんの気持ちが出てきて，ほんならちょっと安心かなと。葛藤があって，もうこんなところではやっておれないという破滅的な話ではなくて，頑張っていきたいんですけれどという話だったと思うんですけれど。

——お父さんとしてはつらい？

父：はじめその事実を知ったときにはショックだったんです。次女のゆきちゃんの相談に来たつもりでしたから。何の問題もない夫婦関係で，周りの近所からもいいご夫婦ですねといわれ，彼女は家事をちゃんとし，仕事もちゃんとし，何も問題ない家族でいたんです。そのつもりでいたんです。ただゆきちゃんだけがちょっと変で。そこで事実を知らされてはじめはショックだったんですが，東先生がうまく話をもっていってくださって。

——受付表はみていない。本当にブラインドだった。

母：これを見たらお父さんショックやでみたいな（笑）。
　――でも急にそんなに扱われるとは思っていなかった。それで奥さんの問題か娘の問題か，どっちかを二者択一，究極の選択的なことを聞かれて，そのあとどうだったんですか？
父：だから悩みました。どっちもどっちやなと。どっちが軽いとか，どっちが重いというような問題ではないなというふうに思って，自分自身は何も関係がないと思っていたのが，家族全体の問題か，自分も当事者の一人なんだということに気づかされた。
　――自分も入らないといけないのかという……。
父：はじめはゆきちゃんの相談をするのに家族全員で来なくちゃいけないという説明を受けて来たつもりだったので，なるほどゆきちゃんの問題だから家族で行かないといけないな，ほんなら行こうかという話だったんですけれども，自分自身にも何か変えていかないといけないところがあるのか，改善しないといけないことがあるのかと，1回目のセッションのときに気づかされた。
　――関係する一員かな，本当の意味での関係者かなというふうになってきたわけですね。
父：そんな感じですね。
　――ゆきちゃんの問題が先か，お母ちゃんの問題が先かとお父ちゃんが困っている場面は，ゆきちゃん的にはどうだったんですか？
ゆき子：私はまた困らせたのかなと思っていました（笑）。困らせて申し訳ないと感じていたかな。
　――お姉ちゃんはどうですか？
姉：私にもお姉ちゃんも東先生からどっちの問題を解決するのが先だと思うと質問されて，私自身もかなり客観的にみていたのもあって，そういわれてみたらあれ，どっちなのかなと思ったんですが，でもゆきちゃんのことは周りの学校とかのこともあるけれど，お母さんのことは今お父さんに話して，家族の中でどうにか対策できる話だよねと思って，そういう意味ではお母さんかなと答えて，でもお父さんも今後の面接にも続けて来るという話の方向にも流れていったので，どうにか変わっていくんじゃないかなというのはなんとなく

感じました。

——1回目の中で，はじめと終わりの気持ちの変化というのはそれぞれどうですか。

母：母はもう走りだしましたよ，みたいな感じですよね。最初の電話のときに，ほぼ家族には内緒でゆきちゃんと家族の問題ですとエントリーして，そのタイミングかとは思ったけれど，思っていることを勇気を出して言って，また次回ねと終わるまで，わりと聞かれたことには素直に答えたので，面接の直後に晴れ晴れした気持ちだったかというと，出し切ってちょっとくたびれたとか，出して，蓋を開けましたよというふうな感じ（笑）。今までみないことにしていたし，もう言っても仕方ない，言うべきでない，それこそ迷惑をかけるモードだったのが，もう開けましたからという感じで，また多分闘い続ける感じ，これから勝負がどんなになっていくのかなという感じでしたね。

——それも大きな変化ですよね。

母：そうですよね。あきらめかけていたことをあきらめずに向き合って，向き合いたいと言ったら家族もじゃあ，頑張ってみようかというふうになってくれたところがあるので。

——お父さんはどうですか。

父：本当にみんな本音が出てきて，皆がこういうふうに思っていたんやという，自分自身が先ほど申しましたが，当事者意識をもって考えていかないといけないなと，すごい思いました。で，1回目は連れて来られた感はあったんですが，2回目は自分からちゃんと行かないと行けないなというふうに思いました。

——引き込まれたというか，取り込まれたという感じがあったということですか。

父：はい。

——なるほどね。それが一番お父さんとしては大きな変化ですか？

父：そうですね。自分は関係ないと思っていましたので。

——ゆきちゃんの問題だと。

父：はいはい。

――お姉ちゃんはどうですか？

姉：私も最初はゆきちゃんの問題できているという意識だったんで，お母さんがそんな問題を抱えているというのをそもそも知らなかったというか，お母さんがこんなに本音を言うところとか正直初めて見たとか，そういう衝撃があって，直接何かができるかというとどうかなというところはあったけれど，もうちょっとお母さんの気持ちを考えたりしないといけない部分があるのかなと考えたり，そういう意識付けはされました。

――ゆきちゃんはどうでしたか？

ゆき子：私とお母さんの役というのはすごくリンクしているんだなと感じました。役ですが，お互いがほんまによう似ているんやなと思って，どっちかが沈んだらまた沈むし，どっちかが上がったらまた上がるしみたいなのが，ほんまにああ，こうなんやと。

――自分の中で改めて実感した。それはゆきちゃん的にはどうだった？　しんどいのは私一人ではなかったという感じ。どうだろう？

ゆき子：お母さんが沈んでいるのをみると，また私のせいだと済ませてしまうのがあるから，ああ〜ってなるところはあるけれど，何やろう？

――リンクしてる，連動しているという感じがぼんやりと感じれたような感じ？

ゆき子：そうですね。お母さんとはよう似た感じなんやろうなと。お母さんが頑張っていんやからうちも頑張れるかなと。

――1回目終わって，どんな気持ちで帰途につきましたか？

ゆき子：1回目終わって，迷惑かけたらあかんあかんって思っていたけれど，ちょっと出してもいいんやと，思いながら帰った。

――そうなんだ。それは大きな変化ですね。なぜそう思えたのかな？

ゆき子：東先生の，ここも皆の一員にしてくれる?!　の一言が大きかったですかね。そしてそれでいいよねと，共有していいよねと先生が皆に聞いてくれたので，大丈夫なんや。一人でそんなに考えないでいいんや，というのをうっすら思った。

――ホッとした？

ゆき子：ちょっとホッとした。
　──１回目終わって，２回目はどんな気持ちで来て，２回目の印象に残っていることはどんなことでしょうか？
母：１回目で自分が思っていることをオープンにしましたというので，その後を家族がどんなふうに反応してくれるのかということがわからないまま１週間を過ごすという感じだったが……。
　──蓋は開いたけれど。
母：賽は投げられたままで，その後のことはわかりません，どうなるか的な感じだった。幸か不幸か旦那さんは同じ生活リズムで，皆もそんなに大きく変わらない生活を続けて特段ギクシャクした感じもないなかで，ちょっとした自分の体調の悪いことを訴えたときの旦那さんの反応がいつもと違う，病院行きや〜，そうなのというのではなく，ああ，そうなの大丈夫か〜とか，何かしようかと言ってくれた声かけがあったというエピソードで，それを報告したいというので来ていたので，すごい聞いてほしい，楽しみな感じでした。
　──報告してどうでした？
母：それが最初に旦那さんに，先週１週間どうでしたかと先生が聞いたので，普通でしたと答えたんですね。まあ，旦那さんとしては普通だったけれど，私は旦那さんの変化を見つけてたよと報告したんですよ。そしたら東先生がウワーって，ウワーってほめてくれて，もうどうしたんーみたいな感じで，言ってくださったので，旦那さんもえ〜って（笑）。そんなすごいことしたんですかーみたいなびっくりの仕方をして，それをみて私は私の秘密の宝物としてちょっと喜んだ気持ちで来たけれど，それが東先生にも価値を認められて，それってすごいよ〜って，その行為の価値が確たるものになって，やはりそうでしょうという嬉しさがありました。
　──原石が磨かれて宝石になったみたいな。
母：そうですね。
　──お父ちゃん的にはどうだったんですか？
父：当事者意識は持てたけれど，月曜から金曜日まで夜遅くまで仕事をしているという設定だったので，結局ゆきちゃんのことは何もわか

らない。月曜と木曜に行けたよという報告だけは聞いた。ちょっとはましになってきているのかな，元気になってきているのかなというぐらいの感じで，実際自分で何かするんかというと，そんなことする余裕もなく，実際何かかかわれるわけでもなく，1週間が過ぎたと。

——なんだかな〜っ，これでいいのかな〜的な？

父：それで来たらやたらとほめられるわけですよね。そこで，あっ！こういうことでいいのかと。はじめ何ができるかと考えたときには何もできないよなと思ったけれど，あっ，そういうことか。そんなにたいしたことをしなくても，ちょっとした気遣いとか，心遣いとか，そういうことができるだけでも違うんだなということに，東先生に気づかせてもらえたという印象はあります。

——それは大きいですね。お姉ちゃんどうですか？

姉：私は，お母さんがいろいろ抱えていた思いをお父さんに吐き出したというのを受けて，何もできないながらもその1週間の間のお母さんとお父さんがどういうかかわりをしているのかなというのを，面接があったから気になってみてたら，お父さんがお母さんにいつもより声をかけているんじゃないのかなというふうにみえてきたのがあったのでそれを東先生に報告して，それがどういう様子だったと聞かれて，お母さん嬉しそうだったという言葉も出てくるし，それがあなたにどういう影響を及ぼしていますかというと，私もお母さん嬉しそうだから嬉しくなったとか，自分で気づかなかったところに目が向いたり，気持ちが言えたり，私もここ来て，お母さんは嬉しそうなんやなということに気づいた。

——家族の良い変化が，お姉ちゃんとしても嬉しいと。

姉：変化が目につくようになって，とても嬉しかった。

——ゆきちゃんはどうですか？

ゆき子：私自身もお母さんがお父さんへの不満をお父さんに言って，その1週間の間でかかわりが変わったというのを，お姉ちゃんと一緒にみていたので，それの嬉しさもあるし，自分もそれを受けて学校に行こうと思えたんですよ。だから頑張って保健室ですけれど，学

校に行こうと思えたのが週に2回あったので，それも行けたという嬉しさ。嬉しいことが重なったことを言いたいなというので，2回目の最初ここにきました。

——考えてみると，ゆき子さんのことで最初きたけれど，しょっぱなドカンと事が起きて，ある意味家族全体の話になっているところがありますよね。ゆき子さんも自分のせいで申し訳ないというのがあったりもするけれど，家族全体の話になっていくということについてはどうでしたか？ ご本人としては。

ゆき子：お母さんが沈んだりしているのは私も原因というのがあったので，それがお父さんに言うことで軽くなるというんやったら，私も嬉しい。ちょっと申し訳ないなと思ったのが緩和されるかなと，お母さんが元気になるんやったらそれはそれでいいかなと。

——なるほど。家族全体の状態というか，雰囲気がよくなることが嬉しいという感じもある。それがまた自分も頑張ってみようという気持ちにつながった。

ゆき子：……たような感じです（笑）。

——2回目の気持ちの変化ではどんなことがありますか？

母：2回目のセッションの中での変化ですか？ そうですね，1回目の面接では割とネガティブなことをぶつけて勝手にすっきりしたような感じだったのが，2回目では私ちょっといいこと知ってるねんというのをお話しして，すごくほめてもらえて，なんかポジティブなことも言って受け入れてもらえて，すごくいろんなことがしゃべれるんやなという，気持ちの風通しの良さというか，そういう楽な感じがありましたね。

——言っていいんやと。

母：家族の他のメンバーの話を聞いても，なんとなくみんな嬉しい気持ちでいてくれているし，母が元気になったりすることを見てくれている。肝心のゆきちゃん自身もなんかちょっと頑張ろうかなという感じで，前向きな話もできるし，すごいよかったなという気持ちです。

——お父さんはどうですか？

父：本当に同じで，家族全員本当に本音を話して，みんな思っていることを言えて，まず言える環境をつくってもらえたというのは大きかったなと。それで今まで知らなかったことや，今まで何も気にしていなかったことを家族全員で共有できた。それによって家族全員がいい気分になれたというのはすごく印象的で，うま〜く話をもっていってもらえたんだろうなというふうに思いました。

——ちょっとロールから離れて客観的な立場で，自分以外の役割の人に，あの場面ってどうやったと聞いてみたいことってありますか？東先生とのやりとりのとき，家族でのやりとりのときでもいいです，この立場の人どんな気分やった？ というの。あそこの場面どうよというの，他のメンバーに向けてありますか？

母：一番気になるのは母が今までみせたことないような顔をみせて，不満を一気にぶちまけているときの子どもたちの気持ち。

——夫の不満を言っているときのですか。

母：そうです。夫婦の話って，この家族は普段は子どもに聞かせないようにしているはずだし，どうなのかなと思う？

——どう？

姉：私はお父さんも優しいし，お母さんも優しいし，家族としても特段大きな問題があるという認識のない家族だという意識でやっていたんですけれど，でもうすうすお母さんが何かを抱えているんやろうなというのは思っていて，でも言うようなキャラクターではないという上でやっていたお母さんが，まさか私たちの前でしかも先生に，先生がいるから言えたというのがあるんだろうなと思うんですが，言ったというのはすごい衝撃な出来事だったというのはあるんですけれど，だからこれから大変なことになるぞという感じではなく，むしろ言えたよね，お母さん。言えるなら言ってしまえばいいのにくらいの。

——言っちゃえ，言っちゃえみたいな。

姉：そうですね。言っちゃえみたいな。お母さんがちょっとでもましになったり，わかってもらったと思えるなら，今後いいのかなという感じでした。

──ゆき子さんは？
ゆき子：私も様子とか，お母さんのしんどいのがあるのを聞いていたという設定にしてたんで，すごいしんどいやろうなとは思っていた。でもここの場面で実際にお父さんに言って，正直お父さんが，どんな反応するのかビクビクしていたところもあるんですが，でも基本的にいい人の，いいお父さんなんで，大丈夫かなみたいな（笑）ところはあったんで，それで楽になるんだったらという気持ちはありました。
　　──うちのお父ちゃんなら大丈夫。
ゆき子：受け止めてくれるよと。
　　──お母ちゃん元気になってくれたらいいなと。意外に冷静な子どもたちですね（笑）。アタフタしないというか。お母さんとしてはアタフタするんじゃないかと心配だった。
母：相当ですよね。なかばパニックというか，言えって言われたから言うけれど，もう後は知らんからな～みたいな感じだった（笑）。すごく勇気だしたのに。
　　──むしろお父ちゃんが一番びっくりした。
父：ゆきちゃんの話で来ているのに，おれ～?? みたいな，何かあるの～みたいな（笑）。びっくりしました。
　　──意外と子どもたちは冷静だった。
父：子どもたちのこと考える余裕なかったです。
　　──他にはどうですか？
姉：お父さんと長女はちょっと似ている性格で，お母さんと次女は似ているという感じのことを面接の中で先生も言葉にして言っていたんですが，お父さんとお姉ちゃんはどっちかというと楽観的で，けっこうなんでも物事を忘れるタイプだからというふうに話が進んでいるときに，じゃあ2人からしたら気持ちをわかってもらえなくて，う～んってなるときあるでしょうって聞いたら，うんうんって頷いていて，私は，えっ，そうなの～。言って，そやならもっと言って～と思ったんですけれど。お父さんはどういうふうに受け止めたのかなと気になりました。

父：今までそういうのを言わない家族だったので，本当に今回，こういう面接の場で本音がいろいろ出てきて2回目の面接に向けてどんどん良くなってきた感じなので，今後どんどん良くなってきてくれたらいいのにな〜，というような気持ちでした。表面的なしんどいよ，じゃあ，病院行けば，薬飲めばという，そういう付き合いだったのが，じゃあ何でしんどいのか，何か僕でできることはないのかというところまで話がいけるようになったなというのはあります。

――正論しか言わないお父ちゃんが受け止められるようになったということですか？

父：そうですね。

――最後に感想，言い足りないこと，言っておきたいことはありますか。

母：あれは？　洋食屋さんのこと。

父：1回目のセッションが終わった後に，2回目に向けてどういうことがあったのかというのをいろいろ話し合っていたんですが，お父さんは仕事でどうたらこうたらでという話をしている中で，その日の1回目の日曜日の帰りに，久しぶりに家族4人で食事をしたと。昔，子どもたちが小さい頃に頻繁に行っていた家の近くの洋食屋さん，お誕生日パーティーとかをよくやっていたという設定の洋食屋さんに家族みんなで行ったと。そこで家族の本音の話が出たり，長女に実は彼氏がいるのをお父さん知らなかったけれど，そんな暴露話があったよというのを設定として考えた。そこでお父さんとしても家族が，今まではどちらかというとお姉ちゃんも大きくなって部活だ，大学だと，お父さんはだんだん仕事が忙しくなって夜も遅い，ゴルフだどうたらこうたらだという設定の中で，また家族が向き合うことができるきっかけを東先生のセッションでつくってもらえたな。その中で2回目に向けてちょっとした声かけが，自分は意識していないつもりだけれどできるようになった。それでお母さんはちょっと嬉しかった。なんか子どもたちもちょっと嬉しかったというような形でどんどんどん好転するようになったんじゃないかなと思っています。

母：洋食屋さんのお母さんバージョンですけれど，日曜のセッションがあって，その日の晩御飯をどうやって食べるんだろうという話をした。母としてはすごいぶちまけて，受け止めてもらえはしたけれど，すごい疲れているし，しんどいことを出した後なので，家の中でのごはんは絶対つくりたくないというのか，食べたくないというので，昔よく行っていたお店に行くということにしたんですが，そこで楽しかったときの家族のことを思い出したりとか，今の楽しい話をしたりというのがすごい大事やなと感じて，セッションではすごい刺激を与えられて，そのあと家族がどんなふうに行動していくのかというのが大事やし，そこが家族のもっている力かなというふうに思いました。もしかしたら，そこで疲れ果ててじゃあ，とバラバラに帰っていく家族がある中で，なんかここの家族はごはん食べに行くことにしようかとできたというのは，もともとの力なのかなと思います。

——揃って来てという場が設定されているから，また一緒に行動しようかということにもなっているんでしょうかね。最後に東先生のセラピスト像を一言ずつもらってもいいですか。

母：私，三歩下がる奥さんの役なんですけれど（笑）。東先生，すごく有名な方で書いたものとかよく読ませていただいているんですが，実物にお会いするのは今回が初めてで，どんなすごい技を使ってこられるのかなというところで拝見していたところもあるんですが，ものすごく月並みと言えば月並みなんですが，すごく1つひとつのことを大事にされるというか，いいと思ったことはきちんといいと褒めたり，ひっかかったことを捨て置かず，きちんと問いかけていくというようなこととか，すごい勉強になりました。自分の面接を振り返る中で，大事なことはそれこそセラピールームで起こっていることだけではなくてというのにつながるのかもしれませんが，大事なのは大掛かりな枠組みとか技ではなくて，やはり1つひとつのポイントを逃さずにものにしていくことや，無駄な時間をいかにつくらず必要な質問をしていくかということを，今日クライエントになって改めて強く感じました。

――すばらしいコメント。次のコメント，やりにくいですね（笑）。

父：すごいシンプルなんですよね。奥さんも言っていたように，すごい合わせ技をするわけではなく，本当に家族の気持ちになって，家族のそれぞれの立場に立っていただいて，それぞれの話に耳を傾けてくださる。顔も体もしっかり向けて，すごい共感をしてくれる。最初に申し上げましたが，やはり気持ちが快になるんですよね。すごく楽しい。もしヒアリングされて，事情聴取をされて，あなたが悪いよと言われるなら，ちょっと不快になったと思うんですが，何かいて楽しい，自分のことじゃなかったはずなのに，自分のことだと気づいて，それが悪い方に思わなくて。すごく難しいことをやっているようなんだけれど，すごくシンプルなことをやってくれたというふうに思いました。きっと定石なんでしょうね，複雑なことではなくて，回り道のようで，すごい正しい道というか，そういうことをやってくれているような気がしました。あとは大げさなテンションが，後から客観的に考えたら大げさではないかなと思ったんですが，あれくらいの方がいいんだろうなと今日思いました。自分がやるときは，そこまでではないですが，でも自分がクライエントとしていた場合，すごく嬉しかったです。これくらい過剰に反応してくれて違和感を感じない，すごく嬉しい。これくらいの反応って必要なんだなと思いました。

姉：さっきおっしゃったみたいに動きとか，リアクションとかダイナミックですごく大きくやられている感じだけれど，ついてくるポイントとかすごい細かいこと，私が言った1つのことに食いついてきて拾ってくださったりして，何だか思いもよらない方向に話がいったりとか，クライエントだともうちょっと悩み抱えているからもうちょっと暗い感じで来て，それなりに心は明るくなるけれど，そんなハッピーな感じで帰るというイメージではないんですが，何か引き込まれるというか，楽しく帰れたなと。楽しいに，引き込まれました。

ゆき子：私もお二人と一緒で，動きとすごい体全体でセラピーをしている感じがあって，引き込まれるのが1つで，あとはもう何か自分で

はしゃべってないつもりなのに，すごい核心をつかれる。つたない言葉でも，わかってくれるという感じがすごいあって。
　──心の琴線にふれるような。
ゆき子：そこ言われたら〜みたいな，すごいピンポイントで何回もつかれた感がありました。だからなんか逃げられないという感じがしました。
父：表情の変化もすごいものね。
ゆき子：目が鋭いというか。
　──今日は，どうもありがとうございました。
オールキャスト：ありがとうございました。
　──本当に今日はお疲れ様でした。

あとがきにかえて

わたしの家族療法 *

1．ちょっと個人史を

　わたしが家族療法を始めたのは 1980 年です。本当は行動療法家になろうと思っていたのですが，高石昇先生とその訳書である『心理療法の秘訣』（J Haley 著，高石昇訳，黎明書房）に強く影響され，患者と治療者間のコミュニケーションの相互作用のあり方こそが「症状の持続や除去」あるいは「問題の持続や解決」の鍵であると信じるようになりました。

　最初は高石先生のご指導のもと，患者だけを対象にした面接を行っていましたが，患者と強く相互作用している人たちがいる場合，彼らも治療の場に招いた方がはるかに効果的であることを経験的に知りました。それはほとんどの場合，家族でした。ただしその頃はまだ「家族療法」といった名称に馴染みはありません。

　当時はコミュニケーション（症状を含む）の機能的な面に注目し，特に患者の症状や訴えをその人の対人関係（家族関係や治療関係）における「策略」とみなしていたので，それを無効化する戦略を立てて実践することこそが治療だと考えていたのです。今振り返ると大変恥ずかしい話ですが，「患者の策略に負けてはいけない」といった意識がわたしの中に強くありました。そのため J Haley 流の「逆説的介入」や「苦行療法」などを主たる方法として用いていました。表面上は丁寧に対応しつつも実際のところは患者・家族と格闘する治療者であったようです。もちろん，このような意識は今のわたしにはまったく存在しなくなっています。

---

* 初出：東 豊（2024）わたしの家族療法．精神療法，vol.50 no.3; 383-387.

さて1983年頃，米国でS Minuchinから家族療法を学んだ福田俊一先生が帰国しました。そして「君のセラピーは戦略的家族療法だ。私は構造的家族療法を学んできたので一緒にやろう」と声をかけてくださったのです。こうして初めて「家族療法」を意識するようになり，家族を構造的に見立てて介入する方法を学びました。日本家族療法学会の前身である日本家族研究・家族療法学会に参加させてもらうようになったのもこの頃です。

　構造的家族療法は大変わかりやすい枠組みだったので，30〜40代のわたしが好んで採用した手法でした。しかし現在の視点で振り返ってみると，戦略的家族療法から構造的家族療法への転換は，単に「策略との格闘」から「家族構造との格闘」といった具合に，わたしが注目する「対象者の『悪い』部分」が変わっただけであって，「治す・修理する」といったわたしの意識は一つも変わっていなかったのです。「（何らかの）心の問題」だとか「病理の問題」などといった捉え方には元々興味がなかったものの，畢竟，患者・家族を問題視していたことに変わりありませんでした。

　幸い「（問題の）家族構造」も今では意識することがなくなりました。ただ，構造的な視点は家族療法入門者が「家族をシステムとして観る」ことを学ぶための大変役に立つ一つの枠組みではあると，今でも強く思っています。

　さて50代に入り，自分自身の病気体験をきっかけとしてわたしの意識は大きく変わったように思われます。これを説明するのはなかなか難しいのですが，以前と同様「患者・家族と治療者間の相互作用」を一番大切にしているのは何ら変わらないものの，大きな違いが2点あります。

　一つは，セラピーの目的が患者・家族の「何か良くないもの」を治す（解決する）ためのものでなく，面接室内において「明るさ」「調和」「希望」「安心」などと表現できる「雰囲気・空気感」の形成になったことです。「症状」・「問題」や「家族関係」の変化は，どうでも良いとまでは言いませんが，直接的なターゲットではなくなったということです（もちろんそれらは面接中の「話題」としては扱われます）。

　もう一つは，セラピーの対象が「わたし自身」になったということです。

ここからは，現在のわたしが臨床家として大切にしている考え方について整理しながら，この2点についてもう少し深掘りしてみたいと思います。

2．臨床家として大事にしていること

　ここ20年ほど，わたしが大事にしている「枠組み」は次にあげるA～Cの3点です。これをベースに家族療法を行っています。

- A　「人間関係」など，私たちの目の前にある現実は，すべて円環的な循環・相互作用の産物である。本来原因も結果もない。
- B　「意味」も相互作用の産物である。よって，「問題の人」や「問題の家族」，あるいは「問題」そのものも，本来存在しない。
- C　セラピーとは，クライエントとの相互作用による新しい「意味」の産出過程である。

　これらはシステム論や社会的構成主義などを通して多くの読者にはすでに馴染みの考え方であると思いますので，ここではその恩恵を中心に述べてみたいと思います。
　A　「人間関係」は相互作用の産物ですから，変化を望むなら，変化の「起点」をどこに設定しても良い。これは大変便利な考え方です。どのような状況・事態においても，「他者が原因」なのではなく「わたしの在り方が諸々の事象の原因」とパンクチュエイトする（句読点を打つ）ことが可能だからです。その上で自分自身を「状況を変えるための起因」として取り扱うことができます。要するに目の前の現象を変えるためには，他者の変化を期待するのではなく，ただシンプルに自分を変えれば良いということになります。相手の変化はその連鎖の先にあるわけです。「本当は誰が悪いのか・原因なのか」，それはどうでも良いこと。これが腑に落ちて実践できるようになると，その程度に応じて家庭生活や仕事など生活全般に和解と調和が生まれるようです。
　これは家族療法の場面に置き換えても同じことです。セラピーがうまく進行していないと感じられるときや違和感のあるときは，患者・家族

と治療者の関係がなんらかの意味で不調和な状態になっていると考えられます。そして，それは相互作用の産物ですからパンクチュエイトは自由自在であり，「患者・家族側に問題がある」と自己防衛できる一方，（高すぎるプライドさえ克服できれば）「治療者であるわたしに問題がある」とすることもできます。後者を選択すると，「（相互作用の）変化の起点」として，わたし自身を点検することになります。具体的には，頭の中の「凝り固まった信念・価値観，不自由なものの見方」や「患者・家族への配慮に欠けた立ち居振る舞いや会話の運び」がターゲットになります。セラピーがうまくいかないとき，患者・家族を分析・診断している暇があるなら，まずは治療者自身を分析してみる方が遥かに有益なのです。「わたしは何を問題と見る癖があるのか」。それに気がつくためにも適宜SV（スーパービジョン）を受けることは重要だと思われます。これはベテランでも初心者でも同じことです。「生じる現象はすべてわたしの責任」と考えることで適切な反省の機会を得て，自分の頭の中の大掃除や立ち居振る舞いの総点検に繋げ，その上で患者・家族との新たな相互作用にチャレンジする。このような日々の繰り返しが家族療法の良き訓練になると考えます。

　B　「意味」も相互作用の産物なので「問題」や「問題の人」「問題の家族」も本来なし。これが腑に落ちれば落ちるほど，その恩恵として，誰とでも仲間になれる確率がとても高くなります。「苦手な人」や「嫌いな人」が格段に減ります。

　わたしはよくこれを「水晶玉」の例えで話します。「人間本来水晶玉。しかし表面にあれこれシールがベタベタ貼ってある。こちらがそのシールにとらわれると，眼前の人はそのシール通りの人として現れる。しかしその奥の水晶玉をじっと見れば，水晶玉としてのその人が立ち現れる」。これではまるで宗教のようだと評されるかもしれませんが，実際に浄土真宗の開祖・親鸞聖人は「罪業もとより形なし　妄想転倒のなせるなり　心性もとより清けれど」といった表現で同様のことを述べています。そして，わたしはこれがいわゆるジョイニング（joining）の極意だと考えています。

　ジョイニングというと患者・家族に溶け込むための技術を中心に紹介

されることが多いかもしれません。しかし，確かに技術はセラピーの助けにはなるのですが，決してジョイニングの本質ではないと考えます。家族療法入門者で「問題の患者・家族」が存在するといった思い（意味付け）が払拭できない場合，窮余の策としてジョイニングの技術を学ぶことも良いのですが，SVを受けるプロセスで「水晶玉」の例えが徐々に自分のものになってくると，その段階に応じて細かな技術には拘らなくなります。意識が変われば技術は不要になるようです。

　C　セラピーは新しい「意味」の産出の場であることから，会話がわたしの主たる仕事と受けとめます。ただし患者・家族を変える（治す）ことを目的とする会話ではありません。患者・家族のその時々の興味関心に沿って，そこに新しい「意味」を見出そうとする意識を持った会話の展開と継続です。もちろん治療者側の独りよがりや押し付けになってはならず，患者・家族を傷つけない配慮は大切です。

　新しい意味に到達できる（ナラティブ・アプローチやソリューション・フォーカスト・アプローチなどに見られる）「質問」や「リフレーミング（言い換え）」など，専門性の高い技術も多々ありますが，患者さんや家族にとって「より良き現実」が構成できるなら，ちょっと怪しいスピリチュアルな会話であっても構わないと思っています（非学術的なものを嫌いな人，ごめんなさい）。基本的に相手の価値観次第ではありますが，プラグマティズム（実用主義）の精神を大切にしたいと考えています。

　まとめると，以上A〜Cの３点を意識することでわたしが受けた最大の恩恵は，セラピー全般が大変楽になった（楽しくなった）ことです。かつてのように患者・家族の内側に「問題」を探すことがなくなったので，ほとんどの場合，ジョイニングは自然体で達成でき，○○を「変化させるぞ」「治すぞ」「解決するぞ」と格闘することがなくなりました。強いていうなら，会話がうまく運ばない場合にのみ，わたし自身の悪い頭と格闘しているくらいでしょうか。そうして，新しい「意味」の産出がうまく進むとわたしの目標である「明るさ」「調和」「希望」「安心」が面接室に広がってくることを実感できるようになります。症状や家族関係の変化はその後に自然についてくるといった印象です。

3．わたしの家族療法の外見的特徴

　最後に，主観的ではありますが，わたしの家族療法の外見的特徴を二つだけ述べておきたいと思います。
　いちばんの特徴はきっと「笑い」です。患者・家族から語られる「深刻な話」が徐々に再構成され，面接室に「笑い」が生まれてくると，わたしはいつもウキウキした気分になります。これほど嬉しい瞬間はないのです。面接に陪席している院生たちも「カウンセリングってこんなに笑っても良いんだ」と笑ってくれます。もちろん始終笑ってばかりではありませんし，無理に笑わせようとはしていませんが，これは何より目立つ特徴だろうと思います。
　2番目の特徴は，たとえ患者・家族が何らかの「変化」を望んでいても（望んでいない場合はなおのこと），まずは「不変化」を是とする関わりを基本としていることです。安易に変化することを危惧し，むしろ現在の状況をキープした方が良い事情，あるいは変わりたくても変われない事情，この辺りに焦点を当て明るみにし，「現状これはこれでよし」となるような会話を展開することを最も好みます。ほとんどの場合，この手の会話には自然と「笑い」が伴うようです。その先で，患者・家族が「変化」を選択しても良いし，あるいは「不変化」を選択しても良い。「どっちに転んでも大丈夫」と皆が共有するに至る。これは「治療的二重拘束 (therapeutic double bind)」であると表現することもできます。
　「変わりたいけど変われない。変われないけど変わりたい」，こうした葛藤に触れる会話が大変多い。そして，結果的に患者・家族が「変化」しても，驚きはするけれども手放しでは喜んだり褒めたりはしない。元に戻ることを勧めることさえある。おそらくこれがわたしの家族療法の外見的特徴の一つだと思います。「変化」と「不変化」のバランスの舵取りが要であるようです。実際のところ，これがうまくいかないと失敗の確率はぐんと上がります。何より「患者・家族を変化させたいと考えている」ときは，「患者・家族の今のありようを問題視している」ときだからです。わたしの視野は大変狭くなっていて，自由にモノを見る力が十分に発揮できなくなっています。「現実」がわたしを起点とするコ

ミュニケーションの相互作用で作られるとするなら，このまま会話が進んでしまえば，何らかの「困った現実」が眼前に展開されるようになるのも時間の問題だと言えます。その結果，わたしはますます「患者・家族が大問題」との認識を強めるかもしれません。さてこれを回避するためには，できるだけ手早く，わたし自身をセラピーする必要があります。「問題の人」や「問題の家族」は本来なし。「問題」そのものも本来なし。「水晶玉」を頭の中でグルグル回してわたし自身を大掃除したい。そして今一度新しい「起点」となり，患者・家族との会話をやり直したいと思うのです。

おわりに

　以上，わたしの家族療法について臆面もなく思うところを述べてみましたがいかがだったでしょうか。いや，いかがも何も，特に学術的な話でもなければ事例報告でもない。ただの独り言みたいな文章でしたから，あーそうですかで終わってしまうタイプの拙稿ではありました。しかしまあ，このような文章が刺激になって，読者の皆さんも現時点での「わたしの家族療法」あるいは「わたしの心理療法」を振り返ってみられてはいかがでしょうか。もちろん何かに投稿する必要などありません。机の引き出しにそっとしまっておいて，10年先20年先にふと読み直してみる。これもまた一興と存じます。いや，大きなお世話か。

文　　献

Haley, J. (1963) Strategies of Psychotherapy. Grune & Stratton.（高石昇訳（1986）戦略的心理療法―エリクソン心理療法のエッセンス．黎明書房．）

Haley, J. (1984) Ordeal Therapy: Unusual ways to change behavior. Jossey-Bass.（高石昇・横田恵子訳（1988）戦略的心理療法の展開―苦行療法の実際．星和書店．）

謝　辞

　私の心理療法では，個人面接であろうが家族合同面接であろうが，面接の最初から最後まで自分と対象者の間にP循環を作ろうとする意識が大変強くあると思います。

　ただ，本書に収められた面接はすべてロールプレイなので，P循環を作るのは至極簡単でした。なぜならそこで提示されたどのような「問題」や「悪い現象」もしょせん「作り物」だったので，セラピストは「目の前の現象に惑わされる」＝「N循環に巻き込まれる」ことが非常に起きにくかったからです。

　「問題」や「問題の人」などどこにもない。このような哲学・観法がその場に簡単に浸透したということです。しかしながら，現実の臨床場面ではさまざまに「問題」や「問題の人」と意味付けられたものが，まさにそのような姿で眼前に現れます。そして，これらの「問題」に対して分析・診断・治療する教育・訓練を受けて来たのが私たち専門家なのでありました。ゆえに，これらをつかまないでいるのは（ひっかからないでいるのは）実のところ大変難しい。しかしセラピスト側のそのような意識の持ち方がP循環が上手に作れるか否かに直結する最大のポイント，勘所となるわけです。

　まずは現象の捉え方であり，ものの見方の切りかえが重要なのです。本書を手にとられた方のうち，幾人かでも伝統的な枠組みから自由になることがかなったならば，筆者としてこれ以上の喜びはありません。

　「伝統的な枠組みから自由」と言えば，今回のディスカッションにご登壇いただいた坂本真佐哉先生，児島達美先生，（故）森俊夫先生，黒沢幸子先生の臨床の在り方こそ，私とはまたタイプが違うとは言え，まさにそれを具現化したもののように日頃より感じ入っております。今回，そのような先生方とさまざまにディスカッションできたことは読者や私にとって大きな財産になりました。厚く御礼申し上げたいと思います。

また，さまざまな役割を演じてくれた人たち，ロールを仕込んでくれた坂本先生，録画スタッフの皆さん，そして遠見書房・山内俊介さん，駒形大介さんにも心からお礼を申し上げたいと思います。

　　　　　　　　　　　　　　　　　　　　　　　　　東　豊

夫婦面接の動画について

出　演
東　　豊（セラピスト）

久持　　修（やまき心理臨床オフィス）（後藤たかし役）
高野　智子（駒澤大学大学院）（後藤ゆきこ役）

撮影協力者
川越友美子　　水口　進　　中島英貴　　中野真也
成田佳織　　　大倉智徳　　高橋規子　　辻本　聡
若林邦江　　　八巻　秀

（なお，撮影に際しては，駒澤大学コミュニティ・ケアセンターを使用させていただきました。記して感謝いたします）

解　説　坂本真佐哉（神戸松蔭女子学院大学）

撮影・編集　朝日太一（http://genius.main.jp/）

　本書および映像データの著作権は東豊氏および株式会社 遠見書房に帰属しております。本データのコピー配布や動画共有サービスなどでの利用，放映，上映などは著作権法により禁止されています。なお，図書館での貸し出し，および個人視聴は許可しています。
　本データは個人での利用に限らせていただいております。大学の授業で使用される場合（50人未満）はご利用可能です（ただし，オンライン授業で利用する場合は，録画は認めません）。
　50人以上の授業や，人数問わず専門学校，講演，ワークショップ等で利用される場合は，遠見書房代表メールアドレス（tomi@tomishobo.com）までご連絡ください。動画の1年間上映の使用権料として1万円（＋税）を請求いたします。
　また，動画のDVDのセット（3枚組・4万円＋税）のご用意もございます。こちらは全ての面接映像がマルチアングル切り替え可能で，DVDをご購入いただいた方は視聴の制限や期限はございません。詳しくは遠見書房のHP内「映像の利用・集団視聴について」（https://tomishobo.com/DVDcopy.html）をご覧ください。

＊所属は当時

家族面接の動画：合同面接編について

出　演
東　　豊（セラピスト）

市橋真奈美（兵庫県立いなみ野特別支援学校：母＝浅田真奈美役）
淺谷　豊（兵庫県立いなみ野特別支援学校：父＝浅田裕役）
吉田幸平（神戸松蔭女子学院大学大学院：息子＝浅田幸平役）
林真理子（神戸松蔭こころのケア・センター：娘＝浅田万里子役）

撮影協力者
坂本真佐哉　　喜多徹人
（なお，撮影に際しては，神戸松蔭女子学院大学を使用させていただきました。記して感謝いたします）

解　説　児島達美（長崎純真大学）

撮影・編集　朝日太一（http://genius.main.jp/）

　本書および映像データの著作権は東豊氏および株式会社 遠見書房に帰属しております。本データのコピー配布や動画共有サービスなどでの利用，放映，上映などは著作権法により禁止されています。なお，図書館での貸し出し，および個人視聴は許可しています。
　本データは個人での利用に限らせていただいております。大学の授業で使用される場合（50人未満）はご利用可能です（ただし，オンライン授業で利用する場合は，録画は認めません）。
　50人以上の授業や，人数問わず専門学校，講演，ワークショップ等で利用される場合は，遠見書房代表メールアドレス（tomi@tomishobo.com）までご連絡ください。動画の1年間上映の使用権料として1万円（＋税）を請求いたします。
　また，動画のDVDのセット（3枚組・4万円＋税）のご用意もございます。こちらは全ての面接映像がマルチアングル切り替え可能で，DVDをご購入いただいた方は視聴の制限や期限はございません。詳しくは遠見書房のHP内「映像の利用・集団視聴について」（http://tomishobo.com/DVDcopy.html）をご覧ください。

＊所属は当時

家族面接の動画：P循環・N循環編について

出　演
東　　　豊（セラピスト）

縣　　寛人（元神戸セミナー：父＝深田寛人役）
北谷多樹子（堺市子ども相談所：母＝深田たき子役）
土屋友紀子（大阪府スクールカウンセラーほか：IP＝深田ゆき子役）
戸田　　彩（兵庫県／神戸市 スクールカウンセラー：姉＝深田あや子役）

撮影協力者　坂本真佐哉・喜多徹人
（なお，撮影に際しては，神戸松蔭女子学院大学を使用させていただきました。記して感謝いたします）

解　説　黒沢幸子（目白大学／KIDSカウンセリングシステム）
　　　　　森　俊夫（東京大学／KIDSカウンセリングシステム；当時）

撮影・編集　朝日太一（http://genius.main.jp/）

　本書および映像データの著作権は東豊氏および株式会社 遠見書房に帰属しております。本データのコピー配布や動画共有サービスなどでの利用，放映，上映などは著作権法により禁止されています。なお，図書館での貸し出し，および個人視聴は許可しています。
　本データは個人での利用に限らせていただいております。大学の授業で使用される場合（50人未満）はご利用可能です（ただし，オンライン授業で利用する場合は，録画は認めません）。
　50人以上の授業や，人数問わず専門学校，講演，ワークショップ等で利用される場合は，遠見書房代表メールアドレス（tomi@tomishobo.com）までご連絡ください。動画の1年間上映の使用権料として1万円（＋税）を請求いたします。
　また，動画のDVDのセット（3枚組・4万円＋税）のご用意もございます。こちらは全ての面接映像がマルチアングル切り替え可能で，DVDをご購入いただいた方は視聴の制限や期限はございません。詳しくは遠見書房のHP内「映像の利用・集団視聴について」（http://tomishobo.com/DVDcopy.html）をご覧ください。

＊所属は当時

動画 URL 一覧

①家族面接のコツ　夫婦面接編

【1回目】
全体：https://vimeo.com/726611907/90512bef70
セラピストのみ：https://vimeo.com/726612707/9c4ff044bc
クライエントのみ：https://vimeo.com/726612269/e12d568bad

【2回目】
全体：https://vimeo.com/726612936/8990af7d6a
セラピストのみ：https://vimeo.com/726614001/2772097d63
クライエントのみ：https://vimeo.com/726613267/3e19638aca

②家族面接のコツ　家族合同面接編

【1回目】
全体：https://vimeo.com/726609084/8e76a9e604
セラピストのみ：https://vimeo.com/726610077/86e9e650a8
クライエントのみ：https://vimeo.com/726609542/6376439040

【2回目】
全体：https://vimeo.com/726610345/a1592191eb
セラピストのみ：https://vimeo.com/726611628/157c3a6a8b
クライエントのみ：https://vimeo.com/726611023/eee81b637b

③家族面接のコツ　P循環・N循環編

【1回目】
全体：https://vimeo.com/726607395/ef62d2d6fe
セラピストのみ：https://vimeo.com/726608179/7f47e4a0e0
クライエントのみ：https://vimeo.com/726607726/6cee329423

【2回目】
全体：https://vimeo.com/726608460/55cb092cdc
セラピストのみ：https://vimeo.com/726608995/7275fc309a
クライエントのみ：https://vimeo.com/726608731/90afd14989

東　豊（ひがし・ゆたか）
龍谷大学心理学部教授。
臨床心理士，公認心理師，医学博士（鳥取大学）。1956年滋賀県生まれ。関西学院大学文学部心理学科卒。
九州大学医学部心療内科，鳥取大学医学部精神神経科，神戸松蔭女子学院大学人間科学部心理学科などを経て現職。専門はシステムズアプローチ・家族療法。

主な著書　『リフレーミングの秘訣』『匠の技法に学ぶ実践・家族面接』*『家族療法の秘訣』『セラピスト入門』『セラピストの技法』『セラピスト誕生』（いずれも日本評論社，*は共著），『マンガで学ぶセルフ・カウンセリング　まわせP循環！』『新しい家族の教科書』『超かんたん　自分でできる人生の流れを変えるちょっと不思議なサイコセラピー』『もっと臨床がうまくなりたい』*『幸せな心と体のつくり方』*（いずれも遠見書房，*は共著）など多数。

座右の銘「握一点，開無限」

［増補合本版］
動画でわかる家族面接のコツ
３つの事例でシステムズアプローチをつかむ

2025 年 4 月 10 日　第 1 刷

著　者　東　　豊
発行人　山内俊介
発行所　遠見書房

〒 181-0001 東京都三鷹市井の頭 2-28-16
株式会社　遠見書房
TEL 0422-26-6711　FAX 050-3488-3894
tomi@tomishobo.com　https://tomishobo.com
遠見書房の書店　https://tomishobo.stores.jp/

印刷・製本　モリモト印刷

ISBN978-4-86616-215-7　C3011
©Higashi Yutaka & Tomishobo, Inc. 2025
Printed in Japan

※心と社会の学術出版　遠見書房の本※

遠見書房

マンガで学ぶセルフ・カウンセリング
まわせP循環！
東　豊著，見那ミノル画

思春期女子のたまひちゃんとその家族，そしてスクールカウンセラーのマンガと解説からできた本。悩み多き世代のための，こころの常備薬みたいに使ってください。1,540 円，四六並

新しい家族の教科書
スピリチュアル家族システム査定法
（龍谷大学教授）東　豊著

プラグマティックに使えるものは何でも使うセラピスト東豊による家族のためのユニークな1冊が生まれました！　ホンマかいなと業界騒然必至の実用法査定法をここに公開！　1,870 円，四六並

超かんたん 自分でできる
人生の流れを変えるちょっと不思議な
サイコセラピー──P循環の理論と方法
（龍谷大学教授）東　豊著

心理カウンセラーとして40年以上の経験を持つ東先生が書いた，世界一かんたんな自分でできるサイコセラピー（心理療法）の本。1,870 円，四六並

幸せな心と体のつくり方
東　豊・長谷川淨潤著

心理療法家・東と整体指導者・長谷川の二人の偉才が行った，心と体と人生を縦にも横にも語り合ったスーパーセッション。幸福をテーマに広がる二人の講義から新しい価値観を見つけられるかもしれません。1,870 円，四六並

あたらしい日本の心理療法
臨床知の発見と一般化
池見　陽・浅井伸彦 編

本書は，近年，日本で生まれた9アプローチのオリジナルの心理療法を集め，その創始者たちによって，事例も交えながらじっくりと理論と方法を解説してもらったものです。3,520 円，A5並

システムズアプローチの〈ものの見方〉
「人間関係」を変える心理療法
（龍谷大学教授）吉川　悟著

家族療法，ブリーフセラピー，ナラティヴの実践・研究を経てたどりついた新しい臨床の地平。自らの30年前の冒険的な思索を今，自身の手で大きく改稿した必読の大著。5,060 円，A5並

心理支援のための臨床コラボレーション入門
システムズアプローチ，ナラティヴ・セラピー，ブリーフセラピーの基礎
（関内カウンセリングオフィス）田中　究著

家族療法をはじめ諸技法の基礎が身につき，臨床の場でセラピストとクライアントの協働を促進する。心理支援者必読の1冊。3,080 円，四六並

臨床力アップのコツ
ブリーフセラピーの発想
日本ブリーフサイコセラピー学会編

臨床能力をあげる考え方，スキル，ヒントなどをベテランの臨床家たちが開陳。また黒沢幸子氏，東豊氏という日本を代表するセラピストによる紙上スーパービジョンも掲載。3,080 円，A5並

家族理解のためのジェノグラム・ワークブック
私と家族を知る最良のツールを学ぶ
I・ガリンドほか著／柴田健監訳

本書は，ステップ・バイ・ステップで学べるジェノグラム（家族樹）作りのワークブック。プロが行う家族支援サービスでの活用だけではなく，家族を知りたい多くの方にも。2,750 円，A5並

臨床心理学中事典
（九州大学名誉教授）野島一彦監修

650超の項目，260人超の執筆者，3万超の索引項目からなる臨床心理学と学際領域の中項目主義の用語事典。臨床家必携！（編集：森岡正芳・岡村達也・坂井誠・黒木俊秀・津川律子・遠藤利彦・岩壁茂）7,480 円，A5 上製

価格は税込です